# कथक वितान

कथक की तथा-कथा

# कथक वितान

## कथक की तथा-कथा

रश्मि वाजपेयी

राजकमल प्रकाशन

आवरण-आकल्पन : कबीर वाजपेयी
आवरण-कार्यान्वयन : तरनजीत कौर

ISBN : 978-93-88753-75-3

**मूल्य** : ₹795



**पहला संस्करण** : 2019

**प्रकाशक** : राजकमल प्रकाशन प्रा. लि.
1-बी, नेताजी सुभाष मार्ग, दरियागंज
नई दिल्ली-110 002

**शाखाएँ** : अशोक राजपथ, साइंस कॉलेज के सामने, पटना-800 006
पहली मंजिल, दरबारी बिल्डिंग, महात्मा गांधी मार्ग, इलाहाबाद-211 001
36 ए, शेक्सपियर सरणी, कोलकाता-700 017

वेबसाइट : www.rajkamalprakashan.com
ई-मेल : info@rajkamalprakashan.com

**मुद्रक** : यश प्रिंटोग्राफिक्स
नोएडा-201 301 (उत्तर प्रदेश)

KATHAK VITAN
*by* Rashmi Vajpeyi

अपने गुरु कथक-मूर्धन्य बिरजू महाराज
जिन्होंने कथक सिखाया और
कथक का समृद्ध-सघन वितान समझने की सीख दी
एवं स्नेहमयी चाची जी अन्नपूर्णा देवी को
प्रणामपूर्वक समर्पित

# अनुक्रम

# आरम्भिक

कथक भारतीय नृत्य के रूप में सुप्रतिष्ठित, उत्तर भारत की प्रमुख नृत्य शैली है। यह अपने आप में दिलचस्प है कि उत्तर भारत के इतने विशाल भू-भाग में प्रचलित और लोकप्रिय आज यह एकमात्र शास्त्रीय नृत्य शैली है जबकि देश के अन्य भू-भागों में एक से अधिक शास्त्रीय नृत्य शैलियाँ प्रचलित हैं। सम्भवत: इसीलिए विविध क्षेत्रों के प्रचलित कथक के स्वरूप और बर्ताव में पर्याप्त अन्तर दिखायी देता है। हर स्थान के पारम्परिक कथक नर्तकों में उनकी अपनी अलग पहचान सी बनती है और उसको करने, सीखने, प्रस्तुत करने का एक ख़ास ढंग उभर कर आता है। अपने इस लगभग विपरीत से लगते अन्तर के बावजूद उसे कथक के ही रूप में स्पष्ट देखा, पहचाना और अनुभव किया जा सकता है। किन्तु यह सब कथक क्यों है। वह क्या है जो उसे एक करता है यह अनुभव तो किया जा सकता है पर उसे स्पष्ट रूप से बताने वाला इस सबका विश्लेषण करता कोई साक्ष्य, इतिहास या शास्त्र आज उपलब्ध नहीं है। दरअसल, कथक का अपना कोई शास्त्र उपलब्ध है ही नहीं। यों 18वीं शताब्दी के उत्तरार्ध में जयपुर के राजा सवाई प्रताप सिंह रचित ग्रन्थ 'राधागोविन्द संगीतसार' के नृत्य अध्याय में एक प्रदर्शन का वर्णन है जिसमें वर्णित बोल और पद्धति आज के कथक से मिलती-जुलती है। सम्भव है यह दरबार में किसी कथक प्रदर्शन का ही वर्णन हो। यह दिलचस्प है कि 20वीं शताब्दी के तीसवें चालीसवें दशक में मध्य प्रदेश की छोटी सी रियासत रायगढ़ के गौंड़ राजा चक्रधर सिंह ने 'नर्तन सर्वस्वम्' नाम से कथक के एक शास्त्र की रचना की थी जो उनके वारिसों के घनघोर पहरे में अनेक प्रयत्नों के बावजूद आज भी क़ैद है। उसका प्रकाशन कथक के

कुछ दिलचस्प पहलुओं को उजागर कर सकता है।

यह सचमुच हैरत की बात है कि भारत जैसे देश में जहाँ नृत्य, संगीत, रंगमंच आदि के विषय में इतना विस्तृत और गहन अध्ययन, अन्वेषण चिन्तन और उसके विविध स्वरूप पर विचार करते हुए गम्भीर शास्त्र रचने की लम्बी परम्परा रही है वहीं आज उस पर सही अर्थ में कोई शास्त्रीय विचार नहीं मिलता है। कथक में ही नहीं, सम्भवत: तथाकथित सभी शास्त्रीय नृत्य शैलियों की लगभग यही स्थिति है। दीर्घकालीन नृत्य परम्परा के बावजूद इन नृत्य रूपों के बदलते स्वरूप, उसकी विशेषताओं, चेष्टाओं, उसके विस्तृत आयामों आदि को लेकर सार्थक विचार, विश्लेषण और लेखन का प्राय: अभाव रहा है। स्वातन्त्र्योत्तर भारत में प्रदर्शनकारी कलाओं की लोकप्रियता और प्रचलन के बावजूद ऐसे किसी प्रयत्न का अभाव विस्मयकारी ही है। आज जब हर चीज़ के 'डॉक्यूमेंट्री प्रूफ़' का आग्रह इस क़दर ज़रूरी हो गया है तब ऐसा लेखन न होना चकित तो करता ही है—चिन्तनीय भी है।

कथक की बात करें तो क्योंकि कथक का उपलब्ध अपना कोई शास्त्र है ही नहीं तो इसके अभाव में कथक के लगातार बदलते स्वरूप का विश्लेषण करने के लिए, इस कारण से, कोई प्रस्थान-बिन्दु भी उपलब्ध नहीं है। परीक्षाओं के मद्देनज़र जो पुस्तकें लिखी भी गयी हैं वे नृत्य की प्राचीनता आदि को रेखांकित करने के लिए पुराने ग्रन्थों के आधार पर ही रची गयी हैं जिनमें नाट्यशास्त्रीय नृत्य के स्वरूप का ही सामान्य विवेचन है। उसके परिप्रेक्ष्य में कथक के अपने स्वरूप पर कोई प्रकाश नहीं पड़ता और न ही उसके आधार पर कथक शैली का कोई निश्चित विवेचन-विश्लेषण प्राप्त होता है। इसके कारण मार्गी नृत्य के स्वरूप, उसके विविध अंगों के विस्तृत विवेचन के सन्दर्भ में इस नृत्य शैली के शिल्पगत स्वरूप आदि की कोई जानकारी नहीं होती है। इसलिए वे दो अलग भाग बने रहते हैं जिनका एक दूसरे से कोई प्रत्यक्ष सम्बन्ध नहीं बन पाता। सम्भव है राजा चक्रधर सिंह के 'नर्तन सर्वस्वम्' में उसका वर्णन रहा हो।

समकालीन कथक शास्त्र के सन्दर्भ में डॉ. सुशीलकुमार सक्सेना का 'द स्विंगिंग सिलेबिल्स' (The Swinging Syllables) कथक के सौन्दर्य-शास्त्र पर इकलौता और विलक्षण ग्रन्थ है। इस मायने में भी कि हमारी जानकारी में किसी भी शास्त्रीय नृत्य शैली के सौन्दर्य-शास्त्र पर यह एकमात्र

उपलब्ध पुस्तक है जो किसी भी शास्त्रीय नृत्य का सौन्दर्य शास्त्रीय दृष्टि से विवेचन करती है। इसके महत्त्व को देखते हुए इसका हिन्दी में अनुवाद भी होना चाहिए जिससे और अधिक व्यक्तियों को इसका लाभ मिल सके।

इतनी लोकप्रिय नृत्य शैली होने के बावजूद कथक के प्रामाणिक इतिहास, शिल्प, स्वरूप, साहित्य तथा बदलते समय में उसके शास्त्रीय स्वरूप और अधुनातन शास्त्र, उसके प्रमुख गुरु, नर्तक आदि विषयों पर गम्भीरता से विचार लगभग न के बराबर है। पिछली शताब्दी के पचास-साठ के दशक में 'मार्ग' पत्रिका ने देश के शास्त्रीय नृत्यों पर कुछ विशेषांक निकाले थे, उनमें कथक भी था। कई मायनों में वह आज भी मानक सन्दर्भ-ग्रन्थ है। विभिन्न नृत्य प्रकारों पर अँग्रेज़ी में कुछ पुस्तकें छपी भी हैं पर हिन्दी में उनका प्राय: अभाव रहा है।

इधर पिछले कुछ वर्षों में पुणे में कथक विदुषी-नर्तकी श्रीमती रोहिणी भाटे की प्रेरणा और मार्ग दर्शन में कुछ महत्त्वपूर्ण काम प्रकाशित हुआ है। स्वयं रोहिणी जी के मराठी में प्रकाशित उनके कथक के विविध पक्षों पर केन्द्रित लेखों के संग्रह 'लहजा' का इसी नाम से हिन्दी भाषा में अनुवाद प्रकाशित हुआ है। इसके अतिरिक्त उनकी शिष्या रोशन दाते ने नाट्य-शास्त्र में उल्लिखित करण, चारी, नृत्तहस्तों आदि का कथक में किस तरह उपयोग है उस पर गम्भीर शोध और चिन्तनपरक सौदाहरण विश्लेषणात्मक पुस्तकें—'नृत्तकरणावली' और 'कथक-आदिकथक' प्रकाशित की हैं। अभी हाल ही में कथक, भरतनाट्यम तथा ओडिसी नृत्य में इनके प्रयोग को एक साथ दर्शाते हुए उन्होंने एक कार्यक्रम भी प्रस्तुत किया जो कई दृष्टियों से महत्त्वपूर्ण है और नाट्यशास्त्रीय सन्दर्भ में कथक को अन्य शास्त्रीय नृत्य शैलियों के बरक्स बराबरी का स्थान देता है। यह बहुत बड़ी उपलब्धि है। इसलिए भी कि नाट्यशास्त्रीय परम्परा से सीधे जुड़ाव न होने के नाम पर कथक को प्राय: कमतर तक माना जाता रहा है। इधर हाल ही में 'रायगढ़ कथक में ताल' नाम से सृष्टि गुप्ता की पुस्तक आयी है जिसमें राजा चक्रधर सिंह के ताल आधारित ग्रन्थों 'मुरज पर्ण पुष्पाकर' आदि के आधार पर प्राचीन ताल पद्धति, उसके स्वरूप तथा उसके बर्ताव आदि का विस्तृत विवेचन है। ऐसे अध्ययन और इस तरह की पुस्तकों के प्रकाशनों से यह उम्मीद की जा सकती है कि कथक के शास्त्र पर केन्द्रित और भी

पुस्तकें प्रकाश में आयेंगी। ये सारे प्रयत्न व्यक्तिगत स्तर पर ही हैं और इन व्यक्तियों की अपनी शैली के प्रति अटूट आस्था, प्रतिबद्धता और लगन को ही दर्शाती हैं। इनमें कथक के ख्यात संस्थानों का कोई योगदान नहीं है। जबकि होना यह चाहिए था कि राष्ट्रीय कथक केन्द्र, भारतीय कला केन्द्र, संगीत नाटक अकादेमी जैसी संस्थाओं को आगे बढ़ कर इस तरह के कामों को प्रोत्साहित करना चाहिए था जिससे वे इस शैली के आधार स्तम्भ और कथक की शिक्षा-दीक्षा का महत्त्वपूर्ण अंग बनते। बहरहाल! जो महत्त्वपूर्ण कार्य हुआ है और अलग-अलग लोग कर रहे हैं उसका संज्ञान लेना और उसे मूलभूत शिक्षण-पद्धति के साथ जोड़ना ज़रूरी है— यदि हम कथक को सर्वांगपूर्ण बनाना चाहते है तो। दूसरे यह कि ऐसे सारे प्रयत्नों को यथोचित सहयोग और सहायता मिलने का प्रबन्ध भी ज़रूरी है जिससे समुचित सहूलियत और धनाभाव के कारण वे बीच में ही न छूट जायें।

प्रस्तुत पुस्तक कथक का शास्त्र तो नहीं पर उसके विविध पक्षों को देखने-समझने का एक संक्षिप्त प्रयास ज़रूर है। इसको लेकर जो कई प्रश्न और मुद्दे मुझे परेशान करते रहे हैं उन्हें साझा करने की कोशिश इसमें देखी जा सकती है। सम्भव है इसके परिप्रेक्ष्य में कुछ चीज़ें स्पष्ट हों या कुछ नये प्रश्न उभर कर आयें और कुछ लोग आगे लिखने के लिए प्रेरित हों।

अलग-अलग वक़्त पर कथक के विविध विषयों पर लिखे गये लेखों को संग्रहित कर के आज पुस्तकाकार प्रकाशित करते हुए बड़ी दुविधा मन में रही है। इनमें से अनेक पिछले 30-40 वर्षों के दौरान लिखे गये थे जो अधिकांशतः कथक नृत्य से सम्बन्धित हैं। उस समय का नृत्य परिदृश्य, उनमें कथक और उसकी अवस्थिति, कथक के अपने कितने ही पक्ष, प्रश्न और मुद्दे कथक विषयक इन लेखों के प्रेरक रहे हैं। आज स्थितियाँ और स्वयं कथक का अपना स्वरूप और परिदृश्य काफ़ी हद तक बदल गया है। उसको देखते हुए ये किस हद तक सार्थक लगेंगे कहना मुश्किल है पर इसके पीछे मूल दृष्टि यही रही है कि आज जहाँ कथक है उसके पीछे कैसे कारक और स्थितियाँ थीं, स्वयं कथक के विविध पक्ष और अंगों का स्वरूप आदि की झलक, आशा है, इन लेखों से मिलेगी। उस सन्दर्भ में आज के परिदृश्य को समझने में ये लेख सहायक हो सकते हैं।

कथक की विविधता की तस्वीर भी इन लेखों से मिल सकती है साथ ही अलग-अलग दिशाओं में उसके प्रयत्न और विकास की झलक और संकेत भी इनमें है जिनकी ओर बाद में कथक में विस्तार हुआ। एक मायने में ये आज कथक परिदृश्य की पूर्व पीठिका भी है जिससे उसे समझने में मदद मिले। यों गहरे स्तर पर देखें तो उठाये गये कई प्रश्न, मुद्दे, समस्यायें आज भी मौजूद हैं और उनका हल खोजना आज भी उतना ही ज़रूरी है।

कई बार एक ही मुद्दे को अलग-अलग लेखों में भिन्न कोणों से देखने की कोशिश है। इस प्रयत्न में कुछ दोहराव भी उनमें हुआ है। ऐसे लेखों को एकसाथ रखने की चेष्ठा की गयी है जिससे उसके सन्दर्भ में एक समग्र दृष्टि विकसित करने में मदद मिले। इनमें से कुछ अलग वक़्त और स्थानों पर दिये गये व्याख्यान या पर्चे भी हैं। उनके स्वरूप और बुनावट को देखते हुए उनमें वहाँ के सन्दर्भ और उल्लेखों को रहने दिया गया है।

बीसवीं सदी के 30 और 40 के दशक में मध्य प्रदेश का एक छोटा-सा राज्य—रायगढ़—कथक के एक बड़े गढ़ के रूप में उभरा था। उसका पूरा श्रेय वहाँ के राजा चक्रधर सिंह को है जो स्वयं भी विद्वान कलाकार तो थे ही, कथक के शास्त्र और साहित्य-संगीत-नृत्य को एक समेकित दृष्टि उन्होंने अपने विविध महत्त्वपूर्ण ग्रन्थों के माध्यम से प्रस्तुत करने का भी यत्न किया था। राजा ने नृत्य, संगीत आदि के बड़े-बड़े कलाकार और विद्वानों को वहाँ एकत्र किया था, और साथ ही राज्य के किशोर लोक कलाकारों को इन बड़े गुरुओं से विधिवत् शिक्षा भी दिलवायी थी जिनमें से कई बड़े कलाकार बने जिनका उस ज़माने में बड़ा नाम हुआ। यह एक क्रान्तिकारी क़दम था। बहुत बाद में उन्हीं में सबसे दमकते सितारे कार्तिकराम भोपाल में चक्रधर नृत्य केन्द्र के गुरु पद पर आये। कथक के इस वैभव पर केन्द्रित कुछ जानकारी 'कम जाने पक्ष' और 'कार्तिकराम जी से एक साक्षात्कार' आदि में प्रस्तुत की गयी है। कई अर्थों में यह महत्त्वपूर्ण है क्योंकि इस पहल पर कम ही लिखा गया है। इसलिए भी कि अपरोक्ष ढंग से लोक दृष्टि के साथ-साथ यहाँ कथक के जयपुर और लखनऊ घराने के बीच इन नर्तकों के माध्यम से एक समन्वय भी स्थापित हुआ। विद्वान राजा की देखरेख में लोक और शास्त्रीयता के समन्वय ने नृत्य को नयी चमक भी दी।

80 के दशक में भोपाल में कथक के पर्याय बिरजू महाराज पर केन्द्रित

दो दिवसीय एक बड़ा आयोजन हुआ था 'बिरजू महाराज प्रसंग', इसमें कथक के अनेक विद्वानों द्वारा उनके नृत्य के अनेक पक्षों पर महत्त्वपूर्ण पर्चे, विचारों के आदान–प्रदान तथा उनसे बातचीत के अतिरिक्त उनकी कुछ विशिष्ट नृत्य संरचनाओं और स्वयं उनके नृत्य प्रदर्शन की संध्याओं के अतिरिक्त एक चित्र–प्रदर्शनी भी आयोजित थी। उस सन्दर्भ में उनसे किया गया साक्षात्कार तथा प्रसंग केन्द्रित समीक्षात्मक लेख भी इस संग्रह में शामिल हैं।

कुमुदिनी लाखिया का कथक को समकालीन सन्दर्भ से जोड़ने की दिशा में महत्त्वपूर्ण योगदान रहा है। उनके इस पक्ष को रेखांकित करने की भी संक्षिप्त कोशिश इस संग्रह में देखी जा सकती है। व्यक्ति केन्द्रित इन लेखों के अतिरिक्त कथक में प्रयुक्त संगीत, वेशभूषा आदि के आकलन के साथ ही अभिनय पक्ष पर भी विचार हुआ है।

इस संग्रह में कुछ नृत्य तथा नृत्य–केन्द्रित पुस्तक समीक्षाएँ भी शामिल की गयी हैं जिनमें समीक्षित प्रदर्शन अथवा पुस्तक के माध्यम से अन्य मुद्दों को उठाने की भी चेष्टा है। आशा है ये पाठक को सार्थक लगेंगे। विविध सन्दर्भों में आज के कुछ प्रतिष्ठित और वरिष्ठ कलाकर, जिनमें से कुछ उस समय उभरते कलाकार थे, की भी उसमें चर्चा दिलचस्प लग सकती है।

ये वह वक़्त भी है जब भोपाल ने कलाओं के महत्त्वपूर्ण गढ़ के रूप में अपना केन्द्रीय स्थान बनाया था और एक अर्थ में वहाँ प्रदर्शित देश का भी श्रेष्ठ था। क्योंकि इनमें से अधिकांश लेख बीसवीं सदी के उत्तर काल में भोपाल रहते लिखे गये, इनमें लगातार वहाँ प्रदर्शित कार्यक्रमों के सन्दर्भ और उनका उल्लेख होना स्वाभाविक है।

अलग–अलग वक़्त पर लिखे गये लेखों का संग्रह होने के कारण अनेक ऐसे पक्ष छूट गये हैं जिन पर विचार होना चाहिए था। उस अर्थ में सम्भवत: इसे कथक पर एक सुविचारित पुस्तक नहीं कहा जा सकता है पर उससे जुड़े कई पक्षों–मुद्दों को उठाने और उन पर ध्यान केन्द्रित करने में यदि यह संग्रह सफल होता है तो यह बड़ी उपलब्धि होगी।

कथक पर ये बिखरे लेख अन्तत: एक संग्रह की शक्ल में आप के सामने आ सके, इसके लिए मैं अपने परिवार के सभी सदस्यों, विशेषकर—माँ,

पिता, पति, बेटे (रेखा जैन, नेमिचन्द्र जैन, अशोक वाजपेयी और कबीर वाजपेयी) की आभारी हूँ जिनके निरन्तर प्रोत्साहन, सुझाव और मदद के कारण ही यह सम्भव हुआ है। इसका आवरण कबीर ने आकल्पित किया है। इनके अतिरिक्त उन अनेक व्यक्तियों की भी जिन्होंने इसके विविध लेखों और हस्तलिखित प्रतियों को अलग-अलग वक़्त पर टाइप और उसमें सुधार किया है।

राजकमल प्रकाशन, जिन्होंने इसको प्रकाशित करने का जोख़िम उठाया है और पीयूष दईया जिन्होंने उसकी प्रूफ़ रीडिंग तथा ले-आउट आदि में मदद की, मैं इन सभी के प्रति अपनी कृतज्ञता व्यक्त करती हूँ।

अन्त में सबसे अधिक आभार अपने पोते ऋभु का, जिसके निरन्तर आग्रह के बिना इसका प्रकाशन शायद सम्भव ही न होता।

रश्मि वाजपेयी
दिसम्बर 2018, नयी दिल्ली

# कथक कथा

एक वृद्ध गाने के साथ अभिनय कर रहे थे—एक किशोरी गोपी अपनी सखियों को कृष्ण के प्रति अपने प्रेम और वे उसे कैसे छेड़ते रहते हैं, इस सबके बारे में तरह-तरह से बता रही है। देखते-देखते वह सफ़ेद मूँछों और झुर्रियों वाला चेहरा कब सलज्ज, सुन्दर किशोरी के मुखड़े में बदल गया, पता ही नहीं चला। उसकी बड़ी-बड़ी चमकती आँखें, मुस्कुराता, कभी लजाता, कभी नखरे करता, कभी झूठमूठ गुस्सा, नाराज़गी दिखाता चेहरा ही तरह-तरह के भावों में सामने आता रहा। जानते हो यह कौन था। यह कथक के महान नर्तक थे बिन्दादीन महाराज। और देखने वाले थे देश के बड़े विद्वान और विचारक आनन्द कुमारस्वामी।

हमारा इतिहास, संस्कृति आज भी हमारी पौराणिक कथाओं में जीवित है। डॉ. वासुदेवशरण अग्रवाल मानते थे—कुम्हार अपने तरह-तरह के खिलौनों में पौराणिक कथाएँ, लीलाएँ पुनरुज्जीवित कर देते थे। रच देते थे। हमारे अपने खेलने के सखा बन जाते थे सब खिलौने के पात्र। ये अलग-अलग युगों में अलग-अलग रूप-रंग में सामने आते रहे हैं, और बस इसी तरह हमारी परम्परा, संस्कृति निरन्तर प्रवाहिनी रही। हम आज भी अनेक युगों में एक साथ जीते हैं, सोचते हैं। रामलीला, रासलीला आदि तमाम देवी-देवताओं की कथाएँ हमारे अपने जीवन के अभिन्न अंग हैं। कृष्ण लीलाएँ हमारे अपने बचपन के साथ एक सहज ढंग से घुली-मिली हुई हैं। कब कृष्ण कन्हैया के खेल उसके हाव-भाव घर में बालक के हाव-भाव और खेल, नटखटपन बन जाता है, कहना मुश्किल है। बच्चों का वह सखा है, युवतियों का प्रेमी, भक्तों का ईश्वर। हमारा नृत्य बल्कि तमाम कलाएँ भी इन सब पौराणिक कथाओं और चरित्रों से जुड़ी रही हैं।

हमारे देश के अलग-अलग हिस्सों में शास्त्रीय नृत्य अनेक रूपों में विकसित हुआ। हो सकता है आपने उनके नाम सुने हों और उनके बारे में कुछ जानते हों। जैसे केरल में कथकली और मोहिनीअट्टम का विकास हुआ, तमिलनाडु के नृत्य का नाम है—भरतनाट्यम, आन्ध्र में कुचिपुड़ी, उड़ीसा में ओड़िसी, मणिपुर में मणिपुरी, असम में सत्तरिया और उत्तर भारत में कथक। वैसे यह अचरज की बात है कि इतने बड़े उत्तर भारत में यह एक ही शास्त्रीय नृत्य शैली हुई। शायद इसीलिए इसके रूप में इतनी विविधता है। देश में अलग-अलग जगहों के बड़े मन्दिरों में हो सकता है आपने नर्तकों, वादकों की मूर्तियाँ देखी हों। इसी से अन्दाज़ा लगा सकते है कि हमारे यहाँ नृत्य कितना पुराना और महत्त्वपूर्ण रहा है।

हो सकता है आपने कहीं सुना हो 'कथा कहे सो कथक कहाए'। कथक जैसा आप जानते ही हैं उत्तर भारत का शास्त्रीय नृत्य है। उसका मुख्य काम है कथा कहना। मज़ेदार बात है कि नाच का नाम भी कथक है और इसे करने वाले को भी कथक कहते हैं। हमारे देश में 'कथक'—मतलब कथा कहने वाले—वेदों के ज़माने से चले आ रहे हैं। कथाएँ भी लगभग वही कह रहे हैं—राम की, कृष्ण की, विष्णु की, शिव की, अपने तमाम देवी-देवताओं और पौराणिक चरित्रों की, उनके कामों की। बस, हर समय और कालों में उनके कथा कहने का ढंग बदल जाता है जिसमें हम पौराणिक कथाओं के साथ आज के सन्दर्भों को भी जोड़ते चलते हैं।

तो—कथक नृत्य की शुरुआत इसी तरह कथा कहने से हुई। मन्दिरों में, मेलों में, गाँवों में, शहरों में लोगों को मनोरंजक शैली में गाकर, नाचकर यह कथाएँ सुनायी जाती थीं। प्रायः ये नर्तक पुरुष होते जो यहाँ-वहाँ घूमते भी रहते थे कथा कहते हुए। जिन पात्रों, स्थितियों और जगहों की चर्चा होती उसी का अभिनय करते जाते तो कभी वे कृष्ण बन जाते तो कभी यशोदा, कभी गोपी, तो कभी ग्वाल-बाल, कभी राक्षस तो कभी कंस, कभी राम तो कभी सीता या रावण या ऋषि-मुनि, राजा, कुछ भी, जब जैसी ज़रूरत हुई—जंगल, पेड़, पशु, पक्षी, बादल, आकाश। उसका वर्णन तो होता शब्दों में पर उसे गाकर चेहरे के अभिनय से और नाचकर उसे और ज़्यादा सरस और सुन्दर बना देते। जब नर्तक मंच पर अपने हाव-भाव से दिखाता तो ये कथाएँ हमारे सामने सजीव होकर हमारे मन को छू जातीं। उसे देखकर लगता सब कुछ बस सामने हो रहा है, ठीक जैसा सिनेमा

देखते वक़्त हमें लगता है। इस तरह देखी-सुनी कथाएँ लोगों को याद भी हो जाती होंगी। धीरे-धीरे इसे और रंजक और विविधता लाने के लिए नाच के बीच में ताल और लय पर बँधे टुकड़े भी नाचे जाने लगे। और इसका राजदरबार में भी प्रवेश हो गया, जहाँ इसमें और निखार आ गया।

अन्य नृत्य प्रकारों की तरह कथक में शब्दों की अपनी एक भाषा है जिससे बोल बनते हैं, जिनके माध्यम से वह अपनी बात कहता है। इसके मुख्य शब्द हैं—'ता, थेई, तत, तिगधा, दिगदिग, त्राम, थो' आदि। कहते हैं कि जब बालक कृष्ण ने कालिया नाग को नाथकर उसके फनों पर नाच किया तो उनसे इन अक्षरों की ध्वनि पैदा हुई जो इस नाच का आधार बनी। नाच के बोलों में चिड़ियों, पशुओं, घुँघरू, मंजीरे, तबले, पखावज आदि की ध्वनियों का भी प्रयोग होता है। हमारे बोलने, चलने, प्रकृति आदि सभी में लय है। नाच इन लयों को एक सूत्र में बाँधता है। और इस तरह वह हमें अपनी ज़मीन, अपनी प्रकृति और परम्परा से जोड़ता चलता है। अन्य शास्त्रीय नृत्यों की तरह कथक नृत्य की भी अपनी एक पद्धति है, जैसे शुरू में—ताल पर सही लय के साथ पैर रखना, पैर के साथ अंगों की विविध भंगिमाएँ जिसे थाट कहते हैं। प्रारम्भ में आमद फिर टुकड़े, परण, तत्कार, अभिनय आदि किये जाते हैं। अलग-अलग तालों में इनका बड़ा भण्डार है। पर कथक की प्रिय ताल है सोलह मात्राओं की तीन ताल।

सभी शास्त्रीय नृत्यों में मूल रूप से दो हिस्से होते हैं—नृत्त और नृत्य। मतलब कि एक नाच का वह हिस्सा जिसका सीधे-सीधे कोई अर्थ नहीं दिखता। इसमें लय और ताल में बँधे बोलों पर सुन्दर ढंग से नाचा जाता है। अंग संचालन और लय की विविधता इसे आकर्षक बनाती है। दूसरा उसका भाव-अभिनय पक्ष है—जिसमें नाच के साथ कोई कथा हो सकती है या किसी स्थिति या चीज़ का वर्णन हो सकता है जिसे आप अपने अनुभव में देखे-सुने के आधार पर सीधे-सीधे समझ सकते हैं। जैसे शिव, राम, कृष्ण और गोपियों की कोई कहानी अथवा कुएँ या नदी से घड़े में पानी भरने का अभिनय या बादल, बारिश और नाचते मोर आदि।

कथक में यों तो दोनों ही पक्ष हैं पर आजकल आमतौर पर नृत्त पक्ष अधिक दिखता है—जिसमें लय और ताल की अनेक सुन्दर संरचनाएँ होती हैं। कथक में सम—मतलब ताल की पहली मात्रा, का बहुत महत्त्व है। कथक की एक अपनी ख़ासियत है तत्कार—जिसमें केवल पैरों से

लय की कई चीज़ें दिखाई जाती हैं। इसी तरह एक और चीज़ है चक्कर। कई बच्चे खेल-खेल में फिरकनी की तरह घूमते हैं। तो कथक में यह सब एक ख़ास लय और ताल में बँधा होता है और उसको करने के भी अनेक तरीक़े होते हैं जो टुकड़ों और परणों के दौरान किये जाते हैं। कथा या अभिनय करने के भी कई तरीक़े हैं। एक तो किसी गाने या भजन आदि पर किया जाता है जिसमें गाने में आये शब्दों और भावों के आधार पर नाचते हुए उस अर्थ और भाव को अलग-अलग ढंग से दिखाया जाता है। एक और भी ढंग—जिसे गत, गतभाव कहते हैं—उसमें कोई शब्द नहीं होता बस कुछ परिचित स्थिति, व्यक्ति या कथा को बिना शब्दों के ही अपने शरीर संचालन, मुद्राओं और हाव-भाव से दिखाते हैं। इसमें अलग-अलग चरित्रों, स्थानों, वस्तुओं को दिखाने के लिए 'पलटा' लिया जाता है—जो कि चक्कर का ही एक रूप है, और नर्तक कभी कृष्ण बन जाता है और कभी राधा या गोपी, यशोदा आदि या कुछ और। आपको कभी बिना शब्दों के अपनी बात कहनी हो तो आप भी अपने ढंग से नाचकर कोई प्रयोग करके देखें—ख़ूब मज़ा आयेगा।

कथक नृत्य में घुँघरुओं की आवाज़ का बहुत महत्त्व है। कथक नर्तक घुँघरुओं के माध्यम से ही बड़े-बड़े भाव दिखाकर दर्शकों को मोह लेता है। जैसे हमारे देश के सबसे बड़े कथक गुरु बिरजू महाराज नृत्य के बोलों के माध्यम से लोगों को समझाने के लिए कई मनोरंजक चीज़ें दिखाते हैं, जैसे रेलगाड़ी अथवा विविध जानवरों की चाल, लड़ना-झगड़ना, रूठना-मनाना, टेलीफ़ोन आदि। इन कठिन लय की चीज़ों को देखते हुए लगता है मानो ये बोल सचमुच सहज ढंग से यही कह-दिखा रहे हैं। इसी तरह बच्चों के लिए भी उन्होंने चटनी, चाट, हवाई जहाज आदि शब्दों के साथ मज़ेदार तिहाइयाँ बना दीं—जैसे 'धनियाँ मिर्ची और टमाटर की चटनी खाले खाले खाले' या 'छोले कुलचे और भटूरे गोल गप्पे गोल गप्पे गोल गप्पे खा'। पर इन्हें करते हुए बच्चे खेल-खेल में ही लय की बड़ी मुश्किल चीज़ें करने-समझने लगते हैं।

कथक की लम्बी परम्परा है जिसमें अनेक प्रसिद्ध नर्तक हुए। इन सभी ने उसमें कई तरह की चीज़ें जोड़कर उसे विविध और समृद्ध बनाया। आज़ादी के बाद नयी चेतना के कारण उसमें अनेक प्रयोग हुए और उसे नयी दिशा मिली। आज जो कथक आप देखते हैं वह इतना लम्बा सफ़र

तय करके और बहुत बड़े-बड़े नर्तकों के योगदान के साथ हम तक पहुँचा है। इसीलिए हमारी इन सभी कलाओं में देश का अपना इतिहास और संस्कृति भी अलग-अलग ढंग से झलकती है। अब हम कभी कोई नाच या दूसरी कलाएँ देखें तो हो सकता है हमें उसमें उस इतिहास का कोई ऐसा हिस्सा दिखाई दे जाय जो हमें नहीं मालूम था।

अपनी बात एक और कहानी से ख़त्म करती हूँ, जिसका उल्लेख हमें विष्णु धर्मोत्तर पुराण में मिलता है। राजा वज्र मार्कण्डेय ऋषि से मूर्तिकला सिखाने का अनुरोध करते हैं जिससे वे अपनी आराधना के लिए देवताओं को सही आकार में ढाल सकें। ऋषि ने कहा जब तक वे चित्रकारी की मूल बातों को नहीं समझेंगे तब तक मूर्ति शिल्प नहीं सीख सकते। चित्रकारी के लिए अच्छा नर्तक होना ज़रूरी है और नृत्य के लिए लय और वाद्य संगीत जानना ज़रूरी है। और इसके लिए भी गायन संगीत में पारंगत हुए बिना वादन का ज्ञान नहीं हो सकता। अन्ततः राजा वज्र इसी क्रम से सारी विद्याओं में पारंगत होने के बाद ही मूर्ति शिल्प की शिक्षा पा सके। हमारे यहाँ विद्या और ज्ञान के सभी क्षेत्र, चाहे वे कलाएँ हों, दर्शन हो, साहित्य हो, एक-दूसरे से जुड़े हैं और इसीलिए उसमें गहराई भी है और पूर्णता भी जो मन को आनन्द देती है और कहीं-न-कहीं हम सबको एक-दूसरे से जोड़ती है।

(2008)

# कथक इतिहास : कुछ नोट्स

कथक उत्तर भारत का बहुप्रचलित शास्त्रीय नृत्य है। अपने वर्तमान स्वरूप के कारण अपने काल को लेकर यह बहुत विवादास्पद नृत्य प्रकार भी है। कथक की बात करते हुए बुनियादी प्रश्न उठते हैं जैसे—अन्य शास्त्रीय नृत्यों की तुलना में इसकी प्राचीनता! क्या अन्य नृत्य शैलियों की तरह यह भी अपने अभ्युदय और विकास के लिए उन्हीं पौराणिक कथाओं, किंवदन्तियों, नृत्य स्थापनाओं, तकनीकी पक्ष, अंग संचालन और मान्यताओं को आधार मानता है या कि यह मुगल काल में विकसित मुगल दरबार का ही नृत्य प्रकार है। कथक की प्रचलित वेशभूषा और कतिपय अंग-भंगिमाओं के कारण प्राय: यह मान लिया जाता रहा है कि कथक नृत्य का अभ्युदय मुगलकालीन दरबारी नृत्य के रूप में हुआ था। यह सही है कि सामान्यत: प्रचलित और स्वीकृत कथक नृत्य के वर्तमान रूप का श्रेय बहुत हद तक मुगलकाल में विकसित विशिष्ट भाव-भंगिमाओं, तकनीकी पक्ष की बारीकियों और चमत्कारिक अलंकरण को है, जिसने तब प्रचलित कथक नृत्य को प्रभावित किया पर कुछ विस्तृत अध्ययन करें तो यह स्पष्ट हो जाता है कि अन्य नृत्य शैलियों की तरह कथक भी मूल रूप से नटराज शिव की कथा से ही जुड़ा हुआ है। और तब से अब तक के परिवर्तन की यह प्रक्रिया इतनी धीमी है कि कथक ने ठीक कब यह समकालीन स्वरूप लिया कहना कठिन है।

आज 'कथक' शब्द से जिस अर्थ का बोध होता है वह है एक शास्त्रीय नृत्य प्रकार। किन्तु यह एक कथावाचक नर्तक जाति का भी नाम है। अपने में यह बात विशेष महत्त्व न रखती हो, पर इस शब्द का अपना लम्बा इतिहास है और इस तरह वह इस नृत्य शैली का भी इतिहास बन जाता है।

संसार की उत्पत्ति के साथ-साथ ही जन्म हुआ उस आदिमलय-विश्वलय का जो नृत्य का आधार है और इसकी उत्पत्ति की कथा बार-बार, अलग-अलग ढंग से कही जाती रही है। उसमें गूढ़ अर्थ को समझाने के लिए तरह-तरह से अनेक चरित्रों, देवी-देवताओं, नायक-नायिकाओं को लेकर कथाएँ गढ़ी जाती रहीं। प्राचीन काल में पुराणों, महाकाव्यों आदि की कथाओं के प्रचार और शिक्षा का माध्यम मौखिक ही था। कालान्तर में इस कार्य के लिए कुछ विशिष्ट वर्ग और जातियाँ पनपीं जिनका काम इन कथाओं को गाकर लोगों तक पहुँचाना था। प्राचीन ग्रन्थों में ऐसी गायक, पाठक, कथक, ग्रन्थिका आदि अनेक जातियों का उल्लेख मिलता है। रामायण में एक ऐसे वर्ग का उल्लेख है जिनका व्यवसाय कथा गायन था। स्वयं रामायण की कथा का 'कुशीलव' द्वारा गायन इसका एक अच्छा उदाहरण है। महाभारत में भी कथक शब्द आया है। ब्रह्मपुराण और जैन ग्रन्थों में नर्तक, गायक, अभिनेता आदि के वर्गीकरण के अन्तर्गत 'कथक' का भी नाम लिया गया है। और, बहुत सम्भव है इन्हीं कथकों ने एक ऐसा नृत्य रूप विकसित किया हो जो कालान्तर में कथक नृत्य के रूप में प्रचलित हुआ। आज भी कथकों में यह कहावत प्रचलित है—'कथन करे सो कथक कहावे।'

बहुत प्राचीन काल से ही नृत्य मात्र मनोरंजन या केवल आत्माभिव्यक्ति का ही माध्यम नहीं रहा वरन् भक्ति और ईश्वर से तदाकार होने का साधन भी रहा है। नृत्यों का आदिम आनुष्ठानिक स्वरूप तथा यज्ञ आदि धार्मिक अनुष्ठानों से जुड़ी अनेक भंगिमाएँ जो अन्ततः नृत्य से भी जुड़ गईं, इसके धार्मिक स्वरूप को रेखांकित करते हैं। नृत्य की उत्पत्ति का श्रेय भी एक देवता को ही है। प्राचीन मन्दिरों में नटमंडप व मन्दिरों में उकेरी नृत्य प्रतिमाएँ इन्हीं धारणाओं की पुष्टि करती हैं। मन्दिरों के संरक्षण में नृत्य संगीत आदि कलाओं को बहुत प्रोत्साहन मिला। अनेक देवदासियाँ, नर्तक, गायक मन्दिरों से सम्बद्ध होते थे जो उनमें नृत्य करते थे। ये देवदासियाँ उसी देवता को समर्पित भी होती थीं, जिनके मन्दिरों से वे सम्बद्ध होती थीं। इन देवदासियों के गुरु ब्राह्मण होते थे जो नृत्य, संगीत, कथा गायन आदि की शैली में प्रवीण होते थे। बहुत सम्भव है प्राचीन ग्रन्थों में उल्लिखित वे कथा गायक भी मन्दिरों से सम्बद्ध रहे हों और वहाँ देवदासियों को नृत्य आदि की शिक्षा भी देते हों। आज भी जो परम्परागत कथक हैं

वे भी ब्राह्मण हैं और इन कथकों का उन कथागायकों की परम्परा से जुड़े होने की सम्भावना को पूरी तरह नकारा नहीं जा सकता। लगता है दसवीं ग्यारहवीं शताब्दी तक पूरे देश में प्रचलित शास्त्रीय नृत्य की शैली प्राय: एक ही रही होगी; सम्भवत: इसीलिए विभिन्न प्राचीन मन्दिरों में उकेरी नृत्यरत मूर्तियों की अंग भंगिमाओं में विशेष अन्तर परिलक्षित नहीं होता। स्थान विशेष के प्रभाव से आये अन्तर ही रहे होंगे। यों भी मार्गी और देशी नृत्यों का उल्लेख प्राचीन नृत्य ग्रन्थों में मिलता ही है। फिर भी मार्गी नृत्य का मूलाधार एक ही प्रतीत होता है। शारंगदेव का 'संगीत रत्नाकर' नृत्य के देशज प्रभावों के कारण बदलते स्वरूप को अधिक स्पष्ट रूप से रेखांकित करता है। इससे लगता है कि ग्यारहवीं, बारहवीं शताब्दी के आस-पास यह बदलाव आने शुरू हुए होंगे! पर तत्कालीन साहित्य में भी जो नृत्य का उल्लेख है उससे शैलियों की विविधता का आभास प्राय: नहीं होता। बल्कि 12वीं 13वीं शताब्दी तक भी उत्तर-भारत के बुन्देलखण्ड, गुजरात, राजस्थान आदि के मन्दिरों में उपलब्ध नृत्य-खण्डों में मूर्तियों की नृत्य भंगिमाएँ दक्षिण भारत की नृत्य भंगिमाओं से बहुत भिन्न नहीं हैं। इससे एक बात और स्पष्ट होती है कि इस समय तक भी उत्तर के कुछ हिस्सों में न केवल मन्दिरों में नृत्य प्रचलित था—वह साधना, उपासना का प्रमुख अंग भी था। आज विभिन्न कालों में प्रचलित नृत्य का सर्वोत्तम साक्ष्य ये नृत्य मूर्तियाँ तथा चित्रांकन ही हैं। इनके आधार पर तत्कालीन नृत्य का सही स्वरूप उसकी भंगिमाएँ, हस्तक मुद्राएँ, उसके लिए प्रयुक्त अलंकरण, वस्त्र साज-सज्जा और साथ के वाद्ययंत्र आदि सभी की बहुत ही स्पष्ट और सही जानकारी उपलब्ध होती है। यों इनसे सम्बन्धित कुछ ग्रन्थ भी उपलब्ध हैं पर ऐसी दृश्य कला का स्वरूप वर्णन से इतना स्पष्ट नहीं होता जितना इन नृत्य मुद्राओं को देखने पर सम्भव होता है।

प्राचीन ग्रन्थों में नृत्य का उल्लेख बार-बार, अलग-अलग रूपों में आता है। रामायण और महाभारत से लेकर जैन, बौद्ध धर्म ग्रन्थों में नृत्य सामाजिक जीवन के अभिन्न अंग के रूप में वर्णित है। हल्लीशक, चर्चरी और रास का उपरूपकों में स्थान था। भास, हर्ष, कालिदास आदि के नाटकों में इनका प्रयोग भी हुआ है। ये नृत्य प्रकार अपनी शैली में शास्त्रीय थे और नाट्य शास्त्र के सिद्धान्तों का पालन करते थे। विविध ग्रन्थों में भी जिन नृत्यों का उल्लेख हुआ है वे शास्त्रीय सिद्धान्तों पर आधारित उस समय

में प्रचलित नृत्य थे। सम्भवतः नाट्यशास्त्र काल तक सम्पूर्ण भारत में सामान्यतः एक ही शास्त्रीय नृत्य शैली का प्रचलन था किन्तु भगवत् पुराण के समय तक जिस नृत्य का विकास हुआ वह वैष्णव धर्म से प्रभावित था। भागवत् में भी रास का उल्लेख है, जिसका चरमोत्कर्ष है महारास— जिसमें आठ गोपियों और आठ कृष्ण के सम्मिलित नृत्य का वर्णन है। इसी से सम्भवतः नटवरी नृत्य अर्थात् नटवर कृष्ण के नृत्य का विकास हुआ जो कालान्तर में कथक का पर्याय बन गया। आज भी उत्तर-भारत का यह नृत्य परम्परागत तो है ही पर कुछ अर्थों में उससे भिन्न, समृद्ध और अधिक साधन सम्पन्न भी है।

आठवीं शताब्दी के आसपास जिस समय देश पर विदेशी आक्रमण हो रहे थे चारों ओर एक अव्यवस्था और असुरक्षा की भावना का साम्राज्य था, कलाएँ अपनी स्थापित मान्यताओं और आश्रय को त्यागने को विवश हो रही थीं तभी देश के दक्षिणी हिस्से से भक्ति आन्दोलन की लहर उठी, जिसने धीरे-धीरे पूरे देश को अपने में समेट लिया। पूरा देश, सम्पूर्ण सांस्कृतिक चेतना, सामाजिक दृष्टि और कलात्मक अभिव्यक्ति इस एक भावधारा से आन्दोलित हो उठा। इस चेतना का साहित्य, संगीत, चित्रकला और नृत्य पर बहुत व्यापक और गहरा प्रभाव पड़ा। दक्षिण में तो आज भी भक्त कवियों की रचनाएँ शास्त्रीय संगीत और नृत्य का अभिन्न अंग हैं। उत्तर-भारत में सम्पूर्ण ब्रजभाषा काव्य नृत्य बिम्बों और ऐसे उद्धरणों से भरा पड़ा है जिनसे भक्त कवियों का भावोन्माद में अपने आराध्य के सम्मुख नृत्य करते हुए काव्य रचना का आभास होता है। बारहवीं शताब्दी में जयदेव रचित 'गीत गोविन्द' और अन्य कीर्तन इसके उत्कृष्ट उदाहरण हैं। कहा जाता है स्वयं जयदेव की पत्नी नृत्य द्वारा इन कीर्तनों को भावाभिव्यक्ति देती थी। उसके बाद चण्डीदास, विद्यापति, कबीरदास, सूरदास, तुलसीदास, मीराबाई आदि कितने ही भक्त-कवि और संगीतज्ञों की ऐसी रचनाओं का साहित्य में बाहुल्य है जिनमें अनेक नृत्य शब्द, बिम्ब, बोल प्रयुक्त हुए हैं। इस काल में भी नृत्य एवं संगीत कलाएँ साधना पद्धति का अभिन्न अंग थीं। वैष्णव धारा के अभ्युदय का कथक नृत्य पर भी व्यापक प्रभाव पड़ा। मध्ययुगीन कला कृष्ण कथा से भरी पड़ी है और कथक में कृष्ण सम्बन्धी लीलाएँ, उसके भाव पक्ष का प्रमुख अंग बन गईं। कथक की खड़े होने की एक प्रमुख मुद्रा ही इस बात को सूचित करती है जिसके अनुसार ऊपर उठा दायाँ हाथ कृष्ण के मुकुट का प्रतीक

है और बायाँ फैला हुआ हाथ राधा को कन्धे से घेरे हुए कृष्ण की मुद्रा का परिचायक है। कथक की यही मुद्रा विष्णु के मोहिनी रूप में नृत्य की ओर भी इंगित करती है जब मोहिनी नृत्य के बहाने भस्मासुर को अपने सिर पर हाथ रखवाने में सफल होती है और इस तरह उसका अन्त होता है। इस संकेत के द्वारा तो वह मुद्रा कथक को और भी पहले ले जाती है और बहुत सम्भव है यह कथकों के कथा गायन से ही नृत्य में आयी हो।

मध्य युग में साहित्य, संगीत, नृत्य आदि में जो श्रेष्ठ था वह इसी भक्ति आन्दोलन और वैष्णव सम्प्रदाय से सम्बद्ध था। राम-सीता, कृष्ण-राधा इनके आराध्य थे। इस काल में यद्यपि विष्णु के अवतार राम और विशेष रूप से कृष्ण की लीलाओं का प्रचार और प्रभाव अपने चरम उत्कर्ष पर था किन्तु उसका इतिहास महाभारत, रामायण और पुराण काल तक जाता है। श्रीमद्‌भागवत् का दशम स्कन्ध कृष्ण की विविध लीलाओं का प्रमुख आधार है। वैष्णव धर्म के इतने विस्तृत प्रभाव और लोकप्रिय होने के प्रमुख कारणों में उसके लोकभाषा में प्रचार के अतिरिक्त उसका माध्यम संगीत, नृत्य, नाट्‌य, काव्य, चित्र आदि कलाओं का होना भी था। ब्रजभूमि बहुत प्रारम्भ से कलाओं का केन्द्र रही है। यहाँ चारण, कलावन्त, कीर्तनियाँ, ढांढी, नटवा, कथक आदि अनेक जातियाँ पनपती रही हैं। वैष्णव धर्म के प्रभाव और प्रोत्साहन से उत्तर में जो नृत्य विकसित हुआ वह अपनी शैली, शिल्प और प्रकार में वस्तुतः कथक ही प्रतीत होता है। वैष्णव काव्य में वर्णित नटवर कृष्ण और उनकी संगिनी राधा ही कीर्तन तथा नृत्य—एकल, युगल तथा समूह नृत्य के दैवी नायक-नायिका हैं। कीर्तन तथा पद नृत्य बिम्ब और शब्दावली से भरपूर हैं। कई पदों की रचना तो नृत्य के लिए ही हुई लगती है। उनमें नृत्य बोल और टुकड़े गुम्फित हैं। श्रीकृष्ण को नटवर, नटनाट्‌यरसिकवर, अभिनय निपुण, लास्यविद्या निपुण के रूप में सम्बोधन उनके नृत्य से जुड़े होने का प्रतीक है। उनकी त्रिभंगी मुद्रा, हंस, मृग, गयंद जैसी विविध गतियाँ और विशिष्ट नटवर-गति का प्रयोग, उरप, तिरप, भ्रमरी, मण्डल, हस्तक भेद और ग्रीवा, भौं, नेत्र, हस्तक के विविध संचालन और उनकी मुद्राओं, भंगिमाओं की चर्चा बिना एक विकसित शास्त्रीय नृत्य परम्परा के सम्भव नहीं थी। इसका अर्थ यह भी है कि यह परम्परा पदों के रचयिताओं से भी प्राचीन थी। ब्रज में अनेक नृत्य जैसे चाँचर, धमार, फाग, होरी तथा कृष्ण की विविध लीलाओं पर आधारित रासलीलाएँ एवं महारास आज भी प्रचलित हैं जो यहाँ के सामाजिक,

धार्मिक जीवन का अभिन्न अंग हैं। कीर्तन ध्रुपद गायिकी का ही अंग था और नृत्य कीर्तन तथा ध्रुपद दोनों से सम्बद्ध रहा है। मन्दिरों में नृत्य का आधार कीर्तन और ध्रुपद गायन आदि ही थे। ध्रुपद गायकी ताल-वैविध्य और लय के अनेक स्तरों को उभारने के हिसाब से अभी भी कथक के बहुत करीब पड़ती है। ध्रुपद अपने स्वरूप में धार्मिक था और कथक भी प्रारम्भ से ही उससे सम्बद्ध होने के कारण उसमें अपने संगीत के अनुरूप ही गाम्भीर्य और गरिमामय भव्यता थी। इस तरह कथक नृत्य का पूरा स्वरूप, कथ्य, संगीत, केन्द्र, आधार सब पूरी तरह धार्मिक था और इसका विकास भी धीरे-धीरे मन्दिर में ही हुआ जहाँ कृष्ण और राधा इसके आराध्य थे। कथक को आज भी नटवरी नृत्य भी कहा जाता है। कथक ने एक निश्चित अलग शैली का रूप सम्भवतः इसी समय से लेना शुरू किया। कालान्तर में मुस्लिम शासन और दरबारी संस्कृति से प्रभावित होने पर इसमें अनेक परिवर्तन हुए। कई चीज़ें सम्मिलित हुईं, कई का लोप भी हुआ, पर इसका मूलस्वरूप वही रहा। कथक के विकास की चर्चा करते समय यह बात याद रखना अत्यन्त महत्त्वपूर्ण है।

प्राचीन भारत में यों तो नृत्य, नाट्य से सम्बन्धित अनेक जातियाँ थीं—दाधी, नटवा, भगतिया, कीर्तनियाँ, भवैया, रासधारी। पर लगता है मुगलकाल में किसी कारण से कथक अधिक प्रतिष्ठित हो गये। पर इससे यह धारणा बना लेना कि मुगल दरबार के बाहर नृत्य रह ही नहीं गया था या बाकी सारी जातियाँ नष्ट हो गयीं, बहुत ही भ्रामक है। वास्तविकता यह है कि दरबार का नृत्य होने के कारण इस नृत्य को चित्रों और साहित्य आदि में प्रधानता मिल गयी किन्तु अधिक सहज और प्रामाणिक नृत्य प्रवाह दरबार के बाहर ही था, जो इस तरह के विदेशी प्रभाव में अपेक्षाकृत कम आया और इसलिए अपना प्राचीन स्वरूप काफी हद तक बरकरार रख सका। सामान्यतः भारत में विदेशी आक्रमणों, विशेषकर इस्लाम धर्म के प्रसार का कलाओं पर बहुत व्यापक प्रभाव पड़ा। नृत्य जैसी विधाएँ जो न केवल ईश्वर को समर्पित थीं उसके विविध रूपों, कर्मों और कथाओं को मूर्त भी करती थीं, साथ ही ईश्वर उपासना का साधन भी थीं, उनका इस्लाम धर्म में कोई स्थान नहीं था। फलस्वरूप इससे प्रभावित क्षेत्रों में न नृत्य रहा न नृत्य मूर्तियाँ। अधिकांश कलाकार या तो ऐसे स्थान पर चले गये जहाँ वे स्वतन्त्र रूप से कला साधना कर सकें या हिन्दू राजपूत राजाओं के

आश्रय में रहने लगे। यहाँ ये कलाएँ मन्थर गति से ही सही पनपती रहीं, जीवित रहीं।

यह सही है कि इस्लाम धर्म में संगीत, चित्रकला, नृत्य, मूर्तिशिल्प आदि का कोई स्थान नहीं था और ना ही वे कला को ईश्वर साधना का अंग मानते थे, पर धर्म से पृथक विविध कलाओं में कुछ शासकों को रुचि थी। अपने इस शौक को पूरा करने के लिए कुछ मुस्लिम शासकों ने स्थानीय कलाकारों के अतिरिक्त फारस और मध्य एशिया से संगीतज्ञ और नर्तक भी बुलवाए थे। हंसिनी, डोमिनी, हरकिनी आदि नामों से विख्यात इन नर्तक जातियों की अपनी पृथक विशेषताएँ थीं। दरबारों में स्थान पाने वाले हिन्दू नर्तकों पर इनके नृत्यों का पर्याप्त प्रभाव पड़ा और इस तरह उत्तर भारतीय नृत्य एक नये रूप में विकसित होकर सामने आया। साहित्य और संगीत के क्षेत्र में अमीर खुसरो ने पहले ही दोनों देशों की शैलियों के सम्मिलन से कुछ अभिनव और सफल प्रयोग किए ही थे। तबला, सितार जैसे वाद्य, यमन, काफी जैसे राग और खड़ी बोली में काव्य अमीर खुसरो की ही अमूल्य देन कही जाती है। किन्तु प्रारम्भिक दौर के ऐसे छिटपुट उदाहरण के अतिरिक्त भारत में इस अव्यवस्था के काल में कला के क्षेत्र में विकास प्राय: अवरुद्ध ही रहा। कालान्तर में अधिक सहिष्णु और कला प्रेमी अकबर, जहाँगीर जैसे मुगल बादशाहों के राज्य में इन कलाओं ने पुन: सर्वथा भिन्न धरातल पर एक प्रतिष्ठा प्राप्त की जिसमें लक्ष्य ईश्वर साधना नहीं अपने आश्रयदाताओं का मनोरंजन करना, उन्हें उससे चमत्कृत करना था। जाहिर है लक्ष्य के इस परिवर्तन ने समस्त कलाओं के पूरे दृष्टिकोण में मूलचूल परिवर्तन ला दिया।

भारत में संगीत-गायन, वादन और नृत्य—इन तीनों को साथ लेकर चलता रहा है। इसलिए संगीत चाहे वह लोकसंगीत हो या शासत्रीय उसके साथ नृत्य किसी-न-किसी रूप में जुड़ा रहा। या यह कहें कि शास्त्रीय नृत्य के साथ शास्त्रीय संगीत का होना उसकी बुनियादी ज़रूरत थी और इसीलिए वह उसका अभिन्न अंग रहा। यों कई बार ये स्वतन्त्र रूप से भी लोकप्रिय होते रहे हैं जैसे मुगल दरबार में नृत्य की अपेक्षा संगीत के प्रति अधिक रुझान और रुचि थी जिससे इस काल में खयाल, ठुमरी, आदि कई गायन-शैलियों का विकास हुआ। दक्षिण भारत की तरह उत्तर में भी तत्कालीन संगीत-शैलियों ने नृत्य को बहुत अधिक प्रभावित किया पर

वह नृत्य का उस तरह अभिन्न अंग या उससे उस तरह एकाकार नहीं हो सका जैसा दक्षिण में। इसका प्रमुख कारण सम्भवतः दक्षिणी संगीत की अपनी वह शैलीगत विशेषता थी जिसका विस्तार नृत्य में उसी ढंग से सम्भव था। यों तो उत्तर में भी नृत्य का सम्बन्ध ध्रुपद-गायन से बहुत पहले से रहा है। पर अब ख्याल-गायिकी का भी नृत्य पर परोक्ष रूप से प्रभाव पड़ने लगा। ख्याल-गायिकी में स्वरों के आरोह-अवरोह द्वारा बुने बारीक और विविध स्वर समूह और बन्दिशों का स्थान नृत्य में तालबद्ध चमत्कारपूर्ण और लयात्मक पैरों के चलन और टुकड़ों ने ले लिया। नृत्य बोलों के विविध संयोजन और एकीकरण द्वारा बोलतान और तान के समकक्ष ही अंकगणित की तरह निश्चित अंकों में तालबद्ध अलंकारी फरमाइशी टुकड़ों और परण का प्रचलन बढ़ा। इस तरह ख्याल-गायिकी के अनुरूप एक अपूर्व नृत्यरूप विकसित हुआ जिसमें कलापक्ष प्रधान था और भावपक्ष अपेक्षाकृत गौण। धीरे-धीरे कथक नृत्य में साहित्य गौण होता गया और उनके भावों को बिना शब्द के ही प्रदर्शित किया जाने लगा जो गत, गतभाव आदि कहलाया।

भावपक्ष में संगीत और साहित्य के लिए भी उत्तर में नृत्य ने ध्रुपद और कीर्तन के स्थान पर ठुमरी, गजल, भजन आदि का सहारा लेना शुरू किया। ठुमरी-गायन में एक ही प्रमुख भाव को स्वरों के माध्यम से अनेक अर्थ देने का प्रयास होता है। नृत्य में नर्तक ठुमरी की प्रमुख पंक्तियों को दोहराते हुए विविध भाव-भंगिमाओं, मुद्राओं, चलन द्वारा अनेक अर्थ देकर उसे वही विस्तार और सौन्दर्य प्रदान करता है जो गायक उसे स्वरों द्वारा। ग़ज़ल और ठुमरी में शृंगारिक लौकिक भाव का बाहुल्य था। इसलिए इनसे प्रभावित नृत्य में भी इन्हीं हावभावों को प्रधानता मिली। भजन भक्तिभाव प्रधान थे पर उनका अधिकार-क्षेत्र दरबारों के बाहर ही अधिक था। दरबार में नृत्य और संगीत अपने भावपक्ष के लिए हिन्दू पौराणिक धार्मिक कथानकों तक सीमित नहीं रह गये थे। उनमें ऐन्द्रिकता आती गयी। साहित्य और चित्रकला आदि की भाँति नृत्य में भी ताल-लय के चमत्कार तथा अलंकरण पर अधिक जोर हो गया। भावपक्ष धर्म से हटकर राधा-कृष्ण की आड़ में सामान्य नायक-नायिकागत शृंगार पर अधिक केन्द्रित होता गया। कथक में ध्रुपद की गाम्भीर्यपूर्ण भाव-प्रवणता अब क्षीण होने लगी थी। दरबारी संस्कृति से प्रभावित नृत्य जहाँ शृंगारबहुल और कला-प्रधान हो गया वहीं नृत्त-पक्ष प्रबल होने के कारण इसमें

संगीत और साहित्य का वैविध्य भी क्षीण होता गया और संगीत ने तो अन्ततः एक लहरे (नगमे) का रूप ले लिया, जिसमें एक आवृत्ति की धुन (गत)ही बार-बार बजाई जाती थी और जिसका मुख्य काम ताल कायम रखना था। इसकी एक उपलब्धि यह ज़रूर थी कि एक ही स्वरसमूह बार-बार बजते रहने के कारण सारा ध्यान नृत्य पर, उसके विभिन्न लयात्मक बुनावट पर केन्द्रित रह सकता था। किन्तु संगीत-नृत्य का अभिन्न और अत्यन्त महत्त्वपूर्ण अंग है, उससे इस तरह एकदम कटकर कथक नृत्य बहुत हद तक सीमित भी हो गया। यह बात आज का नर्तक समझने लगा है और अब इस दिशा में ठोस और रचनात्मक काम हो रहा है।

नर्तक जो कथक दरबारों में करते रहे हैं केवल वही कथक नृत्य नहीं था। उनसे अलग मन्दिरों में, उत्सवों में, धार्मिक अनुष्ठानों में जो पारम्परिक नृत्य उत्तर भारत में होता रहा होगा वह या तो कथक ही रहा होगा या उससे मिलता-जुलता कोई रूप। यों भी उत्तर भारत का एक पारम्परिक नृत्य रहा होगा ही जिसने बाद में विभिन्न रूप लिये। उसका कुछ अंश ओडिसी में है, कुछ कथक में, कुछ रासलीला जैसे नृत्य-प्रकारों में। आज भी ओडिसी और कथक के कुछ बोल, पैरों के विन्यास आदि में जो हल्का साम्य है वह इतने वर्षों के परिवर्तन और विविध प्रभावों के बावजूद बचा रह गया लगता है। प्रारम्भ में एक ही स्रोत से निकली इन नृत्य-शैलियों की एकरूपता, अभिन्नता कहीं अधिक स्पष्ट रही होगी। यह भी सम्भव है कि आज का ओडिसी उस नृत्य के अधिक समीप हो, क्योंकि उत्तर भारत के जिस क्षेत्र में कथक बाद में पनपा और विकसित हुआ वहाँ वह कहीं अधिक और निरन्तर विदेशी प्रभाव में आया। बारहवीं, तेरहवीं शताब्दी में उकेरी नृत्य भंगिमाएँ भी ओडिसी नृत्य के अधिक समीप पड़ती हैं। किन्तु 16-18वीं शताब्दी के कांगड़ा, राजपूत, पहाड़ी आदि शैली के चित्रों में जो नृत्य-मुद्राएँ अंकित हैं वे स्पष्ट ही कथक नृत्य के निकट हैं। ब्रजभाषा और राजस्थान के कुछ अंचलों के साहित्य में भी जिस नृत्य के चित्र मिलते हैं वे कथक के अधिक समीप हैं। यों भी ब्रज-काव्य में प्राप्त नृत्य से प्रभावित, सम्बन्धित अनेक बिम्ब और प्रतीक कम-से-कम एक विकसित प्रचलित नृत्य-परम्परा का इंगित तो करते ही हैं। जैन मिनिएचर चित्रों में चित्रित 'कल्पसूत्र' या अन्य पाण्डुलिपियों में चित्रित नर्तकी की भंगिमाएँ अधिकांशतः अर्धमण्डली की है। राजपूत शैली के चित्रों में कृष्ण और गोपियाँ कितनी ही तरह से नृत्य-मुद्राओं में अंकित हैं। चित्रों में वाद्य संगत

करने वाली प्राय: स्त्रियाँ रही हैं—मृदंग, झाँझ और मंजीरा बजाते हुए, कृष्ण स्वयं बाँसुरी या इकतारा लिये प्रदर्शित हैं। इन चित्रों में ये 'नाट्यशास्त्र' में वर्णित ऊर्ध्वजानु, स्वास्तिक-चारी और अर्धमण्डली की स्थिति में अंकित हैं। 18वीं शताब्दी के बाद के चित्रों में तबले का प्रयोग स्पष्ट है। नृत्य भंगिमाएँ भी अधिक सीधी स्थिति में हैं। पैरों के घुटनों से बाहर मुड़े होने की स्थिति, जो नृत्य-भंगिमा की प्रमुख विशेषता थी, धीरे-धीरे खत्म हो गयी। जिस तरह की शिल्पगत विशेषताओं और तैयारी पर जोर बढ़ा उसमें पैरों की यह स्थिति और शरीर का कमर आदि से विभिन्न स्थिति में झुकाव या मोड़ बहुत सुविधाजनक नहीं रहा होगा। तेज चक्कर (भ्रमरियों) का चलन और पैर की द्रुत तत्कार में भी इसका कोई स्थान नहीं था। उसके लिए तो शरीर को सीधा रखकर एक स्थान पर ही शरीर में सन्तुलन बनाये रखना ज़रूरी था। बिना उसके इतनी तेज भ्रमरी और तत्कार दोनों ही सम्भव नहीं हैं। तेज लय के परण टुकड़ों आदि में भी इन भंगिमाओं को बनाये रखकर नृत्य करना कठिन रहा होगा। और इस तरह बहुत सम्भव है नर्तकों को नये विदेशी प्रभाव के कारण विकसित इस नृत्य-शैली में इस स्थिति में नृत्य करना अधिक आसान रहा हो और उन्होंने धीरे-धीरे इसी को अपना लिया।

वेशभूषा में भी अन्तर कुछ तो तत्कालीन दरबारों में प्रचलित वस्त्रों के कारण रहा होगा और फिर कुछ बदलाव नृत्य में सुविधा की दृष्टि से भी आया होगा। चूड़ीदार पाजामा और उसके ऊपर पतला नीचे पैरों तक अँगरखा जहाँ एक ओर शरीर के विन्यास और मोड़ों के ठीक और सही होने की पहचान में मदद करता था तो स्वयं नर्तक के लिए हल्के होने के कारण अधिक सुविधाजनक रहा होगा। सोलहवीं शताब्दी के आसपास मोहम्मद शाह ने अपनी पुस्तक 'संगीतमालिका' में अपने समय में प्रचलित नृत्य का उल्लेख करते हुए लिखा है कि उस समय ताण्डव की अपेक्षा लास्य नृत्य का प्रचलन अधिक था। नृत्य करते हुए नर्तक सिर, वक्ष, हस्त, कमर, पैरों, आँखों और भौंहों के विविध चलन और गतियों का उपयोग करता है और इनकी व्याख्या करते हुए उनकी गतियों की संख्या का भी उल्लेख किया है। इसके अतिरिक्त उन्होंने नेरी नृत्य, शब्द नृत्य, गीत नृत्य आदि अनेक ऐसी नृत्य रचनाओं की चर्चा करते हुए उनकी प्रकृति और विशेषताओं की विशद् व्याख्या भी की है। इससे स्पष्ट होता है कि इस समय में प्रचलित

शास्त्रीय नृत्य काफी विकसित और जटिल विधा थी। दूसरे यह कि संगीत विशेषकर ध्रुपद इस नृत्य का अभिन्न अंग था। इसकी बहुत सम्भावना है कि इस रूप में प्रचलित यह नृत्य कथक ही रहा होगा।

मुगल साम्राज्य के पतन और ब्रिटिश राज्य के अभ्युदय के साथ-साथ कलाओं के राजकीय संरक्षण के अभाव में काफी कलाकार फिर बेसहारा हो गये और अपनी आजीविका के लिए वे अनेक तरह के पेशे करने को मजबूर हो गये। इसका सबसे अधिक बुरा परिणाम नृत्य पर पड़ा और धीरे-धीरे अन्य नृत्य-शैलियों की तरह दरबार में पोषित कथक नृत्य भी अपनी गरिमा और प्रतिष्ठा खोने लगा और अन्ततः वह कामोत्तेजक और ऐन्द्रिक विलासमय नृत्य के रूप में परिणत होता गया। इसकी चरम परिणति थी इसका तवायफों के नाच के रूप में बदनाम होना। कोठेवालियों से सम्बद्ध हो जाने के कारण भले घर की लड़कियों का इसे सीखना और देखना तक वर्जित हो गया। दूसरी ओर अंग्रेजी शासन के समय में यों भी हर देशी चीज़ को हेय दृष्टि से देखने का एक माहौल-सा बन गया था, चाहे वह समाज हो, लोग हों, उनका रहन-सहन, वेशभूषा, शिक्षा आदि या संगीत, नृत्य, शिल्प आदि कलाएँ। यह सही है कि भारत की अतीत संस्कृति की गौरवगाथा और अपनी कलाओं की उत्कृष्टता की पहचान और उन पर अभिमान भी बाद में हमने विदेशियों से ही सीखे, पर बहुत समय तक वह दृष्टि भी विदेशी ही थी। उन सब वर्जनाओं और सामाजिक बन्धनों के बावजूद ये नृत्य बचे रह गये इसके कई कारण थे। एक तो यह कि इन नृत्यों की एक अविच्छिन्न धारा लोक-रूपों में अभी भी प्रवाहित थी, दूसरे, नियमित न सही पर कुछ विशेष अवसरों पर मन्दिरों में नृत्य अभी भी सुरक्षित था। कुछ ऊँचे घरानों और हल्कों में अभी भी ललित कलाओं की जानकारी, उनके प्रति रुचि शिक्षा का अभिन्न अंग समझी जाती थी। पर ऐसी शिक्षा और उसका प्रदर्शन पारिवारिक जलसों और त्योहारों तक ही सीमित था।

उन्नीसवीं शताब्दी में गोसाईं पन्नालाल ने अपनी रचना में नृत्यभेद तथा हंस, मयूर, कुक्कुट, कुंजर, तीतर, मीन आदि गतियों की चर्चा की है। ताण्डव को पुरुष का और लास्य को स्त्रियों का नृत्य बताया है। यहाँ भी नृत्य संगीत के रूप में ध्रुपद की चर्चा है और उसे स्वयं नर्तकी गाती है। नर्तकी का गायन में निपुण होना तथा नृत्य के साथ-साथ गा सकने के गुण

की चर्चा 'नाट्यशास्त्र' काल से होती आयी है। उन्नीसवीं शताब्दी में इस तरह के नृत्य के उल्लेख से एक बात तो बिलकुल स्पष्ट है कि उत्तर भारत में शास्त्रीय नृत्य की एक अधिक गम्भीर, प्रामाणिक और सशक्त परम्परा इस काल में भी विद्यमान थी, जिसमें ध्रुपद गायकी नृत्य से सम्बद्ध थी और इस तरह यह कहीं-न-कहीं अभी भी उस भक्ति-परम्परा से जुड़ी थी। बहुत सम्भव है कि लखनऊ घराने के मिश्र ब्राह्मणों के जिस परिवार ने अवध के नवाब के यहाँ रहकर कथक को नये ढंग से पुनर्जीवित किया वे इसी धारा के नर्तक रहे हों। इनसे पृथक एक बाजारू किस्म का नाच भी प्रचलित रहा ही होगा, जिसमें कथक के कुछ अंश हों और जिसके कारण कथक कोठेवालियों के नाच के रूप में बदनाम हुआ। आज भी ब्रज में रासधारियों द्वारा जो रासलीलाएँ की जाती हैं उनकी एक निश्चित परम्परा और पद्धति है जिनका इनमें उसी शुद्धता से पालन होता है। वसन्त ऋतु और होली के अवसर पर होनेवाले धमार, फाग और चाँचर नृत्यों की भी विशिष्ट परम्परा है। वैष्णव मत से प्रभावित एक और जाति ढाँढी—जिसका उल्लेख 'आईने अकबरी' में भी मिलता है, द्वारा आज भी ब्रज में कृष्णजन्म के अवसर पर जो नृत्य किया जाता है वह अपने शिल्प और स्वरूप में कथक के बहुत नजदीक है।

कथक को लखनऊ घराने के वर्तमान रूप में विकसित और सुरक्षित रखनेवाले मिश्र परिवार के विषय में जनश्रुति है कि अठारहवीं शताब्दी के पूर्वार्द्ध में इस परिवार के ईश्वरी प्रसाद जी को नृत्य की चरम अवस्था में श्रीकृष्ण ने दर्शन दिए थे और उसके बाद उन्होंने विष्णु परण की रचना की थी। ये भक्त थे और इनके नृत्य में कृष्ण के प्रति राधा-गोपी-जन्य भक्तिभाव था। इनके पोते बाबा प्रकाश जी नवाब आसफुद्दौला के दरबार में नर्तक के रूप में आये थे। स्वयं काली के भक्त होने के कारण उन्होंने गणेश वन्दना, जो अब गणेश परण के रूप में रह गयी और ताण्डव अंग के टुकड़े परणों की रचना की। इनके बाद इनके पोते ठाकुर प्रसाद और उनके भतीजे बिन्दादीन और कालकादीन नवाब वाजिदअली शाह के राज नर्तक थे। कथक को सबसे अधिक प्रसिद्धि दिलाने और उसका क्षेत्र विस्तृत बनाने का श्रेय इन दो भाइयों को ही है। बिन्दादीन महाराज रचित ठुमरी, दादरा भजन आदि आज भी कथक में भावप्रदर्शन के महत्त्वपूर्ण अंग और आधार हैं।

राजस्थान में बीकानेर सम्भाग का इलाका कथिकों का गढ़ था। आज भी पूरे देश में फैले अधिकांश कथिक राजस्थान के ही हैं। हिन्दू राजाओं के प्रश्रय के कारण इनमें धार्मिक स्वरूप का बचा रहना अधिक स्वाभाविक था। इनमें से कई मन्दिरों से भी जुड़े रहे होंगे। राजदरबार के ज़नानखाने से अनेक संगीतकारों, नर्तकों, नर्तकियों के सम्बद्ध होने का उल्लेख मिलता है। कई नर्तकियाँ मन्दिरों से जुड़ी थीं। बहुत सम्भव है इनके नृत्य-गुरु ये कथिक ही रहे हों। वृन्दावन में रास के सन्दर्भ में राजस्थान के एक नर्तक वल्लभ का जिक्र आता है, जिसने वहाँ की रास-लीला के लिए नृत्य की शिक्षा भी दी। वहाँ की रासलीला में कथक नृत्य की भंगिमाओं और बन्दिशों का एक कारण यह भी हो सकता है। दूसरी तरफ यह भी सम्भव है कि अनेक भक्तों ने वहाँ के नृत्य से प्रभावित होकर तत्कालीन कथक नृत्य को प्रभावित किया हो। जयपुर घराने से सम्बद्ध पुराने ज्ञात कथक भानूजी शिव-भक्त थे। कहा जाता है, उन्होंने एक सन्त से शिव परण सीखा था। अन्य अनेक नर्तकों की भी भक्ति-विषयक कथाएँ प्रचलित हैं। इससे कथक के धार्मिक संस्थानों से भी जुड़े होने का पर्याप्त आधार मिल जाता है। इस घराने की शिष्य परम्परा में अनेक ख्यात नर्तक हुए जिनमें पं. जयलाल, सुन्दर प्रसाद, हनुमान प्रसाद, नारायण प्रसाद आदि प्रमुख हैं।

'राधागोविन्दसंगीतसार' में नृत्य प्रस्तुति का विशद वर्णन है। वह यद्यपि दरबार में प्रदर्शन के वर्णन है, किन्तु उसमें उसके धार्मिक तत्त्व तथा शास्त्रीयता के पूरे तत्त्व विद्यमान हैं। यों तो प्राय: सभी नृत्यशास्त्र-सम्बन्धी ग्रन्थों का आधार 'नाट्यशास्त्र' या 'अभिनयदर्पण' रहा है, फिर भी कुछ बदले तत्त्वों का समावेश इस ग्रन्थ में मिलता है। इसमें वर्णित बोल और पद्धति आज के कथक नृत्य के समीप है। जिससे यह निष्कर्ष निकाला जा सकता है कि इसकी रचना तत्कालीन प्रचलित नृत्य के सन्दर्भ में हुई, जो निश्चित ही कथक रहा होगा।

कथक इतिहास के निकटस्थ अतीत में दो शासकों ने महत्त्वपूर्ण भूमिका निभाई थी। पहले तो अवध के नवाब वाजिद अली शाह जो स्वयं नृत्य और संगीत के प्रशंसक ही नहीं अच्छे ज्ञाता और कलापारखी थे। इन्होंने स्वयं कालकादीन और बिन्दादीन की सहायता से अनेक 'रहस' की रचना की थी—जिसमें वे स्वयं भी नृत्य करते थे। दूसरे, रायगढ़ के राजा

चक्रधरसिंह, जो नृत्य, संगीत के बेहद शौकीन विद्वान और ज्ञाता थे। इन्होंने स्वयं भी इन विषयों पर अनेक पुस्तकें लिखी थीं, जो दुर्भाग्य से अभी भी सुलभ नहीं हो सकी हैं। कथक के बड़े गुरुओं को अपने दरबार में रखने तथा प्राय: उनके प्रदर्शन आयोजित कर उसे जीवित रखने का श्रेय इनको भी जाता है। कुछ स्थानीय लोक-कलाकारों को भी इन्होंने इन गुरुओं से विधिवत कथक शिक्षा दिलवाई।

इनके अतिरिक्त आधुनिक युग में कथक-सम्बन्धी वर्जनाओं को तोड़कर समृद्ध घर से आनेवाली प्रथम महिला श्रीमती मेनका सोखे थीं। इन्होंने कथक के बड़े गुरुओं से शिक्षा पाई थी और कथक को देश-विदेश में लोकप्रिय बनाने और कथक को पुन:प्रतिष्ठित करने में इनकी बहुत बड़ी भूमिका रही है।

कथक के पुनरुत्थान की बात करते हुए श्रीमती निर्मला जोशी के नाम और योगदान को अनदेखा नहीं किया जा सकता। संगीत भारती और बाद में भारतीय कला केन्द्र की स्थापना में योगदान और उसमें कथक और हिन्दुस्तानी संगीत के गुरुओं का समागम इनके ही अथक परिश्रम का परिणाम था। एक समय ऐसा था जब स्व. शम्भू महाराज, स्व. सुन्दर प्रसाद और बिरजू महाराज जैसे कथक के नृत्याचार्य, ध्रुपद गायक डागरबन्धु (उस्ताद नसीर मोइनुद्दीन तथा नसीर अमीनुद्दीन डागर), ख्याल गायक मुस्ताक हुसैन खाँ, सरोद वादक उस्ताद हाफिज़ अली खाँ और पखावज के पं. पुरुषोत्तमदास—ये सब भारतीय कलाकेन्द्र में नृत्य और संगीत के शिक्षक-गुरु के रूप में एकत्र थे।

कथक आज जिस रूप में उपलब्ध है—वह अपने प्राचीन रूप से काफी बदल गया है, इसमें सन्देह नहीं। पर फिर भी 'नाट्यशास्त्र' सम्मत अनेक रूढ़ियाँ, मुद्राएँ, भंगिमाएँ, गति और भाव-निरूपण आदि उसमें आज भी सुरक्षित हैं। 'हस्तमुद्राएँ' अलग से हस्तमुद्रा के रूप में नहीं सिखाई जाती हैं, पर कई हस्तमुद्राओं का प्रयोग कथक में होता है, जो प्राय: नृत्य हस्तक तथा गत भाव के रूप में सुरक्षित हैं। वस्तुत: ये मुद्राएँ सम्पूर्ण शरीर से व्यक्त भाव का, नृत्य का अंग बन जाती है। उन्हें भरतनाट्यम् या कथकलि की तरह अलग से प्रयुक्त नहीं किया जाता। जैसे अर्धचन्द्र दिखाना हो तो न केवल हस्तक से वह दिखाया जाता है, बल्कि पूरा शरीर ही अर्धचन्द्र का आकार ग्रहण कर लेता है। या चकोर दिखा रहे हों तो न केवल हाथ

से बल्कि गर्दन, आँखें, भवें—सभी उस चकोर की गति को निरूपित करते चलते हैं। कथक की यह विशेषता जहाँ नृत्य में एक लास्य और लयात्मक गति पैदा करती है वहीं कई बार स्पष्ट मुद्रा-भाषा के अभाव में कुछ भावों को संक्षेप में और सीधा व्यक्त करने में आड़े भी आती है। दूसरी तरफ यह भी है कि सम्पूर्ण शरीर क्योंकि कोई भी भाव व्यक्त करता है इसलिए कथक में बिना शब्दों के भी बहुत सारे भाव, स्थितियाँ कथाएँ व्यक्त की जा सकती हैं जो प्राय: अन्य नृत्यों में इतनी सहजता से नहीं हो पाता।

कथक में पैरों की चलन-गति का बहुत ही कल्पनाशील और सुन्दर प्रयोग है। शिल्प में विविध विन्यास और संयोजन की विपुलता तो है ही भावात्मक प्रसंगों में भी पैरों का चलन बहुत बड़ी भूमिका अदा करता है। हल्की या तेज फुहार, तेज बारिश या भौंरों का गुंजार, चमकती-कड़कती बिजली या शान्त बहती नदी की ध्वनि जिस खूबसूरती और प्रभावशाली ढंग से कथक में पेश की जा सकती है अन्य नृत्यों में नहीं। 'नाट्यशास्त्र' में वर्णित अनेक गतियाँ कथक में प्रयुक्त होती हैं। अलग-अलग नायिकाएँ, विभिन्न स्थितियों में उनकी चाल कथक की अपनी विशेषता है। कथक नृत्य अपनी शैली में लास्य अंग प्रधान नृत्य है, इसके कई कारण हैं। एक तो यही कि लास्य में अभिनय का, उसकी अभिव्यक्ति का क्षेत्र कहीं अधिक विस्तृत है। दूसरे, वैष्णव भक्ति के जिस रूप से वह प्रभावित हुआ उसमें मधुर, कोमल, लास्य गुण ही प्रधान था। यों ताण्डव अंग एकदम उपेक्षित हो गया ऐसा भी नहीं है। कालियादमन, द्रोपदी-चीरहरण, शिव-ताण्डव या गणेश परण आदि ये ताण्डव अंग ही हैं। इसके अतिरिक्त परण भी अपनी शैली में ताण्डव अंग के ही रूप हैं। भरत के 'नाट्यशास्त्र' में ताण्डव की कल्पना अलंकारिक अधिक है। यह एक प्रकार से अमूर्त नृत्य का पर्याय था, जिसमें अभिनय का अभाव कहा जा सकता है, जबकि लास्य गीत युक्त भावप्रवण नृत्य है। इस दृष्टि से कथक का द्रुत नृत्तांग एक तरह से ताण्डव प्रधान और नृत्यांग-लास्य प्रधान कहा जा सकता है।

कथक बहुत समय तक छोटी महफिलों तक केन्द्रित रहा जहाँ दर्शक भी कला-पारखी और जानकार होते थे। दूसरे, नर्तक को बहुत समीप से देख सकने के कारण बहुत ही बारीक भाव, एक हल्का सा अन्दाज़ भी दर्शक की निगाह से नहीं बच पाता था। आज के मंच पर दूर तक बैठा दर्शक-समुदाय उन बारीकियों से अनभिज्ञ ही रह जाता है। केवल आंगिक और

कुछ स्थूल भाव ही उस तक पहुँच पाते हैं। इसकी वजह से कथक को प्राय: इस आलोचना का शिकार होना पड़ा है कि भरतनाट्यम् की तुलना में कथक का भावपक्ष कमजोर है। जिन लोगों ने शम्भू महाराज, लच्छू महाराज या अच्छन महाराज के भाव देखे हैं और महसूस किया है कि एक ही पंक्ति, एक ही शब्द कैसे-कैसे अर्थ ग्रहण कर लेता है—वे कथक के इस पक्ष के सौन्दर्य-विस्तार और साथ ही उसकी यह मजबूरी समझ सकते हैं। भरतनाट्यम में भाव सम्राज्ञी श्रीमती बाला सरस्वती से एक बार जब मैंने भाव सिखाने का आग्रह किया तो उन्होंने कहा था तुम्हारे यहाँ शम्भू महाराज जैसे गुरु और भाव-विशेषज्ञ है, उनके सामने मैं क्या सिखा सकती हूँ। यह भले ही एक कलाकार का दूसरे के प्रति अतिरंजनापूर्ण आदर और नम्रता हो, पर इसमें छिपी सचाई को पूर्णत: नकारा नहीं जा सकता। बिन्दादीन महाराज के विषय में कहा जाता है कि एक बार एक ही पंक्ति पर बिना दोहराए उन्होंने शाम से भाव दिखाते हुए भोर कर दी थी। बेहद शृंगारिक-सी दीखती पंक्ति कब लौकिक शृंगार से धीरे-धीरे धार्मिक और दार्शनिक आध्यात्मिक अर्थ ग्रहण कर लेती है, पता ही नहीं चलता। किन्तु इस तरह के भाव के लिए छोटी महफिल ही उपयुक्त हो सकती है। आज का विस्तृत मंच और बहुत हद तक उदासीन-सा दर्शक नहीं। इस दृष्टि से कथक को आज के दर्शक के अनुरूप बनाने में किंचित् कठिनाई होती है। कथक में शिल्प और चमत्कार को आज भी बल्कि कुछ अधिक ही प्रधानता देने का एक कारण यह भी है कि वह दर्शक को सीधे जल्दी ही प्रभावित और उत्तेजित कर देता है।

नृत्य, संगीत जैसी कलाएँ भावाभिव्यक्ति के लिए प्राय: मनुष्य के शाश्वत भावों को ही अपना आधार बनाती है, व्यक्त करती हैं और उन्हें उजागर करती हैं। इसीलिए इनमें आज भी सदियों से चले आते वे ही प्रसंग प्रस्तुत किए जाते हैं, केवल उन पर बल (एम्फेसिस) बदल जाता है। प्रस्तुति का ढंग भी प्राय: बदलता है, पर यही कारण है कि वे प्रसंग आज भी कई अर्थों में हमारे जीवन में अर्थ रखते हैं—महत्त्व रखते हैं और हम उन्हें देखते रहते हैं। कथक में भी कृष्ण की बाल-लीलाएँ, किशोर-लीलाओं के प्रसंग, गोपियों का उल्लास-विरह, दैनंदिन जीवन की झाँकियाँ, 'द्रौपदी-चीरहरण', 'गीतोपदेश' या 'रामायण' के प्रसंग आज भी उसके भाव पक्ष के अभिन्न अंग हैं और इनका नृत्याभिनय हमें अपने उस सांस्कृतिक

ऐश्वर्य से, आदिम चेतना और कलात्मक अभिव्यक्ति से जोड़ता है। सम्भवतः यही कारण है कि आज जब हम नृत्य में आधुनिक भावबोध और चेतना में बदलाव के अनुरूप एक ठोस और प्रत्यक्ष बदलाव की माँग करते हैं तो वह जिस आसानी से एक नये नृत्य-प्रकार में तो सम्भव होता है प्रायः शास्त्रीय नृत्य-शैलियों में नहीं। फिर भले ही वह नया नृत्य-प्रकार शास्त्रीय नृत्य-शैलियों से बहुत प्रभावित हो जाए और उनकी अनेक चीज़ें भी उधार ले लें। यों अप्रत्यक्ष रूप से शास्त्रीय नृत्य-शैलियों में भी बदलाव आया ही है। कथक में ही नवीनता के प्रति आग्रह के कारण कथक की अपनी विशिष्टता बनाये रखते हुए भी उसकी रचनाओं में वृद्धि, कई तरह के संयोजन द्वारा नयी संरचनाएँ, संगीत का अधिक काल्पनिक और रचनात्मक प्रयोग, विविध और कलात्मक वेशभूषा आदि ऐसे बहुत से बदलाव आये ज़रूर हैं, पर उनका प्रभाव अभी सीमित ही है, क्योंकि बदलाव और नवीनता के नाम पर एक सस्ते किस्म की लोकप्रियता बनाये रखने के लिए अधिकांश कथक नर्तक बड़े फूहड़ किस्म के प्रयोग भी करते रहते हैं और इसलिए यह डर बराबर बना रहता है कि कथक कहीं फिर उसी मानसिकता का शिकार न हो जाए, जिससे उबर कर आज वह एक सम्माननीय प्रमुख नृत्य-शैली के रूप में प्रतिष्ठित हुआ है। कथकों में शिक्षा और अन्य कला-विधाओं में रुचि का अभाव भी इसके लिए जिम्मेदार है।

प्रारम्भ में कथक धर्माश्रय में जन्मा, पनपा विकसित हुआ तब कथक नर्तक का मुख्य ध्येय धर्म ही था। इष्टदेव को प्रसन्न करना, रिझाना और दर्शकों को भी धर्म में प्रवृत्त करना, उनकी आस्थाओं को धार्मिक प्रसंगों के नृत्य द्वारा कलात्मक अभिव्यक्ति देना नृत्य की उपलब्धि थी। दर्शक भी धार्मिक था। भक्ति भाव में डूबे दर्शक के लिए भगवान की लीलाओं का नृत्याभिनय असीम सुख और आत्मिक उपलब्धि का साधन था। धीरे-धीरे मध्य युग में दरबार से सम्बद्ध होने पर राजाश्रय और दरबारी संस्कृति का प्रभाव सबसे अधिक कथक पर ही पड़ा। उसका शिल्प, संगीत, भाव सभी एक चमत्कार और वैशिष्ट्य से परिचालित होने लगे। दर्शक वर्ग भी प्रायः ऐशो-आराम में डूबा, पर कलामर्मज्ञ भी था। उसको सरल-सहज भावों और भावाभिव्यक्ति द्वारा आकर्षित और सन्तुष्ट करना सम्भव नहीं रह गया था। इस पूरे परिवेश में कलात्मक मूल्य भी बदल गये थे जिसका

सर्वांगीण प्रभाव कथक पर पड़ा। इन दोनों कालों में दर्शक की रुचि और मानसिकता नृत्य को इन संस्कृतियों के अनुरूप बनाये रखने की प्रमुख शक्ति और मापदंड थी। आज नर्तक अपेक्षाकृत अधिक स्वतन्त्र है इसलिए स्वयं नर्तक का आत्मसंयम, सही दृष्टिकोण और कला के प्रति सच्चा अनुराग एवं साधना नृत्य के स्तर को बनाने के लिए ज़रूरी शर्त बन गयी है। धर्मनिरपेक्ष दर्शक की वैविध्यपूर्ण रुचि, कलात्मक अन्वेषण और नृत्य की अपनी सीमाओं के बीच सन्तुलन बनाये रखना और सस्ती लोकप्रियता से अपने को बचाए रखना एक सच्चे और ऊँचे नर्तक के लिए ज़रूरी भी है और कठिन भी।

कथक का अभी कोई प्रामाणिक इतिहास नहीं है। इसके प्रारम्भिक विकास और रूप की ठीक-ठीक जानकारी के लिए अभी भी विस्तृत अध्ययन और खोज बाकी है। देश के कितने ही स्रोत हैं जैसे साहित्य, चित्र, मूर्तिशिल्प तथा प्रचलित लोक-शैलियाँ जिनके सूक्ष्म और अन्वेषणपूर्व अध्ययन से कथक पर बहुत प्रकाश पड़ सकता है। प्रायः समझा जाता रहा है कि कथक नृत्य का केन्द्र मूलतः ब्रजभूमि ही था, किन्तु अभी भी अवध के मन्दिरों में कुछ अवसरों पर जो नृत्य होता है अपनी प्रकृति में वह कथक से बहुत साम्य रखता है। दरअसल उसे करनेवाले कथिक ही हैं। कथक का लखनऊ नवाब के दरबार में विशिष्ट स्थान रखना और उनके गुरु ठाकुर प्रसाद का इलाहाबाद जिले के हांडिया गाँव का होना इसका प्रमाण है कि उत्तर भारत के उस क्षेत्र में भी कथक नृत्य की एक परम्परा थी जो केवल दरबारों तक ही सीमित नहीं थी उसका मूल स्रोत मन्दिर ही था। राजस्थान के चुरु, सुजानगढ़ इलाके में कथिकों के गाँव हैं और संगीत-नृत्य ही उनका व्यवसाय है। यों भी राजस्थान कथकों का गढ़ रहा है और लखनऊ घराने के परिवार और शिष्य परम्परा के नर्तकों को छोड़ अधिकांश नर्तकों का सम्बन्ध जयपुर घराने से है। जाहिर है ये सभी दरबार से संलग्न नहीं रहे होंगे। बिहारी कला और संस्कृति बहुत समृद्ध रही है। बहुत सम्भव है उसके कुछ अंचलों में कथक की परम्परा भी रही हो! इस तरह एक बात तो स्पष्ट होती है कि कथक केवल दरबार का ही नृत्य नहीं था उसके पीछे नृत्य की एक विकसित और ठोस परम्परा थी, इन दोनों के मिले-जुले रूप का ही परिणाम आज का कथक नृत्य है।

(1976)

# कथक का बदलता स्वरूप

पिछले वर्षों के दौरान उभरी कथक की तस्वीर के बारे में सोचें तो एक बात बहुत साफ है कि कथक के विषय में सोचने-समझने, उसे देखने और अभिव्यक्त करने की प्रक्रिया में एक निश्चित बदलाव आया है। आज से कुछ वर्ष पूर्व जिस तरह से कथक नाचा समझा जाता था उससे हटकर उसके प्रस्तुतीकरण के ढंग में बदलाव आया है। जाहिर है हर बदलाव ज़रूरी नहीं बेहतर ही हों—जैसे यही कि नृत्य को पूरी तरह से समझनेवालों और इस समझ के अनुरूप दाद दे सकनेवालों में कमी हुई है। नृत्य के प्रति उतनी निष्ठा और सम्पूर्ण साधना की दिशा में निश्चित ही गिरावट आयी है—पर नृत्य के प्रति एक नई सौन्दर्यदृष्टि भी इधर विकसित हुई है—जिसने कथक को उसके स्वाधीनतापूर्व गिरे सामाजिक कलात्मक स्तर से उबरने और प्रतिष्ठित करने में अहम् भूमिका निभाई है। नृत्य सुनने नहीं देखने की चीज़ है और वह कर्णप्रिय ही नहीं नेत्रप्रिय भी होना चाहिए। वह केवल व्याकरण ही नहीं, भाषा है—शरीर की भाषा, अंगों, मुद्राओं की भाषा जिसे हम अन्तरिक्ष में रचते हैं। व्याकरण उसका एक अंग, एक साधन है उस भाषा पर अधिकार करने का। इस तरह की कुछ बुनियादी बातों की ओर हमारा ध्यान गया है और उस दिशा में काम करने की गति में तेजी आयी है।

कथक आज जिस रूप में उपलब्ध है उसका इतिहास पिछले ढाई-तीन सौ वर्षों से अधिक का नहीं लगता। कथावाचक वाली परम्परा से उसमें इतने अधिक बदलाव आए हैं कि सीधे भरत नाट्यशास्त्र की परम्परा से जोड़कर देखना मुश्किल लगता है। अयोध्या के मन्दिरों में कथावाचक कथकों की जो परम्परा चली आ रही है उसमें नृत्य अपेक्षाकृत कम और

कथावाचन अधिक है। और इस दृष्टि से उसमें लोक तत्त्व की प्रधानता है। यों एक मायने में कथक नृत्य में भी लोकनृत्य के तत्त्व कम नहीं और कथावाचन का नृत्यानुवाद गत भावों में देखा जा सकता है। लगता है कथावाचन की इसी शैली से नृत्य तत्त्व लेकर बाद में प्रकाश जी, ठाकुर प्रसाद और पुत्र कालिका विन्दादीन की प्रसिद्ध जोड़ी ने कथक को वर्तमान रूप दिया। फिर वह क्या चीज़ है जो इस नृत्य को (क्लासिकल) शास्त्रीय नृत्य की श्रेणी में रखती है?

प्राय: माना जाता है कि अन्य नृत्यों की मुद्रा भाषा का कथक नृत्य में प्राय: अभाव है। जिन मुद्राओं का प्रयोग आमतौर पर कथक में किया जाता है वे स्वाभाविक मुद्रा के रूप में अधिक प्रयुक्त होती हैं नाट्य शास्त्रीय अर्थ में कम। भावों की अभिव्यक्ति में भी सम्पूर्ण शरीर उस विशेष वातावरण और भाव की निर्मिति में सहायक होता है और बहुत सी बातों को व्यक्त करने के लिए भावों को सम्प्रेषित करने के लिए केवल कुछ मुद्राओं का सहारा लेने के बजाय सम्पूर्ण वातावरण रचा जाता है जिसके परिप्रेक्ष्य में वह विशेष चरित्र या भाव उभरकर आता है।

नाट्यशास्त्र की परम्परा से तथाकथित क्षीण सम्बन्ध के कारण जहाँ कथक की अनेक सीमाएँ हैं, विशेषकर भाव के स्तर पर—वहीं उसका लाभ भी कथक को मिलता है। कथावस्तु के विस्तार की जितनी गुंजाइश कथक में है उतनी सम्भवत: और किसी नृत्य में नहीं। यह दूसरी बात है कि प्राय: कथक नर्तक इस सम्भावना की ओर ध्यान नहीं देते। अधिक शास्त्र सम्मत व्याकरण में न जकड़े होने के कारण कथावस्तु ही नहीं गतियों (मूवमेंट्स) के प्रयोग में भी कहीं अधिक छूट और गुंजाइश है। कथक के इस लचीलेपन का बहुत सफल उपयोग कथक के नृत्य नाट्यों में देखा जा सकता है जिनमें गतियों और खासतौर पर विषय के स्तर पर अनेक कथावस्तुओं का सफल उपयोग है। कथा पौराणिक सन्दर्भों से जुड़ा था और हमारी नृत्य शैलियाँ प्राय: उन्हीं सन्दर्भों को विशेषकर कृष्ण-राधा और कभी-कभार राम-सीता, शिव-पार्वती से जुड़ी कथाओं को आधार बनाते रहे हैं। धीरे-धीरे नए विषयों को भी इस नृत्य की भावभूमि का आधार बनना चाहिए। यों इस दिशा में भी कई तरह के प्रयोग हुए हैं जैसे ऋतुओं या रागों आदि पर आधारित नृत्य में कथक के नृत्य पक्ष को भी अधिक सौन्दर्यपरक और कल्पनाशील ढंग से प्रस्तुत किया गया है। गाना

सुनते हुए अक्सर महसूस होता है कि कथक का ध्रुपद गायकी से ही नहीं ख्याल गायकी से भी घनिष्ठ सम्बन्ध रहा है। कथक की इस सम्भावना की भी खोज की जा सकती है।

सामान्य तौर पर कथक श्रृंगार प्रधान नृत्य बनकर रह गया है। रीतिकालीन दरबारी मानसिकता का गहरा प्रभाव इस नृत्य पर देखा जा सकता है। अधिकांश भाव लौकिक श्रृंगार के इर्द-गिर्द घूमते रहते हैं। राधा-कृष्ण के नाम पर सामान्य नायक-नायिकाओं की चेष्टाएँ, विभिन्न अवस्थाएँ ही प्राय: प्रदर्शित की जाती रही हैं। कई बार लगता है मानों कथक में श्रृंगार के अलावा कोई रस है ही नहीं। भाव के स्तर पर अन्य रसों और अवस्थाओं और उनके भाव-संचारी भावों की ओर ध्यान और उनकी जानकारी नर्तक के लिए उपयोगी तो होगी ही आवश्यक भी होनी चाहिए। इसी तरह मुद्रा भाषा का ज्ञान भी कथक नर्तक को होना चाहिए। इस भाषा का उपयोग भले ही हम ठीक उसी ढंग से न करें किन्तु अन्ततः इस तरह की जानकारी नर्तक की समझ को गहरा और उसके दायरे को विस्तृत ही करेगा। एक संकुचित शास्त्र में बँधा होने के कारण ऐसी जानकारी अधिक विस्तार, व्यापकता और छूट दे सकता है भावों को व्यक्त करने की। निश्चय ही यह सब कथक की अपनी पारम्परिक शैली और व्याकरण सम्मत ही सम्भव होगा।

इधर कथक में परम्परानुगत कथक नर्तकों के अलावा समाज के अन्य क्षेत्रों और पढ़े-लिखे लोगों की रुचि भी पैदा हुई और ऐसे नर्तक-नर्तकियों की संख्या बढ़ी है जो कथक को एक सीमित घेरे में ही नहीं देखते बल्कि उसे आसपास की दूसरी चीज़ों से भी जोड़कर देख पाते हैं—सोच पाते हैं और अधिक तर्कसम्मत समाधान ढूँढ़ने की कोशिश करते हैं। इनमें प्राय: घरानेदारी की कुछ बेहद संकुचित विचारधारा से ही न बँधकर अधिक उदार और व्यापक दृष्टिकोण तो दिखाई पड़ता ही है ये लोग कथक प्रदर्शन को अधिक प्रभावशाली, कल्पनापूर्ण और कलात्मक बनाने की दिशा में भी प्रयत्नशील लगते हैं। इस दिशा में आज काम करनेवालों में कुमुदिनी लाखिया, रानी करना, उमा शर्मा, रोहिणी भाटे आदि के नाम विशेष उल्लेखनीय हैं। कुमुदिनी लाखिया ने जहाँ आधुनिक नारी के अकेलेपन और समस्याओं को लेकर एकदम नए कथ्य को 'दुविधा' जैसी रचना में दर्शाया वहीं रानी करना ने विभिन्न अन्तर्विरोधी भावों को ताल

और साहित्य के माध्यम से बड़ी खूबसूरती से एक-दूसरे के बरक्स रखकर उसे प्रभावपूर्ण बनाया है। उमा शर्मा ने रास से कुछ चीज़ें लेकर कथक में लोक नाट्य परम्परा को विस्तार दिया है। रोहिणी भाटे ने कथक के तकनीकी पक्ष और लयकारी में दिलचस्प प्रयोग किए।

पीढ़ीगत और व्यावसायिक नर्तक न होने के कारण उस तरह के बन्धनों में जकड़े होना इनके लिए ज़रूरी भी नहीं है और पढ़े-लिखे होने के कारण अधिक स्वस्थ और अन्वेषणपूर्ण व्यक्तित्व उभरकर सामने आता है। इन लोगों के साथ ही नृत्य गुरु पंडित बिरजू महाराज का उल्लेख करना भी अप्रासंगिक न होगा। आज कथक गुरुओं में नृत्य के प्रति सबसे व्यापक दृष्टिकोण और कथक प्रदर्शन को सौन्दर्य और लालित्यपूर्ण रूप देने का बहुत बड़ा श्रेय इनको है। इस नृत्य को सस्ते मनोरंजन से ऊपर उठाकर उसे शालीन और गरिमामय बनाने में बिरजू महाराज ने अहम् भूमिका निभाई है। इसके अतिरिक्त मैडम मेनका ने शास्त्रीय नृत्य, विशेषकर कथक, को नृत्य नाटिका का आधार बनाकर जिस सम्भावना को उजागर किया था उसे आगे बढ़ाने और प्रतिष्ठित करने की दिशा में बिरजू महाराज ने महत्त्वपूर्ण कार्य किया। ऐसा करने में अनुकूल परिस्थितियाँ और श्रीमती निर्मला जोशी जैसे व्यक्तित्व भी सहायक हुए जिनकी मदद और सलाह के बिना ऐसी शुरुआत असम्भव थी। आज भी कथक में एक ओर सितारा देवी, रोशन कुमारी जैसी नृत्यांगनाएँ हैं जो वर्षों से उसी तैयारी और आत्मविश्वास से नृत्य करती जा रही हैं। इनके पास नृत्य शिक्षा, तैयारी और लगन की कमी नहीं पर उस सौन्दर्यदृष्टि का अभाव है जो नृत्य को मात्र व्याकरण और बाजीगरी से अलग करता है। ऐसे कथक प्रदर्शन की लोकप्रियता को प्रामाणिक मानते हुए इसी शैली में नृत्य करनेवाला युवा वर्ग भी है जिनमें अन्ततः न ऐसी साधनाजनित परिपक्वता है और न ही सौन्दर्य चेतना। इनसे अलग एक वर्ग ऐसे नर्तकों का है, जिनमें भले ही साधना और शिक्षा सम्पूर्ण न हो—यों कला में कोई शिक्षा सम्पूर्ण नहीं कहीं जा सकती—पर एक कलात्मक चेतना है जो नृत्य को सम्पूर्ण और कलात्मक रचना के रूप में सामने लाता है।

बेहतर संगीत और साहित्य का नृत्य में इस्तेमाल आज कथक की उपलब्धि कही जा सकती है। नृत्य रचना के आधार के लिए सूर, तुलसी, मीरा, जयदेव, विद्यापति, पद्माकर आदि के काव्य को प्रयुक्त करना

कथक के स्तर को तो उठाता ही है, इस तरह नृत्य को भी बेहतर बनाने में मदद करता है। एक और दिलचस्प बात जिसकी ओर हल्का सा इशारा पहले भी किया जा चुका है वह यह है कि कथक के कलाकारों की अन्य कलाकारों में दिलचस्पी बढ़ी है। और साथ ही परस्पर संवाद की स्थिति बनी है। इनको यह बात भी समझ में आई कि कथकों के सीमित संसार से निकलकर दूसरी कलाओं और सामाजिक, सांस्कृतिक, राजनीतिक वातावरण के प्रति जागरूक और सचेत होना भी उतना ही आवश्यक है जितना अपनी कला के प्रति ईमानदार होना। दूसरी कलाओं के परिप्रेक्ष्य में कथक को देखने से उसकी अच्छाइयों और कमजोरियों को देख पाना अधिक सम्भव है। कथक की विभिन्न समस्याओं के प्रति चिन्ता और उनसे जूझने और उन्हें समझने के लिए स्वस्थ और खुला दृष्टिकोण इधर कथक से सम्बन्ध रखनेवालों में हुआ है। इसका स्पष्ट प्रभाव हमारी यह वर्कशाप और कथक केन्द्र में पिछले वर्षों के दौरान हुए सेमीनारों में देखा जा सकता है जिनमें कथक नर्तक की समस्याओं से लगाकर स्वयं कथक के परिभाषित शब्दों को लेकर व्याप्त भ्रम और अस्पष्टता पर बातचीत होती रही है।

एक बहुत अच्छी शुरुआत हुई है घराने के आपसी वैमनस्य को दूर करने की। यह ज़रूरी है कि आज कथक नर्तक इस बात को समझें कि घराने की पद्धति का कारण इन जगहों का एक-दूसरे से दूर होना था न कि आपसी वैमनस्य या बेहतर कहे जाने की होड़। परस्पर विचारों और नर्तकों का आदान-प्रदान कठिन होने के कारण नृत्य की सौन्दर्यचेतना में या किन्हीं नृत्य पक्षों की प्राथमिकता में अन्तर ज़रूर हुआ किन्तु मूल रूप से ये घराने कथक के ही हैं इसमें दो राय नहीं हो सकती। इस तरह विभिन्न घराने के नर्तकों के निकट आने और एक-दूसरे को समझने और उनसे सीखने-सिखाने का अवसर मिले और साथ मिलकर काम कर सकें, यह सचमुच अच्छी बात है। रायगढ़ में राजा चक्रधर सिंह ने भी इसी तरह की एक शुरुआत की थी जिसे दुर्भाग्यवश उनके बाद उचित प्रोत्साहन न मिल सका। स्वतन्त्रता के पश्चात् सांस्कृतिक चेतना, कला जाग्रति और पुनरुद्धार के तहत कथक भी सम्भ्रान्त कला के रूप में उभरकर आया। उसने प्रादेशिक स्तर से उठकर राष्ट्रीय दरज़ा प्राप्त किया और देश की प्रमुख नृत्य शैली के रूप में प्रतिष्ठित हुआ। इस तरह धीरे-धीरे वह

प्रभाव और लोकप्रियता की प्रादेशिक सीमाओं को पार कर सम्पूर्ण भारत का नृत्य बन गया है। इसकी लोकप्रियता का दिलचस्प नमूना है अन्य नृत्य शैलियों पर इसका प्रभाव। आज भरतनाट्यम, कुचिपुड़ी और ओडिसी की कितनी ही नर्तकियाँ जैसे—सोनल मानसिंह, संयुक्ता पाणिग्रही, स्वप्न सुन्दरी आदि कथक के कई तत्त्वों को अपने नृत्य में समावेश करती देखी जा सकती हैं जैसे—पलटों का प्रयोग विभिन्न चरित्रों को अलग करने के लिए। तत्कार और तेजी के प्रति उनका आकर्षण, लयकारी के प्रति उनका विशेष मोह सम्भवत: स्वाभाविक ही है क्योंकि वह दर्शक को प्रभावित करने का सबसे आसान और अचूक अस्त्र है। अपने-अपने नृत्य के अनुरूप ढालकर इन तत्त्वों का समावेश कहीं उनकी लोकप्रियता को कम नहीं करता।

यहाँ जब अन्य नृत्य शैलियों की बात उठी ही है तो इसी सन्दर्भ में हमें यह बात नहीं भूलनी चाहिए कि आज यह बहुत ज़रूरी है कि हम एकजुट होकर नृत्य के क्षेत्र की चुनौतियों का सामना करें। इस दौरान कई और नृत्य शैलियाँ प्रकाश में आयीं और विकसित हुई हैं जैसे—ओडिसी, कुचिपुड़ी, छाऊ नृत्य आदि जो नृत्य जगत पर जैसे छा गई हैं। हमको उन कारणों की भी जाँच करना चाहिए जो कथक को इनके बरक्स कम लोकप्रिय बनाता और एक ही श्रेणी के कथक नर्तक की तुलना में अन्य नर्तक को प्राय: बेहतर स्थापित करने की दिशा में कारगर होता है। सम्भवत: इसका एक सीधा कारण तो कथक का इस क्षेत्र में बहुत साफ और आसानी से समझ में आना भी है। प्राय: जिसे हम पूरी तरह नहीं समझ पाते उसको अतिरिक्त आदर देना, बेहतर मानना हमारी मानसिकता का एक अंग बन गया है; पर आज केवल यही कारण ही नहीं है। सम्भवत: एक कारण प्रदर्शन का तरीका भी है। जहाँ अन्य नृत्य अपने प्रस्तुतिकरण में एक सम्पूर्ण और सुचिन्तित नृत्य का प्रभाव छोड़ते हैं वहीं कथक प्राय: टुकड़ों में बँटा, बिखरा, बेतरतीब नृत्य के रूप में सामने आता है। पूरे प्रस्तुतिकरण में कोई भी हिस्सा कहीं भी हो सकता है—जैसी चेतना मन में रहती है। बहुत हुआ आरम्भ में वन्दना और अन्त में कहीं ठुमरी या ऐसी कोई रचना—बाकी और जो करना है वह प्राय: न तो नर्तक के मन में निश्चित होता है और न ही उसके संगतकारों को उसका पता। नृत्य की सफलता बहुत कुछ उसके नामी-गिरामी तबलिए पर

निर्भर होती है। यदि प्रसिद्ध तबले वाला है और वह अपने तबले से प्रभावित कर लेता है तो नृत्य सफल मान लिया जाता है; और ऐसा नर्तक एक सफल नर्तक, बिना यह समझे कि इस तरह नृत्य कहीं गौण हो जाता है।

कथक प्रदर्शन का यह सवाल एक गम्भीर और अहम सवाल है जिसे आज की परिस्थिति में नकारा नहीं जा सकता है। क्योंकि अन्ततः आज नृत्य को अधिक सुरुचिपूर्ण, अर्थपूर्ण और सम्पूर्ण बनाने की ओर हमारा प्रयास होना चाहिए और उसे श्रव्य नहीं दृश्य बनाने की कोशिश इसी के साथ जुड़ी है। कथक का संगीत और वेश-भूषा जैसे महत्त्वपूर्ण पक्षों को भी प्रायः कथक, नर्तक अनदेखा करते रहे हैं। कथक के कथ्य के साथ-साथ उसके संगीत की भी अनन्त सम्भावनाओं की खोज और उनका उचित प्रयोग कथक प्रदर्शन को विस्तार देने के साथ ही उसे सुरुचिपूर्ण बनाता है। ऐसे प्रयोग सराहे भी गए हैं। मंच पर नर्तक का निरन्तर बीच-बीच में बोलना रसभंग भी करता है और एक सम्पूर्ण अन्विति में भी बाधक बनता है। लहरा, जो कि कथक संगीत का अविभाज्य अंग है कई बार उसका नृत्य से बड़ा निर्विकार सा सम्बन्ध लगता है। पिछले दिनों आचार्य बृहस्पति जी ने इस विषय में बातचीत के सिलसिले में एक दो लहरे सुनाए जो वे अच्छन महाराज के साथ बजाते थे। इन लहरों में एक जीवन्तता थी, और निश्चित ही ऐसे लहरे नर्तक और संगतकार के बीच सामंजस्य और समझ के बिना सम्भव नहीं। किन्हीं भी संगतकारों के साथ कथक करने की यह परम्परा न जाने क्यों और कैसे चल पड़ी। पर बिना इस समझदारी के नृत्य पूरी ख़ूबसूरती से प्रस्तुत करना प्रायः असम्भव है। अन्ततः नृत्य बाजीगरी नहीं कला है—और प्रस्तुतिकरण में उसका पूरा सौन्दर्य निखर कर आना चाहिए। कथक के स्वरूप, सौन्दर्य चेतना, विकास, इतिहास, उसके शास्त्र आदि को लेकर तरह-तरह की शंकाएँ-सवाल और उन्हें समझने, उनसे जूझने और उनका समाधान और विकल्प खोजने के निरन्तर प्रयास हो रहे हैं। इस तरह की यह पहल अपने आप में महत्त्वपूर्ण है। और बहुत कुछ कथक को नई दिशा दे सकने में समर्थ होगी ऐसी उम्मीद की जा सकती है।

(1975)

# मूल स्वरूप और नवीन प्रयोग

कथक के इतिहास में स्वतन्त्रता के बाद दो महत्त्वपूर्ण घटनाएँ घटीं जिन्होंने कथक परिदृश्य को एक नया मोड़ दिया। यह है कथक के नये केन्द्र की दिल्ली में स्थापना और पण्डित बिरजू महाराज का उदय। इन दोनों ने ही कथक विषयक दृष्टि को, सोच को एक नया अर्थ और रूपाकार दिया। उस समय देश की मान्य चार शास्त्रीय नृत्य शैलियों—कथकली, भरतनाट्यम, मणिपुरी, कथक—में से एक कथक भी थी ज़रूर, और उस समय तक लच्छू महाराज, शम्भू महाराज, पण्डित सुन्दर प्रसाद जैसे नर्तक गुरु भी विद्यमान थे जिन्होंने आज के कथक दृश्य को बनाने में महत्त्वपूर्ण भूमिका निभायी है। इस सबके रहते भी कुल मिलाकर कला-नृत्य-जगत में कथक का स्थान बहुत बाद तक भी कमतर ही आँका जाता रहा। फ़िलहाल उनके कारणों और बारीक़ियों में न जायें क्योंकि वह इस लेख का सीधा विषय है भी नहीं, पर यह सही है कि तब से कथक ने एक लम्बी यात्रा तय की है और उसने एक नया रूप, नया सम्मान, नया ग्लैमर और आकर्षण ज़रूर अख़्तियार कर लिया है। यहाँ चर्चा केवल उस बदले रूप की है, दीगर प्रश्नों की नहीं।

कथक के मूल स्वरूप पर नवीन प्रयोगों का प्रभाव यह विषय दरअसल एक मायने में जटिल और विस्तृत विषय भी है जो कथक के पूरे इतिहास, शास्त्र, उसकी तकनीक, उसका रूप, सौन्दर्य, रचना-भण्डार आदि अनेक मुद्दे रेखांकित करता है जिनसे जूझे, टकराये बिना बात नहीं बनती। किन्तु उन्हें विस्तार से उठाना यहाँ सम्भव नहीं है इसलिए कुछ ख़ास मुद्दों की संक्षेप में चर्चा करते हुए हम कथक के मूल स्वरूप और नवीन प्रयोगों के प्रभाव को ही मुख्य रूप से देखें।

पहले कथक के मूल स्वरूप के अर्थ को ही लें। इससे हमारा क्या तात्पर्य हो सकता है। कथक का मूल स्वरूप क्या है, कौन-सा, कब का? हम किसे मूल रूप कहेंगे यह तय करें। यदि कथक का कथा-वाचन से विकास मानें तो क्या वह रूप—या जब उसने कभी एक विशिष्ट नृत्य की शक्ल अख़्तियार की होगी, वह रूप। अभी तो यह भी ठीक-ठीक नहीं कहा जा सकता कि उसने कथक नृत्य के रूप में अपनी अलग पहचान कब बनायी। हम कुछ साक्ष्य, कुछ अनुमानों, कुछ किंवदन्तियों आदि के आधार पर यह प्राय: मान लेते हैं कि मध्य युग अर्थात्—पन्द्रहवीं, सोलहवीं शताब्दी तक इसने ज़रूर एक विशिष्ट शैली के रूप में अपनी पहचान बनायी थी। यह इसलिए भी कि उस दौर के कुछ लघु चित्रों में ऐसे अंकन हैं जो इसकी पुष्टि-सी करते हैं और यदि उसने चित्रांकन में स्थान पाया है तो कम-से-कम तब तक उसकी एक परम्परा तो रही ही होगी। मन्दिरों में भी कथक की बात करें तो उसका कोई निश्चित समय और रूप नहीं तय किया जा सकता। उसके कुछ तत्त्व सम्भवत: आज अयोध्या आदि के मन्दिरों में नृत्य तथा रासलीला परम्परा में देखे जा सकते हैं किन्तु जिस तरह के वर्णन साहित्य आदि में भी मिलते हैं उससे लगता है कि मन्दिरों के अधिष्ठाता के सम्मुख नृत्य का रूप अधिक प्रांजल और सौष्ठवपूर्ण होता होगा तथा उसमें नृत्य आदि पक्षों की भी अधिक बारीक़ियाँ रही होंगी। कालिदास रचित 'मालविकाग्निमित्रम्' में मालविका के जिस नृत्य का वर्णन है, उसमें भावगत सौन्दर्य और उसकी अभिव्यक्ति के जो प्रतिमान हैं, वे काफ़ी ऊँचे हैं जिससे इस अंचल में समृद्ध नृत्य परम्परा का बोध तो होता ही है। सम्भव है वह आज के कथक का आदि रूप हो। उसमें छलिक नृत्य का वर्णन आज कथक में अभिनय प्रधान ठुमरी आदि से बहुत मिलता-सा है। यों समकालीन नृत्य परिदृश्य की तरह उस समय भी लोक प्रचलित और शास्त्रबद्ध नृत्य विधाएँ थीं ही देसी-मार्गी के अन्तर्गत। इसके अतिरिक्त साहित्य, शास्त्र आदि में नृत्यों का जैसा उल्लेख और वर्णन है वह लगभग किसी भी शास्त्रीय नृत्य रूप पर लागू हो सकता है। उनके आधार पर किसी एक नृत्य विशेष को गढ़ना मुश्किल है। उनमें वर्णित अनेक तत्त्व आज कथक में भी पाये जाते हैं और उनके आधार पर शायद कथक के विकास या उसकी विविध अवस्थाओं की मोटी रूपरेखा तैयार की जा सके।

समकालीन कथक प्रदेश के नृत्य का एक रूप वह भी था जिसे अँग्रेज़ी राज में प्राय: हिकारत से 'नॉच' कहा जाता था। यों उसके तमाम उल्लेख—कुछ अनादरपूर्वक, कुछ प्रशंसात्मक भी और कुछ विस्तृत वर्णन आदि भी मिलते हैं। अनेक रेखाचित्रों में भी 'नाचवालियों' और उनके संगतकारों को स्थान मिला है। जाहिर है उनमें कुछ उच्चकोटि की नर्तकियाँ भी थीं जो अपनी कलात्मक उत्कृष्टता के कारण भद्र समाज में भी सम्मानित थीं। इनके अलावा अनेक पुरुष नर्तक जो प्राय: किसी-न-किसी दरबार से जुड़े थे उनका नृत्य था। इनके नृत्य में एक अलग क़िस्म का परिष्कार था, कौशल और सौन्दर्य था, और थी अपनी कला के प्रति गहरी अचूक समझ और निष्ठा। इनके अतिरिक्त अनेक नर्तकियाँ भी दरबारों से सम्बद्ध थीं। इन सभी श्रेणियों में अनेक कोटियाँ और स्तर थे। वह जो घूम-घूमकर यहाँ-वहाँ सामाजिक, धार्मिक उत्सवों-अवसरों पर नाचकर गुजारा करते, वह जो 'मुजरा' करतीं और जिनका व्यवसाय नाच-गाकर रिझाना था, वह जो विशिष्ट दर्शक समुदाय को अपनी कला के जादू से मुग्ध करते और वे भी जो अपने आश्रयदाता की प्रतिष्ठा और कलात्मक समझ के प्रतीक बनते।

कथक का दरअसल कोई एक रूप नहीं रहा है। भिन्न प्रदेशों के नर्तकों में भी पर्याप्त भिन्नता रही है। फिर रास की परम्परा भी है जिसमें कथक के कुछ तत्त्व देखे जा सकते हैं। प्रदर्शन स्थल के अनुरूप भी भिन्नता आती रहती है। एक ही नर्तक स्थान परिवेश के अनुरूप विविध ढंग अपना सकता है। दरअसल, इसीलिए कथक के मूल स्वरूप की चर्चा करना मुश्किल होता रहा है। उसका न कोई लिखित इतिहास है न पैमाना। आज के नर्तक के लिए कौन-सा रूप मूल हो सकता है—वही जो उसने देखा है या बुज़ुर्गों से जो सुना है उसके आधार पर पिछली पीढ़ी के नृत्य को हम मानक मानकर एक सामान्य-सी अवधारणा उसके मूल रूप को लेकर करते हैं जिसके परिप्रेक्ष्य में कथक के बदलाव के बारे में प्राय: चिन्ता होती रही है। किन्तु क्या अच्छन महाराज और जयलाल महाराज का कथक एक था? हम लोगों को तो उन्हें देखने का सौभाग्य नहीं मिला किन्तु जिन्होंने उन्हें देखा है, समझा है, उनके वर्णन के अनुसार भी दोनों के नृत्य में पर्याप्त अन्तर था—उसके बरतने में, उसके साथ उनके रिश्ते में—प्रदर्शन शैली में, तकनीक में, सभी में। यह अन्तर यदि

घराने का अन्तर मान भी लिया जाय तो स्वयं अच्छन महाराज, लच्छू महाराज और शम्भू महाराज का नृत्य—वह भी क्या सचमुच एक था! या जयपुर घराने के सब कथक एक-सा नाचते रहे थे ? तो यह प्रश्न स्वाभाविक तौर पर उठता है कि यदि एक समय में इतने लोग इतनी तरह से नृत्य कर रहे थे और सभी कथक था, तो जाहिर है उस समय भी उसमें प्रयोग के तत्त्व तो थे ही और प्रयोग में नवीनता तो होगी ही। उस समय प्रयोग का एक रूप, एक दिशा हो सकती है—आज उसका रूप दूसरा होगा—यह न केवल स्वाभाविक है, यह उस परम्परा के जीवन्त होने का प्रमाण भी है।

परम्परा का एक केन्द्रीय तत्त्व उसका प्रवाह भी है, एक धारा। परम्परा जड़, स्थिर और कुन्द नहीं हो सकती—उसमें निरन्तर कुछ नया जुड़ता ही रहता है तभी उसमें ताज़गी आती है। बहुत कुछ जो उसमें मिलता है सभी सार्थक हो यह ज़रूरी नहीं पर समय निरर्थक को किनारे कर देता है। यही परम्परा को अर्थमयता, समसामयिकता देता है और उसे मृत होने से बचाता है। यही किसी एक परम्परा को सार्थकता की पहचान भी देता है। किसी भी जीवित परम्परा में प्रवाह के साथ-साथ बदलाव अवश्यम्भावी है। और इस तरह नयी वस्तुयें, नये विचार, नयी दृष्टि, सब उसमें जुड़ेंगी ही। उस सबके मन्थन से जो निरर्थक होगा स्वयं ही किनारे छूट जायेगा।

नृत्य जब अपने विशिष्ट सामाजिक परिवेश से मन्दिर और दरबार में गया तो उसके सम्पूर्ण चरित्र में बदलाव आया। यह बदलाव कला रूप के अपने आन्तरिक तर्क से नहीं था। यह स्थान, परिवेश के अन्तर के कारण आया परिवर्तन था। उन स्थानों की अपनी ज़रूरतें थीं, अपना आग्रह था, अपनी दृष्टि थी जिनके कारण उसके बाह्य रूप में बदलाव आया और अन्ततः यह उसके अपने आन्तरिक स्वरूप में भी परिवर्तन लाता ही है। ये तमाम रूप साथ भी चलते ही रहते हैं और कई बार इन सबके मिश्रण से कुछ अधिक परिष्कृत या बदला रूप भी सामने आता है।

आज का बदलाव भी उसी ढंग का बदलाव है जो अन्ततः स्थान, परिवेश, सोच, दृष्टि, ज़रूरत के कारण आया है। यह किसी भी जीवन्त कलारूप की पहचान और ज़रूरत दोनों है। यहाँ अपने बुनियादी तत्वों की रक्षा करते हुए समय की आवश्यकतानुसार बदलाव आते हैं। वाज़िद अली शाह के समय में अनेक संरचनाएँ हुईं। उन्होंने रहस, ठुमरी आदि के लिए

कथक को एक ख़ास दिशा और अन्दाज़ दिया। उनके ज़माने में बिन्दादीन महाराज ने नृत्योपयोगी विविध काव्य रचनाएँ कीं जो भक्तिपरक होते हुए भी श्रृंगार के अनेक रूपों को भी उद्भासित करती हैं। अनेक नृत्य बोल, परणों की संरचना, उन्हें प्रस्तुत करने की विधि, पैरों का रखरखाव उसके विविध हिस्सों के ध्वन्यात्मक और लयात्मक प्रकार, गतों की विविधता सभी पर काम हुआ और उसमें लास्यांग-नज़ाकत-आंगिक सौन्दर्य और सौष्ठव को प्रधानता मिली। इस तरह उन प्रयोगों के कारण कथक के अपने स्वरूप में बदलाव आना स्वाभाविक था। इस बदलाव को व्यापक मान्यता भी मिली। राजस्थान में राजपूत राजाओं की दृष्टि, पसन्द, धार्मिक विश्वास और सामाजिक राजनैतिक परिस्थितियों ने तालप्रधान वीर रसात्मक ताण्डव अंग पर अधिक ध्यान केन्द्रित किया। किन्तु एक की प्रधानता का अर्थ दूसरे का लोप हो जाना नहीं है। चक्रधर सिंह के यहाँ भी ऐसा नवप्रवर्तन और प्रयोगशील कार्य हुआ। नयी बोल संरचनाएँ, उनके नामकरण, उनके शास्त्रगत अध्ययन और लेखन पर राजा का ध्यान गया था। स्थानीय लोकनर्तकों के माध्यम से गम्मत आदि का सूक्ष्म प्रवेश वहाँ के नर्तकों में देखा जा सकता है। जयपुर और लखनऊ शैली के बीच सामंजस्य बनाने की कोशिश इस नवाचार का अच्छा उदाहरण है। इसके पहले भी जयपुर के पं. सुन्दर प्रसाद आदि ने बिन्दादीन महाराज से गहन प्रशिक्षण लेकर इस समन्वय की दिशा में अच्छा काम किया था। मैडम मेनका ने कथक में नृत्य नाटिकाओं आदि की संरचनाओं द्वारा कथक की क्षमता और विस्तार के नये आयामों की खोज की थी। लच्छू महाराज ने बोल परणों को भावात्मक अर्थवत्ता प्रदान कर जहाँ नृत्य में एक नयी अर्थ सृष्टि की वहीं लास्यांग में भी सुकोमल सूक्ष्मता को विस्तार दिया। जयपुर के ताण्डव तथा लखनऊ के लास्यांग के पृथक विकास ने भी कथक सम्पदा और क्षेत्र का अभूतपूर्व विस्तार किया। इस सभी का कथक की प्रयोगशीलता पर गहरा प्रभाव पड़ा।

समकालीन कथक परिदृश्य पूर्वयुगों से नितान्त भिन्न अनेकानेक सम्भावनाओं और ऊर्जा का स्त्रोत है। निश्चित ही यह प्रभाव, प्रचार-प्रसार की दृष्टि से सम्भवतः कथक का स्वर्ण युग कहा जा सकता है किन्तु ठीक यही बात अपवादों को छोड़ दें तो उसकी सूक्ष्मता, सम्पूर्णता और गहराई के सम्बन्ध में शायद नहीं कही जा सकती। किन्तु इस सबमें जाने के

पहले इस बदलाव के कारणों को भी संक्षेप में देख लेना अनुचित नहीं होगा क्योंकि इनमें ही अनेक प्रयोग और बदलाव के बीज छिपे हुए हैं।

ब्रिटिश राज्य एक नितान्त भिन्न संस्कृति का द्योतक था जो भारतीय संस्कृति से बिलकुल मेल नहीं खाती थी। ब्रिटिश साम्राज्यवाद ने अपनी प्रभुसत्ता ज़माने के लिए न केवल यहाँ सामाजिक, राजनैतिक बदलाव किये बल्कि यहाँ के सांस्कृतिक रचनात्मक क्षेत्रों में भी दख़लन्दाज़ी की। भारतीय चिन्तन में राजनैतिक, आर्थिक, दार्शनिक, सामाजिक, साहित्यिक, कलात्मक आदि क्षेत्रों के बीच एक अन्त:धारा और परस्पर अन्तर्सम्बन्ध रहा था और ये एक-दूसरे को काटती नहीं परस्पर जोड़ती और समृद्ध करती थीं। अन्य विदेशी शासनों में संस्कृति का यह रूप सुरक्षित रह गया और काफ़ी हद तक आपस में एक अर्थपूर्ण सम्बन्ध बनाने में सफल हो सका था। ब्रिटिश साम्राज्यवादी संस्कृति ने यहाँ के इस पूरे दर्शन और विचार को हेय दृष्टि से देखा जिसके फलस्वरूप यहाँ के तमाम कलारूपों, विशेषकर प्रयोगात्मक रूपों को निचला दर्जा दे दिया जिससे इनसे सम्बन्धित कलाकार भी एक प्रकार से सामाजिक बहिष्कार के शिकार हुए। केवल ऐन्द्रिय सुख और निम्न मनोरंजन के साधन का दर्जा देने के कारण धीरे-धीरे इन कलाओं और कलाकारों की दशा शोचनीय होती गयी। स्वतन्त्रता पूर्व पुनर्जागरण के युग में भारतीय मनीषियों को जब अपने प्राचीन गौरव का एहसास हुआ और पुनरुद्धार की चेतना जागी तो वह भी कहीं-न-कहीं पश्चिमी शिक्षा की पृष्ठभूमि में ही थी जिससे सामाजिक कुरीतियों को दूर करने के उत्साह में बहुत कुछ ऐसा भी नष्ट हो गया जो हमारी कलात्मक धरोहर और सांस्कृतिक पहचान की महत्त्वपूर्ण कड़ियाँ थीं। इसी श्रृंखला में नृत्य-संगीत आदि कलाओं से जुड़ी देवदासी परम्परा भी थी, जिसका लगभग पूरी तरह सफाया हो गया—और उसके साथ ही इन कलाओं के अपूर्व ज्ञान-कौशल का भी स्खलन हुआ।

बहरहाल, स्वतन्त्रता के बाद इन कलाओं ने पुन: अपनी खोयी प्रतिष्ठा पानी शुरू की—किन्तु इस नयी जनजान्त्रिक व्यवस्था में उसका रूप बदल गया। नृत्य सीखने-सिखाने वाला एक नया वर्ग तैयार होने लगा। विधिवत् घरानेदार सीमित शिक्षा-दीक्षा ने व्यापक रूप लिया और कथक शिक्षा के लिए भी किसी जाति या वर्ग का बन्धन नहीं रह गया। इस तरह

यह भद्रलोक में मान्य हो गया और आज स्थिति यह है कि बड़े शहरों में अपने नर्तक होने की बात गर्व से कही जा सकती है। नृत्य के तमाम पारम्परिक स्रोत बदल गये। पहले एक वर्ग विशेष इनका प्रयोक्ता था और दूसरा उसका दर्शक तथा आश्रयदाता था। आज यह स्थान मध्य वर्ग ने ले लिया है। प्राय: नर्तक-नर्तकियाँ भी उसी वर्ग से आती हैं और दर्शक भी। राज्य के प्रतीक आश्रयदाता भी प्राय: उसी वर्ग से हैं।

कथक में एक और दिलचस्प बात हुई है कि यह पुरुष प्रधान नृत्य स्त्री प्रधान हो गया है। पहले सभी प्रमुख कथक नर्तक पुरुष थे—उसका एक बड़ा कारण यह भी रहा कि वे गुरु भी थे और हमारे यहाँ गुरु पुरुष ही होते आये हैं। नर्तकियाँ पहले भी थीं किन्तु वे प्राय: एक ऐसे वर्ग से आती थीं जिनका मुख्य काम नाच-गाकर रिझाना ही होता था। इधर भद्रलोक में नर्तकियों की संख्या निरन्तर बढ़ती जा रही है। उनके साथ एक ग्लैमर भी जुड़ गया है। किन्तु यह ग़ौरतलब है कि इस सब स्वीकृति, सम्मान और प्रतिष्ठा के बावजूद कहीं दबे हुए सामाजिक प्रतिरोध का पुट उत्तर भारतीय समाज में बना हुआ है। जिसके चलते नर्तकों का जैसे बाक़ी समुदाय से कुछ लेना-देना नहीं रहता और वे प्राय: एक सीमित वर्ग विशेष में सिमट कर रह जाते हैं।

अन्य नृत्य शैलियों की तरह कथक का भी अपने हिन्दी भाषी प्रदेश से आगे विस्तार हुआ है। उसकी अन्य क्षेत्रों और अंचलों में भी आवाजाही बढ़ी है। न केवल प्रदर्शन के लिए बल्कि प्रशिक्षण के लिए भी। कथक के अपने मूल केन्द्रों की विस्थापना और नये केन्द्रों का उभरना, उनकी अपनी ज़रूरतें और प्रभाव को देखते हुए कहा जा सकता है कि नये घरानों का विकास हो रहा है। यों यात्रा और आवाजाही के सुलभ साधनों से घरानों के भेद धीरे-धीरे ख़त्म हो रहे हैं और अपने वैविध्य के बावजूद एक सर्वमान्य कथक शैली उभर रही है।

दूसरे नृत्य प्रकारों के साथ सम्पर्क बढ़ा, बल्कि कथक प्रदेश देश का भी केन्द्रीय स्थान होने के कारण यहाँ अन्य नृत्य शैलियों का प्रकोप कुछ ऐसा बढ़कर हावी होने लगा कि कथक की अस्मिता को ख़तरा होने लगा। उससे जूझने में इसकी अपनी बुनावट में परिवर्तन लाज़िमी था क्योंकि यह उसके अपने अस्तित्व का प्रश्न भी था। इस पुनर्नियोजन की आवश्यकता ने भी कथक के स्वरूप को प्रभावित किया। फिर अन्य नृत्य शैलियों के

निकट सम्पर्क के कारण अनेक स्तरों पर परस्पर उपर्युक्त आदान-प्रदान भी हुआ ही।

समय का अभाव, जीवन की तेज गति इस सबने भी इन कलारूपों को बहुत प्रभावित किया है। चैन की गायकी—जिसमें तमाम रातें संगीत-नृत्य सभाओं को समर्पित हों—अब उसका अवकाश ही नहीं बचा है। जब न समय है न धैर्य और न वैसी समझ तो कलाकार को वैसी गहराई में जाने की ज़रूरत ही नहीं रही। दर्शक समुदाय भी निरन्तर बदलता रहता है—इसलिए प्रायः पुनरावृत्ति की समस्या को लेकर परेशानी होने की ज़रूरत भी न रही। पहले कथक एक सम्पूर्ण कलाकार होता था जिसका नृत्य-गायन-वादन आदि सभी पर पूरा अधिकार था—आज नर्तक प्रायः केवल नर्तक है। इसका प्रभाव नृत्य की सम्पूर्ण समझ की गहराई, शिक्षा पर भी पड़ता है। गुरु को तो इन तीनों पर अधिकार होना ही चाहिए।

आज का मंच वैसे भी नर्तक और दर्शक के बीच एक ऐसी दूरी कायम कर देता है कि उसके बीच आत्मीय रिश्ते का सवाल ही पैदा नहीं होता। दो एकदम अलग वर्ग में जैसे बँट जाते हैं जिसमें कुछ वक़्त तक नर्तक मंच पर अपना कौशल दिखाकर अपनी राह चला जाता है—दर्शक उसे देखकर प्रसन्न अपनी राह। साझेदारी के इस लगभग अवैयक्तिक उदासीन रूप की अपनी सीमाएँ तो हैं ही। फिर मंच से दर्शक की दूरी अनेक सूक्ष्म अभिव्यक्ति को पकड़ने में असमर्थ बनाती है। मंच और प्रकाश व्यवस्था के बावजूद प्रायः मोटे तथा स्थूल भावाभिनय तथा विस्तृत अंग संचालन ही उस तक पहुँच पाते हैं। जीवन की तेज गति का प्रभाव कलाओं पर भी पड़ा है। नृत्य के क्षेत्र में भी परिवर्तन बड़ी तेजी से हो रहा है। पहले जो परिवर्तन कई वर्षों-सदियों में धीरे-धीरे होता था, वह आज कुछ ही वर्षों में हो जाता है—जिससे वह न केवल अधिक दिखता और महसूस होता है—उसका प्रभाव भी क्षणभंगुर होता लगता है, उसमें स्थायित्व नहीं रहता। एक बदलाव के पूरी तरह रच-बस जाने के पहले ही नये प्रयोग उस पर हावी होते जाते हैं जिससे विविधता की बाढ़-सी आ गयी है। हर व्यक्ति परिवर्तन और प्रयोग में लगा है। सम्भव है हर युग में ऐसा वक़्त आता हो। उसमें जो सार्थक है वह बचा रह जाता है बाक़ी लुप्त हो जाता है।

कथक में प्रयोग दोनों क्षेत्रों में हुए—एकल और समूहन। नये प्रयोगों की

द्रष्टव्य परिवर्तनकारी शुरुआत समूहन से हुई। बम्बई में मैडम मेनका के कथक समूहन और बैले के बाद लगभग डेढ़-दो दशकों का लम्बा अन्तराल आया। इस सदी के पचासवें दशक के मध्य में संगीत नाटक अकादेमी की पहली सचिव निर्मला जोशी की पहल से भारतीय कला केन्द्र, दिल्ली में गहन कथक शिक्षा और समूहन संरचना का प्रारम्भ हुआ था। प्रारम्भिक गोवर्धन लीला, बरखा बहार, कालियामर्दन (संरचना बिरजू महाराज-माया राव) के बाद उस दौरान अनेक स्मरणीय नृत्य नाटिकाओं की संरचना हुई—जिसमें मालती माधव (लच्छू महाराज), कथक की कहानी (शम्भू महाराज), कुमारसम्भव, शान-ए-अवध, दालिया आदि (बिरजू महाराज) शामिल हैं। इनके अतिरिक्त अनेक छोटे नृत्य समूहनों की भी रचना हुई। इन सभी नृत्यों की अपनी ज़रूरतें थीं। उनकी अवधि, संरचना, अंग संचालन, वेश, संगीत, विषय, प्रदर्शन शैली, सभी में एक बदलाव आना स्वाभाविक था। एक ही संरचना में भावों के अनेक रूप, नृत्तांग के विविध पहलू एकदम अलग ढंग से संगठित हुए। इनकी पूरी सामग्री कथक की ही थी किन्तु इस नये संयोजन ने उसे ऐसे सजाया कि वह नयी-नवेली दुल्हन-सा लग उठा, मानो उसका कायाकल्प ही हो गया हो। इसने कथक को एक नया आयाम, नयी सौन्दर्य-दृष्टि और विस्तार दिया, साथ ही उसकी अनन्त सम्भावनाओं के अनेक द्वार खुले। एक बार जब प्रयोग को समूहन में नयी दिशा मिली तो उसने धीरे-धीरे एकल नृत्य के क्षेत्र में भी पाँव पसारने शुरू किये। सामान्य नृत्य-परिदृश्य में कथक के सामने यों भी अनेक चुनौतियाँ थीं ही—उसके सम्पूर्ण प्रदर्शन पक्ष को लेकर इसलिए भी उसमें बदलाव आना एक तरह से अनिवार्य था। इस पूरे परिवेश में बिरजू महाराज ने अहम भूमिका निभायी। वे प्रतिभाशाली, कुशल नर्तक, गुरु तो थे ही—समूहन के इस पूरे क्रियाकलाप के प्रमुख शिल्पी भी थे। अपनी इन तीनों भूमिकाओं में उन्होंने कथक को एक नयी दिशा और पहचान दी। कथक में आज जो बहुत कुछ परिवर्तन और प्रयोग हुए हैं उसका बहुत बड़ा श्रेय बिरजू महाराज को है। कथक को अन्य नृत्य शैलियों के समकक्ष रखना उसे लोकप्रियता प्रदान करते हुए भी एक गौरव गरिमापूर्ण स्थान दिलाने में भी उनकी अहम भूमिका है।

कथक मूलतः एकल नृत्य रहा है। कथक एकल प्रदर्शन में सबसे अधिक बदलाव उसकी प्रस्तुति को लेकर आया है, और यह अन्तर केवल कथक

ही नहीं सभी नृत्य शैलियों में हुआ है। आज के दर्शक और मंच के अपने आग्रह हैं। नृत्य की न वैसी सूक्ष्म समझ है, न परख, उसकी बारीक़ियों में जाने का अवकाश भी नहीं है—फिर फरमाइश का वह तौर-तरीक़ा और माहौल भी नहीं और न ही आश्रयदाता को प्रसन्न कर अपनी धाक ज़माने का अन्दाज़। यों दर्शकों की रुचि के अनुरूप नृत्य में तीव्र गतिपूर्ण चमत्कार आदि की प्रवृत्ति बढ़ी है पर यह व्यक्ति पर केन्द्रित नहीं, व्यक्ति विशेष की रुचि पर आधारित नहीं बल्कि एक निर्वैयक्तिक अव्यक्त रुचि पर केन्द्रित है। पहले समकक्ष संगीतज्ञों, नर्तकों के सम्मुख प्रस्तुति में लाग-डाट और चुनौतीपूर्ण वातावरण भी था जिसमें हर पल अपनी प्रतिष्ठा दाँव पर लगी होती। सूझबूझ और चमत्कार के अपने तरीक़े और अन्दाज़ थे जो नृत्य की संरचना को प्रेरित करते थे। आज स्वेच्छा से अपनी नृत्य प्रस्तुति का निर्धारण—उसे एक ख़ास तरह की सुरुचि, संवेदना और कौशल से सँवारना ज़रूरी है। फिर आज कहीं अधिक विविधवर्णी प्रतियोगी नृत्य क्षेत्र में हैं, केवल कथक ही नहीं अन्य नृत्य शैलियों के भी, जिनसे निरन्तर प्रतिस्पर्धा अपने को बचाए रखने के लिए ज़रूरी है।

पहले प्रस्तुति का ढंग अपेक्षाकृत सहज और सरल होता था। अधिक तामझाम की ज़रूरत नहीं थी (न प्रस्तुति में, न संगीत और न ही साज-शृंगार में)। थाट, आमद, टुकड़े, परण, गत आदि चीज़ें वही थीं किन्तु शायद सुनने पर जोर कहीं अधिक था। ताल, लय की ख़ास जटिलता, उपज अंग, एक चीज़ को कई तरह से तुरन्त कर सकने की योग्यता, सूझबूझ, ठुमरी में भाव विस्तार का तरीक़ा अलग था। प्राय: बैठकर और ख़ुद गाते हुए भाव बताने का अन्दाज़ यों भी अलग हो जाता है—जिसमें किसी ख़ास तारतम्य का बनाये रखना ज़रूरी नहीं होता। इधर उस तरह भाव बताने की पद्धति पर फिर लौटना हुआ है, किन्तु प्रस्तुति के दौरान भाव प्रदर्शन में संगीत योजना और कुछ लयात्मक संरचना के द्वारा उसे अधिक प्रभावोत्पादक बनाने का चलन हुआ जिससे उसमें विशिष्ट नाटकीयता का प्रवेश हुआ। पहले एक पंक्ति या शब्द के विस्तार का तरीक़ा अलग था—जिसमें एक पंक्ति पर सारी रात भाव दिखाने की गुंजाइश थी। अब वैसी ज़रूरत ही नहीं रही तो उसका अभ्यास और सीखने की ज़रूरत भी नहीं रह गयी। एक और भी बात ध्यान देने योग्य है—पहले कथक नर्तक प्राय: पुरुष होते थे। वे स्त्री भावों का अभिनय करते, उसके भावों की बारीक़ियों को प्रस्तुत करते तो उसमें एक ख़ास

क़िस्म का नाटकीय टेंशन होता था जो स्त्री के करने से वैसा ही प्रभाव नहीं पैदा करता। भावाभिनय प्राय: नायिका केन्द्रित है। उसका विषय नायिका के मनोभावों, स्थितियों, अवस्थाओं को ही उजागर करता है। कृष्ण विषयक भावों में भी उसका किशोर युवा रूप प्रधान होने के कारण उसमें प्राय: लास्यांग ही अधिक है। यह सब कुशल नर्तकियों द्वारा अधिक सुन्दर, प्रभावपूर्ण और आकर्षक तो होता है किन्तु वह सरस नाटकीयता तो नहीं ही होती है। दूसरे जिस वर्ग से आज नर्तकियाँ आती हैं उनमें एक ख़ास क़िस्म की शालीनता, संकोच और गाम्भीर्य उन्हें कई तरह के हल्के-फुल्के भाव करने से रोकता भी है। भाव विस्तार के सम्बन्ध में एक और भी बात है कि आज के नागर समाज के मूल्य उसकी स्मृतियाँ, उसकी सोच मध्ययुगीन समाज से भिन्न है—जिसके अवशेष दरबार-केन्द्रित परिवेश में तो विद्यमान थे ही। ऐसे कई भाव जो तब अनेक बिम्ब, अर्थ और ध्वनियाँ जागृत-झँकृत कर सकते थे—आज करने में असमर्थ हैं। अनेक काव्यात्मक रूढ़ियाँ थीं जिनके अपने अर्थ विस्तार थे जो आज के दर्शक को अछूता ही छोड़ जाते हैं। ऐसी अवस्था में भी भाव के स्वरूप को परिवर्तित करना ज़रूरी हो गया था। आज़ादी के बाद तक तवायफ़ों के नाच और ठुमरी अन्दाज़ एक ख़ास क़िस्म के समाज और अर्थ को ध्वनित करते थे जो पुरुष नर्तक के लिए तो झेलना सम्भव था किन्तु भद्रलोक से आयी नर्तकी को सावधानी बरतनी होती थी। इस कारण अनेक नये विषय और काव्य रूप नृत्य का आधार बने। अनेक गायन पद्धतियाँ-तराना-चतुरंग, ध्रुपद, धमार आदि भी नये ढंग से फिर नृत्य सम्पदा के अंग बने। प्रचलित ठुमरियों को भी प्रस्तुत करने के ढंग में बुनियादी अन्तर आया जिसने उसकी सम्पूर्ण प्रकृति और तज्जनित प्रभाव पर असर डाला। इसके अलावा गीत गोविन्द, सूरदास, मीरा, पद्माकर आदि भक्ति और रीतियुगीन कवियों के पदों के इस्तेमाल ने भी भाव सम्पदा का जहाँ विस्तार किया वहीं उसकी प्रस्तुति के रूप और शैली को भी प्रभावित किया। तबला-सारंगी के अतिरिक्त सितार, पखावज, सरोद, बाँसुरी जैसे अन्य वाद्यों का भी प्रयोग होने लगा। आज गायन और संगीत संरचना पर अलग से ध्यान केन्द्रित होने लगा है। इस सबने नृत्य के सम्पूर्ण प्रभाव और सौन्दर्य को निश्चित ही बढ़ाया है, गहराई और सूक्ष्मता चाहे न बढ़ाई हो।

मंच पर उपलब्ध स्थान के समुचित उपयोग की माँग ने मंच पर आरोह-अवरोह को बढ़ाया। उसके विविध स्थानों (कक्षा विभाग) के महत्त्व को समझने की ज़रूरत हुई। संकुचित नृत्य स्थान से अधिक विस्तृत स्थान से नृत्य गतियों की प्रकृति में अन्तर आया। प्रोसेनियम थिएटर में मंच और दर्शक दीर्घा की दूरी के कारण अधिक बड़े खुले और विस्तृत अंग संचालनों की माँग बढ़ी जिससे गर्दन, हाथ, भौंहों के अत्यन्त सूक्ष्म हल्के इशारे और चलन ने सहज दृष्टव्य, खड़े-फैले अंग संचालन को स्थान दिया। मुख विलास और सहज सौष्ठव को दिखाने का विशेष प्रयास ज़रूरी हो गया। बारीक़ भावों की जगह नाटकीय अभिव्यक्ति ने भी ली। इस सबके कारण इसके मूल अंग-उपांग के संचालन में अन्तर आया। कुछ अंग भंगिमाएँ अधिक प्रचलित हुईं। कुछ का रूप बदल गया और कुछ अदृश्य-सी हो गयीं। नृत्य के प्रचार-प्रसार ने और नये विषयों की अभिव्यक्ति की ज़रूरत ने भी कुछ नयी भंगिमाओं, गतियों और अंगों को जन्म दिया। *नाट्य शास्त्र, अभिनय दर्पण* आदि की जानकारी ने नृत्य और हस्त मुद्राओं के प्रति जागरूक बनाया और उनका सुचिन्तित अनुकूल उपयोग भी मान्य होने लगा। इस तरह भाव, विषय, अंग, गति सम्पदा का विस्तार हुआ है।

उत्तर-दक्षिण संगीत-नृत्य के परस्पर आदान-प्रदान ने भी एक-दूसरे को परोक्ष-अपरोक्ष रूप से प्रभावित किया है। कथक प्रस्तुति की बुनावट, उसकी वेशभूषा में सुरुचि, लय-ताल की विविध रंगत और विस्तार पद्धति सब पर निश्चित प्रभाव पड़ा है। इस सबने कथक के अन्तरंग को भी कुछ हद तक प्रभावित किया ही। तीव्र गति, चकाचौंध और चमत्कारपूर्ण प्रस्तुति की माँग बढ़ी है—जिसके चलते अति द्रुत लय का बोलबाला हो गया है। पहले यह लय नाच के एक ख़ास मुकाम पर इस्तेमाल होती थी। आज लगता है जैसे नृत्य उस भागमभाग जीवन-पद्धति का अनुसरण ही नहीं कर रहा उससे आगे निकल जाना चाहता है। चक्करों का प्रयोग ज़रूरत से ज़्यादा बढ़ गया है। चक्कर अंग विन्यास के महत्त्वपूर्ण तत्त्व के रूप में उभरा है और उसने एक केन्द्रीय स्थान बनाया है। थाट आदि विलम्बित लय की चीज़ों का ज़माना लद गया है। भूले-भटके कुछ नर्तक उसे करते भी हैं—तो मानो एक परम्परा निर्वाह के लिए—उसमें डूबकर स्वयं और दर्शक को रसविभोर करने के लिए नहीं। थाट का, खड़े होने के इस विविधतापूर्ण सुन्दर अन्दाज़ का एक ख़ास मकसद था। नृत्य की

आत्मा और सौन्दर्य में धीरे-धीरे उतरना इस तरह कि वह सबको अपने साथ बहा ले चले। आज न उसकी ज़रूरत रह गयी है न धीरज, पर, ठीक यहीं यह सोचना भी अच्छा लगता है कि तेज रफ़्तार और एक निश्चित बुनावट के बाद अब धीरे-धीरे इन सब सूक्ष्मताओं की ओर लोग लौटने लगे हैं। उसमें बदलाव है, परिष्कार है पर उस सुकून की भी तलाश है। यही बात ठुमरी अन्दाज़ और भाव प्रदर्शन के सन्दर्भ में भी सही है।

अयोध्या के पण्डित ओंकारनाथ जी का नृत्य देखते हुए लगा कथक अपनी विपुल साहित्य सम्पदा से किस तरह दूर होता गया है। वहाँ एक-एक शब्द, एक-एक बिम्ब अनेक काव्य स्मृतियाँ जगाते हैं। हमारे नये नर्तक का जैसे साहित्य से कोई वास्ता ही नहीं रह गया था। इधर फिर इस दिशा में भी चेतना बढ़ी है। पर अभी भी यह इच्छा केवल नाच के लिए उपयुक्त कविता की तलाश तक ही सीमित है—उससे गहरे जुड़ पाने की नहीं और बिना उसके अन्तर्सम्बन्ध को समझे गहराई आना सम्भव नहीं है। इसीलिए प्रायः जब आज कविता-पद आदि नाच के लिए प्रयुक्त होते हैं तो कविता का नृत्यानुवाद बनकर रह जाते हैं, उससे कोई गहरा रिश्ता नहीं बनता। आज का नर्तक न तो पूरी तरह मध्ययुगीन मानसिकता से जुड़ा है और न ही समकालीन काव्य-चेतना से। इन दोनों के बीच सन्तुलन-असन्तुलन के झमेले में वह फँस गया है। पर यह उस परिवर्तन की एक प्रक्रिया भी है जिसे जड़ ज़माने में कुछ तो वक़्त लगेगा ही।

कथक में पिछले दशकों में दोनों ही तरह के बदलाव आये हैं—बाह्य और आन्तरिक। प्रस्तुति का ढंग, मंच और प्रकाश सज्जा, वस्त्रालंकार, मुखसज्जा, संगीत, नये विषय सभी में एक क्रान्ति-सी आई है, जिसने प्रदर्शन को निश्चित ही अधिक सुरुचिपूर्ण, लोकप्रिय और जनग्राह्य बनाया है। इसमें एक ख़ास क़िस्म की चमक और दक्षता भी आयी है। अंग विन्यास के प्रति जागरूकता—और उसे सौन्दर्यपूर्ण बनाने-दिखाने का सचेतन प्रयत्न आज कहीं अधिक शिद्दत से महसूस किया जा सकता है। कुछ बेहतर, कुछ नया करने की इच्छा-प्रयत्न सभी कुछ है। इस सबने मिलकर एकल कथक परिदृश्य को भी निश्चय ही केन्द्रीय बनाया है।

कथक की आन्तरिक संरचना में भी बहुत सूक्ष्म बदलाव आये ज़रूर हैं किन्तु बहुत हद तक बाह्य परिवर्तनों ने उसके स्वरूप में बदलाव का भ्रम भी अधिक पैदा किया है। प्रस्तुतिकरण की पद्धति और नये साज-शृंगार

से उसकी आन्तरिक बुनावट के ही अपने पहले स्वरूप से हट जाने का आभास होने लगा है। यह सही है कि नये बोलों की संरचना आज अपेक्षाकृत कम है। प्रायः पुराने पारम्परिक बोलों को ही नये अन्दाज़, परिधान और रूप में करने का चलन बढ़ा है। पुराने बोलों की काँट-छाँट से अनेक नये बोल परणों की रचना हुई है जिनमें एक ख़ास तरह का सौन्दर्य और विशिष्टता है किन्तु नितान्त नये बोलों की संरचना कम ही हुई है—चाहे वह आमद हो, टुकड़े हों—परण हों। किन्तु पैरों के काम में बहुत विविधता आयी है। लय के जटिल विस्तारों पर जोर बढ़ा है। दूसरे शब्दों में कहें तो अमूर्तन पर जोर बढ़ा है। इस समय एक और तत्त्व जिसने केन्द्रीय स्थान लिया है वह है तिहाई। तिहाइयों की जैसे बाढ़-सी आ गयी है। उसने जहाँ नाच में एक ख़ूबसूरती और चंचलता बढ़ाई है वहीं नाच के प्रमुख तत्त्व आमद, टुकड़े परणों को लगभग गौण बना दिया है। आध-पौन घण्टे के नृत्य में प्रायः मुश्किल से पाँच-छह टुकड़े परण कर लिए तो बहुत हैं। इसने, जाहिर है, उनकी पारम्परिक शिक्षा को भी प्रभावित किया है। पहले थाट के पहले या बाद में पैर की कुछ संक्षिप्त लयात्मक चुहलबाजियों का स्थान लम्बी तिहाइयों और पैर के विस्तृत काम ने ले लिया है। गत, गतभाव भी धीरे-धीरे गौण होते जा रहे हैं। तैयारी की विविधता में इस ख़ूबसूरत अंग के लिए बहुत वक़्त नहीं बचता। फिर नृत्यांग में अभिनय के लिए कोई गाने की संरचना होती ही है जिसमें गत, गतभाव भी पिरो लिए जाते हैं इसलिए उसकी अलग से ज़रूरत ख़त्म होती जा रही है। वन्दना का प्रादुर्भाव कथक के लिए नयी चीज़ है। यह अन्य नृत्य शैलियों के प्रभाव से कथक में आया है। इसी सन्दर्भ में शायद यह विचार करना दिलचस्प हो सकता है कि स्वतन्त्रता और उससे जुड़े साम्प्रदायिक दबावों ने भरतीयता को एक अलग ढंग से देखना शुरू किया। वन्दना कहीं उस विचार को भी ध्वनित करता है। कथक में निरन्तर उस पर मुस्लिम प्रभावों के बरक्स उसके हिन्दुत्व को उभारने का प्रयत्न अनेक तरह से देखा जा सकता है।

अंगों के बरतने का ढंग निश्चित ही बदला है। यों बदलने से भी ज़्यादा वह अधिक परिष्कृत और सुडौल हुआ है। कथक नाच में कहीं भी हाथ-पैरों का जाना, फेंकना, चेहरे के भाव आदि से नितान्त उदासीनता प्रायः आम बात थी। पर अब उस पर निश्चय ही मेहनत होती है। इस चेतना ने उसके अंग विन्यास को निखार दिया है। इसी चेतना और निखार का

एक रूप सम के बाद कुछ पल के स्थिर शिल्पित भंगिमा में दिखता है। कथक में कोई क्षण स्थिर नहीं होता था सिवाय प्रारम्भिक थाट के। निरन्तर गतिमान प्रक्रिया के कारण ठिठककर सोचने-समझने का अवकाश नहीं था—न नर्तक को न संगतकार को और न ही दर्शक को। ये स्थिर क्षण उस विन्यास को अमूर्त विस्तार भी देते हैं और उस शिल्पित सौन्दर्य तक पहुँचने की प्रक्रिया के असर होने का अवसर भी। यों इनमें इस्तेमाल अंग विन्यास कथक के अपने ही अंग हैं किन्तु उनके स्थान किंचित् बदल गये हैं। कहीं वे अधिक द्रुत, कहीं विलम्बित भी हो गये हैं। प्राय: उन्हें अधिक स्पष्ट रेखा और आकार मिला है जिससे उन्हें परिभाषित, रेखांकित करना आसान हो गया है और वे अंगों का उलझाव होने से भी बच गये हैं।

इस सबके बावजूद यह सही है कि सतही अक्षम नर्तकों की एक बड़ी जमात भी तैयार हुई है और नृत्य के जैसे अवसर और मंच आज उपलब्ध हैं उनमें यदि लोकप्रियता को ही आधार मान लिया जाय तो योग्य प्रतिभा सम्पन्न और एक साधारण नर्तक के बीच अन्तर करना कठिन हो जायेगा। आज लोकप्रियता का आधार बहुत हद तक योग्यता, प्रतिभा और कौशल के स्थान पर कला से दीगर अन्य अनेक कारण भी होते रहे हैं। इसीलिए आज जितनी सही समझ की ज़रूरत है उतनी शायद कभी नहीं रही। बाह्य आडम्बर और तड़क-भड़क से कौशल का आभास कराते नर्तकों की कमी नहीं है और नृत्य जगत पर ऐसे नर्तकों का बोलबाला है। पिछले कई वर्षों से दिल्ली कथक केन्द्र—जो मूलत: भारतीय कला केन्द्र का हिस्सा था—एक मानदण्ड स्थापित करता रहा है किन्तु वहाँ भी अच्छे नर्तकों की संख्या बहुत अधिक नहीं है। इसके अतिरिक्त धीरे-धीरे नर्तकों का अपना नृत्य व्यक्तित्व, एक विशिष्ट पहचान समाप्त होकर जैसे बड़ी संख्या में विभिन्न स्तर की कार्बन कॉपियों का निर्माण हो रहा है। इतनी अधिक संख्या में सीखने की यह लगभग अनिवार्य नियति भी है जिसमें कुछ प्रतिभाशाली छात्र ही अपनी अलग पहचान बना पाते हैं।

दिल्ली कथक केन्द्र के अलावा लच्छू महाराज (लखनऊ), कुमुदिनी लाखिया (अहमदाबाद), रोहिणी भाटे (पूना), कार्तिकराम (भोपाल) ने कुछ अच्छे युवा नर्तक तैयार किये हैं। जाहिर है इनके नृत्य में अपने नृत्य गुरुओं की स्पष्ट झलक ने उन्हें दिल्ली के नर्तकों से अलग पहचान दी है।

कथक में प्रयोग का बहुत बड़ा क्षेत्र उभरा उसके समूहन में। अनेक

प्रयोगात्मक संरचनाएँ हुईं जिनका रूप–आकार–विषय सभी अलग–अलग हैं। इस क्षेत्र में जितना महत्त्वपूर्ण कार्य कथक में हुआ उतना और किसी नृत्य शैली में नहीं हुआ। इस मायने में कथक में अपार सम्भावना और विस्तार है तथा प्रयोग की अमित क्षमता भी। संयोग से इसका विकास करने के लिए बिरजू महाराज जैसे मेधावी परम्परागत गुरु और सर्जक मिले। प्रारम्भिक दौर में उनकी इस प्रतिभा और क्षमता को बढ़ावा देने के लिए निर्मला जोशी, नैना देवी, माया राव, कुमुदिनी लाखिया जैसे आधुनिक दृष्टि और सोच वाले लोग मिले। इस क्षेत्र में कुमुदिनी लाखिया का काम एक भिन्न आयाम और समसामयिक दृष्टि को सामने लाया। उनकी पाश्चात्य नृत्य दृष्टि की समझ ने इसमें काफ़ी योग किया।

आज कथक परिवार का क्षेत्र विशाल है। देश के भिन्न भागों में ही नहीं विदेशों में भी कथक के छात्र अपनी जगह बना रहे हैं। उस फैलाव से जाहिर है उसके गुणात्मक स्तर में कमी आयी होगी। यों भी किसी एक समय में सभी कलाकार एक स्तर के नहीं हो सकते। न सभी में वैसी प्रतिभा और परिपक्वता सम्भव है। बिरजू महाराज जैसे जीनियस को छोड़ दें तो उस स्तर के नर्तकों में कमी आयी है। एक वक़्त था जब अच्छन महाराज, शम्भू महाराज, लच्छू महाराज, पं. जयलाल, पं. सुन्दर प्रसाद, पं. हनुमान प्रसाद, पं. नारायण प्रसाद, गौरीशंकर, जय कुमारी, कार्तिक राम, सितारा देवी जैसे अनेक नर्तक एक साथ कथक परिदृश्य पर थे। इनमें नृत्य की समझ, गहराई और विस्तार के प्रतिमान अधिक जटिल और सटीक थे। वह ज़माना भी और था इसलिए नृत्य के करने वाले और उसे देखने–समझने वाले भी और थे। उनके पास वक़्त था, धैर्य था और कला की गहरी पैठ थी जो दोनों को ही सँवारता–निखारता था। उस समय श्रेष्ठता के पैमाने भी इसलिए दूसरे थे। आज कथक ने बहुत कुछ खोया है तो बहुत कुछ पाया भी है। यह तो वक़्त ही बतायेगा कि जो खोया और जो हासिल किया उसमें किसका पलड़ा भारी था और यह भी कि जो खोया वह वापस मिल भी तो सकता है। उसे खोजने–पाने की लगन और दृष्टि होनी चाहिए। फिर मूल और बदले रूप का झगड़ा तो अनन्त है। आज जो है वह क्या कल ऐसा ही होगा—वह रूप तो हर पल बदलता है—कुछ ऐसे जैसे जो अभी है वही आदि है, अनन्त है।

कथक का जो तथाकथित मूल स्वरूप है वह अपने आप में अभी तक

परिवर्तनशील रूप ही रहा है और उसमें जो परिवर्तन-प्रयोग इधर हो रहे हैं वह उसी स्वरूप की अपनी परम्परा में है। किसी अन्य नृत्य रूप की अपेक्षा, शायद यह कहना असमीचीन नहीं है कि कथक निरन्तर परिवर्तनशील है—वह एक तरह से परिवर्तन में ही अपना स्वरूप खोजता और पाता रहा है।

(सम्भावित वर्ष : 1984/85)

# व्याप्ति और सार्थकता

*दिल्ली कथक केन्द्र* के चार दिवसीय प्रतिष्ठा आयोजन 'महाराज कालका बिन्दादीन कथक महोत्सव' ने न केवल कथक के बहुआयामी व्यक्तित्व और विस्तार को रेखांकित किया, बल्कि समकालीन परिदृश्य और उसकी चुनौतियों को स्वीकार करने में कथक की रचनात्मक-क्षमता का एक सशक्त परिचय भी दिया। कथक नृत्य विविध पहलुओं और अनेक रूपों में सुसज्जित होकर इन चार दिनों में सामने आया। कथक न केवल एक नृत्य प्रकार है, बल्कि वह एक रचनात्मक जीवन पद्धति, एक कलात्मक प्रक्रिया है, जो अनेकानेक रूपों में कथक जाति—कथिक जाति—के बीच फलती-फूलती रही है। यही कारण है कि पारम्परिक कथिक नर्तक न केवल नर्तक है, वह गायक और वादक भी है। वह कथा-गायक भी है और कथा-नर्तक भी। जिसके एक छोर पर बृज की रासलीला जैसी भक्ति-रस में सराबोर नाट्य परम्परा है, तो दूसरे छोर पर घोर व्यावसायिक मुजरावालियों की महफ़िली नृत्यगान परम्परा। इन दोनों के बीच से कथा-वाचक की नृत्यशैली को सँवारता-सजाता, नफ़ासत से बुनता-चुनता आज का नर्तक है, जो अपने नृत्य में इन तमाम परम्पराओं को सहेजने, संवर्धन करने की जागरूक कोशिश में है। कथक की वह जीवन्त परम्परा ही इस नृत्य शैली की मूल-शक्ति है।

महोत्सव इन तमाम परम्पराओं को, वह जिस भी रूप में आज उपलब्ध है, एक साथ रखने का प्रयत्न है। लोक-गायन, वादन, कथा-वाचन, रासलीला, मुजरा और रूढ़िवादी पारम्परिक कथक-प्रदर्शन से होता हुआ, नयी रचनात्मक-प्रक्रिया और कलात्मक-चेतना से जूझता, प्रयोगधर्मी कथक-नृत्य इन सबको एक मंच पर साथ आने का अवसर यह महोत्सव

देता है। इस तरह न केवल अपनी जड़ों की खोज है—कथा को एक विस्तृत फलक देने का प्रयास भी है। परिकल्पना के एक अन्तरंग पहलू के रूप में पूरी मंचीय-सज्जा भी सामने आती है और जो इस आयोजन को गरिमा और सौष्ठव भी देती है।

कथक से किसी-न-किसी रूप में सम्बन्धित कलारूपों को एक साथ देखना एक सुखद अनुभव था। कई लोकरूप, जिनसे या तो कथक कहीं-न-कहीं प्रभावित हुआ है या कुछ रूप, जिन्हें कथक ने किसी स्तर पर प्रभावित किया। कुछ, जो इसके प्रादुर्भाव के पहले भी प्रचलित रहे होंगे या जो समानान्तर विकसित होते रहे, ऐसे अनेक समकालीन लोकरूपों को एक ख़ास सन्दर्भ में यहाँ देखना सम्भव हुआ। लोक-जीवन से जुड़ने और अपनी जड़ों को पहचानने की यह कोशिश कहीं-न-कहीं ज़रूरी भी है। अन्ततः किसी भी कला को शक्ति और जीवन्तता इससे ही मिलती है। इस आयोजन में नृत्य के साथ-साथ उत्तर कर्नाटक के कुछ लोक-वाद्यों, तालघन वाद्य, सारंगी और कजरी, चैती, टप्पा—जैसी प्रचलित गायन शैलियों को भी प्रस्तुत किया गया। गुजरात, महाराष्ट्र, राजस्थान का लोककथा गायन कहीं-न-कहीं कथावाचक की पुरानी कथा परम्परा से जुड़ता है। यों कई बार यह भी महसूस हुआ कि अन्ततः सम्पूर्ण भारतीय संगीत, भारतीय संस्कृति एक आन्तरिक सूत्र से बँधी ही है। विविध संगीत, नृत्यों रूपों के मूलभूत तत्त्व ताल, राग, कथासूत्र कहीं-न-कहीं जाकर एक हो जाते हैं, एक-दूसरे से जुड़ ही जाते हैं। इसके होते जब हम एक विशेष विधा को सम्पूर्णता में चुनते हैं तो सबको हर बार समेटने की ज़रूरत नहीं रह जाती।

परम्परा की खोज के साथ-साथ यह आयोजन काफ़ी हद तक प्रयोगमूलक भी था। बल्कि परम्परा और प्रयोग दोनों को साथ रखने की कोशिश भी। इन दिनों सारी प्रस्तुतियों को देखने पर एक बात स्पष्ट महसूस होती है कि कथक में ये दोनों प्रयोग और परम्परा समानान्तर तो चलते हैं, किन्तु इनके बीच सार्थक आदान-प्रदान अधिक नहीं है। अपवादों की बात जाने दें। कथक में प्रयोग की सम्भावना और क्रियान्वयन दोनों ही अन्य नृत्य शैलियों की अपेक्षा कहीं अधिक है, इसीलिए उसमें गतिशीलता और जीवन्तता भी अधिक है। यह इस आयोजन में स्पष्ट ही था। इसमें न केवल नये विचार, नये रूपाकार और फैन्टेसी जन्म ले रहे हैं, इसमें कथक

को नये ढंग से देखने-समझने की इच्छा भी है। इसके विविध तत्त्वों की छानबीन उन्हें अलग-अलग या सम्मिलित रूप से एक नयी नृत्यानुभूति में बदलने की चेष्टा है। घुँघरू तरंग, नृत्तकेलि, स्वर-लय-प्रबन्ध, धबकार, कथा कहे सो—सबमें कथक के नये रूपाकार की तलाश है।

'कथा कहे सो' में कथा-गायन, लोक नृत्य और मिनिएचर से जुड़ने का प्रयत्न है, तो 'धबकार' शरीर की आन्तरिक लय और सौन्दर्य का प्रतिध्वनित होता रूप। 'घुँघरू तरंग' में नूपुर के सुपरिचित गुण से अलग संगीतात्मक गुणवत्ता की तलाश है, तो 'स्वर-लय-प्रबन्ध' विशुद्ध नृत्तगतियों, संरचना और लय-वैविध्य का चित्रात्मक अंकन। 'नृत्तकेलि' खेल और नृत्य के आनन्द और उनके बीच की अन्तर्धारा को नृत्य के माध्यम से पकड़ने की कोशिश है। 'ऋतु संहार' ऋतुओं के बदलते परिवेश का नृत्य लय-गति और नृत्य-बिम्बों में संयोजन है। ये या कुछ अन्य ऐसी प्रयोगात्मक नृत्य संरचनाएँ, जहाँ रचनात्मक कलादृष्टि से उद्भूत हैं, वहीं पारम्परिक एकल प्रदर्शन के स्तर पर वह सौन्दर्य-बोध न जाने कहाँ ग़ायब हो जाता है। एक ओर कलात्मक नृत्य संयोजन और दूसरी ओर उसका लगभग अभाव, इन दोनों को दो छोर पर ला देता है—और दोनों में कोई तालमेल नहीं बैठता।

कथक अन्ततः एकल नृत्य-विधा है और इसी के माध्यम से वह अन्य नृत्य शैलियों के बरक्स टिकेगा। अपना स्थान निर्धारित करेगा। प्रायः ऐसा क्यों होता है कि कथक-नर्तक मंच पर या तो लगभग अखाड़े में उतरने के भाव से आता है और उसी रूप में मानो अपने दाँव-पेच प्रदर्शित करता है। अथवा अपनी चीज़ बेचने के लिए जिसमें उसकी ख़ूबियाँ गिनाना लाज़िमी हो। एक स्पर्धा, जिसमें नृत्य के बल पर नहीं, स्वयं अपनी, परोक्ष-अपरोक्ष तारीफ़ के बल पर अपनी श्रेष्ठता साबित करना हो अथवा प्रदर्शन के समय एक लेक्चर डिमॉन्स्ट्रेशन—गोया दर्शक कतई नासमझ और बेवकूफ़ हों, जिन्हें हर बात समझाना आवश्यक हो। लगभग इन सभी स्थितियों में नृत्य कम, नृत्य की चर्चा अधिक होती है। ऐसे प्रदर्शनों में प्रायः माला के बिखरे मोती ज़रूर यहाँ-वहाँ मिल जायेंगे, किन्तु एक पूरी गुँथी माला नहीं। नृत्य के विविध अंग एक सम्पूर्ण सौन्दर्य में विन्यस्त हों और क्रमशः एक शिखर की तरह पूरा कार्यक्रम उठता जाय, ऐसी अनुभूति प्रायः ऐसे प्रदर्शनों में नहीं हो पाती। इसीलिए प्रदर्शन अधिकतर चमत्कारपूर्ण, ताल-वैचित्र्य-प्रधान टुकड़ों, परणों और पैर के काम के

सम्पुंजन–मात्र रह जाते हैं। कथक केन्द्र को इस क्षेत्र की ओर भी ध्यान देना चाहिए और एकल प्रदर्शन को समग्र सौन्दर्यानुभव बनाने के लिए प्रेरित कर सकना चाहिए।

इसी तरह पढ़न्त कथक की विशेषता है। यह सही होने पर भी किसी चीज़ का अति–विस्तार उसका दोष बन जाता है। पढ़न्त की कोई निश्चित जगह हो सकती है, जहाँ कलात्मक ढंग से उसकी प्रस्तुति सम्भव हो। पढ़न्त करना भी एक कला है। कथक की कई चीज़ें होती ही केवल पढ़न्त के मतलब की हैं, उन पर पढ़न्त के बाद किया नृत्य, बोल की संगत–सा लगने लगता है। आजकल प्राय: प्रदर्शन के दौरान भाषण देने की एक प्रथा–सी बन गयी है। पढ़न्त के लिए रखा माइक भाषण देने की सुविधा का बहाना बन जाता है। दर्शक और नर्तक के बीच रिश्ता नृत्यसूत्र से ही जुड़ना चाहिए और यह तभी सम्भव है, जब नर्तक नृत्येतर चीज़ों का मोह छोड़—नृत्य, लय, गति, भाव और अंगों से निर्मित अनोखे संसार में दर्शक को स्वच्छन्द विचरने का अवसर देगा।

अपने छात्रों और कलाकारों को मंच प्रदान करना भी कथक केन्द्र की योजना का प्रमुख अंग है। और वह सही भी है, किन्तु यह ज़रूरी नहीं था कि वे सब संयुक्त रूप से या, अलग–अलग समूहों में ही भाग लें। इनमें से कुछ को स्वतन्त्र रूप से अपनी योग्यता स्थापित करने का अवसर दिया जाना चाहिए था। उस योग्यता को दिखाने के लिए किन्हीं संरचना–विशेष में ही थोड़ा–थोड़ा अवसर देने का कोई अर्थ नहीं था, ऐसी स्थिति में न तो नृत्य–संरचना की अपनी ख़ूबसूरती और अखण्डता का मज़ा रहा, न एकल नृत्य की स्वतन्त्र अभिव्यक्ति का। उदाहरण के बतौर त्रिबन्दी या जुगलबन्दियाँ ही लें। त्रिबन्दी में कृष्ण के तीन पक्षों को व्यक्त करने के लिए तीन भाषाओं की अलग–अलग रचनाओं को तीन नर्तकियों ने प्रस्तुत किया। यह मूलत: भावप्रधान रचना होनी चाहिए थी। किन्तु ऐसा आभास होता रहा मानो तीनों नर्तकियों की योग्यता दिखाने के लिए ही हर गीत के पहले शुद्ध नृत्त के पैबन्द लगा दिये गये हों। इन नृत्त अंशों का उन विशेष भावगीतों से कोई तालमेल न था। न केवल यह, अचानक एक नर्तकी ने इसमें पढ़न्त करना तय कर लिया, जो जाहिर है माइक की अनुपस्थिति के कारण कोई न सुन सका। लगभग यही स्थिति हर जुगलबन्दी में भी थी। यह स्पष्ट नहीं था कि इनके द्वारा क्या कहने की कोशिश है।

एक दिलचस्प प्रयोग इस उत्सव में यह भी था कि केन्द्र के नृत्य-गुरुओं और शिक्षकों के अतिरिक्त नृत्य में बाहर सार्थक काम कर रहे लोगों को भी केन्द्र में आमन्त्रित कर, उनके निर्देशन में कथक केन्द्र के छात्र-छात्राओं को लेकर नृत्य-संरचनाएँ प्रस्तुत की जायें। यह एक बहुत महत्त्वपूर्ण शुरुआत है। न केवल अनुभव के स्तर पर, शिक्षा और दृष्टि के स्तर पर, बल्कि नर्तकों के परस्पर सौहार्द के स्तर पर भी। प्राय: एक घराने के नर्तक दूसरों में दुर्गुण ही देखते पाये जाते हैं। कथक परिदृश्य पर यह आपसी वैमनस्य कथक के पतन और उसकी लोकप्रियता में कमी का बड़ा कारण रहा है। भिन्न परिवेश और शिक्षा से आये नर्तकों का यह साहचर्य रचनात्मक स्तर पर निश्चय ही इस दूरी और भेद को कम करेगा। और सम्भव है बेहद सार्थक और पूर्ण नृत्यरूप इस प्रक्रिया में उभरकर आयें जो समकालीन होते हुए भी अपनी पारम्परिक पहचान और ऊर्जा को बनाये रखें।

महोत्सव के इस विस्तृत फलक में प्रदर्शन के विविध स्तर होना स्वाभाविक ही था। जहाँ प्राचीन और अर्वाचीन दोनों ही परम्पराएँ एक साथ सम्मिलित थीं, वहीं नर्तकों में पं. बिरजू महाराज और दुर्गालाल को छोड़ अधिकांश युवा पीढ़ी के नर्तक ही थे। निर्देशक के रूप में बिरजू महाराज, कुमुदिनी लाखिया और रोहिणी भाटे अपनी अलग पहचान बनाते हैं। बिरजू महाराज में जहाँ परम्परा की गहराई और उसके रहते चीज़ों को अलग-अलग ढंग से व्यक्त करने की अदभुत क्षमता है, वहीं कुमुदिनी में उससे हटकर एक विस्तार देने की चेष्टा। रोहिणी भाटे उसे एक क्लासिकी गरिमा प्रदान करती है। इस पूरे आयोजन में बिरजू महाराज का सम्पूर्ण व्यक्तित्व—नर्तक-गायक-वादक-गुरु-निर्देशक—अपनी श्रेष्ठता में सामने आया। उनके नृत्य-व्यक्तित्व की छाप न केवल उनके अपने छात्रों तथा कथक केन्द्र के अन्य छात्रों में स्पष्ट है—धीरे-धीरे पूरे कथक परिदृश्य पर भी परिलक्षित होने लगी है। यह कहाँ तक सुखद स्थिति है, कहना मुश्किल है, पर अवश्यम्भावी तो है ही। उन्होंने कथक के अंग-चलन में जैसा अभूतपूर्व सौन्दर्य और विस्तार दिया है, उसने नये-पुराने सभी नर्तकों को प्रभावित किया है।

ऐसे आयोजनों में जहाँ इतने लोग इकट्ठे होते हैं, वे सभी कहीं-न-कहीं इस सौन्दर्यानुभूति को अपने भीतर सहेज लेते हैं। यह अनुभूति जब आन्तरिक होती है और धीरे-धीरे उनके पूरे नृत्य-व्यक्तित्व में घुल-मिल जाती है, तो वह एक नया रूप ले लेती है। किन्तु प्राय: नर्तक उनकी

अच्छी लगती चीज़ों और अन्दाज़ का बिना सोचे-समझे नकल करने लगते हैं जो थोपी और नक़ली लगती हैं और इस तरह नृत्य में एक सतहीपन भी आने लगता है।

किसी एक नृत्य शैली और उससे सम्बन्धित अन्य रूपों को समेटने वाला ऐसा सुविचारित समारोह और कहीं नहीं होता। एक साथ देश के हर भाग में अपने ढंग से कथक में सक्रिय लोगों का जमघट और उनका एक मंच पर प्रदर्शन कथक के विस्तार और बहुआयामी व्यक्तित्व को प्रकट करता है। उससे जुड़ी तथा समानान्तर अन्य रूप-विधाओं की तलाश, जहाँ एक ओर कथक नृत्य के उन रूप-विशेषों से ऊपर उठकर महत्त्वपूर्ण शास्त्रीय नृत्य रूप में स्थापना की लम्बी प्रक्रिया और इतिहास की ओर ध्यान केन्द्रित करती है, वहीं उसकी सम्भावित और प्रचलित विकृतियों के प्रति भी सचेष्ट करती है। एक ही गुरु से सीखे नर्तक किस तरह अपने-अपने व्यक्तित्व, योग्यता, रुचि और रुझान के कारण दो छोरों पर नज़र आते हैं, इसका भी बड़ा दिलचस्प अनुभव इस समारोह में हुआ।

बहरहाल, यह समारोह इस नृत्य शैली पर ध्यान केन्द्रित करने का महत्त्वपूर्ण कार्य और अवसर देता है। उत्तर भारत की प्रमुख नृत्य शैली होने के बावजूद इस प्रदेश में भी अन्य नृत्य शैलियाँ जिस तरह सांस्कृतिक परिदृश्य पर छा गयी हैं, उसमें कथक को उसका उचित स्थान दिलाने में यह आयोजन निश्चय ही केन्द्रीय भूमिका अदा करेगा और उम्मीद की जानी चाहिए कि भरतनाट्यम और ओड़ीसी से बेतरह आक्रान्त, अनेक तथाकथित नृत्य-मर्मज्ञ कथक के सौन्दर्य, क्षमता और सम्भावना को ठीक-ठीक पहचानने को बाध्य होंगे।

इस अवसर पर आयोजित चित्र-प्रदर्शनी की बात किये बिना इस महोत्सव की उपलब्धि की बात पूरी नहीं होती। कथक केन्द्र से जुड़े सभी छात्र-छात्राओं, नर्तकों, गुरुओं के चित्रों को तो प्रदर्शित किया ही गया है—केन्द्र के विविध आयोजनों में भाग लेने वाले कलाकारों के भी चित्र यहाँ प्रदर्शित थे। कलाकारों की यह संख्या अपने-आप में बहुत प्रभावशाली है। कुछ पुराने और अब दिवंगत नृत्य-गुरुओं के चित्र बरबस अनेक पुरानी यादों को ताज़ा कर देते हैं। इनके अतिरिक्त साल-दर-साल कई नृत्य-संरचनाओं के चित्र भी कथक यात्रा की वैभव-गाथा कहते हैं।

(1983)

# अभिनय : एक

अभिनय मूलतः तो रंगमंच (नाटक) का शब्द है और इसी के सन्दर्भ में इसका सर्वप्रथम प्रयोग हुआ था। अभि से अर्थ है की ओर, की दिशा में तथा नयः का अर्थ ले जाना। नाटक के भावों को पात्रों के माध्यम से दर्शक तक ले जाना। पर क्योंकि नृत्य का भी एक काम नृत्य भावों को दर्शक तक पहुँचाना होता है इसलिए अभिनय नृत्य का भी प्रमुख अंग हो गया है। प्रायः नृत्य के दोनों पक्षों—नृत्त और नृत्य का सुदीर्घ प्रशिक्षण और उन पर समान अधिकार नर्तक की क्षमता का द्योतक है और उनका समुचित सन्तुलन ही किसी प्रदर्शन को सफल बना पाता है। यों अलग-अलग शैलियों की अपनी ज़रूरत और रूपाकार के कारण उनमें किसी एक पक्ष की प्रधानता होना असम्भव नहीं है और ऐसा होता भी है—पर उसके रहते भी तकनीक, शिल्प, कौशल की पूरी जानकारी, अधिकार आवश्यक है। बहुत बार ये दोनों ही पक्ष कुछ इस तरह घुल-मिल जाते हैं कि इन्हें ठीक-ठीक अलग कर पाना, देखना कठिन होता है। यों सीधी विभाजक रेखा तो किसी भी नृत्य शैली में नहीं खींची जा सकती पर मोटे तौर पर इन दो पक्षों को सभी नृत्य शैलियों में स्पष्ट देखा जा सकता है और उन्हें नृत्त प्रधान और भाव प्रधान नृत्य संयोजन कहा जाता है। जैसे भरतनाट्यम में अलारिपु, तिल्लाना यदि नृत्त कोटि में आते हैं तो शब्दम्, पदम्, वर्णम्, श्लोकम् आदि नृत्य कोटि में। नृत्य पक्ष को यदि और गहराई से देखें तो इसमें भी कुछ अंश में नृत्त और भाव का समन्वित रूप रहता है किन्तु कुछ रचनाओं में नृत्त एकदम गौण हो जाता है। ऐसी रचनाओं को हम प्रायः नाट्य श्रेणी में रखते हैं। शब्दाभिनय और पदाभिनय ही इसमें प्रमुख होता है। लय ताल स्वर का संयोजन इस पक्ष को उभारने के

लिए ही सही किन्तु आवश्यक तौर पर रहता है। नृत्य के लिए ताल, लय, स्वर (संगीत) होना अनिवार्य है, जबकि नाटक के लिए ऐसा नहीं है।

इस सन्दर्भ में कथक पर विचार करते हुए अनेक दिलचस्प तथ्य सामने आते हैं। यह धारणा आम है कि कथक में बस नृत्तांग ही है, अभिनय तो उसमें होता ही नहीं। सामान्यत: प्रदर्शनों के आधार पर लेखा-जोखा करते हुए कथक की यही तसवीर सामने आती है। पर इसमें थोड़ा गहरे जायें और उसे निकट से देखें तो अभिनय के अनेक स्तर और पहलू सामने आयेंगे।

पहले हम 'कथक' शब्द को ही लें। कथा-वाचक कथक कहलाते थे। इस तरह से यह एक वर्ग के रूप में विकसित हुआ। कथकों में अभी भी कहावत प्रचलित है—कथा कहे सो कथक कहावे। तो कथा कहने वाले कथक कहलाते थे। अभी से नहीं प्राचीनकाल से। मात्र कथा कहने से ही तो बात नहीं बनती इसलिए वे उसे कुछ गाकर, कुछ अभिनय करके, सम्भवत: कुछ नाचकर भी कथा कहते थे। लगता है कथक नृत्य-शैली का कुछ ऐसा ही प्राचीन रूप रहा होगा। इस रूप की झलक अभी भी पारम्परिक कथकों में मिल जायेगी। इस तरह कथा का अभिनय ही जिस शैली का आधार हो उसमें से वह पक्ष एकदम लुप्त हो जाये यह कुछ असम्भव-सी बात लगती है। दरअसल, है भी ऐसा।

कथक में अभिनय पक्ष की ही चर्चा करते हुए बेहतर होगा उसके विभिन्न रूपों को अलग-अलग देखा जाय। पहले अभिनय के मुख्य अंशों की चर्चा कर बाद में पूरे कथक के भावात्मक स्वरूप की बात करें तो बेहतर होगा।

कथक की अभिनयात्मक संरचनाएँ क्या हैं ? आज सबसे लोकप्रिय अंश इस कोटि में आता है—ठुमरी। ठुमरी सम्भवत: ठुमके से विकसित हुई। इसलिए उसमें ठुमके का एक गुदगुदाने वाला स्वरूप कहीं-न-कहीं विद्यमान रहता ही है। ठुमरी गाने से नाच में आयी या नाच से गाने में गयी कहना मुश्किल है किन्तु दोनों में वह एक ही काम करती है—भावों का विस्तार संचारी भावों के सहयोग से। कभी वह रूपक और प्रतीकों का भी सहारा लेती है और शब्द तथा पद के अनेक अर्थ नर्तक अपनी क्षमता और आवश्यकतानुसार व्यक्त करता चलता है। 'कौन गलिन गयो श्याम'

जैसी सहज अर्थ वाली पंक्ति न जाने कैसे-कैसे स्वरूप और अर्थ ग्रहण कर लेती है। कल्पना की उड़ान ऐसे सतरंगे पँखों को उजागर करती है कि चकित हुए बिना नहीं रहा जाता। इस पर 'भाव दिखाते' हुए नर्तक पहले केवल दृष्टि के द्वारा ही इस भाव को व्यक्त करेगा। फिर धीरे-धीरे उसमें उपांग और हस्त संचालन आदि शामिल होते जाते हैं। शुरुआत के अंश को 'ठुमरी अन्दाज़' भी कहा जाता है। शायद इसलिए कि उसमें मुख्य भाव का एक अन्दाज़ भर दिया जाता है—विस्तार तब तक नहीं होता है। इसके बाद ही प्रमुख पंक्ति के अर्थ को खोलना शुरू होता है। इसमें भी पहले तो उसका सीधा अर्थ ही प्रस्तुत किया जाता है।—जैसे 'कौन गलिन गयो श्याम' में—अलग-अलग ढंग से विविध नायिकाओं का ढूँढ़ना-विचारना दिखाया जाता है। अर्थ को थोड़ा फैलाकर नर्तक किसी अवस्था विशेष या प्रसंग में श्याम के अचानक ग़ायब हो जाने को भी दिखला सकता है। शब्द का विस्तार करते हुए वह 'गलिन' और श्याम के कितने ही अर्थ बता सकता है, जैसे—आँखों की कोर में काजल, या नेत्रों के रास्ते से हृदय में समाते कृष्ण, या इत्र की ख़ुशबू के समान नासारन्ध्र से हृदय में उतरे कृष्ण—ऐसे कितने ही अर्थ इस एक पंक्ति में नर्तक खोल सकता है। ऐसी स्थिति में शब्द विशेष या पंक्ति का पूरे पद से सीधा सम्बन्ध नहीं रह जाता। न ही भाव एक के बाद एक किसी ख़ास क्रम में सिलसिलेवार व्यक्त होते हैं। एक भाव दूसरे से एकदम अलग होकर सामने आता है। अपनी अलग पहचान लिए हुए—फिर भी वह मुख्य भाव से कहीं-न-कहीं तो जुड़ा रहता ही है। इसी तरह एक रस का भाव आसानी से ही दूसरे रसभाव में पहुँच जाता है। ठुमरी क्योंकि शृंगार प्रधान है इसलिए इसी रस के इर्द-गिर्द वह घूमती है।

'दादरा', भाव के स्तर पर यों तो ठुमरी के नज़दीक होता है किन्तु उससे अपेक्षाकृत हलका होता है और शृंगार का अधिक लौकिक रूप आदि ही उसमें व्यक्त होता है इसलिए होली का उल्लास और उमंग इनका मूल स्वर होता है। उसकी तैयारी, साज-सज्जा, परस्पर गुलाल और रंगों का डालना, मलना-रूठना-हँसना-मिलकर नाचना-गाना—अथवा ऐसे रंग भरे अवसर पर प्रिय से बिछोह का दुख यही इसकी भाव-भूमि बनती है। 'धमार' जहाँ प्राय: होली प्रसंगों को लेकर गाया जाने वाला गीत है तो दूसरी ओर वह एक ताल भी है—जिसके आधार पर यह नामकरण है।

दादरा भी ताल के आधार पर ही है।

'झूला' सावन की रिमझिम फुहारों के बीच झूले के आनन्द और वर्षा से प्रफुल्लित प्रकृति और मन को व्यक्त करता है। इनका भाव-विस्तार का रूप ठुमरी से नितान्त भिन्न होता है और ये प्राय: गीतार्थ को ही एक या अनेक ढंग से व्यक्त करते हैं। इनकी विशिष्टता मूल भाव और वातावरण की प्रभावपूर्ण अभिव्यक्ति में है।

'ग़ज़ल' कथक अभिनय सम्पदा का एक और आयाम प्रस्तुत करता है। इसका मूल स्वर शृंगार प्रधान होते हुए भी इसकी भाव-भूमि और अभिव्यक्ति का स्वरूप नितान्त भिन्न होता है। इसमें प्रयुक्त प्रतीक भी नितान्त भिन्न होने के कारण इसका आस्वाद्य भी भिन्न होता है। अभिव्यक्ति की गहराई के स्तर पर यह दादरे के क़रीब अपेक्षाकृत हलका भाव प्रस्तुत करता है।

'ध्रुपद' अष्टपदी, भजन, श्लोक आदि भक्ति संगीत से जुड़ने के साथ-साथ ही ये संरचनाएँ नृत्य का आधार बनने लगीं और कथक नृत्य में भी इनको इसी नाम से जाना जाने लगा। भक्ति के अतिरिक्त वीर, शृंगार रस प्रधान ध्रुपद भी हैं—किन्तु वे मूलत: उदात्त भाव को ही उजागर करते हैं इसलिए इनमें गाम्भीर्यपूर्ण गरिमा को बनाये रखा जाता है। ध्रुपद गायन के प्रभाव से इसमें लय तालात्मक विविधता का आनन्द आदि इसकी अपनी विशेषता है। ये प्राय: चौताल, एकताल, झपताल में बँधे होते हैं। पद, अष्टपदी और भजन भी इसी कोटि में आते हैं। नृत्य भाव के स्तर पर ये सभी रचनाएँ प्राय: अधिक सीधी होती हैं और आलंकारिक वृत्ति से दूर होती हैं। नृत्तात्मक अंश या तो इनमें नहीं होते हैं और होते भी हैं तो उसकी आन्तरिक लय के साथ घुल-मिलकर सामने आते हैं। 'श्लोक' में सीधे शब्दों के अर्थ को नृत्य भंगिमाओं के माध्यम से प्रस्तुत किया जाता है। ये प्राय: किसी देवी-देवता की स्तुति के रूप में प्रयुक्त होते हैं जिनमें ताल का होना ज़रूरी नहीं है।

ध्रुपद, धमार, ठुमरी, दादरा, ग़ज़ल आदि सभी संगीत प्रकार हैं और एक तरह से वहीं से ये नृत्य के आधार बने हैं इसीलिए ये नृत्य संरचनाएँ उन्हीं नामों से जानी जाती हैं। इन सभी में संगीत प्रमुख भूमिका अदा करता है। प्राय: किसी राग या धुन में निबद्ध इन रचनाओं की अपनी स्वतन्त्र सत्ता भी है विशेषकर संगीत के स्तर पर। कथक अभिनय का एक और स्वरूप सामने आता है जिसमें साहित्य तो है—पर संगीत नहीं। यह दूसरा नृत्य

अभिनय स्वरूप 'कवित्त' के नाम से जाना जाता है। कवित्त को पढ़ने का अपना अलग ढंग है। गाथा काव्य से जुड़ा यह छन्द अपने ओज और सौन्दर्य के कारण प्रायः वीर—शृंगार रस प्रधान है। नृत्य में भी कवित्त प्रायः इन्हीं भावों को व्यक्त करता है। इसके छन्द की लय नृत्य को गति प्रदान करती है। कवित्त की पढ़न्त क्योंकि अपेक्षाकृत मध्य-द्रुत लय में होती है इसलिए इसका भाव शब्दों के नृत्य अर्थ भाव दिखाने भर तक सीमित होता है। एक तरह से शब्द का नृत्य अनुवाद जैसा। इस तेज गति में इससे ज़्यादा कुछ और दिखाना सम्भव भी नहीं है। नृत्य के लिए कवित्त अलग से रचे जाते हैं जिससे उन थोड़ी-सी पंक्तियों में अधिक-से-अधिक अर्थ दिखाया जा सके। ताल में ठीक सम पर आने तथा नृत्य परक सौन्दर्य के लिए उसमें कभी कवित्त के शब्द और कभी कुछ नृत्त बोल भी जोड़ दिये जाते हैं जो तिहाई की तरह सम पर आते हैं। इसमें अनेक विषयों को निरूपित किया जा सकता है। कवित्त के कई प्रकार हो सकते हैं—जैसे कवित्त तोड़ा, ताण्डव तथा लास्यांग कवित्त। गणेश परण, काली परण आदि एक तरह से इसी का स्वरूप हैं। ये किसी देवी-देवता के स्वरूप को नृत्य-भाषा में रूपायित करने का प्रयास है।

कथक अभिनय का तीसरा दिलचस्प और अनूठा स्वरूप 'गत'—'गतभाव' में देखने को मिलता है। 'अभिनय दर्पण' आदि ग्रन्थ ऐसे नृत्य पक्ष की बात करते हैं जो रस-भाव-व्यंजना से युक्त हो। इसमें गीत के द्वारा अधिक सघनता लायी जा सकती है। यहाँ जो गीत के बिना भी नृत्य में भावाभिव्यक्ति की बात है वही गत गतभाव का आधार है। यह एक मात्र नृत्य शैली है जो बिना शब्द, गीत के सहारे भी अभिनय-भाव प्रदर्शित करती है। गतभाव जहाँ भागवत, रामायण, महाभारत आदि की कथाओं के आधार पर आंगिक अभिनय और नृत्य भंगिमाओं द्वारा छोटे प्रसंग प्रस्तुत करता है वहीं गत, गतनिकास एक सहज भंगिमा, अन्दाज़, गति को रेखांकित करता है। एक अन्दाज़ में खड़े होने का ढंग और चेहरे का भाव और दृष्टि तत्काल एक विशिष्ट नायिका को सामने खड़ा कर देती है और कथा या प्रसंग से अलग वह अपने में सम्पूर्ण अर्थपूर्ण प्रस्तुति बन जाती है। गत में कोई अर्थपूर्ण हस्ताभिनय भी ज़रूरी है जो गति के साथ एक स्थिति या अन्दाज़ प्रस्तुत करती है। बाँसुरी या घूँघट कुछ अत्यन्त प्रचलित गतें हैं। घूँघट और बाँसुरी के कितने विविध स्वरूप और अन्दाज़ बन सकते हैं यह देखकर ही जाना जा सकता है। मुग़ल दरबार तथा वाजिदअली शाह के वक़्त

तमाम गतों का उल्लेख मिलता है। गमज़ागत, परीगत, हुस्न गत आदि ये गतें बस एक स्थिति या अन्दाज़ विशेष का निरूपण करती हैं।

गतभाव किसी पौराणिक चरितनायक से सम्बन्धित कोई घटना या प्रसंग प्रस्तुत कर सकता है या नायिका भेद से किसी नायिका को निरूपित कर सकता है या नितान्त सामान्य गृहस्थी के कार्यकलाप जैसे पानी भरना, दूध दुहना, मक्खन निकालना, होली, छेड़छाड़ आदि। इन सामान्य प्रसंगों की रूपरेखा यद्यपि गोपी कृष्ण विषयक प्रसंगों से जुड़ी रही हैं किन्तु आज वे उससे स्वतन्त्र भी नृत्यरचित होती हैं। गतभाव में प्रायः प्रचलित या आसानी से समझ में आने वाले प्रसंग ही लिए जाते हैं। नर्तक अपनी सम्पूर्ण अंग भंगिमाओं, गतियों और भाव के द्वारा विशेष वातावरण, स्थान, समय और चरित्रों की रचना करता है और उसे रचते हुए एक निश्चित बिन्दु तक पहुँचता है। कथक में हस्त मुद्राओं का प्रयोग प्रायः रूढ़िबद्ध नहीं होता। यह जहाँ कथक नर्तक के लिए एक चुनौती प्रस्तुत करता है वहीं उसको अधिक एकाग्रता से उस प्रसंग को सम्प्रेष्य बनाने को प्रेरित करता है। जो कलाकार जितने सहज, समग्र और एकाग्र ढंग से भाव को प्रस्तुत करता है वह उतना ही बड़ा कलाकार होता है। मुद्राओं की रूढ़िगत सांकेतिक भाषा से स्वतन्त्रता प्रत्येक नर्तक की अपनी समझ, ग्राह्य क्षमता और अर्न्तदृष्टि को भी उजागर करती है। और, यही कारण है कि एक नर्तक पूरी संरचना में जो बात नहीं कह पाता वह अच्छन महाराज, शम्भू महाराज जैसे कलाकार एक निगाह में कह देते हैं। कथक में अनेक गतियों—जैसे गजगति, मयूर, सिंह, हंस गति आदि को भी पृथक से दिखाया जाता है। यों तो इनका प्रयोग विविध नायिका निरूपण में भी होता है किन्तु अपने आप में ये गतियाँ गीतात्मकता की रचना करती हैं। प्रकृति से तादात्म्य, उसका अनुकरण अनेक कला रूपों में मिलता है। नृत्य में भी—कथक के तमाम बोल, गतियाँ, प्रकृति की अनुकृति और उन्हें नाच में पकड़ने के अन्दाज़ के रूप में सामने आती हैं। ये विविध गतियाँ भी इसी प्रभाव को सामने लाती हैं।

'नायक-नायिका भेद' कथक अभिनय का एक और पक्ष है। यों अनेक ठुमरियों और गतभाव में विभिन्न नायिकाओं को चित्रित किया जाता रहा है पर हिन्दी रीति साहित्य की तरह यह कथक नृत्य का विशेष पक्ष है। दरअसल, कथक-नृत्य उत्तर भारतीय संगीत की तरह हिन्दी साहित्य से

भी बहुत प्रभावित है। भक्ति और रीति साहित्य का सीधा प्रभाव न केवल कथक अभिनय में बल्कि नृत्त पक्ष में भी देखा जा सकता है। सम्भव है यही कारण है कि जहाँ कथक के थाट, आमद जैसे विलम्बित अंशों में नर्तक का भक्तिपूर्ण आन्तरिक आनन्द तथा रचना-प्रक्रिया से गुज़रते हुए साध्य में लीन होने का आनन्द उसके चेहरे और उसके सम्पूर्ण व्यक्तित्व में झलकता है वहीं रीतिकालीन साहित्य का चमत्कार वैचित्र्य उसके तेज चक्करदार परण, क्लिष्ट ताल-लय के संयोजन तथा भाव के स्तर पर ठुमरी आदि के सूक्ष्म भाव वैविध्य में उजागर होता है। देखने, चलने, भंगिमाओं, गतियों के तमाम अन्दाज़ और विविध निरूपण रीतिकालीन साहित्य की देन है। प्रबन्ध काव्य के बजाय छोटे और पृथक पदों, कवित्त, सवैये, दोहे में कहने की पद्धति ने इस नृत्य को भी सम्भवतः प्रभावित किया है और यही कारण है कि पृथक बोल—टुकड़े, परण आदि स्वतन्त्र इकाइयों के रूप में सामने आते हैं, अपनी विशिष्टता के साथ।

कथक नृत्य में यों कहने को तो एक ही प्रधान रस है—शृंगार, पर वह इतना विस्तार पाता है कि दीगर रस और भाव भी उसमें समाहित हो जाते हैं। भक्ति तो यों भी शृंगार का ही विस्तार, उसका चरम रूप है जहाँ आत्मा परमात्मा को प्रियतम भाव से प्राप्त करने का यत्न करती है और शृंगार परम अलौकिक आनन्द का एक रूप बन जाता है, एक रस हो जाता है। इसके अलावा भी शृंगार के संचारियों के रूप में अनेक भाव आवर्तन-प्रत्यावर्तन करते रहते हैं। अनेक गतभाव या प्रसंगों में भी एक साथ अनेक रसों का प्रादुर्भाव होता है। जैसे द्रौपदी चीरहरण का प्रसंग वीर, रौद्र, वीभत्स, हास्य, करुणा, अद्‌भुत, शान्त आदि अनेक रस भाव जागृत करता है। ज़रूरी नहीं कि हर नर्तक हमेशा इन तमाम भावों को दर्शायें ही—क्षमता, समय, परिस्थिति के अनुसार वह इनको चुन सकता है।

कथक अभिनय के ये तमाम रूप ज़ाहिर है, आज देखने को कम ही मिलते हैं। इसलिए प्रायः कथक को नृत्त प्रधान नृत्य शैली माना जाता है और इस तरह उसके एकांगी होने का सबूत दिया जाता है। कथक में नृत्य-नाटिका की सफल शुरुआत एक तरह से उसके इस एकांगी दिखते स्वरूप को नकारती है। इतने विविध विषयों को लेकर ये नृत्य नाटिकाएँ प्रस्तुत होती रही हैं कि उसी से कथक की अभिनेय क्षमता का परिचय मिलता है। प्रश्न यह है कि किसी भी शैली की तमाम क्षमताओं और

विस्तार का कौन कितना उपयोग कर पाता है, अपने में रचा-बसा सकता है। कुछ प्रभाव परिस्थितियों और सामान्य लोक अभिरुचि का भी पड़ता है और कथक जैसे जीवन्त नृत्य पर तो ख़ास तौर से, जो सीधा लोक से जुड़ा है। लोक से लेकर उसी को परिष्कृत-परिवर्धित कर उसे वापस सौंप देता है, यही कारण है कि इतने बड़े उत्तर भारतीय प्रदेश का वह एकमात्र शास्त्रीय नृत्य है और लोकप्रिय नृत्य है जो विभिन्न अंचलों में रुचि और आवश्यकतानुसार भिन्न पक्षों को उजागर करता है और भिन्न परिवेश में अलग ही आस्वाद्य प्रदान करता है।

(1977)

# अभिनय : दो

पिछले दिनों दिल्ली में कथक के दो बड़े आयोजन हुए। एक इस नयी सदी के पहले वसन्त पर 'वसन्तोत्सव 2000' जिसे आज कथक के पर्याय बन गये पण्डित बिरजू महाराज ने (अपनी संस्था 'कलाश्रम' के माफ़र्त) अपने अनेक पुराने-नये शिष्यों के साथ सँजोया था। और दूसरा, पिछली सदी के अन्तिम चरण में कथक की शीर्ष संस्था 'कथक केन्द्र' द्वारा आयोजित समारोह 'नृत्य प्रतिभा', जिसमें कथक के प्रमुख गुरु, शिक्षकों द्वारा चुने शिष्यों ने नृत्य प्रस्तुत किया। पहले में एक ही गुरु के देश-विदेश में स्थित लगभग सौ-सवा सौ शिष्यों ने हिस्सा लिया तो दूसरे में विभिन्न गुरु-नर्तकों के एक या दो शिष्यों ने शिरकत की।

ये दोनों ही समारोह नयी दृष्टि, ऊर्जा, विविधता और अपने विराट कलेवर के कारण अनेक अर्थों में स्मरणीय उत्सव रहे। सदी के इस छोर पर स्थित कथक के ये समारोह कथक के वर्चस्व, विविधता और विस्तार को रेखांकित करते हैं। पिछले दशकों में कथक ने बड़ी मंज़िलें तय की हैं और उसमें अनेक रूप बदले हैं। कथक में नृत्तांग के असाधारण विस्तार के बाद इन समारोहों में यह देखना-जानना सुखद था कि उसने फिर नये सिरे से अपने नृत्यांग और अभिनय पर ध्यान देना शुरू किया है और उसमें अनेक नये आयाम उभरे हैं। परम्परा में रहकर भी कथक बँधी-बँधाई लीक से हटकर अपने रास्ते ढूँढ़ता और नयी राहें बनाता चला है। इसीलिए उसमें जिस तरह के नयेपन, विविधता, स्फूर्ति और ताज़गी का अनुभव होता है, वैसा अन्यत्र कम मिलता है। एक तरफ़ कथक एक-सा लगने का आभास देता-सा लगता है दूसरी तरफ़ हर नर्तक उसमें अपना नया कुछ जोड़ता जाता है। इसका सुखद और आश्चर्यकारी अनुभव

इस वसन्तोत्सव में ही हुआ! एक ही गुरु से सीखे शिष्यों में ऐसी विविधता के अनेक स्तर, आयाम और रूप विस्मयजनक थे। सहज ही प्रश्न उठता है आख़िर यह कैसे सम्भव होता है? जब तक एक माध्यम में स्वयं ऐसी गहराई और विविधता के बीज तत्त्व नहीं होंगे ऐसा होना प्राय: असम्भव ही है। सहज सर्जन की यह छूट, यह शक्ति ठोस-गहरी-मजबूत नींव पर टिका माध्यम ही दे सकता है जिसकी लम्बी परम्परा है।

हमारी नाट्य परम्परा में नृत्य रंगमंच का अभिन्न अंग रहा है किन्तु नृत्य की अपनी इयत्ता भी है। कालान्तर में वह स्वतन्त्र रूप से विकसित हुआ और उसने विभिन्न भौगोलिक क्षेत्रों में अपनी अलग पहचान बनायी जिसे कथक, भरतनाट्यम्, ओडिसी, मणिपुरी, कुचिपुड़ी, मोहिनीअट्टम आदि नृत्य शैलियों में स्पष्ट देखा जा सकता है। कथक मुख्य रूप से देश के उत्तरी भू भाग में विकसित हुआ इसलिए उसके पल्लवन में इस प्रदेश की सांस्कृतिक पहचान स्पष्ट है। यह प्रदेश निरन्तर बाह्य आक्रमणों के कारण भीषण राजनैतिक उथल-पुथल का भी था। इसका प्रभाव कथक में बख़ूबी देखा जा सकता है। कथक ने वर्तमान रूप ठीक कब अख़्तियार किया यह तो कहना कठिन है किन्तु कथकों और कथावाचकों का इतिहास बहुत पुराना है। यों इस बात पर ध्यान दिलाना दिलचस्प होगा कि यह भारत के विशाल उत्तरी प्रदेशों में विकसित प्रचलित एकमात्र शास्त्रीय नृत्य शैली है।

कथक और सम्भवत: 19वीं शताब्दी तक अन्य क्षेत्रीय नृत्य प्रकारों में भी मार्गीय और देशी तत्त्व का दिलचस्प मेल था जो उसे आभिजात रसिक वर्ग और लोक दोनों से गहरे रूप में जोड़ पाता था। यह भी लगता है कि रंगमंच और नृत्य के बीच परस्पर आवाजाही भी अपेक्षाकृत अधिक थी और उसमें ऐसा दो टूक विभाजन नहीं था जैसा इधर नज़र आता है। अनेक राजनैतिक, सांस्कृतिक बदलावों के चलते धीरे-धीरे यह सहजता ख़त्म होती गयी जिससे उसमें अलगाव पैदा होने लगा। इस स्थिति में उसमें अनेक स्तरों पर एक अजब क़िस्म की दूरी आयी और इनके अपने-अपने द्वीप से बने किन्तु अभी भी अभिनय वह स्थल है जहाँ यह दूरी स्वभावत: मिट जाती है।

अभिनय क्या है? अभिनय का शाब्दिक अर्थ है 'की ओर जाना'। नाटक और नृत्य के सन्दर्भ में यह अर्थ होगा—किसी मनोभाव या आवेश को

दृष्टि, संकेत या मुद्रादि से प्रकट करना—उसे दर्शक तक ले जाना—भावक की ओर ले जाना। नाट्यशास्त्र में चार प्रकार के अभिनय बताये गये हैं—आंगिक, वाचिक, आहार्य और सात्विक। इस तरह इनको इस ले जाने के चार तरीक़े हो सकते हैं—आंगिक चेष्टाओं द्वारा, शब्दों द्वारा, वेशभूषा, अलंकार द्वारा और स्वेद, रोमांच आदि सात्विक भावों से आन्तरिक भावों को प्रकट करके। यह चारों साथ भी हो सकते हैं और अलग-अलग भी। नाट्य शास्त्र में वर्णित उसका सैद्धान्तिक पक्ष हम न लें तो भी अभिनय के विविध स्तर और पक्ष इनके द्वारा अभिव्यक्त होते हैं किन्तु प्रभाव की तीक्ष्णता उस क्षमता पर निर्भर करती है जो अभिनेता-नर्तक अभिप्रेत भावों-अर्थों को आंगिक और सात्विक के सन्तुलन से प्रेषित कर पाता है। जितना सहज और सूक्ष्म यह सम्प्रेषण होगा उतना ही व्यापक और गहरा उसका प्रभाव होगा।

नाटक और नृत्य के अभिनय में बुनियादी अन्तर है। रंगमंच में अभिनय की जैसी केन्द्रीयता है वैसी नृत्य में नहीं है। मंच पर अभिनेता जो कुछ भी करता है वह अभिनय है—नर्तक जो करता है वह नृत्य है। वह अभिनय से अलग है। अभिनय उसका एक अंग, एक पक्ष हो सकता है पर उसका पूरा कार्य-व्यापार अभिनय नहीं है जिस तरह वह एक नाटक में अभिनेता का होता है। इसीलिए विषय और जीवनानुभव की अभिव्यक्ति की दृष्टि से नाटक के अभिनय का दायरा बहुत बड़ा है।

नृत्य की अपनी देह-भाषा है जिससे वह सम्प्रेषित करता है। वह अधिक शैलीबद्ध है। हर नृत्य शैली उसे अपने ढंग से प्रकट करती है। उसकी अपनी लय है, अंग और मुद्रा भाषा है, रचना-प्रक्रिया और पद्धति है, रूप है, रंग है, सरोकार हैं, इतिहास है और परम्परा है जो वह नृत्य शैली अपने साथ समेटती, सम्प्रेषित करती चलती है। रंगमंचीय अभिनय की देह-भाषा अलग है—वह नाट्यधर्मी होते हुए भी अधिक सहज, स्वाभाविक और दैनन्दिन कार्य-व्यापार के निकट है। यों यह भी सही है कि दोनों का माध्यम शरीर होने के कारण अभिनय अपने सघन क्षणों में समान हो जाता है।

एक तरह से कहा जा सकता है कि दोनों का प्रयोजन सम्प्रेषण करना है, सम्पर्क स्थापित करना है अपने दर्शकों से, रसिक वर्ग से, किन्तु उनके माध्यम अलग हैं। यों हर कला का प्रयोजन, अभिव्यक्ति का माध्यम

अलग होने के बावजूद, कहीं-न-कहीं अन्य से संवाद करना, सम्पर्क स्थापित करना ही है। एक तरह से यह स्व का विस्तार भी है, और दूसरी ओर यह बाह्य संसार से आन्तरिक एकसूत्रता कायम करने की इच्छा—उपक्रम भी है।

रंगमंच में शास्त्रीय को समकालीन बनाया जाता है। नृत्य में इसके विपरीत, समकालीन को शास्त्रीय बनाया जाता है। जैसे बिरजू महाराज हर चीज़ को कृष्ण में तब्दील कर देते हैं। हर आज रची चीज़ हमारी शास्त्रीय परम्परा की चीज़ बन जाती है। जबकि नाटक में पौराणिक मिथकीय चरित्र और कथाएँ भी समकालीन अर्थ और कलेवर धारण कर लेते हैं जैसे—धर्मवीर भारती का 'अन्धायुग' या गिरीश कर्नाड का नाटक 'हयवदन', 'अग्नि और बरखा' आदि में।

नाटक में पूरा मंच अभिनय-स्थल है जैसे नृत्य में वह नृत्य-स्थल है। नृत्य में अभिनय-स्थल अपेक्षाकृत सीमित हो जाता है। प्रायः शरीर के विविध अंग और उनका प्रयोग भी कुछ हद तक विशेषीकृत हो जाते हैं। मुखज अंगों पर ध्यान केन्द्रित होकर एक तरह से अन्य आंगिक व्यापार मुखज व्यापार से परिचालित होने लगते हैं।

नृत्याभिनय कई दृष्टियों से अधिक कठिन है। जहाँ नाटक में अभिनेता के सहायक के रूप में पूरा दृश्यबन्ध, संवाद, सह अभिनेता, चरित्र के अनुरूप वेशभूषा और मुख-सज्जा आदि सभी होते हैं वहीं नर्तक को अकेले ही इन सबकी रचना करनी पड़ती है। उदाहरण के लिए, यदि महाभारत का ही द्यूत प्रसंग और द्रौपदी के अपमान का प्रसंग है तो जहाँ नाटक में मंच-सज्जा सहित विभिन्न अभिनेता-अभिनेत्री इन चरित्रों का शब्द आदि द्वारा अभिनय करेंगे वहीं नर्तकी ख़ाली मंच-स्थल पर अकेली ही इस सबको अपने नृत्य द्वारा रचेगी। इसलिए जहाँ अभिनेता एक पात्र को सम्पूर्ण ढंग से अभिव्यक्त कर सकता है वहाँ नृत्यांगना अपने अभिनय द्वारा कुछ प्रमुख भाव और प्रसंग का ही संकेत करती है और इससे कल्पना के अनेक द्वार भी खोलती चलती है।

रंग अभिनय में आवृत्ति प्रायः दोष है। आप एक ही पंक्ति को अलग-अलग ढंग से प्रस्तुत नहीं कर सकते हैं, जबकि नृत्य में ऐसा नहीं है। आवृत्ति से नृत्य में अर्थ को सम्प्रेषित करने में, उसे सघन करने में मदद

मिलती है। स्थायी और संचारी भावों की मदद से अर्थ और अनुभव की कितनी ही परतें पुनरावृत्ति से खुलती चलती हैं जो नाटक में उस तरह सम्भव नहीं है। मूलत: दोनों ही रस-केन्द्रित होने के बावजूद उनमें उसको बरतने का तरीक़ा अलग है—इसलिए उनका आस्वाद भी अलग-अलग है।

नाटक की तरह प्राय: नृत्य भी अभिनय में शब्दों का उपयोग करता है। किन्तु शब्द यहाँ एक सहारा भर है। वह शब्द से शुरू होकर उस पर टिका नहीं रहता। वह उसके लिए गौण हो जाता है। जहाँ रंगमंच में शब्द बहुत महत्त्वपूर्ण है, और वह अपना अस्तित्व बनाये रखता है वहीं नृत्य में उसकी नियति लीन होना है : नृत्यार्थ प्राय: और अधिकांशत: शब्दातीत है।

अभिनय का एक विशेष काम अर्थ का सम्प्रेषण है—किसी विचार, भाव, घटना, कथा का सम्प्रेषण—जो अलग-अलग ढंग से उस नृत्य-देह-भाषा द्वारा रचा जाता है। वह दूसरी तरह से शब्द, पद, अर्थ, व्यंजना का विस्तार भी है। पर नृत्य में यह ज़रूरी नहीं है कि बात कहने के लिए अभिनय हमेशा शब्द का ही सहारा ले, वह बहुत कुछ अमूर्तन से कहता है। कथक का बहुत महत्त्वपूर्ण हिस्सा नृत्य पक्ष है। पिछली सदी में कथक के नृत्त पक्ष में अभूतपूर्व विस्तार हुआ है, विशेषकर, लय और ताल को लेकर उसके गुम्फन में, जिन्होंने कथक को नया रूपाकार प्रदान किया है। नृत्य को आंगिक कविता भी कह सकते हैं—लय की, गति की, शरीर की कविता। इन तीनों के सम्पुंजन से जो सौन्दर्य रचा जाता है उसका भी अपना एक अर्थ है जो दर्शकों के मन में अलग-अलग ढंग से ध्वनित होता है।

अन्य नृत्य शैलियों की तुलना में कथक अपने स्वरूप में अधिक लौकिक और ऐन्द्रिक है। उसके विषय यों कृष्ण पर ही केन्द्रित हैं, विशेष तौर से उनके बाल और किशोर रूप पर, किन्तु उनका निर्वाह प्राय: धार्मिक नहीं है। मूलत: कथक भी आत्माभिव्यक्ति द्वारा भक्ति और ईश्वर की साधना का ही एक रूप रहा है किन्तु आज अपने चरित्र में यह रीतिकाव्य के अधिक नज़दीक है—चाहे उसका नृत्त पक्ष हो अथवा नृत्य, अभिनय पक्ष। नृत्त में जहाँ लय और ताल के नक़्क़ाशीदार काम में सूक्ष्मता और विविधता के द्वारा एक नये सौन्दर्य की सृष्टि हुई है वहीं अभिनय के क्षेत्र में मन्दिर से उसके लगातार सम्बन्ध टूटते जाने के कारण वह भक्तिभाव की अपेक्षा धीरे-धीरे शृंगारिक अधिक होता गया है। इधर आधुनिक कविता के

सर्वथा पृथक भाव-बोध के कारण कविता से भी उसका सम्बन्ध टूटता गया जिसका सबसे अधिक असर उसके अभिनय पक्ष पर पड़ा। इस पर अनेक लोगों का ध्यान गया है और पिछले दिनों इस पर लौटने की कोशिश हुई है।

आम धारणा है कि कथक में अभिनय ऊँचे दर्ज का नहीं होता है। इसका एक कारण है यह मानना कि उसकी नाट्यधर्मी हस्तमुद्रा भाषा विकसित नहीं है और अभिनय के दौरान भाव और मनोदशाओं तथा उनके अनेक स्तरों को प्रकट करने के लिए कोई रूढ़ मुद्रा भाषा का प्रयोग नहीं है। दूसरा कारण उसका नृत्त पक्ष पर आग्रह है। दरअसल, कथक में अभिनय का विकास कुछ अलग ढंग से हुआ है। यह नहीं कि वह नाट्यधर्मी विशेषीकृत हस्तमुद्राओं का इस्तेमाल नहीं करता अथवा *नाट्यशास्त्र* या *अभिनय दर्पण* में अभिनय के विभिन्न तत्वों का निर्वाह नहीं करता। वह यह सब करता है किन्तु एक ख़ास ढंग से। आत्माभिव्यक्ति नृत्य का बुनियादी आधार है। इसीलिए भाषा की अपेक्षा नृत्य का विकास सहज स्वाभाविक हुआ है। कथक इस सहजता को बरकरार रखता है। इसीलिए हस्तमुद्रा भाषा का प्रयोग भी वह प्राय: प्रत्येक शब्द के लिए न करके किसी विशेष तत्व, स्थिति या व्यक्ति के परिचायक रूप में करता है। उसमें किसी वाक्य या पद को हस्तमुद्राओं द्वारा नहीं दर्शाता बल्कि उसका संकेत करता है। कई बार वह नृत्य गतियों और भंगिमाओं द्वारा पूरा उपयुक्त वातावरण रचकर उन अर्थों को व्यंजित करता है। प्राय: वह केवल हस्तमुद्राओं के बजाय सम्पूर्ण शरीर और मुखज अभिनय को इसके लिए उपयोग में लाता है जिससे अर्थ अधिक सहज ग्राह्य हो जाता है। दूसरे, हस्तमुद्राओं का सम्बन्ध अपने परिवेश, सामाजिक आचार-विचार, दैनन्दिन हस्तप्रयोग और पारम्परिक रूढ़ियों पर भी आधारित होता है। शास्त्रों में वर्णित अनेक हस्तमुद्राएँ आज उत्तरी अंचल में प्रयुक्त नहीं होतीं जिसके कारण उनका अर्थ सहज सम्प्रेष्य नहीं होता। इस कारण भी सम्भवत: अनेक ऐसे प्रयोग कथक से धीरे-धीरे कम होते गये और उनकी जगह दूसरी हस्तमुद्राओं ने ले ली।

नर्तन के दो प्रमुख अंग हैं—नृत्त और नृत्य। नृत्त प्राय: ताल-लय प्रधान अमूर्त रूपाकारों को प्रदर्शित करता है। नृत्य भारतीय नर्तन का वह अंश है जिसमें किसी गीत का आश्रय लेकर उसके अर्थ या आशय को रूढ़,

प्रतीकात्मक हस्तमुद्राओं, मुखाभिनय और सांकेतिक अंग भंगिमाओं द्वारा प्रस्तुत किया जाता है। इसके दो पक्ष होते हैं—एक, जिसमें नृत्य और नृत्त दोनों का सम्मिश्रण होता है, दूसरा अभिनय प्रधान जिसे नाट्य भी कह सकते हैं। कथक में अनेक ऐसी संरचनाएँ हैं जो नृत्य के लिए ही हैं जैसे प्रबन्ध, ध्रुपद, वन्दना, होरी, पद, भजन, अष्टपदी, कवित्त, ठुमरी, ग़ज़ल आदि। कुछ संगीत संरचनाएँ—ध्रुपद, ठुमरी आदि की तरह तालों के नाम पर भी जानी जाती हैं जैसे धमार, दादरा, सादरा आदि। ये सभी शब्दाश्रित रचनाएँ हैं और इनका अर्थ विस्तार अनेक ढंग से किया जाता है। प्रायः इनकी प्रस्तुति की कोई रूढ़ शैली नहीं होने के कारण कल्पना और उपज की इनमें अपार सम्भावना होती है।

कथक अभिनय की अपनी एक और विशेषता है—गत भाव। इसमें वह अर्थ-सम्प्रेषण के लिए शब्दों का सहारा नहीं लेता है। यहाँ वह किसी भाव, स्थिति, चरित्र, घटना या कथा प्रसंग को लय, गति और अपनी सहज भाव-भंगिमाओं द्वारा व्यक्त करता है। जैसे, घूँघट, बाँसुरी, पनिहारिन, कालिय मर्दन, द्रौपदी चीरहरण आदि की गत। यह कथक अभिनय का एकदम अनूठा पक्ष है। सम्भव है जब कविता से कथक की दूरी बढ़ने लगी तो उसने कविता के विकल्प के रूप में उन मूल अर्थों को ध्वनित करने के लिए गत निकास और गतभाव का सहारा लिया हो। किन्तु यह दिलचस्प है कि अभिनय के इस पक्ष का उल्लेख नाट्य शास्त्र में भी है पर इसका प्रयोग केवल कथक अभिनय में ही बचा रह गया है। कथक अभिनय के इस पक्ष का एक और प्रयोग लच्छू महाराज ने किया जब उन्होंने विशुद्ध नृत्त अंशों में एक कथा और अर्थों को भी पिरो दिया और परण, आमद या टुकड़ों में होली अथवा राधाकृष्ण की छेड़छाड़, गंगावतरण, अर्धनारीश्वर आदि प्रसंगों की संरचना द्वारा इनके अर्थों का सम्प्रेषण किया। इससे उनमें एक नये ढंग से सौन्दर्य-सृष्टि हुई—न केवल अर्थ के रूप में बल्कि अंग-भंगिमाओं और नृत्य-गतियों के रूप में भी।

कथक-अभिनय का दूसरा महत्त्वपूर्ण हिस्सा है बैठकर भाव बताना। इधर इसे बहुत कम नर्तक करते हैं। इसमें प्रायः किसी ठुमरी, भजन आदि को नर्तक स्वयं गाकर उसके शब्द और पदार्थ का विस्तार करता है। पहले कुछ अन्दाज़ होते हैं नज़र से, भवों से, गर्दन की हल्की जुम्बिश से और धीरे-धीरे हाथों के हल्के रख-रखाव और मुखज अभिनय से। ये सब

भंगिमाएँ धीरे-धीरे जुड़ती चली जाती हैं। इस बीच गाने की पंक्तियाँ कभी एक, कभी उसकी स्थाई, कभी पूरी रचना नर्तक और सह-गायक द्वारा दोहरायी जाती है। प्रायः जब पंक्ति बदलनी हो या नर्तक किसी भाव को किसी ख़ास ढंग से पेश करना चाहता हो तो वह स्वयं ही गाता है। इस तरह के भाव की विशेषता यह है कि इसमें प्रायः कोई कथाक्रम नहीं होता। कई बार असम्बद्ध से लगते अर्थों को भाव मुद्रा द्वारा दिखलाया जाता है। यह सम्भावना शब्दार्थों में बहुत बढ़ जाती है, जैसे—'बलमा रे चुनरिया मोरी लाल रंगा दे'—में नर्तक 'लाल' पर विस्तार करते हुए—बिन्दी, उगता या डूबता सूरज, बालक, रक्त बिन्दु, लालिमा, मेंहदी, पान, सिन्दूर, आँखों की लाली आदि कितने ही ढंग से लाल के अर्थ दिखा सकता है। कहा जाता है कि इस एक ठुमरी के अभिनय को अच्छन महाराज पूरी रात दिखाते रहे थे। जिन्होंने शम्भू महाराज का, जिन्हें स्वयं बाला सरस्वती ने अभिनय सम्राट कहा था, अभिनय देखा है वे इस कथन की सच्चाई को समझ सकते हैं। 'अटरिया पै चढ़ के हो गयी बदनाम' जैसी नितान्त शृंगारिक ठुमरी को जिस सहजता से वे आध्यात्मिक ऊँचाई पर पहुँचा सकते थे उसकी तुलना भक्त कवियों के भाव-बोध से की जा सकती है।

आनन्द कुमारस्वामी ने अपने *नोट्स ऑन इण्डियन ड्रामेटिक टेकनीक* में बिन्दादीन महाराज के अभिनय के सम्बन्ध में ज़िक्र करते हुए लिखा है—

''मैंने आज तक न ऐसा (अभिनय) देखा है, न देखने की उम्मीद है जैसा अभिनय मैंने एक बार लखनऊ में देखा जब एक वृद्ध कवि, नर्तक और अनेक नाचने वालियों के शिक्षक = ने गोपी द्वारा यशोदा से कृष्ण की शिकायत का, गाते हुए अभिनय किया...ज़मीन पर बैठकर उन्होंने अपनी रचना गायी। दुपट्टा उठाकर उन्होंने उसे घूँघट की तरह डाला...और किसी को यह याद नहीं रहा कि वह एक शर्मीली सुन्दर-सी किशोरी के अलावा भी और कोई है जो कि हाथ और आँखों की तमाम नाटकीय भाव-भंगिमाओं द्वारा अपनी कथा कह रही है। कैसे कृष्ण ने मक्खन और दही चुराया, क्या छेड़खानी की, उसकी रतिक्रीड़ा और हर तरह की शैतानियों का उन्होंने ज़िक्र किया। प्रत्येक अंग, हाथ और शरीर की प्रत्येक भंगिमा साभिप्राय, नियन्त्रित और पारम्परिक थीं। कृष्ण पर उनकी सारी भक्ति भी उनकी कला की उस अभिव्यक्ति में किसी तरह का व्याघात नहीं बन सकी।''

इस प्रसंग पर आगे लिखते हुए वह इस तरह के अभिनय और कृष्ण की कल्पना के पीछे गहरी जड़ों, और एक दीर्घ सांस्कृतिक परम्परा की चर्चा करते हैं। साथ ही इन कथाओं और विचारों को व्यक्त करने के लिए प्रयुक्त रूढ़ मुद्राओं की ओर भी इंगित करते हैं जिनसे अनभिज्ञ दर्शक के लिए उन्हें समझना मुश्किल है। इससे स्पष्ट है कि बिन्दादीन महाराज के नृत्य के पीछे कथक में अभिनय की बड़ी सुदृढ़ और दीर्घ पम्परा थी जो उनकी प्रतिभा से मँजकर और गहरे सौन्दर्यपरक अनुभव देने में सक्षम हुआ था। इसमें प्रयुक्त हस्तमुद्राओं (जिन्हें चिह्न भी कहा जाता था) और गति भंगिमाओं को समझाने की अपनी एक नृत्यभाषा थी जिसका प्रयोग अभी भी पारम्परिक नर्तक अपनी बोलचाल में करते हैं।

कथक-अभिनय की इस सूक्ष्मता और विस्तार का कुछ अनुभव अभी हाल में अभिनय केन्द्रित समारोह 'अभिनय सुधा' में हुआ जिसमें अन्य नृत्य शैलियों की प्रमुख और युवा नर्तकियों के साथ-साथ कथक की नन्दिनी सिंह और रानी खानम् ने भी अविस्मरणीय अभिनय प्रस्तुत किया। नायिका की विभिन्न वयगत और मानसिक अवस्थाएँ, भाव के विविध स्तर और काव्य रूढ़ियों के समन्वय से गुँथी ये प्रस्तुतियाँ पारम्परिक होते हुए भी अपने भाव-बोध और उसके निर्वहन में एक ताज़गी और गहराई लिए हुए थीं। हम उम्मीद करते हैं यह कथक में फिर अपनी अभिनय सम्पदा को टटोलने और उसकी गहराई में जाने की एक शुरुआत होगी।

(2000)

# भाव की व्याप्ति

कथक के अभिनय पक्ष पर केन्द्रित दो दिवसीय चक्रधर नृत्य केन्द्र—उस्ताद अलाउद्दीन ख़ाँ संगीत अकादेमी का आयोजन कई अर्थों में महत्त्वपूर्ण रहा। दो दिन में लगभग सोलह-सत्रह घण्टों तक फैला प्रसंग सामान्य अर्थ में प्रदर्शन केन्द्रित नहीं था। किन्तु दूसरे दिन इस विषेश अर्थ में प्रदर्शन बहुल था कि इस चर्चा के दौरान कितने ही बुज़ुर्ग, प्रौढ़ और युवा पीढ़ी के नर्तकों ने इसमें प्रायोगिक तौर पर हिस्सा लिया। आमतौर पर अभिनय विहीन समझे जाने वाली इस शैली के विविध अभिनेय पक्षों का उजागर इस नृत्य चर्चा के दौरान हुआ और यह सचमुच दिलचस्प है कि इतने समृद्ध अभिनय पक्ष के बावजूद किस तरह यह शैली नृत्त प्रधान बनकर रह गयी है। केवल दर्शकों के मन में ही नहीं अनेक युवा नर्तकों के लिए भी। यह सही है कि कथक के नृत्त पक्ष का वैभव प्रायः उसके भाव पक्ष पर हावी रहता है और उसका चमत्कार तथा प्रभाव कुछ ऐसा तात्कालिक है कि दर्शक और नर्तक प्रायः उसी में उलझे-खोये रह जाते हैं और नर्तक उसके दूसरे पक्ष तक पहुँच ही नहीं पाता। तात्कालिक प्रभाव का आकर्षण कुछ इतना अधिक होता है कि उससे नर्तक को उबरने में वक़्त लगता है। एक यह भी कि नृत्त जहाँ शक्ति, तैयारी और ओज की माँग करता है वहीं अभिनय—अनुभव, ठहराव और चिन्तन की। इसीलिए 'नृत्त' चंचल युवा मन और शरीर को अधिक आकर्षित करता है और सम्भवतः उससे युवा नर्तक का तादात्म्य भी अधिक हो पाता है। उम्र के साथ-साथ साहित्य और अनुभव के मन्थन-चिन्तन से अभिनय ठहराव और गहराई दोनों लिए होता है। इसीलिए भाव प्रधान अनेक संरचनाएँ प्रायः युवा नर्तकों में जहाँ सतहीपन का आभास देती हैं वहीं बुज़ुर्गों में अर्थ के अनेक परत

खोलती चलती हैं। बहरहाल!

स्वर्गीय श्री मोहनराव कल्याणपुरकर को समर्पित कथक भाव पक्ष की इस द्विदिवसीय संगोष्ठी में अनेक विशेषज्ञों ने भाग लिया जिनमें सर्वश्री कार्तिक राम, कृष्णा महाराज, रामकृष्ण शुक्ल, कल्याणदास महन्त, बर्मनलाल जैसे बुज़ुर्गों के साथ श्रीमती मायाराव, रोहिणी भाटे, सुनयना हजारीलाल, पुरु दाधीच, सुनील कोठारी, रश्मि वाजपेयी, कपिला राज, कुमकुम धर, प्रेरणा श्रीमाली, ओमप्रकाश मिश्र, विभा दाधीच, रामलाल तथा चक्रधर केन्द्र की छात्राओं के अतिरिक्त भरतनाट्यम की प्रसिद्ध नर्तकी श्रीमती कलानिधि नारायणन भी शामिल थे। पण्डित बिरजू महाराज, गौरीशंकर, जीवनपाणि तथा कुमुदिनी लाखिया सम्मिलित नहीं हो सके। इसके चार सत्रों में तीन पर्चे पढ़े गये। डॉ. पुरु दाधीच का कथक नृत्य और नवरस, श्रीमती रोहिणी भाटे द्वारा कथक में नायिका भेद तथा श्रीमती मायाराव द्वारा कथक में हस्तक। इन तीनों के माध्यम से और इनसे अलग भी कथक की भाव सम्पदा का ऐसा विस्तार और समृद्धि सामने आयी जिसका प्राय: लोकप्रिय कथक रूप इस्तेमाल नहीं करता। यों उसके बारे में जानता ज़रूर है।

डॉ. पुरु दाधीच ने रस का विस्तृत विवेचन करके यह स्पष्ट किया कि जहाँ नाट्य रस प्रधान है वहीं नृत्य भाव प्रधान, और उन्होंने कथक में विविध रसों/भावों को उसके कवित्तांगी स्वरूप के द्वारा रेखांकित किया। इसका प्रायोगिक रूप विभा दाधीच ने प्रस्तुत किया। कवित्त के नाम से प्रचलित यह अंग रीतिकालीन कवित्त सवैये से प्रेरणा लेता है। अनेक तत्कालीन कवित्तों को ताल-लय में बाँधकर प्रस्तुत करने की लोकप्रिय परिपाटी आज भी कथक में देखी जा सकती है और इसी के तहत विविध रस और नायिकाओं का प्रस्तुतिकरण कथक में होता रहा आया है।

कपिला राज ने इस सत्र में स्वर्गीय लच्छू महाराज की विशिष्ट अवधारणा को शब्द विरहित भाव के माध्यम से दिखाया। यों तो गत—गतभाव भी शब्द रहित भाव में कथक के विशिष्ट अंग हैं पर यहाँ परण, आमद, जैसी अमूर्त संरचनाओं को भाव से सजाया गया है और 'धातक थुंगा' जैसी प्रसिद्ध परण-आमद में शृंगार तथा वीररस प्रधान भाव प्रदर्शित हैं। कपिला ने होली के प्रसंग को एक आमद तथा गत दोनों से ही बड़ी ख़ूबसूरती से सामने रखा। समस्यापूर्ति कवित्त 'नई अबला रस भेद न जाने' में मुग्धा

नायिका को ख़ूबसूरती से प्रस्तुत करके एक ठुमरी 'डगर चलत देखो श्याम' के द्वारा कथक भाव प्रदर्शन के लोकप्रिय रूप को प्रदर्शित किया। प्रेरणा श्रीमाली के गणेश परण तथा अन्य कवित्त संरचनाओं से इस सत्र का समापन हुआ। गणेश परण के सन्दर्भ में श्रीमती कलानिधि ने भरतनाट्यम में प्रयुक्त स्त्रोतों का भी उल्लेख किया।

दूसरे सत्र का प्रारम्भ श्रीमती रोहिणी भाटे के पर्चे 'कथक में नायिका भेद' से हुआ। उन्होंने नायिकाओं के विविधवर्णी भेदों और वर्गीकरणों की चर्चा की और कथक के प्रचलित साहित्य से इन नायिकाओं के उदाहरण दिये। अन्त में उन्होंने एक महत्त्वपूर्ण बात कही कि रीतिकालीन साहित्य में जिन नायिकाओं का वर्णन है वह समकालीन सामाजिक व्यवहार में आज दिखायी नहीं पड़ती हैं तो क्या यह सम्भव है कि हम आज के सन्दर्भ में और बदली परिस्थिति के अनुसार नायिका भेद का कोई रूप प्रस्तुत करें।

हैदराबाद के पण्डित रामकृष्ण शुक्ल ने प्रायोगिक रूप से हिस्सा लेते हुए कहा कि सही भाव तो वह है जो मन से निकले। उनका शास्त्रीय वर्गीकरण पढ़ा और सोचा जा सकता है किन्तु बात वहीं बनती है जब वह अन्दर से व्यक्त होता है। उन्होंने बिन्दादीन महाराज की ठुमरी 'छोड़ो छोड़ो जी लंगर तुम अपनी बान' से अपनी बात की शुरुआत की। इसके बाद भजन—'भजे रघुवर श्याम युगल चरणा' तथा जिगर मुरादाबादी की ग़ज़ल 'अल्लाह अल्लाह इश्क की रहनाइयाँ' पर भाव प्रस्तुत किए।

खैरागढ़ से आये रायगढ़ के श्री कल्याण दास महन्त ने ग़ज़ल से शुरुआत की 'सुगुफ़्ता हो गये गुन्चे बहार आई जो गुलशन में' तथा उसके बाद महाराज चक्रधर की एक रचना 'भूषण वसन सजाए सहेटवा पे गोरी चली' पर भाव दिखलाया।

रायगढ़ के ही श्री बर्मनलाल ने पहले 'नन्दनन्दन चन्द्रवदन सौतन घर जाए' में विरहाकुल नायिका का रूप प्रस्तुत किया और फिर स्वरचित ग़ज़ल 'कोई नक़ाब रुख़ से हटा दे तो क्या करें' तथा अन्त में खड़े होकर श्रवण कुमार की कथा पर गतभाव दिखाया। कलाकार की काल्पनिक उड़ान और सूझबूझ का यह दिलचस्प उदाहरण था। कुछ वर्ष पूर्व बर्मनलाल जी ने यही गतभाव दिखाया था तो इसका रूप एकदम अलग था। इस बार वह पारसी थिएटर से प्रभावित नाट्य रूप में सामने आया। कथा तथा नर्तक वही थे किन्तु उसके व्यवहार का अन्दाज़ और ढंग एकदम अलग थे।

इन तीनों ही बुज़ुर्गों ने बैठकर परम्परागत ढंग से भाव दिखाये। तीनों के अन्दाज़ और प्रस्तुतिकरण में अन्तर के बावजूद, कथक भाव अदायगी की समानता और एकरूपता इनमें स्पष्ट थी। सम्भव है एक कारण यह भी हो कि भाव अदायगी के स्तर पर ये सब एक ही लखनऊ घराने से जुड़े कलाकार थे। इन सभी में संचारियों का प्रचुर प्रयोग स्पष्ट था, साथ ही एक मूल भाव को दिखाने के विविध अन्दाज़ और तरीक़े, जिससे कोई भी रचना एक ही नायिका या रस भाव में बँधकर नहीं रह जाती है। रामकृष्ण शुक्ल जी ने एक दिलचस्प क़िस्सा सुनाया। नवाब रामपुर के यहाँ एक बार अच्छन महाराज भाव दिखाने गये। उन्होंने 'बलमा रे चुनरिया मोरी लाल रंगइ दे' पर भाव शुरू किया। नवाब साहब हज़ार गुरियों की माला लेकर बैठे कि 'लाल' कितने तरह से महाराज दिखायेंगे। अच्छन महाराज भाव दिखाते गये और नवाब साहब मोती गिनना भूल गये। भाव का यह विस्तार हमारी प्राय: सभी नृत्य शैलियों में मिल जायेगा और यह एक ऐसा सूत्र है जो इन तमाम शैलियों को जोड़ता है। दरअसल बात क्षमता, समझ और कल्पना की है। एक ठुमरी पर सारी रात बिता देने की बात आज किम्वदन्ती-सी भले ही लगे पर यह हमारी अति निकट अतीत की ही सच्चाई है।

तीसरे सत्र की शुरुआत में चक्रधर केन्द्र में कार्तिक राम की दो शिष्याओं—सुचित्रा डाकवाले तथा अल्पना शुक्ला ने एक ही मूल भाव की दो ठुमरियों—'काहे रोकत डगर प्यारे' तथा 'मोहे रोके कान्हा ब्रज के मग में' पर खड़े होकर भाव प्रदर्शित किये। इसके बाद श्रीमती मायाराव ने 'कथक में हस्तक' पर अपना पर्चा पढ़ा। कथक में विविध हस्त मुद्राओं का प्रयोग परम्परा से चला आ रहा है किन्तु उसका शास्त्रीय आधार और उन्हें इनके शास्त्रीय नामों से जोड़ने की परम्परा कथक में नहीं है। कलानिधि जी ने बताया कि जब उन्होंने नृत्य सीखा था तब, भरतनाट्यम में भी ऐसी परम्परा नहीं थी। गुरु से सीधे नाच सीखा जाता था। श्रीमती रुक्मिणी अंरूडेल ने अपनी संस्था 'कलाक्षेत्र' में नृत्य को पुन: शास्त्रीय परम्परा से जोड़ने का महती कार्य किया और आज वह भरतनाट्यम की शिक्षा का अनिवार्य अंग बन गया है। कथक में गुरु से सीधे सीखने की परम्परा अभी भी चली आती है। उसमें प्रयुक्त विभिन्न हस्त मुद्राओं, नृत्य भंगिमाओं, गतियों को गतों आदि के नाम से ही जाना जाता है। उसके शास्त्रीय नामों

से नहीं। कथक के समकालीन परिदृश्य में इन नामों और आधारों की खोज कहीं-न-कहीं आवश्यक और अनिवार्य हो गयी है। कथक बरसों से शास्त्रीय परम्परा को शास्त्र से अपने ढंग से जोड़ता चला आया है किन्तु आज उसका उसी रूप में बना रहना सम्भव नहीं है। नर्तक कई तरह के प्रभावों में अपने आप बिना समझे उसमें बदलाव करता रहता है। परम्परा की वैसी जकड़ भी उस पर अब नहीं बची है।

मायाराव ने कथक में प्रयुक्त विविध शास्त्रीय हस्तों का उल्लेख करते हुए कुछ उन अंगों और हस्तों की भी चर्चा की जो कथक में अपने ढंग से प्रयुक्त होते हैं। जैसे मृग दिखाने के लिए उसके सींग और चाल से मृग दिखाना अथवा चन्द्रमा के लिए न केवल अर्ध चन्द्र की मुद्रा दिखायी जाती है वरन् सम्पूर्ण शरीर से अर्ध चन्द्राकार का बोध कराया जाता है। उन्होंने 17वीं शताब्दी में रचित 'संगीत दर्पण' में वर्णित पुष्पांजलि से कथक के रंगमंच के टुकड़े की अभूतपूर्व समानता का भी ज़िक्र किया। मायाराव ने अन्त में कथक के प्रारम्भिक थाट का ज़िक्र किया जिसे कई लोगों ने अलग-अलग तरह से करके दिखाया। इसी श्रृंखला में कृष्णा महाराज ने कुछ पुराने थाट के अन्दाज़ प्रस्तुत किये। उन्होंने दो अत्यन्त सुगठित कवित्त भी सुनाये।

इनके बाद बम्बई की श्रीमती सुनयना हजारीलाल ने थाट के अलग अन्दाज़ प्रस्तुत कर प्रौढ़ा, परकीया, अभिसारिका को नृत्त अंग में प्रस्तुत किया। इनका भाव पक्ष सबल है और 'घूमि घूमि घन घटा लेति भूमि चूमि चूमि' तथा बिहारी के दोहे 'कहत नटत रीझत खिजत, हिलत मिलत लजियात, भरे भौंन में करत हैं नैनन हीं सों बात' पर भाव विस्तार किया। अन्त में एक भजन 'सब दिन रहत न एक समान' पर इनका भावाभिनय विशेष रूप से मर्मस्पर्शी था। जिसमें इस एक भाव को कई ढंग से दिखाया गया।

कुमकुम धर ने गत और चालों के विविध अन्दाज़ तथा कालियामर्दन गतभाव प्रस्तुत किया जिसमें लोक परम्परा की स्पष्ट छाप थी। अन्त में ग़ज़ल अदायगी का नया अन्दाज़ इक़बाल की ग़ज़ल के माध्यम से किया।

ओमप्रकाश मिश्र कथा वाचकों की परम्परा से आते हैं। उन्होंने कवित्त, कवित्त-नृत्य और कवित्त-परण में भेद करते हुए कथा-वाचक परम्परा के

आधार पर उन्हें प्रदर्शित किया और अनेक कवियों—तुलसी, बिन्दु आदि के कवित्त को भाव और स्वर से उद्घाटित किया। कवित्त परण में स्वरचित काली दुर्गा परण और महाभारत प्रसंग से भीष्म के अस्त्र त्याग प्रसंग को भी बहुत सुन्दर ढंग से प्रस्तुत किया।

सुबह दस बजे से दोपहर साढ़े तीन बजे तक चले इस सत्र का समापन वयोवृद्ध पण्डित कार्तिक राम के ठुमरी भाव प्रदर्शन से हुआ—'देखो देखो बिहारी नारी रीझी सगरी'। ठुमरी भाव प्रदर्शन का पुराना अन्दाज़—भाव विस्तार तथा प्रत्येक बन्द की समाप्ति पर लग्गी का बैठकर भी नृत्यांगों से स्पष्ट करना इनकी ख़ासियत है। इतनी वृद्धावस्था में भी भाव अदायगी और उसका प्रभाव चमत्कारी तो कहा ही जा सकता है, कथक भावाभिनय की समृद्धि और गहराई को भी रेखांकित करता है।

भाव पक्ष का अन्तिम सत्र भरतनाट्यम की श्रीमती कलानिधि नारायणन और कथक की श्रीमती रोहिणी भाटे के संयुक्त भाव संयोजन को समर्पित था। इसमें इन्होंने समान भाव और नायिकाओं के अलग-अलग पद चुनकर उनमें अपनी-अपनी शैली के अनुरूप प्रदर्शन किया। भाव पक्ष के समारोह का इससे बेहतर समापन सम्भव नहीं है।

दोनों के प्रारम्भिक गणेश परण और गणेश वन्दन के बाद रोहिणी जी ने 'केहि कारण सुन्दर हाथ जरो' इस समस्यापूर्ति के रूप में मुग्धा नायिका प्रस्तुत की। 'नई अबला रस भेद न जाने' इसमें उन्होंने नयी अबला को अनेक प्रतीकों द्वारा दिखाया। रोहिणी भाटे ने जहाँ नायिका की प्रथम मिलन रात्रि का चित्र प्रस्तुत किया वहीं कलानिधि नारायणन ने दूसरी रात्रि का। नायिका पूर्व रात्रि के अनुभवों से भयभीत भी है किन्तु कहीं-न-कहीं छिपा सुख का अनुभव भी है। नायिका की दुविधाजनक स्थिति को बहुत ही सुन्दर ढंग से साकार किया कलानिधि ने। अल्हड़ किन्तु रात्रि के अनुभव से ज्ञात यौवना नायिका की भाव दशा के प्रस्तुतिकरण में वे स्वयं मुग्धा नायिका बन गयीं।

दूसरी नायिका थी खण्डिता।

इसे रोहिणी भाटे ने आगत पतिका, वासक सज्जा, और फिर खण्डिता के रूप में प्रस्तुत किया। सुबह ही से शुभ शकुनों के कारण नायक के आगमन से आश्वस्त और विभोर नायिका जब नायक को दूसरे घर में

प्रवेश करते देखती है तो अपमान, तिरस्कार और गुस्से से काँप उठती है—'मैं न मानूँगी झूठी बतियाँ'। इस पूरे प्रसंग को रोहिणी बहुत प्रभावशाली ढंग से प्रस्तुत करती हैं। नायिका की आसन्न सुख की कल्पना से ख़ुशी में थिरकता दमकता बदन, उत्साह, आवेग और अन्त में क्रोध सभी उनके भाव पर अधिकार का द्योतक था।

कलानिधि ने इस नायिका को जयदेव के 'गीत-गोविन्द' की प्रसिद्ध अष्टपदी 'याहि माधव याहि केशव' के द्वारा प्रस्तुत किया। प्रतीक्षा में राधा की बेचैनी और पररति चिह्नित कृष्ण को देख गुस्सा, व्यंग्य और अपमानित होने का भाव उन्होंने बख़ूबी दिखाया।

प्रोषित पतिका के रूप में रोहिणी भाटे ने सूर का पद चुना—'प्रीति करि काहू सुख न दई'। भिन्न प्रतीकों के माध्यम से नायिका की विरह दशा का वर्णन इसमें है। कथक नर्तक भाव अंग में प्राय: पहले ऊपरी तथा बाह्य प्रतीकों से बात स्पष्ट करता है फिर मूल भाव पर आता है। इस दृष्टि से यह पद बहुत ही उपयुक्त था।

इसी नायिका को कलानिधि ने क्षेत्रग्न् के सुप्रसिद्ध तेलुगू पदम्—'पैयदा' के द्वारा चित्रित किया। नायिका विस्मित है—जो प्रियतम एक क्षण मात्र को उसे आँखों से ओझल नहीं होने देते थे, कैसे उससे विमुख हो गये। नायिका का सुरतिसुख और विरह पीड़ा दोनों ही मर्मस्पर्शी ढंग से प्रस्तुत की गयीं।

विद्यापति के 'सरूप निरूपन दोसे ननदी' के द्वारा रोहिणी भाटे ने परकीया नायिका का दिलचस्प प्रसंग प्रस्तुत किया जिसमें ननद की तेज निगाहों और जिज्ञासा को अनेक बहाने से शान्त करने के बाद नायिका तय करती है ननदी को ख़ुश रखने और अपने रहस्य में सहभागी बनाने में ही भलाई है। कलानिधि परकीया के भाव को वर्तमान गुप्ता के रूप में प्रकट करती हैं। नायिका ने सन्देश लेकर दूती को भेजा अपने प्रिय के पास। किन्तु जब वह लौटी तो स्पष्ट रति चिह्न देख नायिका व्यंग्य और उलाहना देते हुए कहती है यह कैसी दूती मैंने चुनी ?

नायिका भेद से चुने इन प्रसंगों का समापन हुआ आदि शंकराचार्य की रचना 'शिवे श्रृंगाराद्रा' की दोनों कलाकारों द्वारा पृथक अभिव्यक्ति से। इसमें पार्वती की अष्ठ दृष्टियों का वर्णन है। यह श्लोक आठ रसों की

अभिव्यक्ति के रूप में भी प्रचलित है। पार्वती शिव को श्रृंगार भाव से, अन्य पुरुष को जुगुप्सा से, शिव के शीश पर गंगा को ईर्ष्या से, शिव की कथाएँ विस्मय से, शिव के आभूषण स्वरूप सर्पों को भय से, अपने सौन्दर्य को अभिमान से देखती है, वे सखियों के साथ हास्यमयी, और अपने भक्तों के लिए करुणामयी हैं।

इस समापन प्रस्तुति ने इस पूरे प्रसंग को परिपूर्णता दी। पूरी बातचीत और प्रयोगों की समृद्धि-विस्तार का निचोड़ इसमें समाहित था। कोशिश होनी चाहिए ऐसे अवसर फिर आयें जब एक साथ आदर और कृतज्ञता से हम भर सकें कला के प्रति, कलाकारों के प्रति। भारत भवन के 'अन्तरंग' ने इस अन्तरंगता को बढ़ाने में निश्चित ही अहम भूमिका निभायी।

(1984)

# नृत्य और कविता

नृत्य स्वयं कविता है—अंग की कविता—दृश्य काव्य! भारतीय मनीषा में नाटक को दृश्य काव्य कहा ही गया है। लय, गीत, शब्द, अर्थ, भाव, रस, बिम्ब आदि सबकी सौन्दर्यपूर्ण कलात्मक आंगिक एकान्विति ही तो नृत्य है।

नृत्य और कविता का सम्बन्ध बहुत पुराना और कुछ अर्थ में अन्योन्याश्रित भी रहा है। सभी नृत्य किसी-न-किसी रूप में कविता से जुड़े रहे हैं—चाहे वे लोक नृत्य हों या शास्त्रीय-पारम्परिक नृत्य! कविता चाहे वह संकीर्तन हो या जयदेव कृत 'गीतगोविन्द', संस्कृत तथा अन्य भाषाओं में शास्त्रीय काव्य हो या क्षेत्रीय बोलियों का काव्य तथा संगीत संरचनाएँ—सभी का किसी-न-किसी रूप में नृत्य से समागम होता ही रहा है। कभी एक ही पंक्ति या शब्द का अलग-अलग ढंग से विस्तार होता है, कभी सम्पूर्ण कविता ही नृत्य का आधार बनती है। परम्परागत काव्य है तो नये भाव और विषय भी उभरते रहते हैं और यह सब मिलकर नृत्य-काव्य सम्पदा बनती है।

नृत्य में कविता कुछ इस तरह घुल-मिल जाती है कि कई बार उसे अलग करके देखना सम्भव नहीं होता। इस दृष्टि से यदि हम कथक में कविता को देखें तो उसके मोटे तौर पर तीन विभाजन किये जा सकते हैं।

एक जिसे हम कह सकते हैं—नृत्य की अपनी कविता। जहाँ लयात्मक गति, मुद्राओं और भंगिमाओं से एक सौन्दर्य की, काव्य की रचना होती है। नृत्य की आन्तरिक अन्तरंग कविता यही है जहाँ आंगिक अपने पूरे वैभव में खिलता है। यहाँ ज्ञात अर्थों से परे अमूर्तन की रचना होती है। कथक नृत्त पक्ष या शुद्ध नृत्य इसी का हिस्सा है। लय-ताल के विविध

संयोजन कथक के तोड़े, टुकड़े, परण, तत्कार आदि काव्य वक्तव्य ही हैं जो अंग के संयोजन से दृश्य काव्य बनते हैं। ये कथक का केवल व्याकरण भर प्रस्तुत नहीं करते, उसका तत्त्व भी प्रकट करते हैं। बिरजू महाराज प्रायः कहते हैं बोल कथक की भाषा है और उनसे रचे टुकड़े, परण आदि नृत्य की कविता। कथक प्रदर्शन का अधिकांश भाग नृत्य की इसी कविता की प्रस्तुति है।

अभिनय प्रधान संरचनाओं में इन अंशों का इस्तेमाल नृत्य की इस अन्तर्भूत काव्यात्मकता को प्रकट करता है। यह उसके भावों को अधिक गहरा और पैना करता है, साथ ही नृत्य का अपना वर्चस्व भी स्थापित करता है। लगभग हर शास्त्रीय नृत्य में भाव और नृत्त का सटीक सन्तुलन उसकी सम्पूर्णता और विशिष्टता की सही पहचान है। इसे नृत्य की कविता कहा जा सकता है। यहाँ नर्तन से काव्यात्मक अनुभूति होती है।

कथक में कविता से सम्बन्ध का दूसरा रूप वह है जहाँ शब्दों के बिना भी कविता अभिव्यक्ति पाती है और जहाँ शब्द के बिना भी अनेक अर्थ ध्वनित होते हैं। गत तथा गतभाव कथक की अपनी विशिष्ट संरचनाएँ हैं जहाँ बिना शब्दों को शामिल किये ही विशेष स्थिति, अन्दाज़, भंगिमा, भाव या पूरे प्रसंग अनेक अर्थ प्रकट करते हैं। देखा जाय तो उनमें बिहारी के दोहों जैसा पैना बाँकपन और गीतिपरक सूक्ष्म सौन्दर्य है। यहाँ कविता का परोक्ष रूप से इस्तेमाल है। इसमें काव्यार्थ और नृत्य रूढ़ियों की दिलचस्प अन्तर्क्रिया अंग के लालित्यमय संयोजन से प्रकट होती है।

तीसरा वह जहाँ कविता का सीधे ही नृत्य के लिए प्रयोग होता है। दरअसल, जब नृत्य और कविता की हम बात करते हैं तो हमारा आशय कविता से नृत्य के इसी सम्बन्ध का होता है, जहाँ कविता के निहितार्थ का नृत्य द्वारा सम्प्रेषण होता है। या कहें उस कविता के माध्यम से नृत्य अपने को पुनः रचता है। यही नर्तन का अभिनय प्रधान अंग है। उसका नाट्य और नृत्य पक्ष कविता से इसी सम्बन्ध को अनेक तरह से उजागर करता है।

नृत्य और कविता दोनों की आत्माभिव्यक्ति के माध्यम और शैली भिन्न हैं। एक का माध्यम अंग है दूसरे का शब्द। एक दृश्य है दूसरा पठ्य या श्रव्य। इन दोनों कलारूपों का जब मेल होता है तो दोनों अपने रसानुभव, अपनी अनुगूँज और अर्थछवियाँ साथ लाते हैं। परस्पर संयोजन में दोनों

को एक नया आयाम और अर्थ विस्तार मिलता है। अर्थ के इस वैभव को नृत्य जितनी कल्पना, क्षमता और सूझबूझ से विस्तार देता और उजागर करता है उतना ही उत्कृष्ट वह बन पड़ता है तथा दर्शक को उतनी ही गहराई से छूकर समृद्धकारी अनुभव बन पाता है। इसी तरह नृत्य के समागम से कविता के विविध भाव नया अर्थ संसार खोलते हैं। कुछ ऐसे क्षेत्र उद्घाटित होते हैं जिनकी ओर कविता पढ़ते-सुनते हुए कभी ध्यान भी नहीं जाता। फिर नृत्य उन्हीं बिम्बों को चाक्षुष भी बनाता है इसलिए दो स्तरों पर बोधगम्य होकर वह अधिक पूर्ण और समृद्ध अनुभव होता है।

कथक में प्रयुक्त कविता को दो तरह से रखा जा सकता है। एक वह जो कथक भाव सम्पदा की अपनी परम्परागत कविता है जैसे बिन्दादीन महाराज की रचनाएँ—ठुमरी, भजन, होरी इत्यादि—तथा कवित्त, गणेश परण आदि। कथक काव्य भक्ति-भाव-प्रधान, विशेषकर कृष्ण भक्ति मूलक, होते हुए भी उसका मूल स्वर श्रृंगार प्रधान ही है। उसमें एक ओर भक्तिकालीन शास्त्रीय काव्य-बिम्ब और विषय हैं तो दूसरी ओर दरबारी तथा लोक संस्कृति की श्रृंगारपरक छवियाँ और अनुगूँजें हैं जिसमें मुस्लिम संस्कृति की ऐन्द्रिक नफ़ासत भी घुल-मिल गयी है। इन सबका एक-दूसरे में सहज आवागमन होता रहता है।

कथक में प्रयुक्त कविता की दूसरी धारा वह है जो इस अर्थ में मान्य परम्परागत कथक सम्पदा के बाहर की चीज़ है किन्तु प्रस्तुति के दौरान या प्रदर्शन के लिए इस काव्य-सम्पदा से थोड़ा-बहुत निरन्तर चुनाव होता रहा है। यों नृत्य के लिए ऐसे साहित्य के चुनाव पर इधर आग्रह बढ़ा है। इससे नृत्य सम्पदा में गुणात्मक और संख्यात्मक दोनों ही दृष्टियों से वृद्धि हुई है। विषय और अर्थ के नये आयाम उद्घाटित हुए हैं और धीरे-धीरे उसने कथक सम्पदा के स्थाई तत्वों के साथ अपनी पहचान बना ली है और उसके अभिन्न अंग बन गये हैं। जैसे तराना, त्रिवट, चतुरंग, ध्रुपद आदि।

यहाँ कथक और कविता के पारम्परिक सम्बन्ध की चर्चा करते हुए इस ओर ध्यान दिलाना ज़रूरी है कि स्वयं कथा-वाचक और कथकों की अपनी परम्परा में नृत्य और कविता के बीच आवा-जाही बहुत अधिक और स्पष्ट थी। किसी भी प्रसंग अथवा वर्णन के दौरान दूसरी अनेक काव्य पंक्तियों का स्मरण और उन पर अभिनय आम बात थी। यह इस तरह अपनी साहित्य परम्परा से स्वयं को जोड़ना भी है! आज जो नर्तक

समुदाय है उसकी वह स्मृति छिन्न-भिन्न हो गयी है। इस तरह वह स्वयं को उस परम्परा से कटा हुआ पाता है और अब वह नये सिरे से इससे जुड़ने की कोशिश कर रहा है। इस सन्दर्भ में वह जिस कविता को अपने लिए चुनता है उसे मोटे तौर पर चार वर्गों में रखा जा सकता है।

एक भक्ति तथा रीतिकालीन कविता, विशेषकर कृष्ण भक्ति काव्य। इसे कथक की सहोदरा कहा जा सकता है। यह एक तरह से कथक के अपने मिज़ाज से मिलती-जुलती कविता है, जिसमें कथक का साहित्य, भाव, काव्य और नृत्य रूढ़ियाँ सभी लगभग समान हैं। यहाँ तक कि इनकी लयात्मकता, संगीतात्मकता भी कथक के निकट है इसलिए ये कथक की अपनी संरचना के साथ आसानी से घुल-मिल जाती हैं। विद्यापति, सूर, मीरा, पद्‌माकर, मतिराम, बिहारी आदि के पद, सवैये, दोहे सभी कथक काव्य और नृत्य संसार के परिचित विषय लगते हैं।

दूसरा है संस्कृत काव्य या कहें शास्त्रीय कविता। यह शास्त्रीय परम्परा का अंग होने के कारण शास्त्रीय नृत्य परम्परा के निकट पड़ती है। कथक की अपेक्षा अन्य नृत्य शैलियों में इसका अधिक उपयोग है। वह पारम्परिक भारतीय दृष्टि और विषयों को उजागर करती है। स्तुति, वन्दना आदि के लिए प्रयुक्त अधिकांश साहित्य इसी श्रेणी का है। कालिदास, जयदेव आदि की कविता को कथक भाव साम्य के कारण आसानी से आत्मसात् कर लेता है।

तीसरी तरह की कविता ग़ज़ल आदि है। मुस्लिम शासन के दौरान धीरे-धीरे इस सांस्कृतिक चेतना और भारतीय भाव सम्पदा के मिलाप से जो काव्य संवेदना विकसित हुई वह भी भारत की सांस्कृतिक पहचान का एक अहम् हिस्सा बनी। इस तरह इसका भी एक शास्त्रीय मिज़ाज है और मीर, ग़ालिब, जिगर, फ़ैज़ आदि की ग़ज़लें, कसीदे आदि अनेक तरीक़ों से कथक-नृत्य और भाव सम्पदा की अन्तरंग बन गयी हैं। नज़रों का बाँकपन, चाल, गतियाँ, भाव, अदा, अन्दाज़ आदि परोक्ष रूप से इसी काव्य और संस्कृति की देन हैं।

हिन्दी कविता क्षेत्र में छायावाद और छायावादोत्तर गीतिकाव्य अपनी गीतिमयता के कारण कथक संरचना के निकट पड़ जाती है। उसका प्रस्तुति में प्रयोग अपेक्षाकृत आसान है और निराला, नीरज, बच्चन आदि के गीतों का प्रयोग भी कथक में हुआ है।

जिस कविता के साथ कथक का सबसे कम सम्बन्ध और संवाद है वह है नयी या समकालीन कविता। पारम्परिक छन्द और लय के अभाव में उसे गाने की समस्या बनी रहती है। कथक के कवित्त, तोड़ों, टुकड़ों की तरह बिना अर्थान्विति खोए उन्हें ताल में भी नहीं बाँधा जा सकता। फिर अपने पूरे स्वभाव, समसामयिक चेतना के चलते वह प्रायः शास्त्रीय नृत्य से अलग-थलग-सी पड़ जाती है। उसके विषय और सरोकार वही नहीं हैं जो इन शास्त्रीय कलाओं के हैं जो एक तरह से शाश्वत मूल्यों और भावों पर ही अपना ध्यान केन्द्रित करते हैं और परम्परागत विषयों से अनुप्राणित हैं।

नाच के दौरान नृत्य का कविता से कैसा संवाद होता है, उसका रूप क्या है, वह कैसे उद्घाटित होता है, प्रतिकृत होता है, एकरूप हो जाता है और साथ ही अपनी स्वायत्तता भी कैसे बनाये रखता है इसकी खोज दिलचस्प हो सकती है। विविध नर्तक कविता को लेकर अलग-अलग ढंग से संरचना करते हैं, उससे एक रिश्ता बनाते हैं, इसे देखें तो प्रयोग के कई पक्ष उजागर होते हैं।

एक वह जिसे बिम्ब-प्रतिबिम्ब भाव कह सकते हैं। इसमें एक तरह से कविता को अभिधा में प्रस्तुत करना है। इसे कविता का नृत्यानुवाद भी कह सकते हैं। यहाँ कविता के शब्द और अर्थ को चाक्षुष करना, उसे दृश्य रूप देना ही प्रमुख होता है इसलिए उसके अधिक विस्तार में नर्तक नहीं जाता। बस कुछ ख़ास अर्थों और प्रसंगों की ओर कभी संक्षेप में और कभी कुछ अधिक विस्तार से इंगित करता जाता है, फिर भी इस प्रक्रिया में कुछ ऐसे पक्ष और अर्थों पर अलग से ध्यान जाता है जो प्रायः पढ़ते हुए छूट जाते हैं। इसे वन्दना, भजन आदि की प्रस्तुति में प्रायः देखा जा सकता है जैसे गिरिधर या दुखहरण आदि को व्यक्त करने के लिए गोवर्धन लीला तथा कालिय मर्दन जैसे प्रसंगों का नर्तन!

शब्द जब नृत्य-बिम्ब बनते हैं तो अपने साथ अपना पूरा अनुभव भी लाते हैं। इसलिए जब नर्तक फूल, बरसात, या कृष्ण दिखाता है तो उसके रूप, रंग, होने, खिलने, बरसने के अलावा उसको देखकर होने वाली ख़ुशी-आनन्द को भी अभिव्यक्त करता है। और इस तरह क्षण भर के लिए ही सही वह एक सम्पूर्ण अनुभव बन जाता है। बार-बार देखे प्रसंग, गति, बिम्ब भी इसलिए हर बार नये रूप में सामने आते हैं और नये सिरे से आनन्द देते हैं।

कथक जब अपनी साहित्य सम्पदा से बाहर की कविता लेता है तो अधिकांशतः उसका कविता से यही सम्बन्ध बनता है। यह सहज और आसान तो है ही सम्भवतः परम्परागत भी है। इसमें एक ख़तरा बराबर बना रहता है कि वह कविता का निरा नृत्यानुवाद ही बना रह जाय। उस स्थिति में वह कविता को दृश्य तो बनाता है किन्तु प्रायः उससे आगे नहीं ले जाता।

एक और भी बात है—जैसे कई बार कमज़ोर नृत्य चमत्कारपूर्ण तबला वादन के कारण सफल और प्रशंसनीय मान लिया जाता है, उसी तरह अच्छी कविता नर्तक की तमाम कमज़ोरियों को छुपा लेती है। गहराई से देखें तो हम उस कविता के अपने बिम्ब और अर्थ वैभव से ही प्रतिकृत और प्रभावित होते रहते हैं और इस तरह यह अनुभव काव्यानुभव तो होता है, नृत्यानुभव नहीं हो पाता। नृत्य व्यंजना नहीं बनती नृत्य अभिधा हो जाती है। कविता की अन्तर्ध्वनियाँ, उसके अर्थ-संकुल बाधित हो जाते हैं। दूसरी ओर महान् कविता स्वयं ही अनेक अर्थ और ध्वनि-छवियों को खोजने और उजागर करने का अवसर देती है, इस तरह एक मजबूत नींव का काम भी करती है। इस तरह जब दो कलारूप आमने-सामने हों तो एक कुशल नर्तक के हाथों उन्हें एक-दूसरे से प्रतिकृत होने और परस्पर समृद्ध होने का अवसर होता है।

सम्बन्ध का दूसरा स्वरूप वह है जहाँ कविता के किसी भाव या बिम्ब का ख़ास ढंग से विस्तार होता है। कथक-नृत्य-सम्पदा का यह अत्यन्त महत्त्वपूर्ण हिस्सा है जिसे भाव बताना भी कहा जाता है। यहाँ प्रायः ऐसी कविता का प्रयोग होता है जो स्वयं बहुत कुछ नहीं कहती किन्तु भाव विस्तार के लिए पर्याप्त गुंजाइश देती है। प्रायः परम्परागत ठुमरी, दादरा आदि का इसके लिए प्रयोग किया जाता रहा है। 'कौन गलिन गयो श्याम' जैसी ठुमरी पर जब शम्भू महाराज जैसे नर्तक भाव विस्तार करते हैं तो उपज की झड़ी-सी लग जाती है—आँख की कोर गली और पुतली श्याम हो जाते हैं। नेत्रों के रास्ते मन में बसे श्याम, अथवा इत्र की सुगन्ध से तन में छाए श्याम! गलियाँ अनन्त हैं और श्याम के रूप भी। यहाँ शब्द-भाव, अर्थ, आदि के साम्य पर कल्पना की यह उड़ान नर्तक के अपने अनुभव, ज्ञान, क्षमता और कौशल पर निर्भर करती है। 'सेजरिया पर चढ़के हो गयी बदनाम' जैसी ऐन्द्रिक बन्दिश भी महान् नर्तक के हाथों

आध्यात्मिक ऊँचाई छूने लगती है। यह प्रस्तुति कथक में प्राय: बैठकर की जाती है।

उपज और भाव विस्तार की अधिक प्रचलित और मान्य पद्धति है जहाँ क्रिया या अर्थ संचारी के माध्यम से विविध प्रकार से दिखाया जाता है। एक पंक्ति की पुनरावृत्ति द्वारा मुख्य अर्थ या नायक–नायिका की क्रिया–प्रतिक्रिया को कई तरह से प्रस्तुत किया जाता है। जयदेव की अष्टपदी हो, कथक की अधिकांश बन्दिशें, भरतनाट्यम के पदम या वर्णनम् सभी में प्राय: यही तरीक़ा अपनाया जाता है। यहाँ नर्तक स्वयं पात्र हो जाता है। प्रसंग, स्थितियों, नायिका भेद आदि के संयोग से नयी मुद्राओं–भंगिमाओं का आकस्मिक संयोजन इसमें जुड़ता जाता है। इसमें अर्थ के अनेक स्तरों का अन्वेषण इतना नहीं किन्तु काव्यगत स्थितियों, पात्रों आदि को देखने–समझने के विविध कोण और दृष्टियों का उद्घाटन होता चलता है। काव्य रूढ़ियों तथा नृत्य और चित्र बिम्बों का भी अद्भुत सम्मिश्रण इस सम्बन्ध को अधिक पैना करता है। ऐसा करते हुए नर्तक कई प्रकार की भूमिका अदा करता है जिससे उसे उपज के लिए भी पर्याप्त अवकाश मिल जाता है।

इन सभी रूपों में नृत्य के साथ कविता का कमोबेश एक अन्तरंग–सा सम्वाद बनता है। कविता के साथ नृत्य के सम्बन्ध की एक स्थिति यह भी हो सकती है जहाँ दोनों की अपनी स्वायत्तता बनी रहे। नृत्य कविता को स्पर्श भर करे किन्तु उसे किसी संरचनात्मक ढाँचे में न बाँधे। यह एक तरह से दोनों को एक ही स्थान काल में दो दायरों में अवस्थित करना है। इस तरह के प्रयोग नाटक तथा आधुनिक नृत्य में भी हुए हैं। शास्त्रीय नृत्य में इन प्रयोगों को नृत्य शैली की आन्तरिक बुनावट में अन्त:प्रक्रिया द्वारा आत्मसात् करना ज़रूरी होता है जिससे वह पैबन्द से न लगें और नृत्य की अपनी ऊर्जा और विशिष्टता से आलोकित हो सकें।

आज हम नये सिरे से इस परस्पर सम्बन्ध को पुनराविष्कृत करने का, परिभाषित करने का यत्न कर रहे हैं जिससे नृत्य के परम्परागत रूढ़ दायरे से बाहर साहित्य के नये क्षेत्रों की तलाश हुई है। इसके दिलचस्प नतीजे निकले हैं। कई बार कविता एक विचार, एक दृष्टि देती है और नृत्य उसे अपने माध्यम से देखता, अन्वेषण और दृश्यमान करता है, स्वयं कविता का नृत्यानुवाद या नृत्य विस्तार नहीं करता। ऐसे प्रयोग और समागम

अपने साथ एक नया नृत्य-बोध और नृत्य-बिम्ब भी लाते हैं। कविता हमेशा से ही हमारी समस्त कलाओं से बहुत गहरे तक जुड़ी रही है और उनकी अन्तर्ध्वनियाँ परस्पर एक-दूसरे को समृद्ध करती रही हैं। नृत्य और कविता का यह प्रगाढ़ और अन्तरंग सम्बन्ध अनुभव के अनेक स्तर और अर्थ हमारे लिए उजागर करता रहा है।

(1997)

# संगीत

संगीत कथक नर्तक के लिए अन्य नृत्य शैलियों की ही भाँति बहुत ही महत्त्वपूर्ण अंग है। किन्तु सामान्यतया उसके लिए बहुत आडम्बर की उसे ज़रूरत नहीं है। आमतौर पर एक अच्छा तबलिया और लयदार सारंगी वादक, इधर गायक भी, और बस उसके घुँघरू—यही उसके संगीत के असल साथी हैं। इन्हीं के सहारे वह घण्टों आपको अपने नृत्य कौशल में रिझाये रख सकता है।

लय-ताल कथक की जान है। नर्तक उसके साथ खिलवाड़ करता रहता है। किन्तु इस खेल को जारी रखने के लिए एक आधार ज़रूरी है और वह काम करता है लहरा या नग़मा। नर्तक जिस भी ताल में नाचना चाहता है—उस ताल के काल चक्र को यह नग़मा स्वरों में बाँधकर दोहराता रहता है। एक बार जिस लय में नग़मा कायम हो गया—उस लय में नर्तक बोलों की काट-तराश से अपना हुनर दिखाता रहता है। जब तबले वाला नर्तक की संगत करता है तो सारंगी पर लहरा उस ताल क्रम को निरन्तर बनाये रहता है। लहरा इस तरह बाँधा जाता है कि उसमें सम-खाली-भरी का निश्चित आभास नर्तक को मिलता रहे क्योंकि उसी के सहारे वह लय के तमाम पेचीदा छन्दों को निबाहता है, इसलिए कथक में इसका बहुत अधिक महत्त्व है। आजकल जब मंच पर नृत्य प्रदर्शन की नयी ज़रूरतों के कारण कथक प्रदर्शन में अन्य अनेक साजों और संगतकारों की ज़रूरत महसूस की जाने लगी है और उन्हें शामिल किया जाने लगा है तब भी तबला और सारंगी उसके संगत का अनिवार्य और अभिन्न अंग होते हैं। कई बार नग़मे के लिए हारमोनियम अथवा वायलिन, सितार आदि से भी काम चला लिया जाता है, पर उसमें वह बात नहीं आती। विशेषकर गत, गत-भाव

आदि में तो सारंगी का अपना मज़ा है।

कथक प्रदर्शन में पहले मंजीरों का इस्तेमाल भी होता था। इसका काम ताल देना था। दरअसल, कथक में ताल और लय का काम इतना जटिल होता है कि उसको निबाहना हरेक के बस की बात नहीं है। दूसरी बात यह भी है कि प्रायः नर्तक को प्रदर्शन में नये संगतकारों के साथ ही काम करना पड़ता है। पढ़न्त की परम्परा का एक कारण यह भी है कि उसके द्वारा वह तबले वाले को उस टुकड़े-तोड़े का अन्दाज़ करा देता है जिसके आधार पर वह नाचते समय उसकी संगत करता है। ऐसी हालत में नग़मे वाले का काम और भी कठिन हो जाता है जिसमें तबले और घुँघरू के मिले-जुले स्वरों और जटिल छन्दों और बन्दिशों की निकासी के बीच लय और ताल को दुरूस्त रखना पड़ता है।

सोलहवीं से अठारहवीं शताब्दी के बीच अनेक मिनएचर चित्र नृत्य और संगीत विषयक हैं। ये अधिकांशतः उत्तर भारत में प्रचलित नृत्य और संगीत के अंकन हैं। इनसे कथक-नृत्य और उसके संगीत की पर्याप्त जानकारी उपलब्ध होती है। राजस्थान मिनिएचर में भागवत के दशम स्कन्ध के चित्रों में नृत्यरत कृष्ण और गोपियाँ अंकित हैं। इनमें कई एक में कृष्ण वेणु बजाते और गोपियाँ इकतारा तथा मृंदग बजाती चित्रित हैं। इनके अतिरिक्त बड़ा झाँझ, करताल, वीणा आदि भी कई चित्रों में हैं पर सभी में संगत करती हुई स्त्रियाँ ही चित्रित हैं। लगता है 17वीं शताब्दी के पूर्व स्त्रियाँ मृदंग और मंजीरे पर ही नृत्य करती थीं। किन्तु इसके बाद तबले का उपयोग भी चित्रों में दिखता है। ये वाद्य खड़े होकर बजाते हुए दर्शाये गये हैं। दरबार में कुछ संगीत सभाओं के दौरान ही संगीतकार बैठे नजर आते हैं।

किसी भी प्रदेश के संगीत और नृत्य का परस्पर घनिष्ट सम्बन्ध होता है। इसी कारण उत्तर भारत का नृत्य यहाँ के संगीत से बहुत प्रभावित रहा। मुग़ल दरबार में नृत्य की अपेक्षा संगीत अधिक लोकप्रिय था और ध्रुपद फिर ख़्याल गायकी का यहाँ बहुत विस्तार हुआ। कथक पर इन दोनों ही शैलियों का बहुत प्रभाव पड़ा। ध्रुपद पर तो कथक नृत्य किया ही जाता था किन्तु ख़्याल गायकी का असर दूसरे ढंग से हुआ। गायकी का स्वर विस्तार और ख़्याल अंग, नृत्य में लय विस्तार और छन्दों के जटिल लयात्मक रूपों में विकसित हुआ। ख़्याल की तानों ने सम्भवतः नृत्य के

टुकड़े-परण का रूप लिया। न केवल यह बल्कि गायन की प्रस्तुति का भी सीधा प्रभाव नृत्य में देखा जा सकता है। ख़्याल का प्रारम्भिक संक्षिप्त आलाप और विलम्बित ख़्याल, फिर मध्य और द्रुत में छोटा ख़्याल, तराना आदि की तरह कथक प्रदर्शन भी विलम्बित लय में थाट-आमद आदि से शुरू होकर मध्य लय से होता हुआ द्रुत में तत्कार आदि तक पहुँचता है। गायन की इस शैली के कारण कथक प्राय: इसी रूप में प्रदर्शित होने लगा। उसमें भरतनाट्यम आदि नृत्य शैलियों की भाँति पृथक रचनाओं को प्रस्तुत करने की परम्परा नहीं है। वह शुरू से आख़िर तक एक सम्पूर्ण प्रदर्शन के रूप में सामने आता है। बीच में ठुमरी आदि उसी का एक अंग बन जाती हैं।

कथक का संगीत उसकी तकनीक से जुड़ा हिस्सा है। उसके नृत्त अंग में जहाँ लहरा प्रमुख है वहीं अभिनय के लिए ठुमरी, भजन, ध्रुपद, धमार, दादरा, होरी आदि का प्रयोग होता है। यों तो ये गायन के प्रमुख रूप हैं किन्तु नृत्य का भी आधार ये बनती हैं। नाच के लिए वे ख़ास रचनाएँ ही प्राय: उपयोग में लायी जाती हैं जिनमें अभिनय की पर्याप्त गुंजाइश हो। ध्रुपद, भजन और धमार गम्भीर तथा भक्ति प्रधान रचनाएँ हैं और इनका संगीत भी इन्हीं भावनाओं के अनुरूप होता है। वहीं ठुमरी, दादरा, होरी, चंचल और शृंगार प्रधान रचनाएँ हैं। इनमें शृंगार के अनेक रंग और नायिका की विविध अवस्थाओं, भावनाओं और केलि के अनेक रूप और घटनाओं का सूक्ष्म निरूपण होता है। भाव की अभिव्यक्ति में केवल कभी पूरी पंक्ति का भाव और कभी प्रत्येक शब्द का भाव कई-कई तरीक़ों से कितने ही स्तरों पर दर्शाया जाता है—इसके लिए गाने में उपयुक्त संगत बहुत ज़रूरी है तभी बहुत ही बारीक़ और सूक्ष्म भाव जो एक कुशल नर्तक प्रस्तुत करता है, समुचित रूप से उभर पाते हैं और दर्शक तक पहुँच पाते हैं।

कथक नृत्य में कौशल का, शुद्ध नृत्त और अभिनय—दोनों में ही इस हद तक विस्तार हुआ था कि यदि शुद्ध नृत्त का काम चल रहा है तो एक प्रदर्शन के दौरान ही कई तबले वाले बदले जाते और अभिनय चला तो कई बार एक ही ठुमरी या उसकी एक ही पंक्ति में पूरी रात बीत जाती। शुद्ध नृत्त में तराना का भी उपयोग होता है। यह भी है तो गायन का प्रकार किन्तु नृत्त की गतियों और लयात्मक टुकड़ों, प्रकारों का इसके सामंजस्य से एक दिलचस्प रूप सामने आता है। इस कारण यह इधर बहुत लोकप्रिय हुआ है।

नृत्त में संगीत के टुकड़े और कविता को भी कई बार स्वरों में बाँधा जाता था पर आजकल इनको स्वरों में बाँधने का प्रचलन लगभग नहीं है और ये नृत्त टुकड़ों के रूप में ही प्रस्तुत किये जाते हैं और संगीत के रूप में लहरा ही इनके साथ बजाया जाता है। दरअसल, कथक का नृत्त पक्ष ताल और लय की दृष्टि से इतना जटिल है कि सभी संगतकारों का उसे बजाना मुश्किल है। इसलिए सम्भवतः लहरा ही आसान और प्रभावकारी तरीक़ा है। गत और गत भाव यद्यपि अभिनय के अंग हैं किन्तु इसमें शब्द नहीं हैं और भाव के साथ एक ख़ास ढंग की लयात्मकता पैरों के चलन और गतियों में रहती है इसलिए इसमें लहरा कई बार एक धुन का सा रूप भी ले लेता है। जिसका सम्बन्ध सीधा भाव से तो नहीं रहता किन्तु वह उसे एक गीतिमय कोमलता अवश्य प्रदान करता है।

आजकल कथक प्रदर्शन आधुनिक मंच के अनुरूप एक नया रूपाकार ले रहा है और उसमें अनेक संक्षिप्त रचनाओं का समावेश भी होने लगा है जो कथक तकनीक के विविध तत्वों को अलग-अलग ढंग से रूपायित और प्रकाशित करती हैं। इससे इसके संगीत पर विशेष प्रभाव पड़ा है और उसमें विविधता और प्रभावोत्पादकता बढ़ी है। संगत के वाद्यों का क्षेत्र भी बढ़ा है और तबला अथवा पखावज, सारंगी के अतिरिक्त हारमोनियम, सरोद, सितार, बाँसुरी, वायलिन आदि वाद्यों का भी प्रयोग सुविधा तथा आवश्यकतानुसार होने लगा है। गायक तो होता ही है। मतलब यह कि चुनने के लिए अधिक गुंजाइश हो गयी है।

कथक में संगीत की चर्चा करते हुए इसकी दो दिलचस्प विशेषताओं की ओर संकेत करना ग़ैर मौजूँ न होगा। पहला तो यह कि इसके नृत्त बोलों का अपना संगीत है। बोलों की काँट-छाँट, उतार-चढ़ाव, संयोजन, लय उन सबका एक विशेष सौन्दर्य है जिसे नर्तक पढ़न्त के द्वारा उजागर करता है। अच्छी पढ़न्त इस संगीत को रचने में सहायक होती है किन्तु प्रायः जब नर्तक नाचने के दौरान हाँफते हुए यह पढ़न्त करता है तो यह संगीत ग़ायब हो जाता है और पढ़न्त बेमतलब हो जाती है।

दूसरी बात जो कथक की तकनीक और संगीत दोनों से सम्बन्ध रखती है वह है इसकी अभिनेय रचनाओं का नाम। ध्रुपद, भजन, ठुमरी, तराना, होरी, ग़ज़ल यह संगीत प्रकारों का नाम है तथा दादरा, धमार तालों का जिसे यह नृत्य अपने लिए हूबहू इन्हीं नामों से इस्तेमाल कर लेता है। यह

एक ओर कथक के उत्तर भारतीय संगीत से घनिष्ठ सम्बन्ध को रेखांकित करता है तो दूसरी ओर अभिनय के लिए नृत्य की संगीत पर निर्भरता की ओर। अभिनय के लिए साहित्य—शब्द—ज़रूरी और महत्त्वपूर्ण है। इसीलिए नृत्य या तो सीधे साहित्य पर निर्भर हो सकता है—या फिर संगीत के माध्यम से साहित्य की तलाश करे। कथक प्राय: इस दूसरे विकल्प का ही सहारा लेकर शब्द-अर्थ के अनेक स्तर और स्मृतियों को जागृत करता है, पुनरुज्जीवित करता है। इस तरह संगीत के साथ कथक का अपना एक विशिष्ट रिश्ता बनता है जो एक ओर नृत्त पक्ष में लहरे के रूप में प्रकट होता है और दूसरी ओर अभिनय में अनेक सांगीतिक रूपों में। इन दोनों के उपयुक्त और कल्पनापूर्ण प्रयोग से कथक में, उसके संगीत में अनन्त सम्भावनाएँ जागती हैं जिनका सम्पूर्ण दोहन अभी भी बाक़ी है।

नृत्त अंग में तराना, कवित्त के साथ ही चतुरंग, त्रिवट भी किया जाता है। ये भी गाने के प्रकार हैं। इनके बोलों और छन्द के आधार पर नृत्त गति, भंगिमा और चलन बाँधे जाते हैं। चतुरंग में साहित्य, तराना, सरगम और पखावज के बोल किसी राग ताल में बाँधे जाते हैं। त्रिवट मुख्य रूप से पखावज के बोल और कभी-कभी तराना और सरगम इन तीनों से मिलकर बनता है। इनके छन्द नृत्त में बहुत आसानी और ख़ूबसूरती से आकार लेते हैं और इनके आधार पर बनी नृत्त-रचना बहुत आकर्षक बन जाती है। किन्तु शुद्ध नृत्त के ये विविध प्रकार कम ही नर्तक प्रयोग में लाते हैं। दरअसल, कथक खुला नाच माना जाता है जिसमें किसी प्रकार का बन्धन न हो। जब जैसी उमंग और कल्पना नर्तक की दौड़ी तब वही 'चीज़ें' नृत्य में वह प्रस्तुत कर देता है। उसके संग्रह में इतने अधिक तोड़े, टुकड़े, परण, तिहाई, गत, तत्कार के भेद आदि रहते हैं कि अपनी इच्छा से वह मंच पर तुरन्त ही कुछ भी चुन लेता है। नृत्य में चुनाव की यह स्वतन्त्रता इस तरह की बन्दिशें करने में उतनी नहीं रह जाती है। उसमें कम-से-कम एक अन्य मूल रचना का बन्धन तो हो ही जाता है—फिर उस संगीत रचना का अपना दबाव और कुछ माँगे हैं जिन्हें पूरा करना ज़रूरी है। प्राय: कथक-नर्तक इस बन्धन में नहीं पड़ना चाहता। यही कारण है कि उसका नृत्य प्रदर्शन प्राय: बेतरतीब और अशृंखलाबद्ध भी हो जाता है। इस क्रमबद्धता के अभाव में कई बार नृत्य अपेक्षित प्रभाव नहीं डालता और

यही कारण है कि प्रायः दूसरे स्तर के अन्य शैलियों के नर्तक बेहतर कथक-नर्तक की अपेक्षा अधिक प्रभावित करते लगते हैं।

नृत्य एक समन्वित कला है इसमें जब तक नृत्य और संगीत का समुचित समागम नहीं होगा वह पूरा आनन्द नहीं दे सकती। साज-संगत जब तक मन-पसन्द और नृत्य के साथ मिला-जुला न हो तब तक कौशल के चमत्कार का मज़ा तो होगा पर रसानुभूति सम्भव नहीं। इसलिए नृत्य-समय में कुछ क्षण तो ऐसे हो सकते हैं जब नर्तक और वादक अपने-अपने कौशल और योग्यता दिखायें और एक सहृदयपूर्ण द्वन्द्व उनमें हो। यह क्योंकि उस पूरे प्रदर्शन में एक वैचित्र्य और नयापन लाता है इसलिए आकर्षक लगता है किन्तु यदि पूरे प्रदर्शन में ही नर्तक और वादक के बीच सही तालमेल न हो और दोनों के बोलों की निकासी बराबर न हो तो रस भंग होगा ही। प्रदर्शन में पूरा रंग तो सही और सम्पूर्ण मेल में ही खिलेगा।

कथक-नृत्य में सबसे अधिक महत्त्वपूर्ण और प्रचलित ताल है—तीनताल। सोलह मात्रा की चार-चार मात्राओं के चार खण्डों में विभाजित यह ताल इस नृत्य का मूल आधार है। शिक्षा का प्रारम्भ और प्रायः अन्त भी इसी ताल में होता है। इस एक ताल से अन्य अनेक तालों का ज्ञान हो सकता है। जिस तरह एक राग अच्छी तरह सध जाने पर अन्य राग आसान हो जाते हैं उसी तरह इस एक ताल पर पूरा अधिकार हो जाय तो अन्य तालों में नाचना आसान हो जाता है।

नृत्य का संगीत शैलियों से घनिष्ट सम्बन्ध होने के कारण ध्रुपद, प्रबन्ध आदि गायकी का प्रभाव नृत्य पर था। कई ध्रुपद ऐसे थे जिन पर नृत्य किया जाता था। ध्रुपद शब्द प्रधान रचना होने के कारण उस पर भाव और उसके ताल और लय से नृत्य गतियों का अच्छा सामंजस्य बैठता था। ध्रुपद की लयकारी के बरक्स नृत्य में भी लयात्मक पद और अंग संचालन किये जाते रहे होंगे। प्रबन्ध भी नृत्य का आधार बनता रहा होगा किन्तु उसके स्पष्ट प्रमाण प्रायः उपलब्ध नहीं हैं। ध्रुपद का स्थान जब धीरे-धीरे ख़्याल गायकी ने लेना शुरू किया तो इसका असर कथक नृत्य पर भी पड़ा और उसकी प्रस्तुति तथा तकनीक में बदलाव आना शुरू हुआ। ध्रुपद शब्द संरचना प्रधान गायकी है जबकि ख़्याल में शब्दार्थ से अधिक महत्त्वपूर्ण है स्वर और लय, जो नृत्य बंदिशों में लयात्मक रूपाकार और तकनीकी कौशल के रूप में प्रकट हुआ।

लहरे के लिए कुछ विशेष राग अधिक लोकप्रिय रहे हैं जैसे चन्द्रकौंस, काफ़ी, बसन्त, बहार, जौनपुरी, पीलू आदि। नग़मे में विविधता और स्वर भराव के द्वारा उसे सजाने और नृत्य के अनुकूल वातावरण और प्रभावी बनाने की दिशा में प्रयत्न हुआ—जिससे उसकी एकरसता को किसी हद तक कम किया जा सके। उसमें स्वरों का लगाव और वजन इस तरह रखा जाने लगा कि मूल बंदिश में वजन कायम रखते हुए भी बीच के स्थानों को अधिक-से-अधिक आकर्षक बनाया गया और इस तरह नाच के लिए माहौल बनाने में नग़मे ने अहम भूमिका अदा की। ये नग़मे शुरू में किसने बनाये—नर्तक ने या वादक ने, कहना मुश्किल है किन्तु प्राय: नर्तक संगीत जानने वाले रहे हैं इसलिए सम्भव है इसके बनाने में स्वयं उनका बहुत योगदान रहा हो।

अन्य साहित्यिक सांगीतिक रचनाएँ जो नृत्य में इस्तेमाल होती हैं उनके लिए संगीत कुछ प्रचलित बंदिशें होने पर तो मिल ही जाता है—जैसे बिन्दादीन महाराज की तमाम-ठुमरी-भजन, पद आदि नृत्य के लिए ही बनायी रचनाएँ हैं और इसलिए उनमें नृत्य के लिए बहुत गुंजाइश है। इनके अतिरिक्त ऐसी रचनाएँ जो सीधे साहित्य से चुनी गयी उनके लिए संगीत यदि नर्तक स्वयं जानकार और समर्थ है तो ख़ुद ही अपनी ज़रूरत के मुताबिक बना लेता है या फिर किसी गायक-वादक की मदद ले लेता है। इस विषय में कोई निश्चित स्थिति तय नहीं है। हर नर्तक अपने-अपने ढंग से संगीत तय करता है। बीच में अन्य साजों के कुछ प्रभाव और उन्हें कहाँ क्या बजाना है यह, या तो उन्हें बता दिया जाता है कि एक ख़ास तरह का संगीत यहाँ चाहिए तो वादक अपने आप ही कुछ उस स्थान के लिए तय कर देता है। कई बार यह संरचना स्वयं नर्तक उसे करके बता देता है। इसीलिए प्राय: हर नर्तक के लिए संगीत का ज्ञान आवश्यक हो जाता है। दरअसल, पहले प्राय: हर नर्तक के लिए संगीत, गायन, वादन (विशेषकर तबला) का ज्ञान ज़रूरी था—इधर उस पर ध्यान नहीं दिया जाता और इससे एक कमी नर्तक में रह जाती है। पहले प्राय: सभी कथक-नर्तक पुरुष थे और इस व्यवसाय से पूरी तरह जुड़े होने के कारण नर्तक-शिक्षक के रूप में भी उनके लिए इस सब पर अधिकार अनिवार्य हो जाता था। अन्य स्त्री नर्तकियाँ मुख्य रूप से गाने वाली होती थीं—जो भाव बताने के लिए नृत्य सीखती थीं। यों भी इनका नृत्य अभिनय प्रधान था जिसे वे

स्वयं गाकर दिखाती थीं इसलिए संगीत न सीखने-जानने का प्रश्न ही नहीं उठता था। आजादी के बाद एक ऐसी पीढ़ी सामने आयी जो परम्परा से नाच-गाने के व्यवसाय से सम्बन्धित नहीं थी पर जिसने शौक़ के रूप में और धीरे-धीरे व्यवसाय के रूप में भी नृत्य को अपनाना शुरू किया। इसमें कई लड़कियाँ भी थीं। यह समय ऐसा था जब ये कलाएँ फिर से खोया गौरव प्राप्त करने की दिशा में प्रयत्नशील थीं और जनता को इनके प्रति जागरूक बनाना पहली ज़रूरत थी। उसे नये ढंग से आकर्षक और लोकप्रिय बनाने के साथ-साथ नये ढंग की मंच प्रस्तुति आदि ने नर्तक के लिए गायन आदि की शिक्षा को गौण बना दिया और नर्तकों का एक ऐसा वर्ग तैयार हुआ जो नर्तक तो बहुत अच्छा था किन्तु उसकी गायन-वादन में विशेष गति न थी। इसको अपने संगीत के लिए पूरी तरह गायक और वादकों पर निर्भर होना पड़ा। इधर फिर इनकी ज़रूरतों के प्रति ध्यान गया है और सम्पूर्ण शिक्षण ज़रूरी समझा जाने लगा है।

बहुत समय से कथक अभिनय में साहित्य-संगीत के लिए बड़ा आधार या तो बिन्दादीन महाराज की रचनाएँ रही हैं अथवा कवित्त और कवित्त परण जो प्राय: जयपुर घराने के नर्तक नाचते हैं। इनमें भी कवित्त प्राय: तोड़े टुकड़ों की तरह प्रस्तुत किये जाते हैं इसलिए उनका अलग संगीत नहीं होता। बिन्दादीन महाराज की रचनाएँ ठुमरी, भजन, सादरा, अष्टपदी आदि ही भावाभिनय के लिए आधार प्रस्तुत कराती रही हैं। इनके अतिरिक्त अन्य सभी अभिनेय रचनाओं और शुद्ध नृत्त-परक संरचनाओं के लिए नर्तक को स्वयं ही संगीत की व्यवस्था करनी पड़ती है। कथक के संगीत साहित्य का कोई निश्चित भण्डार नर्तक को उपलब्ध नहीं है इसलिए जहाँ अन्य नृत्य शैलियों की अनेक ऐसी पारम्परिक बंदिशें हैं जो केवल नृत्य के लिए रची गयी हैं और उस शैली विशेष के प्राय: हर नर्तक की वह नृत्य सम्पदा का अंग होती हैं जिनकी धुनें और शब्द धीरे-धीरे दर्शकों को भी याद हो जाते हैं और इसके आधार पर वे तुरन्त उससे रिश्ता भी जोड़ लेते हैं और विभिन्न प्रस्तुतियों और नर्तकियों की क्षमता-कुशलता की तुलना भी कर पाते हैं। कथक में यह सुविधा नहीं है। इसकी अनिवार्यता भी सम्भवत: अन्य शैलियों जैसी नहीं रही—क्योंकि यह उसके नृत्य का प्रमुख हिस्सा नहीं रह गया था। दूसरे, कथा गायकों के सन्दर्भ-बिन्दु भी अलग रहे होंगे—जिससे पारम्परिक रचनाएँ और उनसे सम्बद्ध साहित्यिक

रचनाएँ सामान्य कथक नृत्य सम्पदा का अंग नहीं बनीं—वह हर परिवार और कभी-कभी पृथक व्यक्तियों की अपनी विशेषता के रूप में सामने आती रहीं। इसीलिए वह हर शिष्य या नृत्य छात्र को अनिवार्य रूप से नहीं सिखायी गयीं और न ही कुछ विशिष्ट रचनाओं और कोर्स की शिक्षा-पद्धति में उनका निश्चित स्थान रहा।

ठुमरी भाव आदि करने के दो तरीक़े रहे हैं। एक तो बैठकर भाव बताना। इसमें नर्तक स्वयं ही गाकर भाव बताता है और इसलिए स्वरों के अनेक अर्थों की तरह भाव के भी अनेक अर्थ और स्तर होते हैं। ये भाव ज़रूरी नहीं शृंखलाबद्ध हों उनमें असम्बद्ध तरीक़े से स्वर, संवेदना और कल्पना के आधार पर अनेक परत-दर-परत खुलते जाते हैं। इनमें कई बार केवल किसी ख़ास शब्द या किसी विशेष स्थिति आदि के ही अनेक अर्थ नर्तक अपने सूक्ष्म भावों के द्वारा प्रस्तुत करता है। दूसरा तरीक़ा उसे खड़े होकर नाचकर करने का होता है। इसमें एक-एक पद या पदभाव के बाद जिस तरह गाने में लग्गी का प्रयोग होता है उसी तरह नाच में भी उसका प्रयोग कई बार किया जाता है। कई बार कुछ तोड़े टुकड़ों से भी एक पद को दूसरे से अलग किया जाता है। इसका स्वरूप कुछ-कुछ भरतनाट्यम के पदम से मिलता-जुलता होता है।

विभिन्न रचनाओं का संगीत भाव के अनुरूप होता है। जैसे वन्दना या भक्ति प्रधान रचना में संगीत भी ऐसा रखा जाता है जिससे भक्तिभाव जागृत हो। शृंगार में भी विप्रलम्भ शृंगार और संयोग शृंगार का संगीत भी भावानुकूल रखा जाता है। होरी धमार के संगीत में होलिकोत्सव का उल्लासमय वातावरण प्रकट होता है।

कथक के संगीत में अन्य नृत्य शैलियों की तरह पारम्परिक बन्धन और आग्रह न होने के कारण उसमें बेहद लचीलापन है। इसके चलते यह ज़रूरी नहीं है कि नृत्य प्रदर्शन में संगीत का कोई बुनियादी स्तर कायम रहे ही। यह नर्तक और संगतकारों के परस्पर समन्वय और रुचि के अनुसार घटता-बढ़ता रहता है। पर यह हर नर्तक का कर्तव्य है कि वह अपने प्रदर्शन के इस महत्त्वपूर्ण पक्ष पर ध्यान देते हुए उसे सुरुचिपूर्ण और प्रभावकारी बनाये।

(1977)

# वेशभूषा

स्थान, समय, संस्कृति, समाज, परिवेश, व्यक्ति सभी का प्रदेश विशेष की कलाओं पर गहरा असर होता है। उनका स्वरूप, अन्दाज़, रुझान, विकास की दिशा, सभी देशकाल की संस्कृति से लगभग संचालित-सी होती है। नृत्य पर इसका प्रभाव एक और ढंग से भी पड़ता है वह है उसकी वेशभूषा और अलंकरण। यों तो नृत्य में सोलह श्रृंगार का वर्णन प्राय: मिल जाता है और बत्तीस आभूषणों का भी, किन्तु नर्तक-नर्तकी के लिए नृत्य के समय उन सभी का पालन-धारण करना सुविधाजनक नहीं हो सकता। इसलिए उसकी विशेष चीज़ों को आमतौर पर इस्तेमाल कर लिया जाता है, विशेषकर नर्तकी के लिए। नर्तक का अपेक्षाकृत अधिक सादे रूप-सज्जा, वेश और अलंकार से काम चल जाता है। यह दिलचस्प तथ्य है कि नर्तकी की वेशभूषा प्राय: दुल्हन की साज-सज्जा से मिलती-जुलती है। सम्भव है इसका आधार देवदासी प्रथा भी हो जिसमें वह ईश्वर को ब्याही जाती थी और उसी साज-श्रृंगार से वह नित्य उनकी आराधना करती थी। मणिपुरी नृत्य में तो गोपियाँ और राधा, कृष्ण की सखियाँ हैं और स्वयं कृष्ण उनके साथ नृत्यरत हैं इसलिए उनका परिधान भी विशेष ही होता है। विवाह के अवसर पर दुल्हन उसी वेश में सजी होती है। यह खोज दिलचस्प हो सकती है कि वधु की सज्जा नृत्य से आयी या नर्तकी ने वधु से ग्रहण कर ली। अन्य नृत्य शैलियों की तरह कथक की वेशभूषा में अपवाद नहीं है। और नर्तक-नर्तकियाँ लगभग दूल्हा-दुल्हन से सजे होते हैं।

कथक में आजकल मौटे तौर पर दो क़िस्म की पोशाकें प्रचलित हैं। इन्हें प्राय: हिन्दू अथवा मन्दिरों की तथा मुग़ल तथा दरबारी के नाम से जाना

जाता है। पोशाकों के इस विभाजन के पीछे सीधे-सीधे यह तर्क काम करता है कि मन्दिरों में एक क़िस्म का कथक नृत्य प्रचलित था और दरबारों में दूसरे प्रकार का और इसी तरह दोनों की वेशभूषा में भी सीधा-सीधा अन्तर था। इस धारणा ने कुछ इस तरह जड़ पकड़ी है कि आज वेशभूषा के आधार पर ही हम कथक शैली को दो प्रकार की संज्ञा से अभिभूषित कर देते हैं—हिन्दू और मुस्लिम, मानों वस्त्र मात्र से ही नृत्य का पूरा रूप बदल जाता हो। बहरहाल, ये दोनों ही मुख्य रूप से आज कथक की मान्य पोशाक हैं। इनके ही विविध रूप अलग-अलग ढंग से प्रचलित हैं।

हिन्दू वेश में लड़कियों के लिए लहँगा, चोली और दुपट्टा तथा नीचे चूड़ीदार पायजामा होता है। पुरुषों के लिए रेशमी धोती और कमर में पटका प्रचलित है। लहँगे कई प्रकार के बनते हैं। स्त्रियाँ कई बार लहँगे के स्थान पर साड़ी का भी प्रयोग करती हैं। किन्तु इसका प्रचलन कम ही है। कभी-कभी पुरुष सादी धोती के ऊपर बाँहदार नीची बंडी-सी भी पहनते हैं और कमर में पटका रहता है। इसी के अनुरूप आभूषण भी पहने जाते हैं। लड़कियाँ गले में हार—एक चोकरनुमा तथा दूसरा लम्बा वक्षस्थल से नीचे, कानों में झुमके, सिर पर बेंदी, कुछ लोग पूरी झूमर पट्टी का भी इस्तेमाल करते हैं। हाथों में चूड़ियाँ, अँगूठी, कभी-कभी नाक में छोटी नथनी या लोंग, बाँहों में बाजूबन्द, कमर में करधनी और पैरों में पायल भी उपयोग में आती है। यों इधर कम आभूषण पहनने पर जोर बढ़ा है क्योंकि जितनी ज़्यादा चीज़ें हों नाचने में उतनी ही अड़चन आती है। इसलिए प्रायः हल्का परिधान और आभूषणों का प्रयोग किया जाने लगा है। पुरुष गले में कंठी या हार, अँगूठी, बाजूबन्द तथा कमरबन्द का प्रयोग करते हैं। कानों में मेकअप से ही दो बुन्दकियों द्वारा कानों की लोंग का आभास हो जाता है। पुरुष माथे पर टीका तथा लड़कियाँ बिन्दी ज़रूर लगाती हैं और पैरों तथा हाथों में आलता का प्रयोग प्रचलित है।

मुग़ल पोशाक में स्त्रियाँ पूरी बाँह का घुटने से नीचे तक अँगरखा, चूड़ीदार पायजामा और दुपट्टा लेती हैं। दुपट्टा कई तरीक़े से पहना जाता है। अँगरखा भी कई ढंग से बनाया जाता है। कभी फ्राकनुमा आगे से बन्द, कभी सामने से खुला चुन्नटदार या कलीवाला अथवा जयपुरी काट का। यह अँगरखा कई बार बिना बाँह का भी बनाया जाता है और इसके नीचे

फिर बाँहदार ब्लाउज़ होता है। अँगरखे के ऊपर कभी-कभी जैकेट भी पहनी जाती है और कई नर्तकियाँ सिर पर कलगी लगी कामदार टोपी का भी इस्तेमाल करती हैं। यों आजकल इसका प्रचलन कम ही है।

पुरुषों की मूल पोशाक भी लगभग यही होती है। पेशवाज और चूड़ीदार पायजामा किन्तु उनका अँगरखा प्राय: सामने से दोहरा होता है और उसमें बन्द अथवा बटन लगे होते हैं। कमरबन्द तथा सिर पर कभी दुपल्ली टोपी और कभी खुला भी रख लिया जाता है। आभूषण अपेक्षकृत कम होते हैं। पुरुष का काम तो बस गले की कंठी या हार से ही चल जाता है और अधिक-से-अधिक अँगूठी। स्त्रियाँ गले में चोकर, कानों में बुन्दे तथा सिर पर छपका या झूमर पहनती हैं, कुछ बेंदी और झूमर दोनों का प्रयोग करती हैं। कभी-कभी जड़ावदार कमरपेटी का भी प्रयोग होता है। स्त्रियों के वस्त्र अधिक रंग-बिरंगे और चमकीले तथा पुरुषों के प्राय: सफ़ेद या हल्के रंग के होते हैं। पैरों में घुँघरू—जिनकी संख्या एक पैर में प्राय: सौ से डेढ़ सौ तक होती है, हर नर्तक के लिए पहनना अनिवार्य है क्योंकि इस नृत्य में पैरों के काम की जटिलता का बहुत महत्त्व है और वह घुँघरू की आवाज़ से प्रकट होता है।

कुछ पहले तक दरबारों में पुरुष पाजामा तथा कामदार अचकन पहनते थे। सिर पर कामदार टोपी या साफ़ा ज़रूरी था। लखनऊ घराने के लोग बहुत ढीला घेरदार पजामा, जो लगभग गरारा-सा दिखता था, कामदार अचकन पहनते थे और एक दुपट्टा जो सामने छाती से क्रॉस करता हुआ दोनों कंधों से पीछे झूलता था। सिर पर कामदार टोपी होती थी। पूर्वी उत्तर प्रदेश के इलाक़े में पुराने कथक ढीला चूड़ीदार पाजामा तथा ऊपर ख़ूब घेरदार जामा पहनते थे। सिर पर सवली या सपौला होता—जो टोपी और साफ़े का मिला-जुला-सा रूप है और सिर पर अच्छी तरह जम जाती है। इस सम्बन्ध में एक दिलचस्प कथा भी है कि किस प्रकार यह पोशाक इन्हें शिव से मिली थी।

कुछ पुराने चित्रों में नर्तक-नर्तकियों की पोशाकें देखने को मिलती हैं। इनमें प्राय: नर्तकियाँ नीचे पैरों तक लम्बे पारदर्शी अँगरखों में चित्रित हैं। घुटने के नीचे तक अँगरखे भी प्राय: पारदर्शी हैं। चूड़ीदार पाजामे प्राय: अन्य रंग के डिज़ाइनदार हैं। सिर पर पारदर्शी चुन्नी है। अँग्रेज़ों के शासन में नर्तकियाँ प्राय: ख़ूब घेरदार ढीले वस्त्रों में चित्रित हैं। इनमें भी प्राय:

ऊपर तथा नीचे के अलग-अलग वस्त्र हैं तथा सिर पर चुन्नी। कई बार दुपट्टे के साथ-साथ सिर पर टोपीनुमा अलग वस्त्र भी है। यह परिवेश मोटे-तौर पर तुर्की दरवेशी वेशभूषा के निकट है जिसमें नीचे कम घेरदार लहँगे के ऊपर बहुत घेरदार घुटने तक एक वस्त्र है। कभी यह कन्धे से ही एक घेरदार फ्राकनुमा होता है, और कभी ब्लाउज अलग पहना जाता है।

मुग़ल दरबार में पारसी नर्तकों की एक और वेशभूषा चित्रित है जिसमें नर्तकियाँ लम्बे ओरेबदार पूरी बाँह के रेशमी चोगे पहने हैं। जिसमें कमर पर बन्द है। नीचे दूसरे रंग का चूड़ीदार, सामने से पीछे लटकते लम्बे दुपट्टे तथा कलगी लगी ऊँची टोपी है जो ऊपर कुछ तिरछापन लिए सपाट है। अन्य आभूषणों में गले से जनेऊ की तरह पहना एक आभूषण भी है।

अकबरनामा में मालवा की दो नर्तकियों की वेशभूषा इनसे एकदम अलग है। नीचे चुस्त पायजामा, ऊपर आधी बाँह की चोली और एक के ऊपर एक कई रंगों की तह और झालरों वाला छोटा स्कर्टनुमा लहँगा जो घुटने के ऊपर तक आता है। यह पाश्चात्य टूटू की तरह लगता है। सामने पतली चुन्नी और सिर पर विचित्र-सी साफ़ेनुमा टोपी। इस तरह का कई तह और झालरदार लहँगा ब्रज में कृष्ण की वेशभूषा में भी देखा जा सकता है। पर स्त्रियों की वेशभूषा के रूप में यह कम ही चित्रित मिलता है। मृगावती, नलदमयन्ती, रास तथा आदिपुराण में नर्तकों के चित्रांकन आदि में एक-दो जगह ऐसे लहँगे के चित्र मिलते हैं। इन नर्तकियों की भंगिमा और पैरों के स्थानक आज के कथक से मिलते-जुलते हैं।

मध्ययुगीन दरबार के अतिरिक्त प्राय: अन्य चित्रों में नर्तकियाँ लहँगे ऊँची चोली और लम्बी पारदर्शी चुन्नियों में हैं। सामने साड़ी की तरह अनेक चुन्नट डालकर सिर पर सीधे पल्ले की तरह ली हुई ओढ़नी से पहनावे का अन्दाज़ बदल जाता है। प्राय: सिर पर टीके की जगह बोरले का भी उपयोग नजर आता है। कई बार सामने दूसरे रंग की चुन्नटदार लम्बी पट्टी है जो लहँगे के ऊपर आती है। इसका रंग चुन्नी के रंग से मेल खाता भी हो सकता है। सामने की यह लम्बी पट्टी पेशवाजों के साथ भी कई बार चित्रित है।

कृष्ण की वेशभूषा के भी कई रूप चित्रित हैं। कहीं वे अँगरखा, चूड़ीदार और पटका गले में डाले हैं। तो कहीं घेरदार लहँगे पर सामने दो पंखेनुमा

लटकन और कमरबन्द तथा गले में पटका है। कभी कई तहवाला झालरदार लहँगा और सामने पँखेनुमा लटकन है। कहीं पीताम्बर पर छोटा-सा बीते भर का लहँगा है। किन्तु लगभग सभी में गले से झूलता पटका, सिर पर मोर मुकुट, कान में मोतियों के कुण्डल, नाक में बुलाक, गले में हार तथा हाथ में बाजूबन्द, पैर में पायल अथवा घुँघरू मौजूद हैं। इन सभी मध्ययुगीन चित्रों में प्रायः मोतियों के अलंकरण ही प्रदर्शित हैं। संगतकार चाहे स्त्री हों या पुरुष उनकी वेशभूषा प्रायः नर्तकों से अलग-सी नज़र आती है।

इन तमाम पुराने चित्रों से एक बात स्पष्ट है कि यद्यपि कई बार बाहरी वस्त्र लगभग पारदर्शी होता था जो सम्भव है शरीर के अंगों के विविध संचालन के स्पष्ट स्वरूप को देखने की गरज से एक व्यावहारिक ज़रूरत भी रही हो, पर प्रायः हमेशा ही शरीर पूरी तरह वस्त्रों से ढका है और उसमें किसी तरह का भद्दापन, अश्लीलता या ओछापन नहीं है जैसा आज की फ़िल्मों में नज़र आता है। पहरावे की यह नफासत कहीं-न-कहीं नृत्य की नफ़ासत और गरिमा को भी उजागर करती है और बहुत सम्भव है नृत्य और नर्तकों को गिरा हुआ मानने की विक्टोरियन मनोवृत्ति कहीं-न-कहीं उस विक्टोरियन समाज के अपने नैतिक अवमूल्यन का ही द्योतक हो।

आज कथक परिधान के मूल चरित्र में बदलाव आया है। एक ओर निकट अतीत के परिधान से उसे अधिक सुरुचिपूर्ण और सुविधाजनक बनाने की कोशिश हुई है दूसरी ओर पारम्परिक वेशभूषा को भी यथासम्भव बनाये और बचाये रखने की कोशिश है। कथक नृत्य के लिए मिनिएचर चित्रों के परिधान का पुनः आविष्कार-सा हुआ है। इस प्रयास में न केवल उनकी बुनियादी बनावट और कपड़ों तथा छापों को ध्यान में रखा गया है—उनके रंगों का बड़ा कलात्मक इस्तेमाल भी हुआ है। इस सन्दर्भ में श्रीमती नैना देवी, कुमुदिनी लाखिया और अपेक्षाकृत युवा शोभा दीपक सिंह का नाम विशेष रूप से उल्लेखनीय है। वेशभूषा की इस नयी सौन्दर्यपूर्ण दृष्टि ने कथक परिधान में जैसे एक क्रान्ति-सी ला दी है जिससे आज़ादी पूर्व और इसके तत्काल बाद के परिधान का भौंडापन लगभग ख़त्म हो चला है। नर्तकों में कुछ भी, कैसा भी भड़कीला वस्त्र पहनने का मोह ख़त्म हुआ है। इस परिवर्तन का सम्भवतः एक कारण परिवेश का बदलाव भी हो। मन्दिरों के रूपाकार और सुसज्जित दरबारों

का अपना निजी माहौल था और एक निश्चित स्थान था जिससे नर्तक को तालमेल बैठाना था और उस परिवेश के अनुरूप ही वस्त्र पहनना अनिवार्य भी था। कुछ अदब-कायदे—जैसे राजा या बादशाह के सामने कोई सिर खोलकर नहीं जा सकता था, फिर वह नर्तक ही क्यों न हो—इन सबका भी वेशभूषा पर पर्याप्त प्रभाव रहा। आज मंच पर जहाँ इस तरह का दबाव नहीं है वहाँ परिधान और वेश के द्वारा ही माहौल बनाना आवश्यक है। सीधे-सपाट ख़ाली मंच की पृष्ठभूमि में इस तरह वेशभूषा की भूमिका भी जैसे बदल गयी है। उसके लिए मन्दिर और दरबार की साज-सज्जा के अनुरूप तालमेल बैठाना काफ़ी नहीं रहा है—उसे अपना एक निश्चित चरित्र भी प्रस्तुत करना है जिससे वह अपनी अलग पहचान बना सके। इस चुनौती का सामना आज के कथक नर्तक ने बख़ूबी किया है और कथक की पोशाक विविधता के साथ-साथ प्रदेश की अनेक रंगतों को सामने लाती है।

एकल नृत्यों के अलावा कथक की नृत्य-नाटिका और समूह नृत्यों में परिधान की विविधता दर्शनीय भी है और दिलचस्प भी। अलंकरण और सादगी के जैसे दो छोर इसमें परिलक्षित होते हैं वैसे सम्भवत: किसी और नृत्य शैली में नहीं। पौराणिक ऐतिहासिक नृत्य-नाटिका अथवा इस तरह के संयोजनों में परिधान जहाँ चरित्रों के अनुरूप होता है वहीं अन्य नृत्य समूहों में वह रोज़मर्रा के सुरुचिपूर्ण अलंकारहीन लिबास की भाँति सादा भी हो सकता है। जैसे लड़के सफ़ेद या शालीन रंगों और लड़कियाँ किसी एक अधिक सन्तुलित और अपेक्षाकृत चटकीले रंगों के कुर्ते और चूड़ीदार पायजामे पहने हों। विविध समूहन में पोशाकों के रंग कई बार मिनिएचर चित्रों का आभास देते लगते हैं। रंगों और पोशाकों के दिलचस्प संयोजन इन नृत्यों को अनेक अर्थ देते भी लगते हैं। इस तरह नृत्य परिधान को अधिक-से-अधिक सहज-सुविधाजनक किन्तु सुरुचिपूर्ण बनाने की चेष्टा निरन्तर होती रही है जिससे पारम्परिकता की पहचान खोये बिना भी उसमें एक ताज़गी बनी रहे।

चेहरे पर मेकअप मंच की बुनियादी ज़रूरत के रूप में उभरी है। अपेक्षाकृत दूरी से भी चेहरे के हाव-भाव नज़र आ सकें इसलिए आँखों, भवों को अधिक गहरा तथा बड़ा बनाया जाता है। चेहरे के अन्य भागों को भी उसी अनुपात में सुन्दरता से उभारा जाता है। नर्तकी और नर्तक इस तरह मुख-

सज्जा (मेकअप) के द्वारा न केवल अधिक आकर्षक लगते हैं उनके हाव-भावों को भी अधिक सहजता से देखा जा सकता है। यों तो चेहरे पर अंगराग का व्यवहार पहले भी होता रहा था किन्तु अब प्रसाधन के उपकरण और मापदण्ड आज के मंच और आवश्यकतानुसार बदल गये हैं। केश-विन्यास यों साधारण ही है। प्राय: स्त्रियाँ एक चोटी करती हैं। कभी-कभी जूड़ा और चोटी तथा कभी केवल जूड़ा ही रहता है। इन्हें फूलों की वेणी अथवा गोटे से भी सजाया जाता है।

इस तरह पारम्परिक उत्तर भारतीय परिधान ही कथक की मूल वेशभूषा है। इस प्रदेश की पोशाकों की विविधवर्णी छटा अनेक रंगतों के साथ कथक नर्तकों के वेश में है। दुपट्टे को पहनने के तरीक़े और लहँगे-चोली और अँगरखे की बनावट में फ़र्क़ होते हुए भी उसका एक विशिष्ट चरित्र और पहचान उभरकर आती है जो उसे दक्षिणात्य नृत्य वेशभूषा से पृथक करती है। भारतीय यह भी है, बहुत कुछ समान भी है पर नृत्य शैलियों की भिन्नता की तरह उनका परिधान भी अपनी विशिष्टता कायम रखता है।

(1977)

# शास्त्रीयता का नक़्शा

सांस्कृतिक पुनर्जागरण ने अन्य कलाओं में अभिरुचि के साथ-साथ नृत्य में भी नये सिरे से रुचि जागृत की और देश के विभिन्न भागों में बिखरी नृत्य शैलियाँ नयी दृष्टि और नयी सज-धज के साथ सामने आने लगीं। परम्परा से चली आयी अनेक नृत्य विधाएँ, जो लुप्तप्राय: सी थीं या जो अपने संकुचित क्षेत्र और वातावरण में सिमटकर रह गयी थीं, उन पर खोज हुई। उनकी सम्भावनाओं और शक्ति पर काम हुआ और एक नये तेवर के साथ उन्होंने सांस्कृतिक क्षेत्र में अपनी जगह बनायी। इनमें से कई नृत्य प्रकार थे जिनका अपना प्रचलित तथा मान्य नृत्य-शास्त्र था—कुछ लिखित और कुछ अलिखित, कुछ में साक्ष्य और व्यवहार के आधार पर शास्त्र विकसित कर लिया गया। देश के प्राचीन ग्रन्थों में नृत्य एक महत्त्वपूर्ण विषय रहा है और उसकी विषद व्याख्या होती रही है। पुन: प्रतिष्ठित शास्त्रीय नृत्य को आधार और प्रामाणिकता प्रदान करने के लिए उसकी प्राचीनता सिद्ध करना ज़रूरी होता गया। जो नृत्य-प्रकार जितना प्राचीन सिद्ध हो सका; उसकी गरिमा, उसका महत्त्व उतना ही बढ़ गया। प्राचीनता की इस होड़ में अनेक तथ्य अनदेखे कर दिये गये; कई गढ़ लिये गये और कई चीज़ों की प्रामाणिकता सिद्ध करने के लिए उनकी पुन: रचना ज़रूरी हो गयी।

शास्त्रीय नृत्य शैलियों में कथक एक ऐसी नृत्य शैली है, जिसका अभी तक कोई प्रामाणिक शास्त्र नहीं बन सका है। यह सचमुच दिलचस्प बात है कि भारत के सबसे बड़े हिस्से का माना जाने वाला शास्त्रीय नृत्य 'कथक' का कोई लिखित शास्त्र उपलब्ध नहीं है। कम-से-कम सर्वमान्य, ज्ञात और प्रचलित ऐसा कोई ग्रन्थ तो नहीं ही है। सम्भवत: इसका एक

कारण तो कथकों का प्रयोग (प्रदर्शन) में कुशलता के बावजूद शास्त्र में कोई रुचि न होना है। किसी समय सम्भवतः इनका कोई शास्त्र रहा हो, किन्तु अब शताब्दियों से विविध कारणवश शास्त्रकारों से उनका सम्बन्ध टूट गया है, इसलिए शास्त्र और नृत्य का सीधा सम्बन्ध नहीं रह गया है। फिर सन्दर्भ-सूत्र और तकनीकी शब्दावली इतनी बदल गयी है कि उनका सीधा रिश्ता बैठना कठिन लगता है। जो हो, पर क्या यह विचित्र नहीं लगता कि जहाँ दक्षिण में नृत्य-परम्पराओं के लिए तुरन्त शास्त्र-सम्मत होना आवश्यक हो गया, वहीं कथकों ने उसका प्रामाणिक शास्त्र खोजने-बनाने में कोई पहल नहीं की। इसका एक बड़ा कारण यह भी लगता है क्योंकि कथक एक जीवन्त परम्परा थी, उसे अपने को शास्त्र से जोड़ना, शास्त्र रचना, उस अर्थ में आवश्यक लगा ही नहीं। आभिजात्य वर्ग से जोड़ना, उसे प्रतिष्ठा, सम्मान, गरिमा प्रदान करना जैसी समस्या तो कथक-प्रशंसकों, और कुछ हद तक, जागरूक कथक-नर्तकों के आगे ज़रूर आयी, किन्तु उसके शास्त्र के प्रति उदासीनता फिर भी बनी रही।

प्रदर्शन के स्तर पर नर्तक के लिए सम्भवतः यह ज़रूरी नहीं है कि वह नृत्य-शास्त्र का ज्ञाता हो—उसमें दक्षता और क्षमता उसके लिए पर्याप्त है। किन्तु उसकी बारीक़ियों और विशेषताओं का विश्लेषण करने के लिए, उसकी चीज़ों को अपने लिए और दूसरों को भी समझने-समझाने के लिए शास्त्र की जानकारी किसी हद तक ज़रूरी हो जाती है। पुराने बिखरे सन्दर्भ-सूत्रों को जोड़ने के साथ-साथ कथक के वर्तमान शिल्प का विश्लेषण और इस तरह उसके सौन्दर्य के सम्पूर्ण आयाम निर्धारित करने और समझने की ज़रूरत बार-बार महसूस होती है।

इसी शताब्दी के पूर्वार्द्ध में रायगढ़ नरेश चक्रधर सिंह ने 'नर्तन सर्वस्वम्' नामक ग्रन्थ की रचना की थी, जिसमें कथक को शास्त्रीय आधार मिला था। कहा जाता है इस ग्रन्थ की प्रेरणा उन्हें किसी एक और प्राचीन ग्रन्थ से मिली थी। किन्तु आज इनमें से एक की भी कोई प्रति उपलब्ध नहीं है। यों 'नर्तन सर्वस्वम्' उनके एक बेटे के पास सुरक्षित ज़रूर है किन्तु जब तक वह उपलब्ध नहीं, कथक के उस कथित 'शास्त्र' की जानकारी से हम वंचित ही हैं। बहरहाल, अब जो स्थिति है, उसमें इधर-उधर बिखरे साक्ष्य या प्रमाण तथा कथक के प्रचलित रूप के आधार पर उसका कोई प्रामाणिक शास्त्र बनाया जा सकता है। कुछ वर्षों पूर्व 'मार्ग' ने

कथक पर एक विशेषांक निकाला था, जो आज भी कथक की एकमात्र महत्त्वपूर्ण संग्रह-पुस्तिका है। कथक विषयक जानकारी की आवश्यकता महसूस की ही जाती रही है और इस सन्दर्भ में विभिन्न कथक केन्द्रों में आयोजित सेमिनार व 'प्रसंगों' में कथक विषयक पर्चे और लेख भी, जो जहाँ-तहाँ छपते रहे हैं, उनसे कथक का सम्पूर्ण रूप सामने नहीं आता। इस दृष्टि से कथक पर एक पुस्तक का प्रकाशन विशेष अर्थ रखता है।

दिल्ली के तीर्थराम 'आज़ाद' रचित वृहदाकार 'कथक-दर्पण' कथक की महत्त्वपूर्ण पुस्तक हो सकती थी, यदि उसमें कथक का सर्वांगीण विवेचन होता। यदि वह उसका उद्देश्य ही नहीं था, तो उसका नाम अवश्य भ्रामक है। 'कथक दर्पण' दरअसल छात्रों की परीक्षा के उद्देश्य से लिखा सन्दर्भ ग्रन्थ प्रतीत होता है। इसमें स्पष्टतया दो मुख्य भाग हैं। पहला विवेचन और विवरणात्मक, जिसमें शब्द की व्युत्पत्ति, नृत्त और नृत्य का विवेचन, अभिनय के भेद, भाव, रस, आंगिक अभिनय, कुछ विनियोग, 108 करण, नायक-नायिका भेद, उनके दृष्टान्त आदि विषय। इसी हिस्से में आगे मध्यकालीन नृत्य परम्परा पर मुस्लिम प्रभाव, कथक विषयक कुछ जानकारी, उसके तराना, चतुरंग, त्रिवट अंग तथा कुछ सामान्य विषयों पर चर्चा है। इसके अतिरिक्त कथकलि, कुचिपुड़ी, मणिपुरी, भरतनाट्यम, उड़ीसी नृत्य शैलियों की संक्षिप्त जानकारी और भारतीय वाद्ययन्त्र, लय-ताल, मंच, रूप सज्जा आदि पर चर्चा की गयी है।

दूसरा भाग क्रियात्मक है। इसमें कथक में प्रयुक्त विभिन्न तालों की बन्दिशों का संग्रह है। शुरू के काफ़ी बड़े हिस्से में अनेक गुरुओं के थाट, आमद, टुकड़े, परण, कवित्त, तत्कार, तिहाइयों के लिपिबद्ध बोल संग्रहीत हैं और बाद में अनेक नर्तकों की सचित्र अभिनय रचनाएँ—ठुमरी, भजन, गीत, भाव आदि।

कथक की दृष्टि से दरअसल इसका यह दूसरा भाग ही महत्त्वपूर्ण हो सका है, जिसमें कम-से-कम ठोस जानकारी तो मिलती है। विभिन्न गुरुओं से प्राप्त बन्दिशों का लिपिबद्ध संग्रह होने के कारण यह नर्तकों के लिए तो उपयोगी हो ही सकता है; इन विविध बोलों का विश्लेषण भी किया जा सकता है। किन्तु इसके अतिरिक्त कथक नृत्य की और विशेष जानकारी इस ग्रन्थ से सम्भव नहीं है। न तो कथक के शिल्प या सौन्दर्य का इससे बोध होता है और न ही नाट्यशास्त्र में वर्णित नृत्य-अंगों से

कथक के सम्बन्ध पर कोई प्रकाश पड़ता है। कथक में इन नृत्यांगों की क्या स्थिति है या यह किस तरह उस प्राचीन परम्परा से जुड़ता है, बिना इसकी व्याख्या के नाट्यशास्त्र की चर्चा इस ग्रन्थ में बेमानी लगती है। मध्यकालीन साहित्य में प्राप्त साक्ष्य और शब्दावली की व्याख्या, तत्कालीन नृत्य का स्वरूप और कथक से उसका सम्बन्ध या एकरूपता की कोई स्पष्ट जानकारी इस ग्रन्थ से प्राप्त नहीं होती। कथक के इतिहास और विकास का भी जो क्रम इन्होंने प्रस्तुत किया है, वह प्रचलित मान्यता से अधिक विशेष कोई जानकारी नहीं देता। कथक के ख्यात नर्तकों, उनकी विशेषताओं अथवा आज प्रचलित कथक के स्थापित घरानों, उनकी विशिष्टता और सौन्दर्य का भी कोई ज़िक्र नहीं, जिससे कम-से-कम प्रचलित कथक की कोई मीमांसा होती। अधिक-से-अधिक कुछ प्राचीन ग्रन्थों की लेखक को जानकारी का पता लगता है, जिसके कारण नाट्यशास्त्र के व्यापक नृत्य-अंश से कुछ अंश पाठकों को सुलभ करा दिये गये हैं। इसी दृष्टि से नायक-नायिका भेद तथा ताल के अंश भी महत्त्वपूर्ण कहे जा सकते हैं।

कथक नृत्य के ज्ञाता और शिक्षक के नाते तीर्थराम 'आज़ाद' से कथक की अधिक उपयोगी और सार्थक जानकारी की अपेक्षा स्वाभाविक ही है; और यह निराशाजनक स्थिति ही है कि कथक के सन्दर्भ में यह पुस्तक पूर्व-प्रकाशित पुस्तकों से आगे नहीं ले जाती। हाँ, इस अर्थ में यह महत्त्वपूर्ण ज़रूर है कि कथक पर गम्भीरतापूर्वक विचार करने और उस पर ग्रन्थ की ज़रूरत को यह अवश्य रेखांकित करती है। और, इस आवश्यकता की दिशा में यह एक प्रयास तो है ही।

['कथक दर्पण', लेखक तीर्थराम 'आज़ाद'
प्रकाशक : नटेश्वर कला मन्दिर, दिल्ली]
(1974)

# तालीम : आजीवन शिक्षा की बुनियाद

## तालीम : आजीवन शिक्षा की बुनियाद

'तालीम' एक वज़नदार शब्द है। हम प्रायः कथक या नाच सीखने की बात करते हैं, पर 'तालीम' कहते ही एक सम्पूर्ण जीवन-दृष्टि, जीवन-शैली का बोध होता है। यह जीवन-दृष्टि केवल नाच तक सीमित नहीं रहती। उसके साथ स्वयं को बरतने का तरीक़ा—तहजीब, बोल-चाल, रहन-सहन, समाज में अवस्थिति आदि, जैसे सभी शामिल हो जाते हैं। तालीम एक तरह से पूरा जीवन जीने के लिए तैयारी है जिससे जीवन मूल्यों को रेखांकित करने में भी मदद मिलती है। और, उस अर्थ में यह प्रभाव निश्चित रूप से गहरा होता है।

दरअसल, तालीम का यह प्रभाव प्रायः हर नृत्यरूप, हर कलाविधि के लिए एक तरह से सच होगा। जो बदलता है वह उसे देखने-समझने का तौर-तरीक़ा, क्योंकि प्रत्येक कला का, हर गुरु का मिज़ाज, उसकी तालीम का तरीक़ा अलग होगा, यही उसकी दृष्टि को भी तय करेगा। दूसरे यह कि तालीम कभी ख़त्म नहीं होती, जैसे गुरु का आशीर्वाद और परस्पर सम्बन्ध। वह भी निरन्तर है—लय की तरह। यों कहना मुश्किल है आज संस्थागत शिक्षा-पद्धति में यह सब किस हद तक कारगर है पर बहुत कुछ है जो जीवन भर आपके साथ होता है और आपके व्यवहार, निर्णय आदि को प्रभावित करता है। बहरहाल, यहाँ कुछ चीज़ें मुझे सूझती हैं जो हम इस दौरान ग्रहण करते हैं या जीवन में उतारने-समझने की कोशिश करते हैं।

नृत्य की तालीम लय के विभिन्न स्तरों और रूपों की ओर हमारा ध्यान आकृष्ट करती है। लय बुनियादी चीज़ है। हमारे पूरे जीवन में, हमारे होने मात्र में एक लय है। रोज़मर्रा की जिन्दगी में लय है। बहुत कुछ है इस

रोज़मर्रा के जीवन में जिसकी आवृत्ति होती है। बार-बार रोज़ एक ही चीज़ दोहरायी जाती है। इसको लेकर अज्ञेय की बड़ी प्रसिद्ध कहानी है 'रोज़'। इस आवर्तन में भी जैसे सम पर लौटने का बोध है। यह एक चक्र जैसा है आवर्तन और सम का। और यह न केवल हमारे जीवन में बल्कि दूसरों के जीवन में, वृहत्तर समाज के जीवन में भी, तो जैसे आवर्तनों का दायरा बढ़ता जाता है एक के बाद एक—जैसे स्वयं हमारे नृत्य में। इसे और बड़े रूप में देखें तो संसार की, ब्रह्माण्ड की लय का बोध है। सूर्य, चन्द्र, तारों की लय का अहसास, जो हमें निरन्तर होता रहता है।

बिरजू महाराज अपने नृत्य के दौरान प्रकृति और जीवन में अनेक तरह की लय का ज़िक्र लगातार करते हैं। शब्द की, छन्द की लय, गति की लय, मूवमेन्ट्स—देह संचलन की लय। इस लय का हमारे पूरे व्यक्तित्व पर, शरीर पर, व्यवहार पर प्रभाव पड़ता है। यहाँ तक कि प्रतिक्रियाओं में भी एक लयात्मकता का बोध होता है। जीवन में इस लय का अहसास एक बड़ी उपलब्धि है।

एक बार मोहनराव कल्याणपुरकर जी ने एक बड़ी दिलचस्प बात बतलायी थी कि कथक के प्रसिद्ध—'धा तक थुंगा' का प्रचलित हस्त-अंग संचालन, उसकी शक्ति, उसका वेग, रायगढ़ में नदी किनारे धोबी घाट की उपज थी। उनका कहना था कि कपड़े धोते हुए हाथ की फेंक, उसकी गति और वजन का सोच वहाँ से आया था। यह बात शायद उन्हें उनके गुरु ने बतायी थी। अलग-अलग गुरुओं से इस तरह के अनुभव, कथाएँ, किंवदन्तियाँ आदि भी सोच को, दृष्टि को नयी दिशा देती हैं। डॉ. सक्सेना ने अपनी किताब में कथक कलाकारों से सुनी कई कहावतों का ज़िक्र किया है कि किस तरह ये कितनी चीज़ों को रेखांकित करती है। कथक में पुरानी कहावत है देख्या, सीख्या, परख्या—यह सीख जीवन जीने की इस बुनियादी कला पर ध्यान केन्द्रित करती है।

नृत्य और उस पर अधिकार स्वतः स्फूर्त नहीं है। उसे पाने के लिए लगन और कठिन परिश्रम दोनों की दरकार है। अन्ततः तालीम परिश्रम के प्रति भी आपको जागरूक करती है और आप पहचान पाते हैं कि कुछ भी आसानी से नहीं मिलता। कुछ भी अर्थपूर्ण पाने के लिए हर स्तर पर परिश्रम और लगन आवश्यक है। न केवल प्रयत्न और मेहनत ज़रूरी है, बल्कि धैर्य भी उतना ही ज़रूरी है। उसके साथ-साथ एक अनुशासन,

साधना भी उतने ही महत्त्वपूर्ण हैं। एक दूसरे अर्थ में यह स्वयं को अपने नृत्य में, अपनी साधना में लय कर देना, खोना भी है। और यह अहसास कई स्तरों पर हमें मदद करता है। ये सारे मूल्य इस अनुशासन से, यदि हम सजग हैं तो धीरे-धीरे प्रकट भी होने लगते हैं।

एक और महत्त्वपूर्ण चीज़ जो हम सीखते हैं वह है एक साथ कई चीज़ों पर ध्यान देना और उन्हें करना। आज जिसे 'मल्टी टॉस्किंग' कहते हैं वह सदियों से नृत्य में हम करते आये हैं। नाच—ताल, संगीत के बीच तादात्म्य बनाना तो है ही—स्वयं नाच में हाथ, पैर, दृष्टि, भाव आदि के बीच तालमेल बिठाना भी है। मंच पर हैं तो मंच—प्रकाश, ध्वनि आदि का भी ध्यान रखना है। इस तरह यह सब मिलाकर एक साथ करना सीखते हैं। यह सीख जीवन में कई तरह से, कई क्षेत्रों में काम आती है।

नृत्य शिक्षा अपनी देह, अपने शरीर को नये सिरे से देखने के लिए प्रेरित करती है। हम उसकी तमाम सम्भावनाओं के प्रति सजग होते हैं। वह क्या कुछ हो सकता है। रचनात्मकता के अनन्त द्वार खुलते हैं शरीर में। साथ ही मुद्राएँ हैं—हस्तक—जो कितना कुछ कह देते हैं। यों मुद्रा भाषा का तो अपना एक अलग संसार है जिसमें अनन्त सम्भावनाएँ प्रकट होने लगती हैं। इस तरह नृत्य करते हुए हम कितनी ही भाषाओं से एक साथ खेलते भी चलते हैं—नाच की, लय-ताल, संगीत की भाषा। यह खेल—यह क्रीड़ा भाव आनन्द का स्रोत भी है और सन्तुष्टि का भी।

कथक तालीम की एक ख़ूबसूरत बात है अपने से पहले के लोगों की याद, उनकी चर्चा, विशेषकर कथक के पूर्वजों का आदरपूर्वक स्मरण, जिसका आज के शहरी समाज में लगभग लोप-सा हो गया है, जहाँ प्रायः सब कुछ केवल वर्तमान और आत्म-केन्द्रित नज़र आता है।

यों देखा जाय तो कथक की बिरादरी से एक अटूट सम्बन्ध बनता है। हम किसी भी क्षेत्र में चले जायें—ये अपने घर वापसी जैसा सुखद अहसास देता है।

एक और बात है अपनी जड़ों से जुड़ाव। मिथक और मिथकीय, पौराणिक कथाओं और चरित्रों से परिचय। उनके साथ एक अलग सम्बन्ध बनना। नृत्य के दौरान उस सम्बन्ध के विविध आयाम खुलते हैं। विशेषकर कृष्ण से, जिनसे एक व्यक्तिगत आत्मीय सम्बन्ध की स्थापना भी होती है। यह

अपने आप में समृद्धिकारी अनुभव है।

इस पूरी प्रक्रिया में जीवन की कोमल अनुभूतियों, संवेदनाओं के प्रति जागरूकता बढ़ने के साथ-साथ आक्रामक, हिंसात्मक प्रवृत्तियाँ अपने आप कम होने लगती हैं। ऐसी आक्रामकता की व्यर्थता का बोध भी तीव्रतर होता है।

तालीम के दौरान आप जो सीख रहे हैं उसकी बारीक़ियों को देखना-समझना भी शुरू करते हैं—जिससे धीरे-धीरे और चीज़ों की बारीक़ियों को टटोलने की सहज प्रवृत्ति का भी विकास होता है। उन्हें दूसरे ढंग से देखने-परखने की चेतना धीरे-धीरे विकसित हो पाती है। अनजाने ही एक अलग सौन्दर्य-दृष्टि—एक विस्तृत सौन्दर्य-चेतना उजागर होने लगती है। यों इस तालीम को कविता तथा दूसरी कलाओं के प्रति अधिक संवेदनशील भी बना सकना चाहिए। दूसरी शैलियों में क्या स्थिति है पता नहीं पर दुर्भाग्य से कथक में यह प्राय: कम ही दिखायी देता है।

सौन्दर्य के प्रति बढ़ती संवेदनशीलता के चलते जीवन में, संसार में, प्रकृति में, लोगों में जो सुन्दर है वह आपको दिखायी देने लगता है और आप उसकी ओर सहज ही आकृष्ट होना शुरू करते हैं। लय और संगीत के साथ शरीर थिरकने-सा लगता है। कोई भी गीत या धुन विविध भावों को टटोलने लगती है और उसे अपने अनुसार रचने को प्रेरित करती है। उस आनन्द में आप पूरी तरह खो जा सकते हैं जो आपने अचानक पाया।

जैसा पहले भी मैंने कहा इनमें से अधिकांश बातें हर नृत्य-रूप के लिए सच होंगी। जो बदलता है वह उसे देखने का तरीक़ा। एक कथक का विद्यार्थी प्रकृति में नृत्य देखेगा तो वह कहीं उसमें कथक को पहचानने की कोशिश भी करेगा। उसकी लय, उसके मोड़-घुमाव, उसमें ताल-लय-गति के अन्दाज़—उसके अविकल बहाव में कथक को खोजेगा। इस तरह हम बहुत सारी चीज़ें कथक के सन्दर्भ में देखने लगते हैं, उसके नज़रिये से भी। और यह देखना हर किसी के लिए अलग होगा।

(2016)

# गुरु-शिष्य परम्परा : कुछ पहलू

यह एक सुखद स्थिति है कि जीवाजी विश्वविद्यालय नृत्य, संगीत जैसी प्रदर्शनकारी कलाओं के शिक्षण को लेकर पुनर्विचार की ओर प्रेरित हुआ है। प्रारम्भ से ही जब ये तमाम कलाएँ एक विषय के बतौर इन शिक्षण संस्थाओं में शामिल हुईं, इनकी स्थिति कुछ अजब-सी बनी रही है। इतने वर्षों बाद भी इनकी शिक्षण-पद्धति अधिकांशतः हास्यास्पद रूप तक शोचनीय बनी रही है। इसका मुख्य कारण इसकी शिक्षा-पद्धति के प्रति किसी गम्भीर अन्वेषण और सोच का अभाव है। अपने विशिष्ट रूप के कारण इन कलाओं को ठीक अन्य विषयों की तरह नहीं पढ़ाया जा सकता है। यदि इसकी शिक्षा किसी भी रूप में सार्थक बनानी है तो उसे सिखाने के लिए एक अलग प्रणाली विकसित करनी ही पड़ेगी। इस दिशा में गुरु-शिष्य परम्परा निश्चित ही एक कारगर क़दम हो सकता है। इसलिए भी कि यह हमारे देश में सदियों से एक विश्वस्त शिक्षण-पद्धति रही है जो वाचिक परम्परा का ही दूसरा रूप है। यों भी प्रायोगिक होने के कारण भी इन कलाओं को सीखने का और कोई तरीक़ा है भी नहीं। इसलिए पारम्परिक गुरु-शिष्य प्रणाली को ही सीमित पैमाने पर लागू करने के साथ-साथ उसमें आज की ज़रूरत के हिसाब से एक सम्पूर्ण पाठ्यक्रम भी तैयार करना होगा।

यहाँ जब हम एक साथ इस समस्या पर विचार करने के लिए इकट्ठा हुए हैं तो उन तमाम पहलुओं पर सोचकर ऐसा पाठ्यक्रम तैयार करने की चेष्टा होनी चाहिए जो अन्य संस्थाओं के लिए भी मानक सिद्ध हो सके। इसलिए सबसे पहले तो हमें अपना उद्देश्य तय करना चाहिए कि हम ठीक क्या करना चाहते हैं—किस प्रकार के छात्र तैयार करने हैं। दूसरा,

जो इससे भी ज़्यादा ज़रूरी है कि फिर इसे गम्भीरतापूर्वक लागू किया जाना चाहिए, वरना इस तरह की संगोष्ठियों के हश्र से हम सभी परिचित हैं। बरसों पहले मध्य प्रदेश सरकार ने अपने स्कूल-कॉलेजों में इन विषयों के शिक्षकों और विद्वानों के साथ एक विस्तृत संगोष्ठी की थी जिसमें ऐसे तमाम मुद्दों पर गम्भीर बातचीत हुई थी और अनेक समस्याओं के हल भी सोचे गये थे—पर वह सब अब तक ठण्डे बस्ते में पड़ा है। यह फिर उसी तरह का एक शगल मात्र न हो इसके लिए यहाँ सभी एकत्र विद्वानों को भी इस दिशा में पहल करना ज़रूरी होगा। एक बड़ी समस्या निरन्तर गुरुओं की संख्या में कमी भी है। प्रतिष्ठित होने की जल्दी में समग्र और गहन प्रशिक्षण के लिए अवकाश ही नहीं होता। सदियों से नर्तक और शास्त्रज्ञ की दूरी ने जो कठिनाइयाँ पैदा की हैं—उन्हें कुछ हद तक दूर करने का प्रयत्न भी इस शिक्षण-प्रणाली में हो सकना चाहिए।

कथक की बात करते हुए सबसे पहले हम कथक में गुरु-शिष्य परम्परा की स्थिति को देखें। आज सबसे महत्त्वपूर्ण इसमें दिल्ली का कथक केन्द्र है जिसमें गुरु-शिष्य परम्परा के अनौपचारिक रूप को औपचारिक संस्थागत रूप दिया गया है, जहाँ कथक के श्रेष्ठ गुरु सीमित चुने हुए छात्रों को प्रदीर्घ नृत्य शिक्षा देते हैं। किसी भी संस्था के परिणाम को देखें तो कुछ हद तक निश्चित ही यह एक मापदण्ड साबित हो सकता है। यहाँ अनेक स्तरों पर नाच सीखने की सुविधा है। छात्र चाहे तो बचपन के प्रारम्भिक दौर से अपनी पढ़ाई के साथ-साथ और बाद में पूरी तरह कथक की शिक्षा पा सकता है और इस तरह लगभग 10-12 वर्ष के लम्बे समय में वह एक कुशल नर्तक बनकर वहाँ से निकल सकता है। वरिष्ठ छात्रों के लिए सीमित रूप में गाना और तबला भी अनिवार्य है। सैद्धान्तिक पक्ष को लेकर भी कुछ पाठ्यक्रम हैं किन्तु यह सब परीक्षा केन्द्रित अधिक है। प्रदर्शन केन्द्रित होने के कारण नृत्य प्रदर्शन के अतिरिक्त अन्य विषयों को छात्र गम्भीरता से नहीं लेते हैं और शायद संस्था भी उसके लिए बहुत कारगर रूप नहीं तैयार कर पायी है। इसलिए एक दृष्टि से यह शिक्षण व्यवस्था सीमित हो जाती है जिसमें छात्र इतने वर्षों तक नृत्य सीखते ज़रूर हैं किन्तु कुछ अपवाद छोड़ दें तो प्रायः यह उन्हें अधिक गहरी और विस्तृत दृष्टि देने में असमर्थ रहा है। स्वयं कथक के ही विविध पक्षों पर ध्यान नहीं जाता तो अन्य सहभागी कलाओं के प्रति दिलचस्पी होने का प्रश्न ही नहीं

उठता। एक सहज और खुला विचार मंच भी यह नहीं बन सका है जिसका सम्भवतः एक कारण इन कलाओं का आत्मकेन्द्रित होना भी है; पर इससे अधिक बड़ी समस्या एक और हो गयी है—वह यह कि पिछले कई वर्षों में यहाँ सक्षम नर्तकों की तो एक जमात बढ़ी है पर जिन्हें सही अर्थों में कुशल और सम्पूर्ण एकल नर्तक कहें वह लगभग नहीं के बराबर हैं। इसका भी एक कारण तो सामूहिक नृत्य संरचनाओं पर जोर है—पर वही एकमात्र कारण नहीं हो सकता। कहीं-न-कहीं धीरे-धीरे उसकी शिक्षण-पद्धति या व्यवस्था के दृष्टिकोण में परिवर्तन के कारण भी यह स्थिति बनी है—स्वयं शिक्षार्थियों की अपनी क्षमता और सोच भी इसका एक कारण है ही। किन्तु यहीं एक शिक्षण संस्था की जिम्मेदारी भी बढ़ जाती है कि आज के अर्थमूलक समय में कुछ अपने छात्रों में पुनः एक कलात्मक, नैतिक, सामाजिक मूल्य केन्द्रित दृष्टि जागृत करें जो कि कलात्मक उत्कृष्टता, श्रेष्ठता को अपना मापदण्ड माने।

दिल्ली कथक केन्द्र के बरक्स कथक शिक्षा का एक और रूप रहा है—भोपाल में चक्रधर नृत्य केन्द्र का। यह अपेक्षाकृत नया तथा सीमित शिक्षा केन्द्र था। इसलिए कि अब यह उस रूप में नहीं रह गया है। यहाँ उद्देश्य सीमित और स्पष्ट था कि सीमित योग्य छात्रों को छात्रवृत्ति देकर उन्हें एकल नर्तक बनाने का प्रदीर्घ प्रशिक्षण दिया जायेगा। यह शिक्षा-पद्धति कथक और ध्रुपद दोनों के लिए थी।

दोनों केन्द्रों में श्रेष्ठ गुरुओं से सीधे शिक्षा की व्यवस्था थी जिसमें छात्र उनसे प्रतिदिन कम-से-कम पाँच-छह घण्टे नियमित शिक्षा प्राप्त करता था। उसको पूरी तरह अपना समय इस शिक्षा—उसके रियाज़ में लगाना था। इसके साथ-साथ नृत्य-संगीत, रंगमंच, साहित्य, ललित कला आदि की विविध गतिविधियों के अवलोकन और हिस्सेदारी से अपनी समझ और दृष्टि को विकसित और विस्तृत करना भी था। इन दोनों ही केन्द्रों ने कथक में पण्डित कार्तिक राम तथा ध्रुपद में उस्ताद जिया फरीदुद्दीन डागर के शिष्यत्व में अल्प समय में ही अच्छे कलाकार तैयार किये। हर छह महीने और अधिक-से-अधिक साल में उनकी प्रगति समीक्षा एक विशेषज्ञ समिति करती थी।

यह गुरु-शिष्य परम्परा के आधार पर शिक्षा का एक अच्छा रूप बना किन्तु इसकी भी अपनी सीमाएँ थीं—विशेषकर अन्य शैक्षणिक संस्थाओं

के सन्दर्भ में। एक तो यही कि छात्रों की संख्या सीमित थी—दोनों में ही अधिकतम पाँच विद्यार्थी थे जिन्हें छात्रवृत्ति मिलती थी। दूसरा यह कि जब तक इनका शिक्षण कार्यकाल समाप्त न हो तब तक अन्य छात्रों को प्रवेश नहीं मिल सकता था। मतलब लगभग चार वर्ष तक एक ही छात्र दल दीक्षा प्राप्त कर सकता था। किन्तु वहाँ भी सद्इच्छा और प्रयत्न के बावजूद इसके सैद्धान्तिक पक्ष और अन्य सहभागी कलाओं में गायन-वादन (तबला आदि) तथा मंच तकनीक आदि विषयों पर कोई नियमित शिक्षा नहीं दी जा सकी। इसकी कुछ पूर्ति अन्य आयोजनों में सहभागिता और सम्भवत: कुछ खैरागढ़ से पास की गयी परीक्षाओं से हुई होगी।

तीसरा एक रूप खैरागढ़ विश्वविद्यालय का है। यह कला-संगीत केन्द्रित होने के बावजूद कथक नृत्य में कोई मानदण्ड नहीं स्थापित कर सका। यहाँ उनका व्यावहारिक पक्ष शोचनीय बना रहा। इसी के साथ मध्य प्रदेश के अन्य सरकारी कॉलेजों में तो इन विषयों की स्थिति दर्दनाक है ही और इन संस्थाओं में यहाँ के विद्यार्थियों का स्तर किसी से छिपा नहीं है। दरअसल, बिना श्रेष्ठ गुरुओं/शिक्षकों के इन विषयों में दक्षता सम्भव नहीं है, और इन्हें हम अन्य मानविकी विषयों की तरह पढ़ा भी नहीं सकते हैं। इनको प्राय: दोयम दर्जे का आसान विषय मानकर पढ़ाया-पढ़ा जाता रहा है। जिस छात्र को अन्य कोई विषय नहीं मिला उसने नृत्य-संगीत आदि ले लिया, चाहे उसे इनका क ख ग भी न आता हो। जाहिर है इस एकदम पहले और शुरुआती दौर में उसका ज्ञान इन विषयों का बस उतना ही होता है जितना कि किसी तीसरी-चौथी कक्षा के विद्यार्थियों का अन्य विषयों में। अन्य विषयों के बरक्स स्तर की यह असमानता तमाम कठिनाइयाँ पैदा करती है और इसके अनेक दुष्परिणाम हुए हैं। मसलन—

(1) कोई सुचिन्तित पाठ्यक्रम नहीं बन सका है। नृत्य विशेष की अपनी आवश्यकताओं की जानकारी और विशेषताओं के आधार पर गम्भीरतापूर्वक विचार इतने वर्षों बाद भी नहीं हुआ है और न ही हम ऐसी सुनियोजित पाठ्य-सामग्री तैयार कर सके हैं।

(2) अच्छे शिक्षकों के अभाव में नृत्य के प्रायोगिक पक्ष में भी नृत्य की सही और पुख़्ता नींव नहीं पड़ती, जिससे कम-से-कम उनमें सही आकलन की ही समझ विकसित हो।

(3) स्कूल-कॉलेजों में शिक्षकों का निरन्तर घटता स्तर।

(4) शिक्षकों में कम छात्रों के कारण विषय की समाप्ति का भय— जिससे जैसे-तैसे छात्रों की भर्ती और उन्हें अच्छे अंकों में पास कराने की अनैतिक व्यवस्था। पिछले कई वर्षों से परीक्षा में बराबर एक-दूसरे के कॉलेज के छात्रों को अच्छे नम्बरों से पास कराने की अनैतिक साझेदारी ख़ूब पनप रही है।

(5) स्तरहीनता के बावजूद ये विषय 'डिवीजन' बनाने के अच्छे औज़ार बन गये हैं। अधिकांश छात्र इन्हें लेते ही इस प्रलोभन के कारण हैं। और शिक्षक उनकी इस मानसिकता को प्रश्रय देने में सहायक होते हैं। इस पूरी व्यवस्था में फँसे अपवाद स्वरूप अच्छे शिक्षक और छात्र मारे जाते हैं।

(6) शिक्षकों की नियुक्ति के लिए इन विषयों में डिग्रीगत योग्यता का आधार भी इस पूरी व्यवस्था के निम्नस्तरीय होने का एक कारण बना है। प्राय: अच्छे नर्तक और संगीतज्ञों की दिलचस्पी डिग्रियों में नहीं रही है इसलिए इन विषयों का स्तर अगर सुधारना है तो हमें शिक्षक नियुक्ति की इस नीति को ढीला करना ही पड़ेगा।

इनके अलावा वर्षों से बड़ौदा विश्वविद्यालय में भी नृत्य एक विषय है जहाँ कथक भी विषय रहा है। इधर पूना और बंगलौर विश्वविद्यालय में भी कथक नृत्य के डिग्री कोर्स को मान्यता मिली है, पूना में श्रीमती रोहिणी भाटे के प्रयत्न और उसके पाठ्यक्रम निर्धारण में महत्त्वपूर्ण साझेदारी के कारण और बंगलौर में श्रीमती माया राव के प्रयत्न से। बंगलौर में कथक की प्रायोगिक और सैद्धान्तिक शिक्षा के अतिरिक्त एक भारतीय भाषा—जिसमें सम्भवत: संस्कृत अनिवार्य ही है—तथा कला के इतिहास के विविध पक्षों की अलग-अलग वर्षों में शिक्षा की योजना है। रोहिणी जी ने भी अपने पाठ्यक्रम में विविध पक्षों पर ध्यान दिया है। नृत्य के अध्यापन-शास्त्र तथा नृत्य शिक्षक-पद्धति दोनों पर काम किया है। सिखाने की पद्धति के मूल तत्व, गुरु-शिष्य, गुरुकुल, कॉलेज शिक्षा आदि के भेद का अध्ययन, मन्त्रों का इस्तेमाल, रियाज का तरीक़ा, पढ़न्त का तरीक़ा, योग व्यायाम आदि अनेक विषय भी लिखित पाठ्यक्रम के हिस्से हैं। इनके अतिक्ति कथक के सौन्दर्यशास्त्र पर भी ध्यान दिया गया है।

जीवाजी विश्वविद्यालय में कथक नृत्य का पाठ्यक्रम निर्धारित करते समय इन पाठ्यक्रमों को भी ध्यान से देखना चाहिए, विशेषकर इसलिए भी कि ये स्वयं विशिष्ट कथक नर्तकों के तमाम व्यावहारिक सोच से उपजे पाठ्यक्रम हैं। ये पाठ्यक्रम विद्यार्थी की चौतरफ़ा तैयारी और समझ में सहायक होंगे, साथ ही अपेक्षाकृत अधिक जानकार और विशेषज्ञ तैयार करने की दिशा में अहम भूमिका निभा सकते हैं। पर यह भी पारम्परिक कलाओं की शिक्षा का मुख्यत: एक ही पक्ष सुदृढ़ कर सकता है क्योंकि इसमें छात्रों की संख्या सीमित नहीं हो सकती है—इसलिए यदि हमें इनके समान्तर सृजनात्मक कलाकार भी बनाने हैं तो इसके बरक्स गुरु-शिष्य प्रणाली को भी लागू करना होगा—जैसा कि आपने अपने परिपत्र में भी स्वीकार किया है।

अब प्रश्न उठता है कि यदि हम इन कलाओं के प्रशिक्षण की दोहरी प्रणाली अपनाते हैं तो इनका ठीक रूप क्या हो ? यह तो तय है कि यदि हमें अपने स्कूल-कॉलेजों में इन पारम्परिक कलाओं की स्थिति और स्तर सुधारना है—और इस शिक्षा को अर्थपूर्ण बनाना है तो इनकी शिक्षा के बुनियादी ढाँचे और उनके प्रति अवहेलनापूर्ण दृष्टिकोण को बदलना ज़रूरी होगा। इनके पाठ्यक्रम को भी अन्य विषयों के समकक्ष लाना होगा जिससे कि उसकी बुनियादी जानकारी की ही शुरुआत कॉलेज स्तर पर आकर करने की ज़रूरत न पड़े। दूसरे यह कि कलाओं के अन्तर्सम्बन्ध को समझने की ज़रूरत है और हमारे पाठ्यक्रम में भी इसकी व्यवस्था हो। तीसरे नृत्य के सौन्दर्यशास्त्र को गहराई से समझने, विश्लेषण करने की और एक सौन्दर्य बोध विकसित करने की दिशा में प्रयत्न होना चाहिए। नृत्य की अपनी समस्याएँ, ख़ूबियाँ, शिक्षा की पद्धति आदि पर विस्तृत चर्चा की गुंजाइश और सुविधा ज़रूरी है। साथ-साथ उसकी व्यावहारिक-प्रायोगिक शिक्षा का पक्ष तो है ही। प्रायोगिक और सैद्धान्तिक पक्ष के बीच तालमेल होना चाहिए।

यह तो एक सामान्य पाठ्यक्रम की बात है किन्तु उसके बरक्स गुरु-शिष्य प्रणाली में उसका बुनियादी रूप अलग हो जायेगा। आपका यह सुझाव उचित लगता है कि एक साल या एक सेमिस्टर तक सामान्य रूप से भर्ती विद्यार्थियों का निरीक्षण-परीक्षण कर गिने-चुने प्रतिभावान शिष्यों को गुरु-शिष्य परम्परा प्रणाली से तालीम के लिए चुना जा सकता है। जाहिर

है इनका जोर प्रायोगिक अधिक होगा और शिक्षा का रूप भी बहुत कुछ उसी पद्धति पर होगा। इसकी शिक्षा अवधि भी मुझे लगता है सामान्य शिक्षण काल से अधिक हो सकती है और पाठ्यक्रम को भी लचीला होना पड़ेगा। इसका उद्देश्य चूँकि कलाकार बनाना है इसलिए नृत्य के विविध पक्षों की प्रायोगिक कुशलता—उसका शिक्षण और रियाज ज़रूरी होगा। जाहिर है इसमें गुरुओं के चयन की पद्धति अलग होगी जिसमें डिग्री का मापदण्ड न हो। यों तो सामान्य पाठ्यक्रम में भी इनके व्यावहारिक पक्ष के प्रशिक्षण के लिए भी कुशल नर्तक का चयन होना चाहिए। नृत्य के सैद्धान्तिक पक्ष के शिक्षण के लिए नियमित शिक्षकों की बजाय अतिथि विशेषज्ञों को आमन्त्रित करना अधिक कारगर हो सकता है। कम-से-कम नृत्य प्रदर्शन के विभिन्न पक्षों—मंच-सज्जा, वेशभूषा, प्रकाश योजना, ध्वनि नियन्त्रण आदि की व्यवस्था सम्बन्धी जानकारी के लिए इनके विशेषज्ञ अलग-अलग समय पर व्याख्यान दे सकते हैं और कार्यशाला जैसी आयोजित कर सकते हैं जिससे इनका व्यावहारिक परिचय इन प्रशिक्षणार्थियों को मिल सके। संस्कृत और हिन्दी साहित्य विशेषकर काव्य की समझ और अध्ययन भी आवश्यक विषय होना चाहिए। इसके साथ गायन, राग संगीत की सामान्य व्यावहारिक जानकारी, नग़में आदि बनाने की योग्यता तथा तबला अथवा पखावज के बाज का सामान्य व्यावहारिक ज्ञान ज़रूरी है। इसका महत्त्व संस्था से बाहर आने पर ही समझ में आता है।

गुरु-शिष्य प्रणाली से शिक्षा पा रहे विद्यार्थियों को छात्रवृत्ति भी दी जा सकती है जिससे दूसरे शहरों के भी मेधावी छात्र वहाँ आ सकें। हर छह महीने में इनके परीक्षण के लिए विशेषज्ञों की एक समिति होनी चाहिए जो इनकी प्रगति की समीक्षा भी करे और सलाह भी दे सके। जैसा कि भोपाल तथा दिल्ली के कथक केन्द्रों में होता है। इस प्रणाली से शिक्षण का रूप दूसरे पाठ्यक्रम से क्योंकि अलग रहेगा इसलिए इसका कालावधि विभाजन भी सम्भवतः बदलना पड़ेगा।

इस प्रारम्भिक दौर के बाद कुछ विशिष्ट विशेषीकृत कोर्स भी हो सकते हैं—जैसे कि प्रदर्शन के विविध पक्ष, कोरियोग्राफ़ी, शिक्षक, समीक्षक आदि। इनमें से कुछ कोर्स में सामान्य पाठ्यक्रम के विद्यार्थी भी चुने जा सकते हैं। रिसर्च, डॉक्युमेन्टेशन आदि का पक्ष भी है—जिसमें कुछ

विद्यार्थी जा सकते हैं। छोटी अवधि के कुछ सामान्य नृत्य जानकारी के, नृत्य आस्वादन कोर्स भी हो सकते हैं, जिससे अन्य विद्यार्थी भी लाभ उठा सकते हैं। जाहिर है इस तरह इस नृत्य विभाग का रूप अन्य विषयों के विभागों से अलग हो जायेगा।

मुख्यत: नृत्य शिक्षा के साथ-साथ हमें नृत्य के संगतकारों को भी तैयार करना चाहिए। एक युवा नर्तक के लिए तमाम परेशानियों में सबसे अहम समस्या संगतकारों की होती है। संस्था के बाहर ऐसी कोई व्यवस्था नहीं है जिससे वे आसानी से उपलब्ध हो सकें। नृत्य के लिए उन्हें प्रशिक्षित करना यों भी आसान नहीं। यदि आप यह कर भी लें तो उनके जैसे नखरे और माँग होती हैं, उसे देखते हुए प्राय: निश्चिन्त होकर कुछ नया करना सम्भव नहीं हो पाता। इस दृष्टि से नाटक की भाँति नृत्य भी एक सामूहिक कला है। उसकी इस प्रकृति को ध्यान में रखकर इस दिशा में भी शिक्षण व्यवस्था होनी चाहिए अन्यथा अच्छे नर्तक तैयार करके भी उनके आगे बढ़ने की सम्भावना कम होने लगती है।

इस परम्परा में शिक्षण-पद्धति पर विचार करते हुए यहाँ से प्रशिक्षित युवा कलाकारों की बाद में कुछ समय तक प्रगति पर भी नज़र रख सकना चाहिए। उनके लिए अभ्यास के स्थान, गुरु के साथ निरन्तर सम्पर्क की सुविधा, आवश्यक परामर्श तथा छिटपुट शिक्षा और मार्गदर्शन, प्रदर्शन के मंच आदि समस्याओं पर ध्यान देने की ज़रूरत है। विशिष्ट कला रूप होने के कारण इनकी समस्याएँ और उनसे निपटने के उपाय भी भिन्न ही हैं।

अभी भी हमारे पास ऐसी कोई कारगर व्यवस्था नहीं है जिससे ये कलाकार विद्यार्थी अपने बलबूते पर बिना अन्य नौकरी आदि से समझौते के अपनी साधना में पूरी तरह समय दे सकें। आज आर्थिक समस्याओं को पूरी तरह नज़रअन्दाज़ नहीं किया जा सकता है। यह सम्भव है कि छात्रवृत्ति हम इन्हें शिक्षण संस्था से निकलने के बाद दें।

राजनैतिक उलट-पलट और कटौती का पहला और सीधा असर कलाओं—कलाकारों पर पड़ता है। इन्हें मात्र मनोरंजन का साधन मानना उचित नहीं। एक कलाकार जो अपने जीवन का इतना बहुमूल्य समय इसकी साधना में लगाता है और उसे एक गम्भीर कर्म की तरह अपनाता है उसके और उसकी कला के संरक्षण के प्रति समाज का—सरकार का भी एक दायित्व

है। कलाकार के प्रति इस दोयम दर्जे के नज़रिये और अवहेलना ने भी कहीं-न-कहीं उसके शिक्षण स्तर को निर्धारित किया है। पाम्परिक कलाओं की शिक्षण व्यवस्था में बदलाव के साथ-साथ कलाओं के प्रति इस व्यवहार को भी बदलने की ज़रूरत है।

(1993)

## गुरु–शिष्य परम्परा का विस्तार

गुरु–शिष्य परम्परा पर केन्द्रित 'कथक प्रसंग' में इस वर्ष छह कथक गुरुओं के युवा शिष्यों को आमन्त्रित किया गया। पिछले वर्षों के कथक आयोजनों में प्रतिष्ठित कलाकारों और गुरुओं के साथ एक–दो युवा नर्तक भी भाग लेते रहे हैं। किन्तु इस बार यह आयोजन ऐसे युवा नर्तकों पर केन्द्रित था, जिनमें अधिकांश ने अपनी बुनियादी नृत्य शिक्षा के पूरे होने के बाद स्वतन्त्र रूप से नृत्य प्रदर्शन की दुनिया में क़दम रखा है। इस वर्ष इस आयोजन के साथ जुड़ा सेमिनार नहीं हो सका। यदि होता तो इन प्रदर्शनों पर विस्तृत चर्चा की जा सकती थी। पर जिन गुरुओं के शिष्यों ने इस प्रसंग में भाग लिया, उनमें से अधिकांश गुरुओं के प्रदर्शन यहाँ हो चुके हैं और उनकी नृत्य शैली की पृथक छाप इनके नृत्य में स्पष्ट थी। इनमें से तीन कलाकारों के गुरु भी उनके साथ आये थे।

'कथक प्रसंग' का प्रारम्भ पण्डित दुर्गालाल की शिष्या श्रीमती राखी बागलधीर से हुआ। विष्णु वन्दना से प्रारम्भ कर इन्होंने तीन ताल में थाट, उठान, टुकड़े, परण, तराना और धमार में कुछ चीज़ें प्रस्तुत कीं। इनके साथ पं. दुर्गालाल ने पढ़न्त और पखावज पर बहुत प्रभावकारी संगत की। राखी के नृत्य में चमक और ख़ूबसूरती दोनों हैं। तैयारी पर आग्रह जयपुर घराने की विशेषता है। पैरों के बोलों की सफ़ाई और तेज साफ़ चक्करों में इनका रियाज़ स्पष्ट था। यों इनके नृत्य में भाव पक्ष का लगभग अभाव खटकता रहा। गुरु की प्रभावपूर्ण पढ़न्त ने जहाँ पढ़न्त की ख़ूबसूरती को उभारा, वहीं नृत्य को कहीं गौण भी कर दिया।

नन्दकिशोर कपोते ने नृत्य की उच्च शिक्षा पं. बिरजू महाराज से ली है। बिरजू महाराज के अंग का प्रभाव और उनके नृत्य संयोजन का ख़ास

अन्दाज़ तो उनके नृत्य में है किन्तु उसके सौन्दर्य को उभारने की दिशा में इन्हें काफ़ी काम करना है। दुर्भाग्यवश पखावज के अतिरिक्त इनके अन्य संगतकार अधिक प्रभावशाली नहीं थे और उनका आपस में सन्तुलन ठीक नहीं बन पाया। इन्होंने विष्णु वन्दना, तीन ताल, सादरा, धमार और मराठी में गणेश आरती प्रस्तुत की।

इस शाम की अन्तिम कलाकार श्रीमती प्रणति प्रताप, रोहिणी भाटे की शिष्या हैं। अन्य नर्तकों की अपेक्षा अधिक प्रतिष्ठित और वरिष्ठ होने के नाते मंच पर आत्मविश्वास और ठहराव इनके नृत्य में स्पष्ट था। इनके सुरुचिपूर्ण प्रदर्शन और संगति ने विशेष रूप से प्रभावित किया। इनके नृत्य में अंग विस्तार का एक गुण है जो कई बार शरीर से आगे घटित होता लगता है। यह रोहिणी भाटे की विशेष शैली है। कथक की प्रचलित चमत्कारिता और शोर-शराबे से अलग चैनदारी, तकनीक पर अधिकार के बावजूद उसे पेश करने और बोलों की अंग निकासी में एक मृदुल सहजता आकर्षित करती है। बिन्दादीन महाराज की प्रसिद्ध ठुमरी— 'काहे को मेरे घर आये हो' और पहले उससे जुड़ा वासक सज्जा का गतभाव इनके भावपक्ष पर दक्षता को भी रेखांकित करता है।

इस आयोजन की युवतम नर्तकियों—माण्डवी और वन्दिता सिंह के युगल नृत्य से दूसरे दिन का कार्यक्रम शुरू हुआ। रायगढ़ के कल्याणदास महन्त के बाद पी.डी. आशीर्वादम् से इन्होंने नृत्य की सघन शिक्षा पायी है। इनके नृत्य में लच्छू महाराज के नृत्य अंग का भी किंचित् प्रभाव था। गुरु वन्दना के बाद तीन ताल में थाट, आमद टुकड़ों के बाद माण्डवी ने एक ठुमरी पेश की 'मोहे छेड़ो न नन्द के सुनहु छैल'। अपने नृत्य का समापन इन्होंने चतुरंग के बाद मीरा के भजन से किया। इनके नृत्य में साफ़-सुथरी सादगी के बावजूद एक कच्चापन था। नृत्य में सहज मुक्तता का आभास नहीं होता, जो नृत्य के बन्धन के बावजूद नर्तक में होना चाहिए। संगति सुरुचिपूर्ण और प्रभावकारी थी।

श्रीमती कुमुदिनी लाखिया की शिष्या सुश्री इशिरा सुबन्धु पारिख उभरती कलाकार के रूप में प्रतिष्ठित हुईं। तबले के अलावा अन्य संगति विशेषकर गायन में कमज़ोरी के बावजूद इशिरा अपने नृत्य का निश्चित प्रभाव छोड़ती रहीं। उनके अंग और पद संचालन में सफ़ाई और सहजता के साथ-साथ एक ख़ास क़िस्म की ख़ूबसूरती थी, जो कुमुदिनी लाखिया

की विशेषता है। प्रणति प्रताप की तरह इनके नृत्य में अंग का एक ख़ास तरह से विस्तार होता है, जिससे नृत्य मुद्रा सम पर अन्तरिक्ष में थमी-सी महसूस होती है। तीन ताल में पारम्परिक थाट, आमद, टुकड़े, तत्कार, परण के अतिरिक्त इन्होंने सूरदास का भजन 'अबकी टेक हमारी' प्रस्तुत किया, जिसमें द्रौपदी स्वयंवर जैसे प्रसंग पिरोये गये थे।

कथक प्रसंग का समापन श्रीमती रानी करणा की शिष्या केया चाँद से हुआ। नृत्य प्रदर्शन की दृष्टि से इनका कार्यक्रम सुविचारित और सुरुचिपूर्ण था। नृत्य का आरम्भ गणेश वन्दना से करके कथक के पारम्परिक अंगों को प्रस्तुत किया गया। उसके बाद नृत्त अंग प्रधान 'त्रिवट' जो अपने आप में सुन्दर रचना के बावजूद नृत्य में प्रभावपूर्ण नहीं हो सकी। इसके बाद कवित्त और गतभावों के माध्यम से वासक सज्जा, अभिसारिका और खण्डिता नायिका की एक झलक प्रस्तुत की। धमार में कुछ परण और तत्कार के बाद नृत्य का समापन मेघ मल्हार में वर्षा आगमन के वर्णन की एक रचना 'उमड़ घन घुमड़ बरसे बुँदरियाँ' से किया। नृत्य की अच्छी शिक्षा और अच्छी मंच उपस्थिति के बावजूद केया को अभी और परिश्रम तथा रियाज़ की ज़रूरत है। सधे प्रतिष्ठित संगीतकारों और अच्छे संगीत के बावजूद नृत्य और संगीत का तालमेल बहुत ठीक नहीं था।

इस प्रसंग में जिन कलाकारों ने भाग लिया, वे सब घरानों से इतर परिवार के हैं। कथक के लिए यह निश्चित ही एक सुखद स्थिति है कि घरानेदार नर्तकों के अलावा भी ऐसी पीढ़ियाँ तैयार हुई हैं, जो नृत्य को गम्भीरता से लेती हैं और उसे अपने जीवन का लक्ष्य बनाती हैं। इन कलाकारों में अधिकांश के गुरु भी पारम्परिक घरानों के वंशज नहीं हैं। इसीलिए किसी एक घराने से एकदम बँधे रहने की बन्दिश भी इनमें नहीं है और इनके दृष्टिकोण में भी अपेक्षाकृत अधिक खुलापन है। नृत्य प्रस्तुतिकरण में सौन्दर्य और सुरुचि की ओर भी इनका ध्यान गया है और नृत्य-नृत्त अंग में सन्तुलन बनाने की कोशिश भी इन अधिकांश प्रदर्शनों में लक्षित होती है। कुल मिलाकर कथक परिदृश्य सम्भावनापूर्ण है। उम्मीद करनी चाहिए कि ये कलाकार भी यहीं रुक नहीं जायेंगे वरन अपनी क्षमता और नृत्य में उत्तरोत्तर विकास के लिए प्रयत्नशील रहेंगे। नृत्य-संगीत जैसे माध्यम निरन्तर अभ्यास की अपेक्षा करते हैं, तभी उसमें सहजता, सम्पूर्णता और गहराई विकसित हो पाती है, जिसकी

इन युवा कलाकारों को भी अभी काफ़ी ज़रूरत है। एक अच्छे आयोजन के बावजूद दर्शक अपेक्षाकृत कम थे। उभरते कलाकारों में उनकी दिलचस्पी जाहिर है बहुत नहीं है, फिर नये प्राप्त टेलीविजन के मुफ़्तिया कार्यक्रम ऐसे कार्यक्रमों पर ग्रहण की तरह लग गया है।

(सम्भावित वर्ष : 1986/87)

# समझ है मुझमें पूरी, तुम कथा यदि कहो

इतने दिन बल्कि वर्षों बाद फिर आपके साथ यहाँ हूँ और बातचीत का अवसर मिला इसकी मुझे ख़ुशी है। और उम्मीद है कि इससे हम सभी को परस्पर कुछ हासिल करने का, जानने का मौक़ा मिलेगा। यहाँ आते हुए कुछ प्रश्न मन में उठे, अक्सर उठते हैं, पहले उन्हीं की चर्चा की जाय।

सबसे पहला तो यह कि क्या कारण है कि यह कलाओं को समर्पित एक-मात्र विश्वविद्यालय होने के बावजूद यहाँ से किसी छात्र ने अपने लिए कलाजगत में कोई स्थान नहीं बनाया है। राष्ट्रीय, अन्तरराष्ट्रीय बात छोड़ भी दें तो प्रादेशिक स्तर पर भी कोई कलाकार सामने नहीं दिखता है। इसका बहुत सीधा उत्तर यह दिया जा सकता है, और सम्भवत: दिया ही जाता है, कि कलाकार तैयार करना हमारा ध्येय ही नहीं है। पर यह उस समस्या से जूझना और उसका हल खोजना नहीं उससे भागना या उसे नकारना है। अगर नहीं है तो यह ध्येय होना चाहिए। कम-से-कम छात्र को ऐसी जगह तो आकर खड़ा होना ही चाहिए जहाँ से वह पूरी तरह उस विशेष कला माध्यम में इस तरह जुट सके कि वह कुछ बने। उसके बाद ही सही कलाकार बनने की अटूट इच्छा और प्रयत्न नज़र आने चाहिए। और ऐसा होने पर कोई कारण नहीं है कि उन्हें सफलता न मिले। शिखर पर पहुँचने के लिए तो अन्य चीज़ों के साथ-साथ प्रतिभा भी ज़रूरी है किन्तु मेहनत और लगन से एक स्तर तो प्राप्त किया ही जा सकता है।

किसी भी क्षेत्र में, यहाँ बात कलाओं तक ही सीमित करें तो, अध्ययन के दो कारण हो सकते हैं। एक तो यह कि आप उस विशेष शैली, कला या

साहित्य या जो भी विषय आप चुनें—उसे जानना-समझना चाहते हैं। दूसरे यह कि आप उसमें पारंगत होना चाहते हैं—कलाकार बनना चाहते हैं—लेखक बनना चाहते हैं। किन्तु दोनों ही स्थितियों में यह गहन अध्ययन ज़रूरी है और यह अध्ययन विभिन्न माध्यमों में अलग-अलग तरीक़े से होगा। और उसके विभिन्न पक्षों पर आग्रह भी उसी के अनुसार बदल जायेगा।

नृत्य, संगीत, नाट्य प्रदर्शनकारी कलाएँ हैं इसलिए जाहिर है इनमें आग्रह प्रयोग पर, शारीरिक अभ्यास पर अधिक होगा। दूसरे इस शिक्षा और संस्था का कुछ अर्थ होना है तो इन क्षेत्रों-विषयों में शिक्षा, अध्यापन का तरीक़ा ठीक वही नहीं हो सकता जो कि अन्य विषयों का होता है। इनका कोर्स भी सीधे-सीधे खाँचों में नहीं बिठाया जा सकता। किन्तु संस्था की अपनी एक सीमा भी है ही इसलिए कोर्स निर्धारण के कुछ नियम, कुछ आधार भी तय करना ज़रूरी है। किन्तु उनके निर्धारण में बहुत सावधानी की ज़रूरत है जिससे वे एक रचनात्मक दृष्टि, सोच अख़्तियार कर सकें। मुझे लगता है जो कोर्स हमने तैयार किया है उसके मूल में ही कुछ गड़बड़ी है जो हमें वह रचनात्मक दृष्टि नहीं दे पाता और जो ऐसी संस्था का मूल उद्देश्य होना चाहिए। मात्र डिग्री पाना और देना यह तो कहीं भी हो जाता है। उसके लिए इस संगीत कला विश्वविद्यालय की क्यों ज़रूरत है?

एक और बात—ये कलाएँ ऐसी हैं जिनका परस्पर एक-दूसरे से गहरा सम्बन्ध है। एक में विशेषता हासिल करने के लिए भी उन अन्य कलाओं का ज्ञान आवश्यक है। यहाँ राजा वज्र और मार्कण्डेय ऋषि के संवाद का उद्धरण देना अप्रासंगिक नहीं होगा—जहाँ मूर्तिशिल्प सीखने की इच्छा रखने वाले राजा को ऋषि चित्रकला, चित्र के लिए नृत्य, नृत्य के लिए गायन की शिक्षा की आवश्यकता बताते हैं। थोड़ा आगे जायें तो इसके साथ ही साहित्य का ज्ञान भी इस शिक्षा का आवश्यक अंग है। सच पूछा जाय तो इनमें से कोई भी कला आप चुनें—इसके लिए इन सभी का ज्ञान आवश्यक है। सबमें महारथ ही हासिल करें यह नहीं पर उनके बुनियादी तत्व, उनकी तकनीक और सम्भव हो तो किंचित् प्रयोग भी जानना ज़रूरी है तभी एक समग्रता और गहराई अपने माध्यम में सम्भव है।

लगता है मैं अपने निर्धारित विषय से दूर हटती जा रही हूँ—इसलिए यह बात हम नृत्य के सन्दर्भ में ही केन्द्रित करें। नृत्य ख़ासतौर पर एक

समन्वित कला है। और उसके लिए इन अन्य सभी कलाओं की जानकारी और कुछ पर अधिकार अत्यन्त आवश्यक है।

कथक-नर्तक के साथ एक विचित्र बात हुई कि वह इन अन्य अधिकांश कलाओं से कुछ अजब ढंग से कट गया। बहुत बाद तक वह संगीत से तो जुड़ा रहा और इस हद तक कि 'कथक' जाति के लोग गायन, वादन, नर्तन में से किसी भी क्षेत्र को चुन लेते थे, आवश्यकता और योग्यता के अनुसार, किन्तु शिल्प, चित्र और साहित्य से उनका कोई रिश्ता नहीं रह गया। दूसरे वह रचनात्मक, अर्थपूर्ण सौन्दर्य दृष्टि उनके नर्तन से ग़ायब हो गयी जो कि नृत्य को कलात्मक अनुभूति का अंग बनाता है। धीरे-धीरे उसका रिश्ता उस कथा-तत्व से भी ग़ायब हो गया जिसको लेकर उसकी शुरुआत हुई थी। और एक समय ऐसा भी आया कि जब अधिकांश कथक-नर्तक पैर से तबला और पखावज बजाने को ही नृत्य मानने लगे।

नृत्य का माध्यम शरीर है—सम्पूर्ण शरीर। और इस सम्पूर्ण शरीर की समन्वित क्रिया, उसका सौन्दर्यपूर्ण, अर्थपूर्ण विन्यास अन्य कलारूपों के सहयोग से ही एक समग्रता प्राप्त करता है। नृत्य एक गत्यात्मक कलारूप है किन्तु उसके शिल्पित क्षण और लगभग शिल्प से लगते अंग विन्यास ही उसको सौन्दर्य भी प्रदान करते हैं। कथक अभिनय में, भाव में, प्राय: सहज अवस्थाओं और उनके निरूपण में स्वाभाविक दैनन्दिन चेष्टाओं और क्रियाओं का निरूपण होता है। और यह आम धारणा है कि हम उन हस्तमुद्राओं, स्थानक, करणों का प्रयोग नहीं करते हैं जैसा कि शास्त्रों में वर्णित है। पर क्या सचमुच? यह एक हद तक ही सही है। कपित्थ, पताक, त्रिपताक, कर्तरीमुख, कटकमुख, अर्धचन्द्र, सूची, चतुर, शिखर, हंसास्य, मुकुल, पद्मकोष, सर्पशीर्ष आदि अनेक हस्तमुद्राओं का प्रयोग अभिनय के दौरान हम जाने-अनजाने करते रहे हैं। यही नहीं कथक की विभिन्न अंग-भंगिमाओं, मुद्राओं, चेष्टाओं, संचालन, गतियों का यदि ठीक से विश्लेषण किया जाय तो हम पायेंगे कि तमाम उन चीज़ों का इस्तेमाल हम करते हैं—जिनका उल्लेख शास्त्रों में मिलता है। यह ज़रूर है कि उनमें थोड़ा फेरबदल हो गया है। कुछ को मुलायम कर दिया गया है, कुछ को प्रधानता दे दी गयी है, कुछ के रूप थोड़े बदल गये हैं। और कई चीज़ें हैं जो धीरे-धीरे व्यवहार में न आने के कारण समाप्त हो गयी

हैं। पर इसका अर्थ यह नहीं कि वे नहीं हैं। या यह कि अंग संचालन को महत्त्व ही न दिया जाय। ज़रूरत है कथक की अपनी नृत्य-भाषा बनाने की जो पुराने शास्त्रों पर आधारित हो और जिसमें कथक के नये पक्ष, बिम्ब और तकनीक का भी समन्वय हो। शिक्षा की समग्रता और समानता के लिए भी यह ज़रूरी है। बात अंग विन्यास पर ही आ गयी है तो यहाँ कुछ चीज़ें हैं जिनकी ओर ध्यान दिलाना अप्रासंगिक न होगा।

1. सबसे पहले तो खड़े होने का ढंग। कथक में उसका एक ख़ास नाम है ठाठ या थाट, उसका उद्देश्य भी है—जिसमें नर्तक धीरे-धीरे स्वयं को और दर्शक को भी उस नृत्य परिवेश में, नृत्य संसार में ले जाता है—जिसकी रचना वह करने जा रहा है। तब आप ठीक वही नहीं रह जाते जो निजी दुनिया में या मंच से बाहर हैं। और इसलिए यह ज़रूरी है कि मंच पर उपस्थिति के प्रत्येक क्षण में नर्तक को यह ख़याल रहे कि वह एक नयी दुनिया जो उसने बनायी है वह टूटे नहीं, बिखरे नहीं। एक भी नृत्येतर विन्यास उसे तोड़ने को काफ़ी है—फिर हम तो बार-बार उसे तोड़ने में माहिर हैं। लगता है ब्रेख्त का एलीनिएशन का सिद्धान्त कथक में ही काम करता है।

नृत्य में हम क्या करते हैं ? काल और दिक् (आकाश) को हम अपने अंग विन्यास द्वारा बाँधते हैं। इसे समझना दिलचस्प है कि किस तरह एक सामान्य समय और जगह में हम एक और नृत्य-समय और नृत्य-आकाश की रचना करते हैं। और इसके अन्दर भी किस तरह नये-नये समय और स्थान पैदा होते रहते हैं, बनते हैं, समाप्त हो जाते हैं। उसी समय और उसी स्थान में नृत्य से नये अर्थ पैदा करते हैं। किसी प्रसंग के माध्यम से सम्भव है यह बात और अधिक स्पष्ट की जा सकती है। एक गत है, जैसे नाव की गत ही। इसमें पानी है, लहरें हैं—किनारा है, नाव है और उसको खेने वाले हैं कृष्ण—जो राधा के साथ नौका विहार कर रहे हैं। अब हमने आज की इस शाम के समय इस मंच पर अपने अंग संचालन से एक और नये स्थान की रचना की जो जाहिर है यहाँ नहीं है और उस काल की रचना की—पात्रों की रचना की जो बीत चुके हैं। अब इसी में यदि कृष्ण-राधा को किसी और प्रसंग की याद दिलाते हैं तो इस रचित समय और स्थान में भी हम एक और काल तथा स्थान की रचना करेंगे।...नहीं ?

यह अच्छी बात है कि कथक नये सिरे से लोकप्रिय और प्रचलित हो रहा

है। हिन्दी भाषी क्षेत्रों में ख़ासतौर पर उसे आगे बढ़ाने और नया जीवन तथा रूप देने की दिशा में निरन्तर प्रयत्न हो रहे हैं। और इस प्रयत्न का एक महत्त्वपूर्ण अंग उसके प्रदर्शन के विविध स्तरीय आयोजन हैं जिनमें दस-बीस मिनट से लेकर एक-दो घण्टे तक के एकल, युगल या समूह संयोजनों के प्रदर्शनों का प्रावधान रहता है। प्रदर्शन इनमें हो या इनसे अलग कहीं भी, उसमें महत्त्वपूर्ण बात यह है कि उसे हम अर्थपूर्ण, कलात्मक, सौन्दर्यपूर्ण, रचनात्मक अनुभव कैसे बनाते हैं ? और बना पाते हैं या नहीं।

प्राय: कथक-प्रदर्शन नृत्य-व्याकरण का प्रदर्शन होता है, पूर्ण नृत्य का नहीं। हम जो सीखते हैं वे उस भाषा के विविध तत्त्व और अंग हैं जो उसके समग्र नृत्य-भाषा बनने के लिए आवश्यक हैं। होता यह है कि उस सीखे को हम जस-का-तस प्रस्तुत कर देते हैं—और न केवल यही उसे हम ठीक उसी तरह दर्शक को भी समझाना चाहते हैं जैसे हमने शिक्षा के दौरान सीखा था। कला—वह झीनी-झीनी चदरिया नहीं है जिसे कबीरदास की तरह जस-की-तस धर देना है। इसमें तो उसे सिरजना ज़रूरी है। और न केवल रचना, सौन्दर्यपूर्ण रचना—अर्थपूर्ण कथन ज़रूरी है।

हमारा प्रदर्शन कुछ कहने की तैयारी भर लगता है। कुछ कह नहीं पाता है। हिन्दी के प्रसिद्ध कवि हैं शमशेर—एक पंक्ति है उनकी "बात बोलेगी हम नहीं"। दरअसल, उसी तरह हमारे नृत्य को कहना चाहिए, हमें नहीं। अपने नृत्य में वह क्षमता जगाना ही कौशल है, अभ्यास है। पर यह कौशल और अभ्यास उस बात को कहने के लिए है—स्वयं बात नहीं है।

यहाँ जो 'बात' और अर्थ का ज़िक्र हुआ है तो यह ज़रूरी नहीं कि उसमें एक कहानी का ही सूत्र हो। अमूर्त का भी अर्थ होता है। शुद्ध नृत्त का भी अर्थ होता है। जैसे एक अमूर्त चित्र या संगीत के आलाप का अर्थ। वह अर्थ किन्तु उसे देना पड़ता है अभ्यास से, कौशल से और वह अर्थ है आनन्द। लय का आनन्द। शरीर के आकार में विविध विन्यास का आनन्द। किन्तु कहकर उस आनन्द को नहीं जगाया जा सकता, सौन्दर्य से वह स्वत: उद्भूत होता है। एक संगीतकार को यह बार-बार बताने की ज़रूरत नहीं पड़ती कि यह कोमल गंधार देखिए—यहाँ निषाद कैसे खड़ा है...आदि। हम उस कोमल गंधार या निषाद को न भी समझें—पर उसके लगाने से नयी बात बनी है—सौन्दर्य की सृष्टि हुई है तो अपने आप मुँह से वाह

निकलेगी। वाह न भी कहें तो वह अच्छी लगेगी ही। किन्तु बार-बार हम उसे कोंचकर दिखाने की कोशिश करेंगे तो वह आनन्द नष्ट हो जाता है। कई नर्तक इस बात को समझ रहे हैं और कोशिश भी करते हैं, स्वीकार भी करते हैं किन्तु परम्परा को तोड़ना इतना आसान नहीं है। कथक की एक परम्परा-सी बन गयी जब तक वक्तव्य न दें यह प्रदर्शन सफल नहीं माना जायेगा। इसीलिए और कुछ नहीं तो माध्यम पर अपना अधिकार दिखाने के लिए ही वक्तव्य ज़रूरी हो जाता है। किन्तु अपने प्रदर्शन में मैंने यह करने की कोशिश की है। सम्भव है आप में से कुछ ने देखा हो। कुछ लोगों को उसमें लग सकता है कि वे भिन्न नृत्य संयोजन मात्र हैं जिन्हें कहीं भी कैसे भी कर दें। पर वे सचमुच सुविचारित समग्रता को अपने में लिए संरचनाएँ हैं जो अपने में पूर्ण होते हुए भी एक-दूसरे की पूरक हैं। इसीलिए उसका प्रभाव अलग ढंग से पड़ता है, कई बार अप्रत्याशित भी। कितने ही व्यक्तियों ने कहा—कथक-नृत्य इतना सुन्दर भी है यह हमें मालूम नहीं था।

ख़ैर, यह अलग ही प्रश्न है। हम प्रदर्शन में समग्रता और सौन्दर्य की बात कर रहे थे। नृत्त अंग समग्र प्रदर्शन का एक ही अंश है। उसका दूसरा अधिक महत्त्वपूर्ण अंश है अभिनय प्रधान अंश अर्थात् 'नृत्य'। लय, ताल, समन्वित नृत्य तो वह है ही किन्तु उसमें कुछ सीधे-सीधे समझे जाने वाले अर्थ भी जुड़ जाते हैं। इसके लिए हम प्रायः शब्द का सहारा लेते हैं। यों कथक का एक बहुत ख़ूबसूरत अंग है गत, गतभाव जो बिना शब्दों के भी अभिनय के अंशों को प्रस्तुत करता है। ये एक तरह से 'नृत्त' और 'नृत्य' के बीच की कड़ी का भी काम करते हैं। गतों में लय-ताल और भाव का अद्‌भुत सम्मिश्रण होता है। और इनका इस्तेमाल दोनों ही पक्षों में प्रभावशाली ढंग से किया जा सकता है और किया जाना चाहिए।

कथक नृत्य की अभिनय प्रधान संरचनाओं में साहित्य की दशा सचमुच शोचनीय है। हमारा साहित्य ऐसी रचनाओं से भरा पड़ा है जो न केवल नृत्य के लिए ही रचा गया लगता है बल्कि वह नृत्य को एक विस्तार और गरिमा भी दे सकता है। तमाम भक्ति और रीतिकालीन साहित्य, जो कथक को एक नया अर्थ दे सकता है और भाव के कितने ही और स्तर हमारे लिए खोलता है। ठुमरी और ग़ज़ल का भी अपना महत्त्व है किन्तु वह कुछ ही भाव स्थितियों और संवेदनाओं को छू पाता है—दूसरे उनके

साथ जुड़ी एक ख़ास मानसिकता जिससे ऊपर उठाकर एक दूसरे धरातल पर उसे लाना सबके बस की बात नहीं है। फिर भी ठुमरी हमारी भाव सम्पदा का अभिन्न और महत्त्वपूर्ण अंग तो है ही। ठुमरी के अलावा, ध्रुपद, चतुरंग, तराना और ख़याल भी संरचनाओं का आधार बन सकते हैं। इनके गायन की अपनी एक परम्परा है—नृत्य के माध्यम से उसकी तलाश और अभिव्यक्ति बेहद दिलचस्प अनुभव हो सकता है। इनसे एक फायदा और भी है कि सुगम संगीत के प्रभाव से बचा जा सकता है।

संगीत कथक प्रदर्शन का सबसे कमज़ोर पक्ष होता है—सौन्दर्य की दृष्टि से—रचनात्मकता की दृष्टि से। या तो आवृत्तिमूलक लहरा (नग़मा), नहीं तो दर्दनाक, सुगम संगीत जो बहुत हद तक फ़िल्मी गानों की नक़ल है। संगीत की इतनी समृद्ध परम्परा के बावजूद हम क्यों अपने नृत्य के लिए अच्छा प्रभावपूर्ण संगीत नहीं तैयार कर पाते? यहाँ भी वही सौन्दर्य-दृष्टि की बात आती है जिसके तहत हम गम्भीर और लोकप्रिय संगीत में अन्तर नहीं कर पाते। एक शास्त्रीय नृत्य के लिए हम कामचलाऊ संगीत क्यों चुन लेते हैं। उसके अच्छे और बुरे की बात नहीं है किन्तु अपने नृत्य को गरिमा और गाम्भीर्य देना है तो उसके लिए संगीत रचना भी वैसी ही होनी चाहिए। 'होरी' जैसे उल्लासपूर्ण उमंग को व्यक्त करने के लिए हल्की-फुलकी रचनाएँ भी ली जा सकती हैं किन्तु उसमें भी चुनने के लिए बहुत गुंजाइश है। कितने ही लोकगीत और धुनें—चाँचर, धमार आदि होली के उल्लास को बख़ूबी दर्शाते हैं।

आज वेशभूषा भी प्रदर्शन का एक और महत्त्वपूर्ण अंग है। उसका चयन आपके सम्पूर्ण व्यक्तित्व को निखार सकता है। दरअसल, वह आपकी सम्पूर्ण कला-दृष्टि का मंच पर पहला परिचायक है। इसलिए उसका और अलंकरण का चुनाव बहुत सोच-समझकर करना चाहिए। यह ऐसा भी हो जो नृत्य में बहुत उलझन भी पैदा न करे। परिधान सादा और उत्सवधर्मी कैसा भी हो—सुरुचिपूर्ण हो। नहीं तो वह बार-बार आँखों में खटकता है। और कई बार अच्छा नृत्य भी इस कारण उतना प्रभाव नहीं डाल पाता। इस सन्दर्भ में पिछले वर्ष कोलकाता के एक समारोह की घटना याद आती है, जिसमें एक प्रख्यात नर्तकी जो किसी ज़माने में अपनी सुरुचिपूर्ण वेशभूषा और प्रस्तुति के लिए ख्यात थीं, उन्होंने इस आयोजन के लिए न जाने क्यों एक ऐसी विचित्र-सी ड्रेस चुनी जिसने

उनके सम्पूर्ण नृत्य को हास्यास्पद सा बना दिया। इसी तरह मंच पर पसीना आदि पोंछना किसी भी दृष्टि से सुखद दृश्य तो नहीं ही उपस्थित करते हैं। मंच व्यवस्था को कई बार कुछ नहीं किया जा सकता पर थोड़ा-बहुत फेरबदल या उसे कम-से-कम सौन्दर्यानुभूति में बाधक न बने, ऐसा प्रयत्न तो किया ही जा सकता है।

प्रदर्शन सम्बन्धी इन तमाम बातों का उल्लेख कलाओं के परस्पर सम्बन्ध को रेखांकित करने के लिए भी है। नृत्य के सन्दर्भ में शिल्प, चित्र, संगीत (गायन वादन) साहित्य की भूमिका अहम् है और उसे नज़रअन्दाज़ करके बहुत आगे तक सफलता हासिल नहीं की जा सकती है। यहाँ यह बात करना इसलिए भी ज़रूरी है कि इस संस्था में इनकी शिक्षा सुलभ होनी चाहिए और न केवल सुलभ होनी चाहिए बल्कि इस बात को जोर देकर समझाने की ज़रूरत भी है। एक समग्र दृष्टि सम्भव है यहाँ के सब शिक्षकों में न हो, किन्तु विभिन्न विषयों के शिक्षक विशेषज्ञ मिलकर यह कर सकें इसकी उम्मीद तो की ही जा सकती है। एक-दूसरे से सलाह, उनके विचारों और सुझावों का आदान-प्रदान कुछ तो रंग लायेगा ही।

दूसरे, सही जिज्ञासा, शंका और उसका समाधान ढूँढ़ने की कोशिश एक स्वस्थ और विस्तृत दृष्टि विकसित करने में मदद करती है। यह सवाल कि जो भी हम कर रहे हैं—क्यों करना चाहते हैं क्या इसलिए कि हमें आता है, हमने सीखा है या इसलिए कि हम इसके द्वारा स्वयं को व्यक्त करना चाहते हैं, कुछ सम्प्रेषित करना चाहते हैं। परम्परा से जो भी मिला है वह दूसरों का दिया हुआ है। हम उसी को दोहराना चाहते हैं—उसी की नक़ल कर रहे हैं—या उसमें हम भी कुछ अर्थपूर्ण जोड़ रहे हैं। हमने जो माध्यम चुना है उसमें बात वही हो जो उस माध्यम से कही जा सके। हर माध्यम की अपनी सीमाएँ हैं और उसे पहचानना ज़रूरी है। जब तक ऐसे प्रश्नों से हम नहीं जूझेंगे हमारे किए का बहुत कुछ होगा नहीं। नृत्य एक सशक्त माध्यम है, कई कलाओं का समग्र समन्वित रूप—जिसका माध्यम है शरीर। और, शोभा उसका अनिवार्य गुण है। नाट्यशास्त्रीय कथा के अनुसार नाट्य की शोभा बढ़ाने के लिए, उसमें जान डालने के लिए शिव ने नृत्य की दीक्षा भरत को दिलवाई थी। कथक नर्तकों के लिए यह बात विशेष रूप से ध्यान देने की है। जैसे-तैसे अंग विक्षेप नृत्य नहीं है उसका सुन्दर होना ज़रूरी है, साथ ही उसको अपनी शैली, तकनीक के दायरे में

रहकर ही सुन्दर होना है, अर्थपूर्ण होना है तभी वह एक सार्थक कलात्मक सौन्दर्यानुभूति बन सकती है। एक ऐसी कथा जो कथक है। एक लय की कथा, शरीर की कथा, सौन्दर्य की कथा और उन तमाम अनुभूति और अनुभव की कथा जो हमारी सांस्कृतिक परम्परा का इतिहास भी है, विस्तार और अभिव्यक्ति भी।

(1986)

# प्रदर्शन—कुछ सवाल

पिछले दिनों इन्दौर में अपने कथक नृत्य-प्रदर्शन के दौरान नृत्य-प्रदर्शन के रूप-रंग से सम्बन्धित कुछ दिलचस्प सवाल और प्रतिक्रियाएँ सामने आयीं। इन प्रतिक्रियाओं के विषय में बात करने के पहले इस प्रदर्शन के सम्बन्ध में कुछ बातें स्पष्ट करना ज़रूरी है। एक तो यह कि इस प्रदर्शन में नृत्य को लगातार छोटे-छोटे असम्बद्ध खण्डों में प्रस्तुत करने के बजाय उसे एक सुव्यवस्थित और सृजनात्मक नृत्य के रूप में प्रस्तुत करने की कोशिश की गयी थी। नर्तक द्वारा प्रत्येक टुकड़ों, तिहाइयों की पढ़न्त और प्रदर्शन में स्वयं बोलकर उन्हें समझाना न केवल रसभंग करता है, प्रदर्शन की कल्पना-संगति को नष्ट करता है और सामान्यत: कथक प्रदर्शन को रंगमंच पर कलात्मक और सुगठित अभिव्यक्ति होने की बजाय उसे प्राय: अभ्यासकक्ष जैसा भी बना देता है। कौशल को सृजनात्मक कल्पना से अनवरत संयुक्त रखना आवश्यक है। इसलिए कथक के सभी पक्षों और युक्तियों का प्रयोग अन्तत: स्वयं पूर्ण और सार्थक रचना के लिए हो इस दिशा में यह प्रयत्न था। इन बातों को ध्यान में रखते हुए अपने सम्पूर्ण प्रदर्शन को, कथक के विविध अंगों और पक्षों को, एक सिलसिलेवार सार्थक रचनाओं में पिरोने की कोशिश की गयी थी जिससे उसके प्राय: सभी पक्ष—तकनीक सम्बन्धी, भावगत और सौन्दर्यमूलक एक साथ सामने आ सकें और दर्शक को पूरी छूट हो उसे अपने हिसाब से समझने की, परखने की। उपलब्धि के स्तर पर इसमें मुझे कितनी सफलता मिली मुझे नहीं मालूम किन्तु नर्तक का ध्येय है, रचनात्मक अभिव्यक्ति। उसके रहते हर बार दर्शक को उसकी बारीकियाँ, खूबियाँ समझाना न केवल रसभंग करना है वरन् दर्शक की समझ को पूर्णत: नकारना भी है। साझेदारी का

एक रिश्ता जो कायम होना चाहिए उसमें इस अविश्वास के कारण कहीं व्याघात पैदा होता है।

इसका दूसरा पक्ष भी है—और शायद उतना ही महत्त्वपूर्ण—कि आज तमाम दर्शक नृत्य की शास्त्रीय तकनीक से नितान्त अपरिचित हैं और इस तरह नृत्य की बारीक़ियाँ समझाने के बाद वह उसमें दूसरे अर्थ में हिस्सेदार बन पाता है। उसे बेहतर समझ पाता है। लय के चमत्कार की जानकारी उसे हो पाती है और इस तरह वह उसका सही आनन्द ले पाता है। पर क्या सचमुच? इस जानकारी के बाद क्या वह सचमुच नृत्य को बेहतर समझ पाता है? केवल चमत्कृत भर नहीं होता? प्रायः होता यह है कि इस चक्कर में वह नृत्य नहीं 'देखता' केवल वह टुकड़ा या तिहाई 'सुनता' है—पहले मुँह से फिर पैरों से। दर्शक इसी में उलझकर रह जाता है कि वाह कितने सुन्दर बोल निकले पैरों से। और वह समझता है वह नृत्य समझ गया है। जबकि नृत्य उसने देखा ही नहीं—और समझा—उतना ही—शायद उतना भी नहीं जितना वह केवल उसे देखकर समझता, गुनता। टुकड़े की पढ़न्त और क्रमशः उसका सम पर आना उत्तेजित तो करता है—उसमें क्षणिक आनन्द मिश्रित उत्साह भी होता है पर यह जितना ताल-लय का आनन्द है उतना नृत्य का नहीं।

संगीत, ताल, वाद्य, नृत्य के अभिन्न अंग होने के कारण नृत्य का सम्बन्ध एक अर्थ में सुनने से भी है पर उससे कहीं अधिक उसका सम्बन्ध देखने से है। नृत्य का नयनाभिराम होना उसका एक महत्त्वपूर्ण और आवश्यक अंग है। नृत्य को 'देखे' बिना उसकी कोई सार्थक चर्चा नहीं की जा सकती। इसलिए कथक-नृत्य के इस पक्ष पर ध्यान देना बहुत ज़रूरी हो जाता है।

जिस प्रदर्शन का ऊपर ज़िक्र है उसकी मिश्रित प्रतिक्रिया हुई। एक उनकी जो कथक के अधिक जानकार नहीं हैं और तकनीक की दृष्टि से पारखी भी नहीं हैं। किन्तु सौन्दर्यमूलक दृष्टि से नृत्य को देखने वाले के लिए यह तरीक़ा अधिक प्रभावकारी और सुखद था। क्योंकि ऐसे प्रदर्शन के बाद दर्शक को पहली बार कथक प्रदर्शन के उस असीमित निर्विघ्न सौन्दर्य और सम्पूर्णता का अहसास होता है।

दूसरी प्रतिक्रिया अपेक्षाकृत जानकार लोगों की थी, बल्कि ऐसे लोगों की,

जिन्होंने कथक प्रदर्शन ख़ूब देखा है और यह कथक को एक ख़ास ढंग से—टुकड़ों में देखने के अभ्यस्त लोगों की प्रतिक्रिया भी है जिन्हें लगता है बिना पढ़न्त के कथक के रसास्वादन में बाधा होती है। इस तरह उससे जो अपेक्षा आमतौर पर होती है वह पूरी नहीं होती इसलिए तृप्ति भी नहीं होती। यह बहुत स्वाभाविक है। दरअसल, पिछले इतने वर्षों से कथक के इस तरह बोलकर प्रदर्शन ने रसास्वादन की एक अपनी विशिष्ट परम्परा पैदा की और इस तरह पढ़न्त तथा नृत्य सम्बन्धी बहुत-सी बातें साथ-साथ समझाना प्रदर्शन का एक आवश्यक अंग समझा जाने लगा। यों यह परम्परा बहुत पुरानी नहीं है। दरबारों में नृत्य प्रदर्शन के बाद कई बार केवल कौशल परखने की दृष्टि से कुछ ख़ास चीज़ दिखाने की फरमाइश की जाती थी और नर्तक तत्काल ऐसी किसी चीज़ की रचना कर उसे प्रदर्शित करने की कोशिश करता था। अगर बहुत कठिन होता तो कुछ समय की मोहलत माँगकर बाद में प्रस्तुत करता। ऐसी चीज़ें आज भी फरमाइशी टुकड़ों के नाम से प्रचलित हैं। पर यह कथक प्रदर्शन का प्रमुख अंग नहीं था।

बहुत पहले कथक ध्रुपद गायन और मन्दिरों से सम्बद्ध था। तब यों भी इस तरह नृत्य को समझाकर करने का प्रश्न ही नहीं उठता था। बहुत बाद में कथक नृत्य के पारखी और आश्रयदाता लखनऊ के नवाब वाज़िद अली शाह ने स्वयं कथक नृत्य सीखकर अनेक 'रहस' की रचना की थी, जो अपने स्वरूप में नृत्य नाटिकाएँ ही थीं। आज भी बृज की रासलीलाएँ—जिनमें कथक का आदि रूप आज सुरक्षित है—उनमें भी इस तरह बोल-बोलकर नृत्य करने की परम्परा नहीं है। स्वयं महाराज बिन्दादीन ने जिन्होंने कथक के भावपक्ष को ध्यान में रखते हुए इतनी ठुमरी, भजन, दादरा, होरी आदि की रचना की थीं, उससे स्पष्ट है कि पढ़न्त कथक प्रदर्शन का अंग नहीं था—वह शिक्षा का अंग था क्योंकि कथक में लय-ताल उसका बहुत ही आवश्यक तत्त्व है,उसी पर उसका पूरा ढाँचा टिका है—और उसे अच्छी तरह समझने और सीखने के लिए टुकड़ों को सीधे ठेके पर ताल देकर कण्ठस्थ करना बहुत ज़रूरी है। किन्तु यह अभ्यास और शिक्षा की चीज़ कब धीरे से मंच पर आ पहुँची कहना कठिन है। पहले केवल कुछ विशेष चीज़ें ही पढ़कर, बोलकर बतायी जाती थीं पर धीरे-धीरे उनकी संख्या बढ़ती गयी और आज स्थिति यहाँ पहुँच गयी है

कि बिना बोले एक चीज़ भी नहीं की जाती। इसका कारण शायद एक यह भी रहा है कि आज कथक नृत्य में संगीत के निश्चित संगत वाले प्राय: नहीं रहते। इसमें प्राय: कोई भी तबले वाला और सारंगी वाला 'चल जाता' है। इसलिए इस तरह पढ़न्त द्वारा न केवल नर्तक अपना कौशल प्रदर्शित करता है उसके द्वारा तबले वाले को यह भी बता देता है कि वह अमुक टुकड़ा नाच रहा है और नाचते वक़्त तबले वाला अपने ढंग से जितना याद रहा उसे बजाने की कोशिश करता है (जिसके लिए एक ख़ास शब्द "लपेट में आना" का प्रयोग होता है) और टुकड़े के अन्त में दोनों सम पर आने का प्रयत्न करते हैं। पढ़न्त से नर्तक को एक फायदा और भी होता है, उसे हर टुकड़े के बीच साँस लेने का—थकान मिटाने का अवकाश मिल जाता है जिससे यदि पूरा प्रदर्शन दो घण्टे का है तो सचमुच नृत्य केवल एक घण्टे का ही होता है। यह स्थिति नर्तक के लिए ख़ासी सुविधाजनक है।

दरअसल, पढ़न्त एक अलग ही कला है। सचमुच ख़ूबसूरत ढंग से पढ़न्त भी सबके बस की बात नहीं है। प्राय: हाँफते हुए नर्तक को बोल आदि पढ़ते देख बेहद तकलीफ़ होती है। फिर कई बार पढ़न्त इतनी प्रभावोत्पादक होती है कि उसके बाद जब वही चीज़ नाचकर दिखायी जाती है तो उसका उतना असर नहीं होता जितना आमतौर पर होना चाहिए या होता। और सच बात तो यह है कि इस प्रक्रिया में आप नृत्य को एकदम नष्ट कर देते हैं। स्वयं नर्तक का, तबले वाले का, और दर्शक का भी पूरा ध्यान केवल इस बात पर केन्द्रित हो जाता है कि वह ख़ास चीज़ कैसे सम पर आती है। सब उसी सम का इन्तज़ार करते रहते हैं। नाच कौन देखता है? स्वयं नर्तक भी उसको किस हद तक अपने 'सम्पूर्ण' सौन्दर्य के साथ बरकरार रख पाता है। कथक नृत्य में कितना सौन्दर्य है—उसके अंग विन्यास में, अंग संचालन में, गति में कितनी सम्भावनाएँ हैं, इसके प्रति कितने कथक नर्तक सजग हैं और उनको क्रियान्वित करते हैं? किसी तरह जोड़-तोड़कर हाथ मारकर सम पर आना ही तो नृत्य नहीं है। फिर यदि अन्य शास्त्रीय नृत्य शैलियों में उसको समझाने के लिए प्रदर्शन के दौरान बोलना ज़रूरी नहीं तो कथक में ही क्यों ज़रूरी है। उसको उसके पूर्णरूप में ही समझने की कोशिश होनी चाहिए।

कथक में अनन्त सम्भावनाएँ हैं कथ्य और नृत्य संयोजन की दृष्टि से।

उसके समस्त पक्षों को एक संयोजन में अर्थ देने की कोशिश एक मूल्यवान प्रयत्न है जो व्यापक रूप से और क्षमतापूर्वक होना चाहिए। उसके विविध पक्ष थाट, तत्कार, टुकड़े, परण, गत आदि यह सब तो उपकरण हैं जिनके माध्यम से नृत्य को सुव्यवस्थित, सुनियोजित आकार और अर्थ देने से ही मंच पर सार्थक नृत्य प्रदर्शन हो सकता है। पढ़न्त और नृत्य को समझाना तो असल में लेक्चर डिमोन्स्ट्रेशन की पद्धति है जिसे कथक-नर्तक ने प्रदर्शन का अंग बना लिया है। संगीत की तरह पढ़न्त भी संगत का हिस्सा है जो नृत्य के बोलों को उभारने, उन्हें रेखांकित करने का काम करता है। अन्य नृत्य शैलियों की तरह ही इस रूप में पढ़न्त अधिक सार्थक, महत्त्वपूर्ण और सजीव भूमिका अदा कर सकती है। कथक के कुछ बेहद जटिल और ताल-लय के बारीक़ बुनावट वाले टुकड़े आदि का सौन्दर्य भी पढ़न्त से बढ़ जायेगा और समझ में आने की समस्या भी कुछ हद तक हल हो जायेगी।

तत्कार की बाँट का सौन्दर्य और ताल-लय की ख़ूबसूरती और चमत्कार तो अपने आप समझ में आने लगते हैं यदि आप यह अपेक्षा न करें कि उसे समझाया जाय। उसकी लय के साथ आप स्वयं उसमें बहने लगेंगे और उसका आनन्द आपको आयेगा। यह दीगर बात है कि आपको यह पता न चले कि तीनताल में झपताल की, रूपक की या अन्य किसी ताल की लय बाँधी गयी है पर वह ज़रूरी भी क्यों है? क्या इतना काफ़ी नहीं है कि आप उससे अभिभूत हों और सम्भव है वह आपके लिए विशेष प्रकार का अनुभव बन सके। किसी भी कला में अपने पूर्ण स्वरूप में उसकी शिक्षा और अभ्यास-पद्धति को दिखाना तो आवश्यक नहीं होता। फिर कथक नृत्य में ही उसके प्रति यह आग्रह क्यों?

(सम्भावित वर्ष : 1981/82)

# प्रस्तुति : एक विचार

कथक नृत्य की प्रस्तुति को लेकर कुछ प्रश्न, कुछ शंकाएँ बराबर उभरती रही हैं। उनमें एक तो यह कि उसको एक सुव्यवस्थित सृजनात्मक नृत्य के रूप में प्रस्तुत करने के बजाय लगातार छोटे-छोटे असम्बद्ध खण्डों-टुकड़ों में प्रस्तुत करते जाना कहाँ तक युक्तिसंगत है। दूसरी शंका नृत्य के दौरान नर्तक द्वारा हर टुकड़े, परण, तिहाई आदि की पढ़न्त और उसे समझाने की प्रवृत्ति और इस तरह निरन्तर नृत्य में, उसकी सम्पूर्णता में व्यवधान पैदा करते रहना क्या सचमुच कथक को नृत्य कला के रूप में विशिष्टता और सौन्दर्य प्रदान करता है—या उसकी सौन्दर्यानुभूति में, भावान्विति में व्याघात उत्पन्न करता है। बहुत समय तक कथक प्रदर्शन प्रायः छोटी मजलिसों, महफ़िलों से सम्बद्ध होने के कारण यह दोनों ही अंश कथक प्रदर्शन के अनिवार्य अंग मान लिये गये हैं किन्तु आधुनिक सन्दर्भ और स्थिति में, बदले दर्शक वर्ग और विस्तृत समुदाय तथा माहौल में इनका इसी रूप में अन्धानुकरण क्या कथक के कला रूप को निखारने के बजाय उसे संकीर्ण और नीरस नहीं बना देता है ?

अपने नृत्य प्रदर्शन के दौरान कुछ कथक नर्तकों ने इन दोनों बातों को ध्यान में रखते हुए एक सर्जनात्मक सुसंगठित नृत्य प्रस्तुति देने की कोशिश की है। इस तरह के प्रयास की प्रायः मिश्रित प्रतिक्रिया हुई है दर्शकों के स्तर पर। एक उनकी, जिन्हें उसकी सम्पूर्णता में अभिव्यक्त होती यह प्रस्तुति अपने असीमित निर्विघ्न सौन्दर्य के कारण अधिक प्रभावपूर्ण, सुखद और सार्थक लगी। दूसरी प्रतिक्रिया उनकी, जो कथक को उसके पारम्परिक खण्ड-खण्ड रूप में देखने के अभ्यस्त हैं और उनके लिए कथक प्रस्तुति के

रसास्वादन का स्वरूप भिन्न है। ये दोनों ही प्रतिक्रियाएँ वैध्य हैं और उनका अपना महत्त्व है।

इन दो विरोधी लगते दृष्टिकोणों के बावजूद कथक का गम्भीर अध्येता और कथक के अन्तर्निहित सौन्दर्य के प्रति सजग दर्शक इस बात से सहमत होगा कि प्रत्येक टुकड़ों, तिहाइयों आदि की पढ़न्त और नर्तक द्वारा निरन्तर बीच-बीच में उसे समझाना-बोलना न केवल उसकी सौन्दर्यमूलक अन्विति में रस भंग करता है, प्रदर्शन की कल्पना संगति को नष्ट करता है और दर्शक की समझ को एक तरह से नकारता है। इस तरह वह कहीं रंगमंच पर कलात्मक और सुगठित अभिव्यक्ति होने के बजाय अभ्यासकक्ष में तब्दील हो जाती है। कौशल और सृजनात्मक कल्पना के बीच सन्तुलन भी इसका दूसरा पहलू है। कथक के सभी पक्षों और युक्तियों का प्रयोग अन्ततः स्वयंसिद्ध और सार्थक बनाने की दिशा में प्रयत्न होना चाहिए जिससे नृत्य के सभी अंग—तकनीकी, भावगत, सौन्दर्यमूलक—दर्शकों के सामने आ सकें और उन्हें अपने-अपने ढंग से समझने की छूट हो।

देखा जाय तो पढ़न्त और नृत्य को इस तरह समझाना दरअसल 'लेक्चर-डिमोन्स्ट्रेशन' की पद्धति है, जिसे कथक नर्तक ने प्रदर्शन का अंग बना लिया है। पढ़न्त को संगत के हिस्से में ही सम्मिलित किया जाना चाहिए और इस रूप में वह अधिक सार्थक, महत्त्वपूर्ण और सजीव भूमिका अदा कर सकती है। कथक के कुछ बेहद जटिल और ताल-लय के बारीक बुनावट के टुकड़े, तिहाइयाँ जो नाच के साथ तबले पर बजते हुए प्रायः अस्पष्ट से हो जाते हैं : उनका सौन्दर्य पढ़न्त से बढ़ जायेगा और न समझ में आने की समस्या भी बहुत दूर तक हल हो जायेगी। किन्हीं ख़ास टुकड़ों पर जोर देने के लिए और नृत्य में वैविध्य लाने के लिए यह भी किया जा सकता है कि जब पढ़न्त हो तब नर्तक एक विशेष मुद्रा में खड़ा रहे पर यह एक-दो बार ही और केवल शुद्ध नृत्त के अंशों में ही किया जा सकता है—जिसमें नर्तक कथक शिल्प के अलग-अलग अंश प्रस्तुत कर रहा हो। कथक में अभी भी अनन्त सम्भावनाएँ हैं—कथ्य और नृत्य संयोजन की दृष्टि से। उसके समस्त पक्षों को एक संयोजन में अर्थ देने की कोशिश एक मूल्यवान प्रयत्न है जो व्यापक रूप से और क्षमतापूर्वक होना चाहिए। उसके विविध पक्ष थाट, तत्कार, टुकड़े, परण, गत आदि यह सब तो उपकरण हैं जिसके माध्यम से नृत्य को सुव्यवस्थित, सुनियोजित आधार और अर्थ देने से ही मंच पर सार्थक नृत्य प्रदर्शन हो सकता है।

प्राय: कथक-नृत्य का प्रदर्शन बड़ा बेतरतीब होता है। लगागार डेढ़-दो घण्टे तक नर्तक मंच पर रहकर कभी लय तेज करवाता है कभी कम, कहीं बात करता है दर्शकों से, संगत वालों से, कभी नाचता है और कभी बिना किसी प्रकट उद्देश्य के अन्दर विंग्स में चला जाता है। कुल मिलाकर यह सब पूरे प्रदर्शन में रस भंग करता है और उससे न केवल नृत्य की गरिमा और सौन्दर्य पर असर पड़ता है—उससे लयकारी और कौशल के अतिरिक्त कोई स्थाई भावात्मक अभिव्यक्ति और एक सम्पूर्णता का प्रभाव भी मन पर नहीं पड़ता है। कथक के विविध पक्षों को—अभ्यास कक्ष में जैसे उन्हें अलग-अलग सिखाया जाता है उसी तरह मंच पर प्रस्तुत कर दिया जाता है बिना उन्हें किसी तारतम्य से जोड़े—या उनमें कोई कलात्मक एकता बनाये।

कथक में लय के क्षेत्र में बहुत विविधता है। विभिन्न ताल और लय के मिश्रण के बेहद जटिल और ख़ूबसूरत टुकड़े, परण और तत्कार के कितने ही सुन्दर विन्यास (पैटर्न) कथक की अपनी विशेषता है। आमतौर पर जो प्रदर्शन का तरीक़ा है—उसमें यह विविधता प्राय: खो-सी जाती है। एक के बाद एक क्रम से उनके प्रस्तुतीकरण के कारण कुछ देर बाद वे एक से लगने लगते हैं और उनमें अन्तर्निहित ताल का चमत्कार और वैविध्य उभरकर नहीं आ पाता। कथक की अपनी इस ख़ूबी को भी अधिक उजागर और शक्तिशाली बनाने के लिए उनको इस तरह क्रम में लाना चाहिए कि अपनी विशिष्टता खोये बिना वे अधिक सार्थक और प्रभावोत्पादक अभिव्यक्ति बन सकें। एक तो यह कि कुछ ख़ास लय के टुकड़े, आमद और परणों को अलग-अलग समय इस क्रम से रखने की कोशिश अधिक प्रभावकारी हो सकती हैं जिसमें ताल और भावगत रचनाएँ एक-दूसरे के अन्तर को रेखांकित करती हुई रखी जा सकें। जैसे कि भरतनाट्यम आदि के प्रदर्शन में होता है। इससे नृत्य के यह दोनों ही पक्ष अधिक निखरकर सामने आ सकेंगे और प्राय: उनमें जो एकरूपता का अहसास होने लगता है वह नहीं होगा। दूसरे यह कि ये सारी चीज़ें केवल लहरे पर न करके उन्हें विभिन्न प्रकार से संगीतबद्ध किया जा सकता है। संगीत का नृत्य में महत्त्व देखते हुए इस तरह के कई प्रयोग हुए भी हैं और नर्तक इस क्षेत्र में अधिक जागरूक भी हुए हैं। इस तरह प्रदर्शन को अधिक रोचक और वैविध्यपूर्ण बनाने के लिए नृत्त पक्ष का एक अंग यदि लहरे पर है तो दूसरा स्वरबद्ध हो सकता है। तीसरे में गेय शब्दों का सहारा

लिया जा सकता है। परण में यदि केवल पखावज, तबले और मंजीरे का प्रयोग हो तो उसका गम्भीर स्वरूप अधिक तीव्रता से महसूस होगा। संगीत में इस तरह का वैविध्य नृत्य को आकर्षक बनाता है और अधिक सजीव भी। ब्रजभाषा साहित्य में ऐसे कितने ही पद हैं जो नृत्य के ही लिए रचे गये लगते हैं—नृत्य में उनका उपयोग हमें फिर से करना चाहिए। तराना भी नृत्त पक्ष का अत्यन्त सशक्त अंश है। संगीत और नृत्य की इन अनेक सम्भावनाओं की खोज तथा उनका रचनात्मक और कलात्मक प्रयोग अधिक सार्थक सिद्ध होगा। इसी तरह कथक के भाव पक्ष की कितनी ही चीज़ों—जैसे भजन, ठुमरी, होरी, ध्रुपद, ग़ज़ल आदि में अनेक प्रकार से विविधता लायी जा सकती है। इनकी अपनी भावगत भिन्नता तो है ही इनमें से कुछ को क्रमशः भाव और नृत्त दोनों के प्रयोग से अधिक प्रभावपूर्ण बनाया जा सकता है तो कुछ को भावों की वैविध्यपूर्ण अभिव्यक्ति से। और, इस तरह की इन सारी रचनाओं को इस तरह क्रम में रखा जा सकता है कि वे अपने आप में तो पूर्ण हों ही—पर पूरा प्रस्तुतीकरण मिलाकर भी एक कलात्मक सम्पूर्ण अन्विति हो सके। भावगत रचनाओं को नृत्त पक्ष की रचनाओं के बीच में रखा जा सकता है और इस तरह नृत्य के दोनों ही पक्ष अपने पूरे सौन्दर्य के साथ निखर सकेंगे और साथ ही उन्हें समझाने की ज़रूरत भी नहीं पड़ेगी। कथक में भाव यों भी मुद्राओं पर ही आधारित नहीं है वह अधिक सहज और स्वाभाविक है। शास्त्रीय नृत्य के भाव यों भी अधिकांशतः पौराणिक, धार्मिक गाथाओं या प्रचलित जनश्रुतियों पर आधारित होने के कारण हमारे संस्कार का अभिन्न अंग हैं। वे प्रायः हमारे आदि भावों की ही पुनः सृष्टि और जागृत करते हैं—उनसे हमें जोड़ते हैं। राम, कृष्ण या अन्य इष्ट देवी-देवताओं की लीलाएँ हमारी जातीय स्मृति में इस तरह रच-बस गयी हैं कि नृत्य में उन्हें देखते हुए अनायास ही उनकी स्मृति ताज़ी हो जाती है। फिर यह सारी कथाएँ दर्शक को पुनः समझाने का क्या अर्थ हो सकता है?

कथक उत्तर भारत का बहुप्रचलित और प्रशंसित नृत्य ज़रूर है पर अपनी इन प्रदर्शनात्मक कमज़ोरियों और रूढ़िवादिता के कारण प्रबुद्ध दर्शक समुदाय में यह भरतनाट्यम के मुक़ाबले प्रायः हेय दृष्टि से देखा जाता है। यही कारण है कि अधिकांश शिक्षित वर्ग के बच्चे व युवा वर्ग भी कथक की अपेक्षा भरतनाट्यम, ओडिसी आदि नृत्य शैलियाँ सीखना पसन्द करते

हैं। इसका कारण केवल अभिजात्य मूल्य हों यह सही नहीं है। दूसरे स्तर पर कथकों में प्रायः अशिक्षा, रूढ़ियों में जकड़े घराने आदि को लेकर आपस में फूट और लड़ाई-झगड़े का भी इसको ऊँचा न उठने देने में काफ़ी हाथ है। कथक को अपना उपयुक्त दर्जा दिलाने के लिए यह आवश्यक हो गया है कि कथक के गुरु, जानकार और प्रशंसक अपने वैयक्तिक स्वार्थ और सफलताओं की भाग-दौड़ छोड़कर कथक के उन्नयन के लिए मिलकर काम करें। कथक का अभी कोई प्रामाणिक इतिहास नहीं है और इससे सम्बन्धित कितनी ही चीज़ें इतिहास के गर्त में दबी पड़ी हैं। इन सबकी खोज एक मूल्यवान और सार्थक प्रयत्न होगा। प्रदर्शन के स्तर पर भी कथक को आधुनिक समाज और दर्शक की अपेक्षाओं के अनुरूप अपनी विशिष्टता बनाये रखते हुए एक निश्चित आकार और रूप देने का प्रयास होना चाहिए। यह सचमुच एक दुर्भाग्यपूर्ण स्थिति ही है कि अपने पुनरुत्थान के इतने दिन बाद भी कथक अपनी योग्यता और उपयुक्तता के बावजूद अपने लिए उपयुक्त स्थान और अधिकार बनाने में असमर्थ रहा है।

(1976)

# समग्र सौन्दर्य-दृष्टि की ज़रूरत और वकालत

कथक या किसी भी नृत्य के विषय में लेक्चर डिमांस्ट्रेशन का प्रायः सीधा अर्थ होता है—उस नृत्य विशेष के विविध तकनीकी अंगों की जानकारी देना। पर यहाँ बहुत से कथक के विधार्थी और जानकार लोग मौजूद हैं जिन्हें सीधे-सीधे इन बुनियादी तत्वों के बारे में बताने का—कि यह थाट, यह आमद-टुकड़े-परण हैं—यह गत निकास गत भाव और तत्कार है—कोई विशेष अर्थ नहीं है। इसलिए जिस बात पर मैं जोर देना चाहूँगी वह है इन्हें ख़ूबसूरती से दिखाने की चेतना। कथक के प्रस्तुतिकरण में यह एक महत्त्वपूर्ण मुद्दा है जिसे प्रायः अनदेखा कर दिया जाता है। बल्कि यह कि इसे ज़रूरी ही नहीं माना जाता—तैयारी चक्कर और किसी तरह जानमारी करके हाथ-पैर मारकर सम पर आ गये और बस हो गया और हर टुकड़े, तिहाई के बाद वह विजय का भाव मानो आप युद्ध जीतकर आये हैं—और अब उसकी वाहवाही लूट रहे हैं।

कथक उत्तर भारत का बहुप्रचलित और लोकप्रिय नृत्य है, इस बात को दुहराने का कोई मतलब नहीं है—फिर भी क्या कारण है कि आज अन्य नृत्य शैलियों की तुलना में कथक-नर्तक कम हैं—मेरा मतलब अच्छे नर्तकों से—एक स्तर के नर्तकों से है—और उनको भी अन्य नृत्य शैलियों की अपेक्षा हमेशा एक निचले दर्जे का नर्तक समझा जाता है। इस सन्दर्भ में अन्य कारणों के साथ-साथ व्यक्तिगत तौर पर मुझे कथक प्रदर्शन एक अहम सवाल लगता है। जब मैं प्रदर्शन की बात करती हूँ तो यह स्पष्ट है कि यह स्थिति नृत्य के तकनीकी पक्ष पर अधिकार के बाद की ही स्थिति है और उस अर्थ में यह नृत्य की शिक्षा से भी जुड़ा हुआ सवाल है क्योंकि वह बुनियादी रुझान और दृष्टि इसी शिक्षा के दौरान दी जानी

चाहिए। नृत्य के सौन्दर्य को बारीक़ी से समझने और परखने की समझ। यह बहुत ज़रूरी है। कथक शिक्षण के दो रूप हो सकते हैं—एक जिसमें आप अपनी तैयारी और चमक-दमक का दिखावा करें—दूसरा जो महत्त्वपूर्ण है—कथक के सौन्दर्य को आत्मसात् करने का प्रयास। यह बात ध्यान में रखनी चाहिए और जो दुर्भाग्यवश अधिकांश नर्तक भूल जाते हैं—कथक का अर्थ तबले और पखावज के बोल पैर से निकालना भर नहीं है, उनके रहते कथक को सम्पूर्ण सौन्दर्य में प्रस्तुत करना मुख्य बात है।

अभी भोपाल में पिछले हफ़्ते ही कथक के दो प्रदर्शन हुए—आम कथक प्रदर्शन। पहले एक पाँच साल की बच्ची क़रीब पौन घण्टे मंच पर रही। इस बीच उसने दो वन्दना की—बड़े-बड़े टुकड़े परण नाचे, तबले के साथ जुगलबन्दी की, कृष्ण-राधा के कुंज विहार की गत भी की, फिर ओढ़नी सिर पर डालकर लजीली, सजीली, दुल्हन की, पंजाबी, मारवाड़ी, मालवी, और न जाने कितने तरह से घूँघट डालकर दिखाया। और अन्त में एक फ़िल्मी ढंग का नाच कमर लचकाते हुए। इतनी छोटी बच्ची नृत्य प्रदर्शन करे यह एक दिलचस्प बात ज़रूरी लगती है—पर ऐसे प्रदर्शनों में अक्सर मास्टर जी अपनी योग्यता और अपनी कुण्ठाओं का ही इज़हार करते हैं उस बच्ची के बहाने—और इस तरह पूरी स्थिति बेहद हास्यास्पद बन जाती है।

दूसरा प्रदर्शन सितारा देवी की सुपुत्री जयन्तीमाला का था। जाहिर है—तकनीक की दृष्टि से अच्छी जानकारी-तैयारी-अधिकार सब है—पर नृत्य के सौन्दर्य से एकदम बेख़बर। मंच पर अखाड़ेबाजी का सा अन्दाज़—बीच-बीच में तरह-तरह की बातचीत सब कुछ एक अजब माहौल पैदा करता हुआ। सबसे मुश्किल बात है कि आम दर्शक इस सबको पसन्द करता हुआ यह दलील दे सकता है कि इस तरह एक सहज अनौपचारिक वातावरण बनता है। पर एक गम्भीर शास्त्रीय नृत्य के लिए ऐसे अनौपचारिक वातावरण की कहाँ गुंजाइश है। आप खड़े होकर मंच पर ही अपनी वेशभूषा भी ठीक कर रहे हैं—सारे निर्देश दे रहे हैं। कभी कोई मज़ाक़ सूझा तो माइक पकड़कर वह भी चल रहा है। तिहाई मारी तो तबले वाले या माइक पर चढ़े बैठ रहे हैं। कभी तत्कार कर दी, कभी टुकड़ा नाच दिया—कभी गत आ गयी—कभी खड़े होकर सुस्ताते हुए तबला सुनते हुए दाद देने लगे—गोया यह नृत्य नहीं तबला प्रदर्शन हो। तबले वाला

अलग वाह-वाही लूटने में लगा है। कहीं कोई सिलसिला नहीं, तारतम्य नहीं, एकरूपता नहीं। पूरे नृत्य में पूर्णता का कोई भाव नहीं—बस टुकड़ों का ढेर। इसे क्या सही मायने में सुखद नृत्य प्रस्तुति कहा जा सकता है? दरअसल, कथक-नर्तक की इच्छा तात्कालिक प्रभाव पैदा करने की अधिक रहती है, बजाय समग्र और गहरे प्रभाव के। वही आश्रयदाता को तुरन्त प्रसन्न करने और वाहवाही लूटने वाली प्रवृत्ति अभी तक बरकरार है। हर टुकड़े और तिहाई के बाद ताली की आकांक्षा और उसे नृत्य की सफलता मानते हुए सन्तुष्ट नर्तक। पर तब आश्रयदाता भी कम-से-कम पारखी तो होता था।

कलाओं की एक अपनी गरिमा है। उनमें जो गाम्भीर्य और सौष्ठव है उसको उसी गम्भीरता और आदर के साथ ग्रहण करना चाहिए। प्रदर्शन के स्तर पर इस तरह का हल्कापन पूरी शैली को हल्का करता है। कथक की लोकप्रियता का स्तर फ़िल्मी गानों के स्तर का हो यह कोई भी सच्चे मायने में कथक का प्रशंसक और उससे सरोकार रखने वाला नहीं चाहेगा। दोनों का अपना अलग दायरा, स्थान और निश्चित भूमिका है। कथक को लोकप्रिय बनायें इसमें दो राय नहीं हो सकती पर उसके स्तर और उसके सौन्दर्य की क़ीमत पर यह हो—इसे स्वीकार नहीं किया जाना चाहिए।

एक और भी बात, हम कथक में रियाज को ही अन्तिम प्रदर्शन की चीज़ भी मान लेते हैं। जिस तरह व्याकरण भाषा नहीं होती उसी तरह थाट, आमद, टुकड़े, गत आदि कथक नृत्य का व्याकरण भर हैं—सम्पूर्ण नृत्य नहीं। इन सबका अर्थपूर्ण संयोजन और सौन्दर्यमूलक इस्तेमाल ही नृत्य बनता है। समग्रता के अहसास के बिना अलग-अलग चीज़ों को दिखा देना ही काफ़ी नहीं है। उसके पीछे कोई निश्चित संरचना (व्याख्या), एक सौन्दर्य-दृष्टि तो होनी ही चाहिए। थोड़ी-सी कल्पना और सूझबूझ से इन चीज़ों को एक अर्थपूर्ण संयोजन में पिरोया जा सकता है। यह संयोजन कई तरह से हो सकता है। चाहें तो लय के आधार पर जैसे एक लय की आमद, टुकड़े, परणों को, या अलग-अलग तालों की चीज़ों के समन्वय द्वारा उन्हें एक संयोजन में गूँथा जा सकता है। यह लय-ताल का वैविध्य उस संयोजन में महत्त्वपूर्ण भूमिका अदा करता है। नृत्त और भाव पक्ष के समन्वय से, स्वरों और तत्कार के विविध रूपों को एक रूपाकार देकर, कितनी ही सम्भावनाएँ पैदा की जा सकती हैं। भाव के स्तर पर भी

वही छेड़छाड़, माखन लीला, पनघट लीला के बजाय अपने इतने समृद्ध साहित्य से कितनी ही चीज़ें ली जा सकती हैं और ली जानी चाहिए। यों इधर फिर साहित्य का आधार लेकर नृत्य की प्रवृत्ति बढ़ी है और यह एक अच्छी शुरुआत है। भक्तिकाल में हमारा नृत्य संगीत, साहित्य बहुत समृद्ध था। ध्रुपद, धमार की परम्परा में साहित्य महत्त्वपूर्ण अंग था। धीरे-धीरे कथक ने शब्द—अर्थपूर्ण शब्द से नाता तोड़ लिया और अब उसकी ओर वापसी अच्छी बात है। केवल शब्द ही नहीं संगीत भी कथक से दूर हो गया था—संगीत के नाम पर तबला और लहरा—बस। जबकि नृत्य में संगीत की बहुत महत्त्वपूर्ण भूमिका होती है।

कथक प्रदर्शन में पढ़न्त की बात किये बिना उसकी प्रस्तुति की बात अधूरी रह जाती है। प्रदर्शन में पढ़न्त को ज़रूरत से ज़्यादा महत्त्व दे दिया गया है। और इसे वाचिक, अभिनय के समकक्ष मान लिया जाता है। नर्तक द्वारा पढ़न्त और नृत्य को समझाने की प्रवृत्ति कुछ इस कदर बढ़ गयी है कि दर्शक की सूझबूझ और समझ को एकदम नकार दिया जाता है। हमने व्याख्यान-प्रदर्शन (लेक्चर डिमांस्ट्रेशन) को ही प्रदर्शन भी मान लिया है—जबकि दोनों का काम पृथक है। कथक के सौन्दर्य-शास्त्र में ऐसा कहीं उल्लेख नहीं है कि उसे समझाकर ही किया जा सकता है। और न ही यह उसकी चरित्रगत विशेषता है। यह तो नर्तकों ने अपनी सुविधा के लिए उसे अपना लिया है और अब परम्परा के नाम पर उसे दोहराते जाते हैं। आपने कभी किसी गायक या वादक को अपना संगीत समझाते देखा है, यह गमक देखिए या इस तान की ख़ूबसूरती! नृत्य की अन्य शैलियों में भी अगर उसे समझाने की ज़रूरत नहीं पड़ती तो कथक को ही क्यों—जबकि कथक की मुद्रा भाषा भी भरतनाट्यम या कथकलि जैसी क्लिष्ट नहीं है। नृत्य का सौन्दर्य और अर्थ उस प्रस्तुति के माध्यम से ही व्यक्त होना चाहिए—उसके लिए इस अतिरिक्त उपकरण को थोपने की क्या ज़रूरत है। जहाँ तक पढ़न्त का प्रश्न है, अच्छी पढ़न्त का अपना सौन्दर्य है; बोलों के गुम्फन का, स्वर का, नाद का। उसके लिए विशिष्ट बोलों की पढ़न्त नृत्य के किसी हिस्से में की जा सकती है, कल्पनापूर्ण प्रयोग हो सकता है, जैसा हुआ भी है। पर उसका पूरे प्रदर्शन में छाये रहना न ज़रूरी है और न ही सौन्दर्यपरक।

यह भी हुआ है कि हम कथक के मूल अर्थ से ही हट गये हैं। कथक

अपने भाव पक्ष से हटकर उसके नृत्त पक्ष पर केन्द्रित हो गया। और यह नृत्त पक्ष पर आसक्ति कुछ ऐसी बढ़ी कि वह नृत्त भी नहीं केवल चमत्कारपूर्ण कलाबाजी रह गयी। नृत्य में शरीर मुख्य है—मतलब आपका सम्पूर्ण शरीर उस सौन्दर्य-सृष्टि में हिस्सा लेता है। नृत्य की तभी सार्थकता भी है। नृत्य केवल सुनने नहीं देखने की चीज़ है—बल्कि मुख्य वही है। जबकि कथक दिखाया कम, सुनाया अधिक जाता है। शायद बुनियादी ग़लती यहीं है और सम्भवत: जब हमारे नर्तक इस बात की अहमियत समझ लेंगे, वे उसके सौन्दर्य पर ध्यान देने लगेंगे। हमें नर्तक के साथ-साथ ऐसा दर्शक वर्ग भी तैयार करना है जो कथक को उसकी समग्रता, सम्पूर्णता में देखना और समझना चाहे। यह मुश्किल लड़ाई है पर उतनी ही ज़रूरी। और एक बार तय कर लें तो शायद उतनी मुश्किल भी न रहे। अन्ततः कथक एक बेहद सुन्दर और अनेक सम्भावनाओं से पूर्ण लालित्यपूर्ण नृत्य है।

(सम्भावित वर्ष : 1988/89)

# समग्र अनुभव की एक शाम

युवा कथक नृत्य परिदृश्य पर अदिति मंगलदास एक विशिष्ट सौन्दर्यात्मक दृष्टिमयी नर्तकी के रूप में उभरी हैं। काव्य और नृत्य, परम्परा और समकालीन युगबोध का आकर्षक मेल उनके नृत्य को अन्य नर्तकों से एकदम अलग करता है। अपनी इस चेतना के चलते वे नृत्य, संगीत, काव्य, वेश, मंच एवं प्रकाश-सज्जा का एक ऐसा प्रीतिकर और सघन सम्पुंज्य रचती हैं जो हर बार एक नया अनुभव और नयी दृष्टि देता है।

कथक के विस्तार और गहराई को एकदम नये रूप और अर्थ में प्रस्तुत करता चार अप्रैल 1995 को इण्डिया इन्टरनेशनल में अदिति का नृत्य प्रदर्शन निश्चित ही एक सम्पूर्ण और मोहक अनुभव रहा। 'ऋतुचक्र' में परम्परागत कथक प्रदर्शन को बहुत ही सूझबूझ और सुरुचिपूर्ण ढंग से पिरोया गया था। कथक के सारे तकनीकी अंग—थाट, आमद, तत्कार, चाल, प्रमलू, गतनिकास, टुकड़े, परण, तिहाइयाँ, भाव सभी क्रमबद्ध तरीक़े से, लय के सहज विकास के साथ वहाँ थे किन्तु उनको नृत्य की कविता में गूँथते हुए, उसे एक समृद्ध भाषा बनाते हुए। ऋग्वेद और कालिदास से लेकर जापानी हाइकू तक काव्य का ऐसा प्रयोग जो नृत्य पर हावी नहीं होता बल्कि उसे सघन और सार्थक करता है, और काव्य के अनेकानेक बिम्ब जिस तरह उभरते और साकार होते रहे उसने निश्चित ही बिम्ब और अर्थों की कितनी ही परतें एक साथ जागृत कीं। यह प्रदर्शन एक इस अर्थ में भी महत्त्वपूर्ण था कि वह कथक को काव्य की शास्त्रीय परम्परा से भी सार्थक ढंग से जोड़ सका। इधर प्राय: अनेक नर्तक संस्कृत काव्य से श्लोक आदि का नृत्य में उपयोग करते रहे हैं किन्तु उसके सौन्दर्य को आत्मसात् करके अपनी शैली में इस तरह रचा-बसा लेने और

उसकी अनुगूँज पैदा करने की युक्ति कुछ ही नर्तकों के पास है। इस प्रदर्शन में अदिति निश्चय ही एक सम्पूर्ण और समृद्ध नृत्य अनुभव देने में सफल हुईं।

सागर की लहरों का उतार-चढ़ाव, किन्तु एक निरन्तरता, सतत बदलते हुए भी एक निरन्तर चक्र में लीन ऋतुएँ अथवा अजस्र प्रवाह में बहता जीवन-चक्र, छिन-छिन परिवर्तित फिर भी एक अनन्त आवर्तन का खेल। प्रकृति और जीवन के इस साम्य, उसके परस्पर स्पन्दन और प्रतिकृति को कथक नृत्य की अपनी लय, निरन्तरता और क्रमबद्धता के साथ एक संगुम्फन में गूँथने की चेष्टा है इस प्रदर्शन में जो प्रकृति और जीवन के परस्पर सम्बन्ध-सहयोग, घात-प्रतिघात को प्रतिम्बित करता है। 'ऋतुचक्र'—केवल ऋतुओं का ही चक्र नहीं है वह जीवन का, उसके विविध भावों, क्षणों, स्थितियों का, नृत्य की अपनी तमाम विशिष्टताओं और पक्षों के साथ क्रमशः अग्रसर होने और फिर वापस लौटने का, लय-ताल की आवृत्ति का भी चक्र है जिसे अदिति मंगलदास ने अपने इस नृत्य संयोजन में गूँथने-पिरोने का यत्न किया है। इसीलिए वह सम्पूर्णता और उपलब्धि दोनों का एक साथ प्रभाव मन पर अंकित कर पाती हैं।

भारतीय मनीषा और जीवन का प्रकृति से यह आत्मीय घनिष्ठ सम्बन्ध उसकी परम्परा का, सोच का, जीवन का अभिन्न अंग है। वह उसके साथ रोती, गाती, हँसती, खिलखिलाती है, उदास होती है, खेलती है, मचलती है, शान्त और विरक्त भी होती है। यह सम्पूर्ण एकरसता और एक-दूसरे में रचाव, बसाव और लगाव हमारी जीवन-दृष्टि का अभिन्न अंग है।

कार्यक्रम का आरम्भ वर्षा ऋतु से हुआ। संस्कृत में कालिदास के ऋतुसंहार से वर्षा ऋतु वर्णन के सुमधुर श्लोक गायन से ही एक वातावरण का निर्माण हो गया। उसके बाद विलम्बित में गौड़ मल्हार में 'सावन मास आयो री सजनी' की बन्दिश से नृत्य आरम्भ हुआ। थाट के विविध अन्दाज़ों में बादल के घिरने और पहली बूँद की टपकन का सुखद अहसास मानो चारों ओर बिखरकर रससिक्त कर देता है। संस्कृत काव्य-बिम्बों को इसी बन्दिश के सहारे बड़ी सूझबूझ से उभारा गया। बारिश की पहली बूँदों में प्रतिबिम्बित चन्द्र किरणें, घने लम्बे केश और पानी की हल्की लहरों का रूपक, पानी में प्रतिबिम्बित चन्द्र किरणों का बिखरना, सूर्य प्रकाश में चमकती मछलियों का सहसा बादलों में ग़ायब हो जाना,

इन्द्रधनुष में अदृश्य होता पक्षी, घिरते काले बादलों की गजराज से उपमा, प्रसन्न मयूरी और पृथ्वी में विलीन होती जल की बूँदों की तरह क्षीण होते जीवन के अहसास की नृत्य में स्मृति, एक तरह से पावस को नृत्य में पुनराविष्कृत करने जैसा है। धीरे-धीरे तेज होती बारिश का तत्कार के क्रमालय और छोटी तिहाइयों में एकाकार होना, वर्षा ऋतु के विविध वर्णन और छवियों का विलम्बित लय की आमदों में विन्यास द्वारा पावस, उसके विविध अनुभव, भाव, स्थितियों और नृत्यानुभव सब एक समग्र पावस-भाव के रूप में आकार लेता लगता है।

वर्षा के बाद शरद में पूरा परिवेश धवल, स्वच्छ, चमकदार लगता है। पृथ्वी, आकाश, वृक्ष, मन, सब निर्मल हो गये हैं और बिखरे जवाहरातों से चमचमाते हैं। इस हिस्से में ऋतुसंहार से ही दो श्लोक लिए गये। राग केदार और शुद्ध कल्याण शरद के दोनों ही—शान्त धवल और झिलमिलाते चंचल रूपों को नृत्य संयोजन में बड़ी ख़ूबसूरती से उभारते हैं। शरद के झिलमिल करते रूप को विविध तेज आमद, गिनती की तिहाइयों और प्रमलू में सँजोया गया। श्लोक गायन के साथ नृत्याभिनय द्वारा शरद का परिवेश रचा गया जहाँ पूरी प्रकृति अधिकाधिक धवल परिलक्षित होती है। पृथ्वी काँस के फूल से, रात्रि शुभ्र चाँदनी से, सरिता हंसों से और जलाशय श्वेत कमलों से, वन सप्तजन्य के सफ़ेद फूलों से और उपवन मालती के श्वेत पुष्प गुच्छों से धवल हो उठे हैं।

हेमन्त में पतझड़ एक उदास, नितान्त एकाकी मनोभूमि की सृष्टि करता है। जीवन के सुख-दुख का एक-एक कर पीले पत्तों-सा झरते जाना—और उसमें जैसे सकल उल्लास और आशा के ओझल होने के अवसाद को अदिति बहुत प्रभावी ढंग से रचने में सफल हुईं। मंच के मध्य में उदास पीली रोशनी के आवर्त से घिरी बैठी भावरत नर्तकी विषाद की छवि-सी अंकित लगती है। कहीं उम्मीद की हल्की-सी रेखा के बावजूद एक-एक कर इच्छाओं से झरते पत्ते—कभी हवा के हल्के झोंके से, कभी पक्षी के उड़ने से, कभी यों ही चुपचाप—अकेले ठूँठ की तरह पत्रहीन जीवन की रिक्तता और अवसाद को शुद्ध कल्याण में बाँसुरी के गूँजते आलाप की पृष्ठभूमि में दो जापानी हाइकू और जीवनपाणि की कविता का पाठ बहुत गहरे तक प्रतिध्वनित-सा करता है। इसे देखते हुए शमशेर बहादुर सिंह की काँपती असरदार आवाज़ में कविता की यह पंक्तियाँ

अनायास गूँज जाती हैं—

'एक पीली शाम
पतझर का जरा अटका हुआ पत्ता
शान्त.....
'अब गिरा अब गिरा वह अटका हुआ आँसू'...

हेमन्त के गहरे अवसाद और आशा की हल्की-सी किरण से घिरे दर्शकों के लिए हवेली संगीत के रूप में शिशिर वर्णन का केवल गायन निश्चित ही कार्यक्रम योजना की प्रभावकारी युक्ति था। यहाँ न केवल अब तक के सम्पूर्ण अनुभव को आत्मसात् करने का अवसर मिला बल्कि आने वाले वसन्त और उसके उल्लास की पृष्ठभूमि भी तैयार हुई।

ऋतुराज अपने पूरे ठाट-बाट से आता है। जीवन का प्रस्फुटन—उत्सव मनाने का ही तो अवसर है। जीवन का, प्रेम का, उल्लास का उद्दाम वेग अनेकानेक छवि धरता है जिसे विविध गतों, चालों, संक्षिप्त, वेगपूर्ण किन्तु लास्यप्रधान परणों, लय, बाँट आदि के माध्यम से प्रस्तुत किया गया। छोटे ख़्याल के रूप में बँधी बन्दिश—'आज आयो नवल ऋतुराज' ने इस उन्मुक्त भाव और वातावरण को रचने में पर्याप्त अवकाश दिया।

हिरण्यगर्भ से दीप्त, और समस्त जीवन के आधारभूत ऋग्वेद में वर्णित सूर्य की वन्दना द्वारा ग्रीष्म ऋतु को प्रस्तुत किया गया। सूर्य स्मरण और प्रार्थना से नृत्य प्रस्तुति का अन्त एक सुखद शान्तमय लोक की स्मृति और प्रभाव मन पर अंकित करता है। पखावज, बाँसुरी के साथ राग विभास में 'हिरण्यगर्भः समवर्त्तः'—ऋचा के गाये जाने का अपना प्रभाव था जिसने प्रदर्शन को एक समग्रता और सार्थकता दी।

पूरे प्रदर्शन का एक सशक्त पक्ष उसका संगीत था जिसका संयोजन शुभा मुद्गल ने किया। गायन में थे राधिका चोपड़ा और दिलीप परिहार। तबला योगेश गंगानी, पखावज फतेहसिंह गंगानी, बाँसुरी पर शैलेन्द्र कुमार, सारंगी पर मुराद अली और तानपूरे पर अपर्णा ने साथ दिया। सुसंगत और गम्भीर संगीत किस तरह एक प्रदर्शन को सार्थक बना सकता है इसका यह ज्वलन्त उदाहरण है। अदिति की वेश सज्जा और अशोक भगत की प्रकाश-योजना ने भी समग्र प्रभाव में कम योग नहीं दिया।

पारम्परिक कथक के एकल प्रदर्शन में अदिति मंगलदास का 'ऋतुचक्र'

निश्चित ही महत्त्वपूर्ण प्रस्तुति है। दो ऋतुओं में माइक पर पढ़न्त को यदि टाला जा सकता या उसका कोई और रूप निकल पाता तो बेहतर होता। इसके बावजूद बिना शोर-शराबे और दिखावे के यह एक सम्पूर्ण और प्रीतिकर अनुभव रहा जो निश्चित ही बहुत गहरे और देर तक असर डालने, उद्वेलित करने और रसमग्न करने में सफल हुआ।

(1995)

# जयपुर का वैभव

पिछले कुछ वर्षों में सितम्बर माह के आसपास भोपाल तीन–चार दिन के लिए उत्तरीय प्रदेश के लोकप्रिय शास्त्रीय नृत्य कथक के कलाकारों, विशेषज्ञों, गुरुओं का मुखर केन्द्र बनता रहा है। उस्ताद अलाउद्दीन ख़ाँ संगीत अकादेमी का बहुख्यात आयोजन 'कथक प्रसंग' कई अर्थों में महत्त्वपूर्ण है। इस नृत्य शैली के मूल तत्वों, सौन्दर्य और विस्तार को अपनी सम्पूर्णता में लाने का प्रयास 'कथक प्रसंग' द्वारा होता रहा है। इसका पूर्वग्रह रहित स्वस्थ और आत्मीय खुलापन प्रसंग में भाग ले रहे सभी व्यक्तियों में एक आत्मीय बिरादरी का भाव सहज ही जगाता है। इसके रहते आपसी मतभेद और कड़वाहट, बहुत से ग़ैर ज़रूरी विवाद तथा विसंगतियाँ जो कथकों के साथ जुड़–सी गयी है, बेमतलब हो जाती हैं। दूर–दूर से आये कलाकार, रसिकों, गुरुओं और विशेषज्ञों के बीच परस्पर स्नेह आदर और कलात्मक आदान–प्रदान का जो वातावरण बनता है वह किसी भी आयोजन के लिए स्पृहणीय हो सकता है।

लखनऊ घराने पर केन्द्रित समारोह में पिछले वर्ष इस घराने का बहुआयामी स्वरूप प्रकट हुआ था। इस वर्ष कथक प्रसंग कथक की जयपुर शैली पर केन्द्रित होने के कारण इसमें आमन्त्रित अधिकांश व्यक्तियों का सम्बन्ध किसी–न–किसी रूप में जयपुर घराने से रहा है। जयपुर से पण्डित गौरीशंकर, दिल्ली से पण्डित कुन्दनलाल एवं बड़ौदा से पण्डित सुन्दरलाल जैसे नृत्य गुरु कथक परिवार से सीधा सम्बन्ध रखते हैं। अन्य विशेषज्ञ और कलाकार थे—सर्वश्री मोहनराव कल्याणपुरकर (हुबली), कार्तिकराम (भोपाल), श्रीमती रोहिणी भाटे (पूना), दमयन्ती जोशी (बम्बई), सुनील कोठारी (कलकत्ता), दुर्गालाल (दिल्ली), उर्मिला नागर, प्रेरणा श्रीमाली

(दिल्ली), पुरु दाधीच और विभा दाधीच (लखनऊ), जयचन्द शर्मा (बीकानेर) और काजल मिश्रा (कलकत्ता)।

सुबह की गोष्ठियों में जयपुर घराने के इतिहास, उसके कलात्मक सौन्दर्य और वैशिष्ट्य तथा घराने के कला गुरुओं पर व्यक्तिगत अनुभव केन्द्रित आलेख पढ़े गये, उन पर चर्चा हुई, साथ ही गुरुओं द्वारा हस्तक्षेप और पदक्षेप द्वारा इस घराने की कुछ मौलिक विशेषताओं और विशिष्ट रचनाओं को देखने-समझने का अवसर भी एकत्रित जिज्ञासु और रसिक वर्ग को मिला। कई ऐसी सूक्ष्म सौन्दर्य की बारीक़ियों को देखने का अवसर मिला जो आज मंच पर प्रदर्शन में अनदेखी रह जाती हैं या अधिकतर नर्तक तैयारी और चमक-दमक से आक्रान्त करने की कोशिश में उनकी अवहेलना कर देते हैं या उनके सौन्दर्य की तह में जाने की कोशिश ही नहीं करते। थाट बाँधने का ख़ास अन्दाज़, आमद में अंग-भंगिमा और गतियों में चलन की विशिष्ट सौन्दर्यपूर्ण पद्धति जो लखनऊ के लालित्यपूर्ण अन्दाज़ और सौन्दर्य से एकदम अलग है, अति विलम्बित लय में विविध लयों की बन्दिशें और लय की काट-छाँट, मायनादार परणों में खुलते अनेक अर्थ, वीर, शान्त, करुण और शृंगार रस-भावों को रेखांकित करते विविधवर्णी कवित्त—ये सभी अपने वैभव में सामने आये।

कथकों के इतिहास के सम्बन्ध में भी कुछ महत्त्वपूर्ण तथ्य सामने आये। जयपुर के जयचन्द्र शर्मा ने अपने लेख से सिद्ध किया कि कथकों के अधिकांश परिवार राजस्थान के बीकानेर ज़िले में चुरू और शेखावत के आसपास के इलाक़े के रहने वाले हैं। वहाँ से अनेक कथक आजीविका की खोज में यहाँ-वहाँ बिखर गये। कथक में उस स्थान विशेष तथा नर्तक विशेष की कल्पना, रुचि और योग्यता के अनुसार उसमें कुछ बदलाव आये, कुछ नयी बातें आयीं। आज भी कथकों के अधिकांश परिवार इन इलाक़ों में निवास करते हैं। इस बात की पुष्टि पं. गौरीशंकर ने भी की। कथक की जो परम्परा जयपुर घराना नाम से विख्यात है वह दरअसल बीकानेर के कथकों की ही नृत्य परम्परा है।

घरानों के सिलसिले में एक बात दिलचस्प लगती है कि जहाँ जयपुर घराने के नाम से ख़्यात कथकों की लम्बी परम्परा और अनेक परिवार विद्यमान हैं वहीं लखनऊ घराने की ख़्याति एक ही परिवार पर टिकी है। और उस एक परिवार के बल पर ही उसने कथक में शीर्ष स्थान प्राप्त कर

लिया है। इसके होते हुए भी इन दोनों घरानों का अन्तर और उनका वैशिष्ट्य मूल्यवान है। यह वैविध्य अन्ततः कथक को अधिक समृद्ध, ऊर्जायुक्त और अर्थपूर्ण बनाता है। दृष्टि का यह अन्तर एक सौन्दर्य की तलाश है जिसे ये दोनों अपने-अपने ढंग से खोजते हैं, गढ़ते हैं, इसमें श्रेष्ठता या हीनता का कोई प्रश्न ही नहीं उठता और न ही ऐसे भावों और प्रवृत्ति को बढ़ावा देना उचित है। घरानों के आपसी मतभेद भुलाकर उन्हें पास लाने का काम भी बीच-बीच में होता रहा है। बरसों पहले मध्यप्रदेश में रायगढ़ के राजा चक्रधर सिंह ने ऐसी ही एक पहल की थी। इस सम्बन्ध में सन् 1968-69 की घटना का ज़िक्र पण्डित गौरीशंकर ने किया कि किस तरह कथक के दोनों घरानों के नृत्याचारों ने मिलकर काम करने और कथक को एकरूप देने के इरादे से एक योजना बनायी थी और उस पर बातचीत करने के लिए सब निश्चित समय पर दिल्ली में संगीत नाटक अकादमी के दफ़्तर में इकट्ठे हुए। झगड़े की आशंका से अकादेमी ने ऐन वक़्त पर जगह देने से इन्कार कर दिया। अन्ततः कथक केन्द्र में पण्डित सुन्दर प्रसाद और बिरजू महाराज के घर के आगे लॉन पर बैठकर चर्चा सम्भव हुई। कहा जाता है स्वयं स्वर्गीय पण्डित सुन्दरप्रसाद जी ने कुछ समय तक महाराज बिन्दादीन से नृत्य शिक्षा ली थी और अन्त समय तक वे उनकी नित्य पूजा भी करते थे। इस सम्बन्ध में एक बड़ा मार्मिक प्रसंग मोहनराव कल्याणपुरकर ने बताया।

एक बार महाराज बिन्दादीन के चित्र का फ्रेम और गद्दी जिस पर यह चित्र रखा रहता था, किसी असावधानीवश जल गया। सुन्दरप्रसाद जी ने सोचा उनके गुरु नाराज़ हो गये हैं—इसलिए उन्होंने अपने घर का सब सामान दान कर दिया। जब कल्याणपुरकर जी वहाँ पहुँचे तो वे केवल धोती-बनियान में गुरुजी के चित्र के आगे बैठकर रो रहे थे।

यहाँ यह जोड़ना अप्रासंगिक न होगा कि—स्वयं सुन्दरप्रसाद जी के नृत्य अंग का लालित्य और दृष्टि उस घराने के अन्य नर्तकों से भिन्न थी। एक ऐसे समय में जबकि गुरु का व्यापक अवमूल्यन हो चुका है स्वयं सत्तर वर्षीय कल्याणपुरकर जी को अपने गुरु का स्मरण करते हुए भाव विह्वल होते देखना मर्मस्पर्शी था। नृत्य संगीत जैसी कलाओं में गुरु की महिमा अभी बची हुई है और उसका शिष्य की रचनात्मकता और स्वाभिमान से कोई विरोध नहीं है। यों भी प्रसंग में एकत्रित इतने गुरुओं का आपस में

सौहार्द देखना सुखद अनुभव है।

कथिक सही अर्थों में कलावन्त थे। नाचना, गाना, तबला आदि बजाना प्राय: इन सभी में उन्हें दीक्षा दी जाती थी। इन सभी कलाओं में कुशल होने के कारण अपनी रुचि और आवश्यकतानुसार वे अपना क्षेत्र चुन लेते थे। आज भी अनेक कथिक नृत्य से इतर अन्य क्षेत्रों में ख़्याति पा रहे हैं। प्रसंग में बड़ौदा से आये पण्डित सुन्दरलाल ने कुछ मौलिक कवित्त सुनाये जिनमें नृत्य के व्याकरण का उपयोग सार्थक और समृद्ध काव्य रचना के लिए हुआ है।

प्रसंग की शुरुआत सुबह की गोष्ठी से हुई जिसमें डॉ. पुरु दाधीच ने 'जयपुर घराने का कलात्मक वैशिष्टय' और डॉ. सुनील कोठारी ने 'इतिहास के आईने में जयपुर घराना' पर केन्द्रित आलेख पढ़े। इस गोष्ठी की अध्यक्षता मोहनराव कल्याणपुरकर ने की। इन आलेखों के द्वारा जयपुर घराने का विस्तार, इसके नृत्य की लम्बी परम्परा और इसके सौन्दर्य के मूल तत्त्व पर विचार हुआ। बातचीत मूलरूप से इसके इतिहास पर केन्द्रित रही। कलात्मक वैशिष्ट्य की चर्चा ज़रूर हुई पर उनके क्रियात्मक पक्ष के अभाव में यह चर्चा अधूरी ही रही।

जयपुर घराने पर केन्द्रित कथक प्रसंग में दूसरे दिन की गोष्ठी में पूना की श्रीमती रोहिणी भाटे ने 'जयपुर घराने का वैशिष्टय और सौन्दर्य-बोध' पर और पण्डित मोहनराव कल्याणपुरकर ने 'गुरु पण्डित सुन्दर प्रसाद जी' पर निबन्ध पढ़े।

दोनों ही आलेख निरे अकादेमिक आकलन न होकर व्यक्तिगत अनुभव पर आधारित थे और इसलिए बहुत सजीव लगे। इन दोनों आलेखों से सहज ही उपजे 'पदक्षेप' और 'हस्तक्षेप' ने इस गोष्ठी को अत्यन्त जीवन्त और अर्थपूर्ण बना दिया। जयपुर घराने की कई सूक्ष्मताओं को इन गुरुओं से देखना—जो आज प्रचलित नृत्य रूप में लगभग लुप्त होती जा रही हैं—इस नृत्य शैली को एकदम नये रूप और परिप्रेक्ष्य में देखने जैसा था। हाथों-पैरों का चलन, खड़े होने का अन्दाज़, बारीक़ भेद से अलग होती गतियों का सौन्दर्य, बोलों की अदायगी का चपल वैशिष्टय और ताल लय की अचूक पकड़ और समझ जिस तैयारी, समय और सौन्दर्य-दृष्टि की माँग करता है वह धीरे-धीरे कम होती जा रही है।

‘कथक प्रसंग’ की तीसरी और अन्तिम गोष्ठी में बीकानेर के डॉ. जयचन्द्र शर्मा ने अपना आलेख पढ़ा—‘कथक के विकास में बीकानेर राज्य का योगदान’। भारत के अपने इतिहास की तरह कथक का इतिहास भी विवादास्पद रहा है। इन्होंने सोलहवीं शताब्दी से नृत्य के परिप्रेक्ष्य में बीकानेर की चर्चा करते हुए इस इलाके में फैले कथिक परिवारों का उल्लेख किया और बताया कि आज पूरे भारत में फैले अधिकांश कथिक दरअसल इसी इलाक़े से आये हुए लोग हैं। जयपुर घराना सुविधा के लिए दिया गया प्रतीकात्मक नाम है। इनके अतिरिक्त पण्डित कार्तिकराम, सुश्री काजल मिश्र, श्री कल्याण दास महन्त ने पण्डित जयलाल के संस्मरण और कुछ बन्दिशें प्रस्तुत कीं। बड़ौदा के श्री सुन्दर लाल ने घरानों के आपसी द्वेष को मिटाकर उत्तरी भारत के नृत्य कथक की एकरूपता की सशक्त वकालत की और कुछ दिलचस्प कवित्तों की पढ़न्त भी की। दूसरे दिन की तरह इस गोष्ठी में भी नृत्य के क्रियात्मक पक्ष ने इस गोष्ठी को सजीव बनाया। इस घराने की कुछ पुरानी बन्दिशों का श्री रामलाल ने प्रदर्शन किया।

प्रसंग के तीन दिन के प्रदर्शन कार्यक्रम में इस घराने की वरिष्ठ नर्तकी दमयन्ती जोशी और युवतम नर्तकी प्रेरणा श्रीमाली के अतिरिक्त दुर्गालाल, उर्मिला नागर, काजल मिश्र, पुरु दाधीच एवं विभा दाधीच शामिल हैं किन्तु इस वर्ष के प्रदर्शनों में केन्द्रीय भूमिका युवा नर्तकियों ने निभायी। काजल मिश्र और प्रेरणा श्रीमाली दोनों ही सम्भावनापूर्ण कुशल नर्तकियों के रूप में उभरीं। जयपुर अंग की ठेठ छवि कलकत्ते से आयी काजल मिश्र के नृत्य में ही देखने को मिली। काजल मिश्र नृत्य गुरु स्वर्गीय पण्डित जयलाल की पौत्री और स्वर्गीय रामगोपाल की पुत्री हैं। प्राय: इन घरानों की लड़कियाँ नृत्य प्रदर्शन नहीं करती हैं। पर यह दिलचस्प और प्रशंसनीय बात भी है कि काजल की बुआ जयकुमारी भी कथक की कुशल नर्तकी थीं। जयकुमारी के नृत्य कौशल और तैयारी के विषय में कहा जाता है कि तत्कार के समय उनके पैर ज़मीन पर नज़र ही नहीं आते थे और चक्कर के दौरान ऐसा लगता मानो उनका चेहरा एक साथ चारों ओर है। इनकी माँ सुष्मिता मिश्र स्वयं भी नृत्य करती थीं। इस तरह वंश परम्परा से नृत्य परिवेश में पली काजल के नृत्य में विश्वास, तैयारी और अंग तथा पद विन्यास की सफ़ाई और शुद्धता सभी एक साथ सामने आते

हैं। काजल के नृत्य में एक ख़ास क़िस्म की नाटकीयता है जो सम पर विशेष रूप से प्रभावित करती है। इनके नृत्य का लालित्य लखनऊ अंग से भिन्न है और इस लालित्य के रहते अंग संचालन की सफ़ाई और चमक मुग्धकारी थी। पग संचालन की स्पष्टता और जटिल बोलों की सूक्ष्म निकासी इनके रियाज़ और लय-ताल पर अधिकार की परिचायक है। साफ़-सुथरा और सुविचारित प्रदर्शन इनके नृत्य की विशेषता कहा जा सकता है। भावाभिनय पर भी इनका अच्छा अधिकार होरी में अभिनय और नृत्य की सम्मिलित संरचना में उभरकर आया। पण्डित कुन्दनलाल की शिष्या प्रेरणा श्रीमाली के नृत्य में लगभग अलक्ष्य रूप से लखनऊ घराने की लालित्यपूर्ण गीतिमयता उभरती है जिसमें जयपुर शैली की तमाम विशिष्टताओं को बरकरार रखते हुए भी दोनों घरानों का सहज सौन्दर्यपरक सम्मिश्रण है। परिष्कृत नृत्त एवं नृत्य अंग, गत और कवित्त का मनोहारी चलन और रुकने का विशिष्ट अन्दाज़, सुरुचिपूर्ण वेशभूषा सब मिलकर इनके नृत्य की एक अलग पहचान बनाते हैं।

उर्मिला नागर एक कुशल कलाकार हैं। इन्होंने नृत्य की शिक्षा पण्डित कुन्दनलाल और पण्डित सुन्दरप्रसाद से ली और उस गहन प्रशिक्षण की छाप इनके नृत्य पर है। पद संचालन में सफ़ाई, विविधता और क्षिप्रता, अंग निकासी में चपल सौन्दर्य और प्रभावी भावाभिनय इनके नृत्य की विशेषता कही जा सकती है। इस सबके बावजूद तारतम्यहीन नृत्य में आत्ममुग्ध नायिका की अन्तहीन बातचीत से बोझिल नृत्य में इनकी ख़ूबियाँ और प्रभाव दोनों नष्टप्राय: हो गये। दाधीच दम्पति यदि प्रदर्शन का लोभ छोड़कर कथक के लगभग उपेक्षित सैद्धान्तिक क्षेत्र पर ध्यान केन्द्रित कर अपनी विद्वता और ज्ञान से उसे आलोकित कर सकें तो इस क्षेत्र का अधिक हित करेंगे।

जयपुर घराने की युवा पीढ़ी के प्रतिनिधि नर्तक के रूप में दुर्गालाल अपनी अलग पहचान बनाते हैं। इन्होंने नृत्य की शिक्षा अपने पिता ओंकारलाल, भाई देवीलाल तथा नृत्य गुरु पण्डित सुन्दर प्रसाद से पायी। प्रभावकारी मंच उपस्थिति, लय-ताल और नृत्य पर असाधारण अधिकार, अदायगी में चपल सहजता, तैयारी के साथ-साथ सूक्ष्म व स्पष्ट पद व अंग विन्यास दुर्गालाल के नृत्य की विशेषताएँ हैं। बिरजू महाराज के नृत्य अंग और व्यवहार की स्पष्ट झलक उनके नृत्य को एक विशिष्ट सौन्दर्य और

लालित्य प्रदान करती है। कथक के सक्षम और महत्त्वपूर्ण नर्तक के रूप में दुर्गालाल का स्थान निस्सन्देह काफ़ी ऊँचा है।

कुछ आकस्मिक ढंग से पहली संध्या के दोनों घरानेदार कलाकार—काजल मिश्र और दुर्गालाल सगे भाई पण्डित जयलाल और पण्डित सुन्दर प्रसाद के शिष्य होने के नाते एक ही खानदान की शिष्य परम्परा में आते हैं। इसको देखते पद विन्यास की जटिल, सूक्ष्म और चमत्कारी निकासी, लय ताल पर विशेषाधिकार और लालित्यपूर्ण अंग संचालन की दोनों नर्तकों में उपस्थिति के बावजूद पूरे प्रदर्शन के अन्दाज़ और अदायगी में पर्याप्त अन्तर था।

श्रीमती दमयन्ती जोशी कथक में बहुश्रुत और सशक्त नाम हैं। कथक से जुड़ी सामाजिक कुण्ठा और लांछन के समय में कथक को शालीनता और सौन्दर्य-दृष्टि देने में दमयन्ती जोशी का बहुत बड़ा योगदान है। नृत्य के दौरान क्षणभर को शिल्पित स्थिरता में स्थापित-सा अंग विन्यास, मंच पर अत्यन्त सहज लगभग फिसलती-सी देह यष्टि और अन्तरिक्ष में अलक्ष्य धीमेपन से बुनते नृत्य-बिम्ब एक अनन्त की रचना करते से लगते हैं। कथक के विशिष्ट अंग गत निकास और गतभाव का चपल सौन्दर्य और सौष्ठवपूर्ण गरिमामय अदायगी दमयन्ती जी की अपनी विशेषता थी। मुख्य रूप से लखनऊ घराने से सम्बद्ध दमयन्ती जोशी ने कथक के दोनों घरानों के गुरुओं से नृत्य दीक्षा ली है। बरसों तक वे मैडम मेनका के साथ रही हैं जिसका प्रभाव इनके नृत्य व्यवहार पर अवश्य होगा। अपने प्रदर्शन को इन्होंने चार अंशों में प्रस्तुत किया—गुरु वन्दना, नृत्य अंग, सूर का पद और पद विन्यास। यह चारों खण्ड अलग-अलग देखे जा सकते थे और इनमें एक-दूसरे को मिलाने की कोई कोशिश नहीं थी। आज जब तत्कार ने कथक को लगभग आक्रान्त कर रखा है तब उसे अन्त तक के लिए बचाए रख सकना हिम्मत का काम है।

इन प्रदर्शनों के दौरान एक बात बहुत साफ़ देखने में आयी कि कथक नृत्य में धीरे-धीरे एक सहज, स्वस्थ किन्तु स्पष्ट बदलाव आ रहा है। उसमें एक नयी सौन्दर्य-दृष्टि उभर रही है जिसका बहुत सीधा सम्बन्ध आज कथक के प्रमुख नर्तक-गुरु बिरजू महाराज से है। इस सौन्दर्य-दृष्टि के रहते भी इन दोनों घरानों की जो अपनी ख़ूबियाँ और सूक्ष्म सौन्दर्य है इसे बनाये और बचाये रखना ज़रूरी है जिसमें कथक का पुराना किन्तु परिष्कृत

रूप तथा एक नया कथक अंग दोनों का सौन्दर्यपरक सम्मिश्रण हो। एक बात की ओर विशेष ध्यान देना ज़रूरी है कि ये कथक प्रसंग घराने पर आधारित ज़रूर हैं पर इसके पीछे इनके माध्यम से एक शैली को पूरे सौन्दर्य-बोध और विशिष्टता में समझने की कोशिश भर है, घरानों के बीच किसी तरह का अलगाव करने की नहीं, जैसा कि सम्भवत: इनमें भाग ले रहे लगभग सभी कलाकार रसिकों को यह महसूस भी हुआ होगा। दूसरे इन क्षेत्रों में जो अपेक्षाकृत अज्ञात चुपचाप ही महत्त्वपूर्ण काम हो रहा है, जो व्यक्ति निस्पृह भाव से सार्थक काम कर रहे हैं, इस बहाने वे भी सामने आये तथा सोच-विचार तथा कार्यक्षेत्र का एक विस्तृत दायरा और केन्द्र विकसित हो रहा है इसकी ओर भी लोगों का ध्यान केन्द्रित हुआ।

कथक अनेक विवादों और भ्रान्तियों में उलझा नृत्य होने के बावजूद उत्तर भारत का प्रमुख एवं लोकप्रिय शास्त्रीय नृत्य है। पिछले वर्षों के दौरान प्रसंग आयोजनों से स्पष्ट है कि कथक एक सम्पूर्ण नृत्य शैली है। प्राय: कथक को एकायामी नृत्य माना जाता रहा है। लगता है कथा प्रधान इस नृत्य शैली में किन्हीं कारणों से नृत्त अंश की प्रमुखता हो गयी। यों जितना विकसित इसका लय-ताल पर केन्द्रित नृत्तांग है उतना ही सूक्ष्म और गहरा इसका भाव अंग है। जहाँ एक कथक नर्तक केवल लयताल के चमत्कार से घण्टों दर्शकों को बाँधे रख सकता है वहीं वह कितनी ही देर तक गाने की एक पंक्ति को विविध रंग में ढालकर भाव बता सकता है। नृत्यगतियों द्वारा गत, गतभाव में बिना शब्दों का सहारा लिए भावाभिव्यक्ति का सामर्थ्य भी इसी नृत्य शैली में है। इस सम्पूर्ण सौन्दर्य और ऊर्जा को कल्पनाशील ढंग से सामने लाने और रेखांकित करते रहने की ज़रूरत है।

कथक के जयपुर घराने पर केन्द्रित इस आयोजन में जयपुर कथक की बहुआयामी सशक्त रंगतों से रूबरू होना प्रीतिकर था। उस्ताद अलाउद्दीन ख़ाँ संगीत अकादमी द्वारा आयोजित कथक पर केन्द्रित ये समारोह न केवल एक ही नृत्य शैली के बदलते रूपाकारों से परिचित होने का अवसर देते हैं, उसकी समृद्ध कल्पना, ऊर्जा, सौन्दर्य और वैविध्य को भी उजागर करते हैं जो अपने आप में विस्मयकारक और समृद्धकारी अनुभव है।

(1982)

# शरच्चन्द्रिका

इस वर्ष 1984, से दिल्ली कथक केन्द्र ने शरद ऋतु में एक नया कथक उत्सव शुरू किया है, नाम है 'शरच्चन्द्रिका'। शरद पूर्णिमा के आसपास आयोजित यह नृत्य समारोह कथक के उत्थान प्रसार और महत्त्व की एक और भूमिका अदा करेगा, यह इस वर्ष के समारोह को देखकर सहज ही अनुमान लगाया जा सकता है। यह सही है कि इस समारोह में 'बिन्दादीन महोत्सव' की चमक-दमक, विस्तार और दिग्गजों का समागम नहीं था और न ही इस समारोह का उद्देश्य प्रयोगात्मक नूतन नृत्य अभिव्यक्ति था। इसमें सहज एकल कथक का पारम्परिक रूप ही अभीष्ट था। यों पिछले वर्षों में कथक प्रदर्शन में आये बदलाव की छाप यहाँ भी थी और कई मायने में उसे सुखद भी कहा जा सकता है—मसलन वेशभूषा, अदायगी का अन्दाज़ और सुगठित नृत्य प्रदर्शन संरचना का प्रयास—चाहे वह पारम्परिक ढंग से ही क्यों न हो। सुगठित होने का एक कारण तो समय की बन्दिश भी थी जिसमें फालतू वक़्त जाया करने का अवकाश ही न था।

इस आयोजन की एक और उपलब्धि जो किसी तरह कम महत्त्वपूर्ण नहीं है—वह यह कि इसमें अधिकांशतः कथक केन्द्र से बाहर के नर्तक थे। वे भी, जिन्होंने यहाँ से जाने के बाद अपना एक निश्चित स्थान बनाने की कोशिश की है। आज कथक केन्द्र से सीधे जुड़ा एक भी नर्तक इस आयोजन में नहीं था। अपने आयोजनों में प्रायः कथक केन्द्र इस तरह हावी रहता है कि उससे बाहर के प्रयास प्रायः अलक्षित से रह जाते हैं इस दृष्टि से भी एक स्वस्थ परम्परा को बढ़ावा मिलेगा। देश के अलग-अलग भागों में कथक नर्तक किस तरह सोच-समझ रहे हैं, काम कर रहे हैं, परिदृश्य क्या है, इसका जायजा लेने का भी यहाँ मौक़ा मिला और सच

पूछा जाये तो कुछ हद तक यह बदलाव लगा भी। कथक के पुनरागमन के साथ-साथ कथक परिदृश्य में पुरुष नर्तक की अपेक्षा स्त्री नर्तकियों की प्रधानता हो गयी है यह कथक के किसी भी आयोजन में देखा जा सकता है—सो इसमें भी था। पर यहाँ तीनों ही दिन एक पुरुष नर्तक ज़रूर था और ऐसे हालात में यह सन्तोषजनक माना जा सकता है। यह दिलचस्प बात है कि ये तीनों नर्तक—अर्जुन मिश्र, हरीश रावत और मदन—किसी-न-किसी रूप में लखनऊ घराने से सम्बन्धित रहे हैं। और इसीलिए तैयारी, ओज और कहीं-कहीं को छोड़कर एक सुघड़पन उनके नृत्य में है। अर्जुन मिश्र के नृत्य में स्वाभाविक सहजता, बोलों की सफ़ाई और पैनापन और विविधवर्णी चक्करों का तीव्र आवेग है तो हरीश रावत में अपनी ओर ध्यान आकर्षित करने की ललक खटकने की हद तक तीव्र है। रामलीला आदि के चरित्र भूमिकाओं और नृत्य का प्रभाव इनके कथक पर भी है। और यदि वे कथक को अपना क्षेत्र बनाना चाहते हैं तो इन प्रभावों से उन्हें मुक्त होना पड़ेगा। इनमें मदन युवतम नर्तक हैं और अच्छे नर्तक होने की उनमें पर्याप्त सम्भावनाएँ हैं।

युवतम पीढ़ी की मुक्ता जैन, ईशिरा पारिख, केया चाँद, सुचित्रा डाकवाले से लेकर शाश्वती मिश्र, काजल मिश्र, कपिला राज और सुप्रतिष्ठित उर्मिला नागर और सुनयना हजारीलाल तक लगभग चौदह नर्तकियों ने भाग लिया। जिनमें अपनी योग्यता के अनुरूप प्रदर्शन और अभिव्यक्ति के विभिन्न स्तरों के साथ एक मूलभूत सौष्ठव था। कथक के अनगिनत बेतरतीब और अर्थहीन प्रदर्शनों के परिप्रेक्ष्य में यहाँ की प्राय: सभी प्रस्तुतियों में एक साफ़ सुथरापन और नृत्य-सौन्दर्य के प्रति जागरूकता थी। युवा नर्तकियों में केया चाँद, ईशिरा पारिख, रेणु शर्मा, अमला मेहता में सुघड़ लालित्य है तो सुचित्रा डाकवाले, संगीता मित्तल अपनी तैयारी से प्रभावित करती हैं। इन सभी में सम्भावनाएँ हैं किन्तु अगली सीढ़ी पर पहुँचने के लिए अभी भी अथक मेहनत की ज़रूरत है। इनसे अगली पीढ़ी की नर्तकियों में शाश्वती मिश्र, काजल मिश्र, कपिला राज तीनों ने ही कथक प्रेमियों में अपनी अलग पहचान बनायी है। और अल्पावधि के प्रदर्शन में भी ये तीनों ही अपनी विशिष्टता से प्रभावित करती हैं। उर्मिला नागर और सुनयना हजारीलाल इस समारोह की वरिष्ठतम कलाकार थीं और उस दृष्टि से उन्होंने कुछ चुनी हुई दिलचस्प चीज़ें प्रस्तुत कीं। उर्मिला नागर

ने अपने गुरुजनों की कुछ विशिष्ट रचनाएँ प्रस्तुत कीं तो सुनयना हजारीलाल ने भाव के स्तर पर कुछ दिलचस्प उद्‌भावनाएँ कीं। "सब दिन नहिं होत एक समान" भजन पर उनका बैठकर किया गया भाव इस समारोह की उपलब्धि था। और नृत्य के दौरान सामान्यत: अंहकारपूर्ण कठोर मुख मुद्रा भाव प्रदर्शन में किस तरह संवेदनशील और मृदुल हो गयी यह परिवर्तन देखना सचमुच दिलचस्प था।

कथक नर्तक का भाव पक्ष की ओर ध्यान गया है यह इस समारोह से स्पष्ट था। प्राय: हर नर्तक ने इस थोड़ी-सी अवधि में भी कम-से-कम एक भाव प्रधान संरचना प्रस्तुत करने की कोशिश की। यह आभास कि मात्र तैयारी और चमक-दमक ही कथक नहीं है वह इससे कहीं आगे जाता है और जितनी बारीक़ी और विविधता उसकी लय में है उतनी ही बारीक़ी, विविधता और विस्तार भाव में, इसका बोध और अपने नृत्य में उसका प्रदर्शन महत्त्वपूर्ण है। यह कथक को फिर से सम्पूर्णता में पहचानने और ग्रहण करने की दिशा में एक कारगर पहल है। इस पक्ष पर ध्यान देने की लगातार ज़रूरत महसूस की जाती रही है और उसकी अहमियत को कथक नर्तकों ने समझा है यह समारोह इसका प्रत्यक्ष उदाहरण था। इसीलिए इतने सब प्रदर्शनों के बावजूद एक ताज़गी और विविधता थी जो इस समारोह को बोझिल होने से बचा सकी।

एक शैली के इतने तमाम प्रदर्शनों का अलग समारोह होना ही कथक के विस्तार को रेखांकित करने के लिए पर्याप्त है। पिछले अनेक वर्षों से उत्तर का नृत्य जगत भी अन्य नृत्य शैलियों से आक्रान्त रहा है और उसके अपने क्षेत्र में ही कथक लगभग दूसरे स्थान की भूमिका अदा करता रहा है। इन समारोहों से स्पष्ट है कि कथक को सही स्थान मिलने से अब कोई नहीं रोक सकता है।

(1984)

# ताण्डव की पुनर्प्रतिष्ठा

'शरच्चन्द्रिका 1995' कथक केन्द्र के शरदोत्सव का इस वर्ष 13 से 15 अक्टूबर तक श्रीराम सेन्टर में आयोजन हुआ। हर वर्ष की तरह इस बार भी देश के अलग-अलग हिस्सों से अनेक कथक गुरुओं के युवा और वरिष्ठ शिष्यों और नर्तकों ने उत्सव में भाग लिया। कथक केन्द्र का उद्देश्य अनेक युवा और उभरती प्रतिभाओं के साथ-साथ हर दिन एक-दो वरिष्ठ नर्तकों को भी प्रस्तुत करने का होता है जिससे युवा नर्तकों को मंच के अतिरिक्त इनके साथ होने का गौरव भी मिले। जाहिर है बरसों की मेहनत, तैयारी और सुदीर्घ शिक्षा के लिए इतना वक़्त काफ़ी नहीं होता किन्तु ऐसी एक परम्परा-सी बनने के कारण अब लगभग हर नर्तक को जो थोड़ा वक़्त मिलता है उसमें उसे अपनी चुनी रचनाएँ प्रस्तुत करने का अवसर होता है। यदि सुचिन्तित प्रस्तुतिकरण हो तो इतने कम समय में ही नर्तक अपना यथेष्ट प्रभाव छोड़ पाता है।

इस वर्ष 'शरच्चन्द्रिका' का दिलचस्प पहलू इसमें पुरुष नर्तकों की भागीदारी रही। शायद यह पहला अवसर होगा जब पूरी प्रस्तुतियों में से आधे में पुरुष नर्तकों को देखने का अवसर मिला जिनमें कुल मिलाकर नौ नर्तकों ने भाग लिया जिनमें दो युगल नृत्य थे। यह स्थिति अपने आप में ग़ौरतलब है और कई तरह की बातों को सामने लाती है।

कथक मूलतः पुरुष प्रधान नृत्य रहा है। सम्भवतः आज़ादी के बाद शास्त्रीय नृत्यों से जुड़े सामाजिक बन्धनों के टूटने के कारण सम्भ्रान्त घरों की अनेक लड़कियाँ, युवतियाँ इस क्षेत्र में आगे आयीं और उनका ऐसा वर्चस्व रहा कि एक समय ऐसा भी आया जब इसमें पुरुष नर्तक लगभग

पृष्ठभूमि में चले गये। यों यह भी सही है कि गुरु का स्थान और प्रमुख नर्तक पुरुष ही रहे आये। इधर शास्त्रीय नृत्य की हर शैली में स्त्री–गुरु की अवधारणा भी उभरी है क्योंकि अनेक वरिष्ठ नृत्यांगनाओं ने यह पदवी सम्भालनी शुरू कर दी है। किन्तु उस पर चर्चा फिर, फ़िलहाल हम इस आयोजन में कथक की बात करें।

इस वर्ष की प्रस्तुतियों में एक दूसरी बात जो ग़ौर करने की हो सकती है वह है शिव स्तुति या वन्दना का प्राधान्य। शरदोत्सव एक तरह से कृष्ण रास से जुड़ा उत्सव भी है जैसे कथक भी प्रायः कृष्ण के नृत्य से जुड़ा माना जाता है और शम्भू महाराज इसे नटवरी नृत्य कहना पसन्द करते थे। इसका यह अर्थ नहीं कि इसलिए दूसरे देवताओं की स्तुति या उन पर रचनाएँ वर्जित हैं, सिर्फ़ यह, कि इसमें कृष्ण का प्राधान्य रहा है और अधिकांश नृत्य उनकी भक्ति, उनकी लीला, उनके नृत्य के इर्द–गिर्द घूमता है। एक उत्सव में पुरुष और शिव तत्त्व की प्रधानता किस ओर इंगित करते हैं यह देखना अपने आप में सार्थक तो होगा ही सम्भवतः यह कथक में आते बदलाव और नयी सम्भावनाओं का संकेत भी हो सकता है।

कथक के ओज, पौरुष, ताण्डव अंग की वरीयता तो इस उत्सव में स्पष्ट ही थी। साथ ही एक ख़ास तरह का मर्दानापन भी कथक में इस बार नज़र आया—चाहे वह नर्तक पुरुष हो या स्त्री। दूसरे, ताण्डव अंग की यह वर्चस्वता कहीं जाने–अनजाने एक ख़ास राजनैतिक प्रभाव तो नहीं है ? यों ऐसे राजनैतिक–सामाजिक बदलाव सबसे बाद में ही पारम्परिक नृत्य और संगीत में आते हैं—तो कहीं यह प्रक्रिया धीरे–धीरे हमारी इन कला रूपों में भी तो प्रवेश नहीं कर रही है ? यह ठीक है कि एक आयोजन मात्र से ही ऐसा निष्कर्ष नहीं निकाला जा सकता, यह न उचित है न ही सही किन्तु इस स्थिति से आगाह तो हुआ ही जा सकता है।

इतने युवा पुरुष नर्तकों को मंच पर देखकर कथक के अपने मूल रूप, उसके ओज और प्रस्तुति की कुछ विशिष्ट ख़ूबियों के बचे रहने की उम्मीद जागती है। भक्ति की एक धारा के अनुसार पुरुष केवल एक है—एक परम तत्त्व जिसका नाम कृष्ण आदि कुछ भी हो सकता है—बाक़ी सब स्त्रियाँ, जो उससे एकात्म होने के प्रयत्न में लगी हैं। शायद यही कारण हो कि तमाम ऐसी पुरुष प्रधान नृत्य शैलियों में पुरुष स्त्री रूप के निकटतम पहुँचने की कोशिश करता रहा है। इस तरह उसकी प्रस्तुति में

एक ख़ास तरह का तनाव (टेंशन) और आकर्षण पैदा होता है जो उसे विशिष्ट बनाता था। स्त्री-रूप में स्त्री की प्रस्तुति में यह खिंचाव उस अर्थ में नहीं होता—वह सहज हो जाता है—और इस तरह दोनों की प्रस्तुति में अलग अर्थ और आयाम सामने आते हैं। यह अलग बात है कि भावाभिव्यंजना के अनेक स्तर, रूप और दशाएँ दोनों ही अपनी-अपनी प्रतिभा और कौशल से उतने ही प्रभावकारी ढंग से प्रस्तुत कर सकते हैं, करते ही हैं, और एक जगह जाकर स्त्री और पुरुष का यह भेद ख़त्म हो जाता है। फिर भी कथक का ख़ास खुलापन, प्रस्तुति का उन्मुक्त रूप तथा ओज जितना पुरुष पर फबता है उतना स्त्री पर नहीं। दूसरी ओर अंगों की नज़ाक़त, उसका लास्य और सुकुमार सौन्दर्य जितना नर्तकी में उभरता और आकर्षित करता है उतना नर्तक में नहीं। इसमें बिरजू महाराज जैसे श्रेष्ठ नर्तकों की बात यदि छोड़ दें, जो यों भी विरले ही होते हैं, तो प्राय: यह बात सही मानी जा सकती है। इस वर्ष के आयोजन ने इस तथ्य को एक विशेष ढंग से रेखांकित किया। इसी सन्दर्भ में नृत्य मात्र में पुरुष की वापसी के दो दिलचस्प उदाहरण हैं, 'पुरुष' नाम के दो आयोजन, एक पिछले वर्ष भारत भवन भोपाल में तथा दूसरा इसी वर्ष मद्रास में। पुरुष की नृत्य परिदृश्य में केन्द्रीयता क्या महज् संयोग ही है—इसकी पड़ताल महत्त्वपूर्ण हो सकती है।

बरसों बाद तीरर्थ अज़मानी को मंच पर एकल नृत्य में देखने का अवसर मिला। विष्णु स्तुति 'शान्ताकारम्' से प्रारम्भ उनके नृत्य में बीते दिनों की सहजता, चैन और लास्यमय चलन का अन्दाज़ था। तो आज के बदलते परिदृश्य के प्रति तल्ख़ी और दर्द को भी महसूस किया जा सकता था। उनका नृत्य कुछ बहुत पुरानी रचनाएँ, अनेक भूले-बिसरे चित्रों, स्मृतियों को उभार गया।

बम्बई के सन्तोष कुमार चटर्जी के नृत्य में सहजता, तैयारी, सफ़ाई तथा लास्य-ताण्डव तथा अभिनय का अच्छा समन्वय था तो शम्भू महाराज के बड़े पुत्र कृष्णमोहन मिश्र के नृत्य में पिता के ओज तथा आंगिक के ख़ास अन्दाज़ के साथ बड़े भैया बिरजू महाराज के अंग और नृत्य के बर्ताव का दिलचस्प मेल उनको अन्य नर्तकों से अलग करता है।

पूरे आयोजन की चार युगल प्रस्तुतियों में दो, अनेक कारणों से, उल्लेखनीय हैं। बनारस के परम्परागत कथक परिवार से आये रविशंकर और माताप्रसाद

के नृत्य ने गोपी कृष्ण और कथक प्रदर्शन के पुराने अन्दाज़ की याद ताज़ा कर दी। ऐसी पुरजोर तैयारी, फुर्ती, ओज, पौने नौ मात्रा में लय–ताल पर पूरा अधिकार, तीस–पैंतीस तेज चक्कर के बाद सम पर बैठने का अन्दाज़ चमत्कृत तो करता है किन्तु आंगिक सौष्ठव और अभिनय की कमी एक अधूरेपन की छाप भी मन पर छोड़ती है। यों प्रायः सभी पुरुष नर्तकों में कमोबेश यह कमी नज़र आयी।

'शरच्चन्द्रिका' की अन्य प्रस्तुतियाँ सामान्य तौर पर ठीक थीं किन्तु नेहा और प्रीति का प्रदर्शन इस आयोजन की उपलब्धि कहा जा सकता है। पूना की शमा भाटे की इन दो बाल शिष्याओं के नृत्य के सामने अन्य सभी प्रदर्शन फीके नज़र आने लगे। इनमें भी नेहा का पूरा व्यक्तित्व ही नृत्यमय था। उसके रोम–रोम से नृत्य और भाव प्रकट होता है। कथक वन्दना में ऐसा सहज और सघन अभिनय शायद ही कभी देखने में आया हो।

शमा भाटे की यह शिक्षा–दीक्षा कहीं इस तथ्य की ओर भी इंगित करती है कि यदि सचमुच अच्छे कलाकार तैयार करने हैं तो ऐसी प्रतिभा की पहचान, उसकी तालीम और उनके चहुँओर विकास पर पूरी निष्ठा और पैनी नज़र की कितनी अधिक ज़रूरत है। आज के सामान्यीकरण और व्यावसायिक युग में कथक केन्द्र जैसी संस्था में भी जिस तरह गुणवत्ता और अनन्य साधना के बजाय संख्या पर जोर बढ़ा है उससे बहुसंख्यक नाचने वाले भले ही पैदा हुए हों उनमें श्रेष्ठता के लक्ष्य और शिखर तक पहुँचने वाले विरले ही हैं।

(1995)

## स्वतन्त्रतापूर्व नृत्य उत्थान

संगीत नाटक अकादेमी द्वारा सन् 1989 में अँग्रेज़ी प्रकाशन 'मैडम मेनका' कई अर्थों में महत्त्वपूर्ण है। नृत्य पर लिखने वाले यों ही विरले हैं फिर इसकी लेखिका दमयन्ती जोशी स्वयं प्रतिष्ठित कथक नर्तकी हैं जिन्होंने अपनी बाल्यावस्था में मैडम मेनका के संरक्षण में ही नृत्य जगत में पैर रखा था। तब से मैडम मेनका की सन् 1947 में मृत्यु तक दमयन्ती जोशी का उनसे घनिष्ठ सम्बन्ध रहा। इस तरह उनके तथा उस समय के नृत्य संसार से भी साक्षात्कार करने का उन्हें यथेष्ठ अवसर मिला था। उस स्मृति और जानकारी को उन्होंने बहुत ही निष्पक्ष किन्तु आत्मीयता के साथ हमारे लिए उपलब्ध कराया है। यों तो एक अर्थ में यह मैडम मेनका के काम का एक दस्तावेज़ भर है किन्तु एक नर्तक द्वारा नृत्य में अपने पथ-प्रदर्शक का यह लेखा-जोखा अपने आप में महत्त्वपूर्ण है। दमयन्ती जोशी 'मेनका इण्डियन बैले' की भी प्रारम्भ से सदस्या रहीं और इस तरह उनके कामों के अनेक स्तरों से भी जुड़ी रही थीं। यह मैडम मेनका के जीवन और कार्यक्षेत्र का पहला ऐसा दस्तावेज़ है। परिशिष्ट में उनके विदेशी प्रदर्शनों, समीक्षाओं आदि की फेहरिस्त, विवरण, उनके पूर्व प्रकाशित लेख की कापी आदि का संकलन है, साथ ही मैडम मेनका तथा उनके नृत्य प्रदर्शनों के दुर्लभ चित्र हैं जो उनके काम के विस्तार और वैविध्य को दृश्यमान बनाते हैं।

नृत्य क्षेत्र में मैडम मेनका की दुस्साहसी और अग्रणी भूमिका का पहली बार संक्षिप्त-सा यह ब्यौरा नये सिरे से उनके काम की सघनता और उसके गहरे अध्ययन की ओर ध्यान आकर्षित करता है। उनमें एक ऐसी अन्तर्दृष्टि थी जो नृत्य को उसकी पूरी गहराई और उसके विविध परिप्रेक्ष्य

और आयामों में देख पाती थी। इसीलिए जहाँ उनकी नृत्य संरचनाओं के विवरण में नृत्य के स्तर पर पैनी और अचूक दृष्टि का आभास मिलता है वहीं उनमें प्रयुक्त संगीत, वेश, अलंकरण और मंच-सज्जा पर भी उन्होंने विशेष ध्यान दिया और हर क्षेत्र में विशेषज्ञों को भी इस प्रयास से जोड़ा। अपने अल्प नृत्य जीवन में उन्होंने न केवल अनेक युवा नर्तकों को आकर्षित और प्रशिक्षित किया, उनके सहयोग से एक अद्वितीय नर्तक मण्डली का गठन भी किया। इस नर्तक मण्डली में अनेक सम्भ्रान्त घर की लड़कियों ने भी भाग लिया। स्वयं अभिजात कुलीन वर्ग से आने के कारण समाज में नृत्य-संगीत के प्रति हिकारत और उसके दोयम दर्जे के दुख को वे पहचान सकी थीं। अपनी विशिष्ट नृत्य संरचनाओं, उसके प्रभावपूर्ण प्रदर्शन, नृत्य के प्रति गहरी आस्था तथा नृत्य शिक्षा के माध्यम से इन कलाओं और कलाकारों के प्रति गम्भीर दृष्टि और सम्मान दिलाने में इन्होंने अहम भूमिका निभायी।

पन्द्रह अक्टूबर सन् 1899 को पूर्वी बंगाल के बारिसाल नगर के प्रतिष्ठित परिवार बैरिस्टर प्यारेलाल राय के यहाँ लीलाराय का जन्म हुआ। बहुत बाद में अपने नृत्य जीवन के लिए उन्होंने 'मैडम मेनका' नाम अख़्तियार किया। इस तरह वह जिस समय दृश्य पर उभरीं वह देश में स्वतन्त्रता संघर्ष का युग था। साथ ही यह देश के सांस्कृतिक तथा कलात्मक पुनर्जागरणका दौर भी था, जिसमें तमाम लोगों ने कन्धे-से-कन्धा मिलाकर अपने देश की विशिष्ट पहचान, उसके गौरव तथा गरिमामय इतिहास के प्रति देशवासियों का ध्यान आकर्षित किया था। उस समय के अन्य अनेक राष्ट्रवादियों की तरह ही लीलाराय की प्रारम्भिक शिक्षा-दीक्षा पाश्चात्य प्रभाव में ही हुई थी। लंदन में अपनी स्कूली शिक्षा के दौरान संगीत में इनकी रुचि और दक्षता का अन्दाज़ वहाँ क्वीन्स हॉल में उनके बहु प्रशंसित वायलिन वादन की प्रस्तुति से लगाया जा सकता है। वहीं इनके मंचीय संगीत जीवन की इतिश्री भी हुई। इनके पिता ने इन्हें वापस बुला लिया क्योंकि मंचीय प्रदर्शन भले घर की लड़कियों के लिए वर्जित ही था। किन्तु वापस अपने घर कलकत्ते में इन्हें अनेक नृत्य महफ़िलों को देखने का अवसर मिला जिसमें प्रख्यात कथिक कालका और बिन्दादीन महाराज की शिष्याओं—ननुआ-बचुआ बहनों का एकाधिक बार नाच भी देखा था। इनके नृत्य से वे अत्यन्त प्रभावित हुई थीं और

यही बाद में कैप्टन साहिब सिंह सोखे से विवाह के पश्चात् इनकी अपनी नृत्य शिक्षा का प्रेरणा-स्रोत बना। कथक के अतिरिक्त अन्य नृत्य रूपों से भी इनका परिचय हुआ और इस तरह भारतीय नृत्यों में इनकी रुचि तथा उनको लेकर नृत्य नाट्य-रचना की ओर ध्यान गया। लंदन में रहते हुए भी बैले से इनका साक्षात्कार हुआ होगा और उस विधा ने इन्हें आकर्षित किया होगा। जो हो, उस ज़माने में नृत्य को अपनाना साहस का काम था। सामाजिक्ह स्तर पर लड़ाई के अलावा स्वयं नृत्य की अपनी अन्दरूनी विधा को ठीक-ठीक पहचान कर उसके सौन्दर्य और शक्ति से साक्षात्कार करने-कराने का प्रश्न भी था। इसके लिए उसे स्वयं सीखना आवश्यक था। विवाह के पश्चात् इन्होंने पण्डित सीताराम प्रसाद से कथक का गहन प्रशिक्षण आरम्भ किया। इस शिक्षा के फलस्वरूप इन्होंने अपना पहला मंच प्रदर्शन सन् 1928 में दिया। बाद में अपने गुरु के सहयोग से सन् 1934 में इन्होंने अपना पहला नृत्य-नाट्य 'कृष्णलीला' बम्बई के ऑपेरा हाउस में प्रस्तुत किया। यह कथक इतिहास की महत्त्वपूर्ण घटना थी। किसी एक नृत्य शैली पर आधारित नृत्य-नाट्य का यह एक विलक्षण प्रयोग था जिसकी कथा विद्यापति की पदावली से प्रेरित राधाकृष्ण की थी। ये स्वयं राधा और कथक नर्तक रामनारायण कृष्ण बने थे। वेश-सज्जा आदि 17वीं शती के राजपूत लघु चित्रों से प्रभावित थी। मंच-सज्जा कार्ल खंडालावाला ने की। शब्दों का आश्रय लिए बिना ही संगीत के द्वारा विभिन्न भाव दशाओं को उभारा गया था। इस प्रदर्शन में लीला राय की मित्र और सलाहकार प्रसिद्ध बैले नर्तकी अन्ना पावलोवा भी मौजूद थीं।

'कृष्णलीला' की सफलता के बाद अगले वर्ष विष्णु की मोहिनी रूप पर शिव के मोहित होने की कथा पर आधारित नृत्य-नाट्य 'देव विजय नृत्य' तीन दृश्यों में तैयार हुआ। उसके बाद विदेश की लम्बी यात्रा से लौटने के बाद 1938 में मेनका और विश्वामित्र की कथा पर आधारित 'मेनका लास्यम', कालिदास के नाटक 'मालविकाग्निमित्रम्' पर आधारित इसी नाम से द्विअंकीय तीन घण्टे का सम्पूर्ण नाट्य मंचित हुआ। इसमें कथक के अतिरिक्त कथकली और मणिपुरी नृत्य का भी दिलचस्प प्रयोग हुआ। इसी वर्ष 'कालिया दमन' भी तैयार हुआ। इनके अतिरिक्त अनेक एकल, युगल तथा समूह नृत्यों का भी संयोजन हुआ जो प्राय: मुख्य नृत्य नाटिका के पहले प्रस्तुत किये जाते

थे। एकल नृत्यों में हैं—उषा, सन्ध्या, पवन, संहार तथा लक्ष्मीदर्शन नृत्य। युगल तथा समूह नृत्य थे—कुब्जा, पतंग, क्रीड़ानृत्य, तराना-ए-उशक, विरह मिलाप, मंगल प्रभात, हाराओ मेहरी, ग्राम्य गोष्ठी, पनघट तथा होली नृत्य। नृत्य संरचनाओं के नामों से ही इनके विषय और वैविध्य का पर्याप्त बोध हो जाता है।

इन तमाम छोटी नृत्य संरचनाओं और नृत्य-नाट्यों का आधार कथक ही था। अन्य नृत्य रूपों की तुलना में इसमें लयात्मक और अभिनयात्मक विस्तार की अधिक गुंजाइश थी। दूसरे, इसकी अपनी शैली को बिगाड़े या उसमें हस्तक्षेप किये बिना एक कलात्मक सौन्दर्यपरक नव संयोजन की सम्भावना इस शैली में अधिक थी जिसका सफल प्रयोग इन्होंने पण्डित सीताराम प्रसाद, लच्छू महाराज तथा अपने नृत्य साथी रामनारायण और गौरीशंकर के सहयोग से किया। इनके अतिरिक्त कथक के ही अच्छन महाराज, पण्डित रामदत्त मिश्र तथा कथकलि के कृष्णन कुट्टी और मणिपुरी के नरेन्द्र कुमार सिन्हा भी इनके नृत्य सहयोगी रहे।

संगीत निर्देशक थे अम्बिका चरण मजूमदार और बाद में दिलीपचन्द्र वेदी के शिष्य हरीशचन्द्र बाली। वाद्य वृन्द में थे सरोद वादक उस्ताद सखावत ख़ाँ, शहनाई पर महबूब अली, तबला में विष्णु शिरोडकर जैसे विख्यात संगीतज्ञ। संगीत प्राय: शास्त्रीय रागाश्रित होता और वाद्य थे—सरोद, शहनाई, तबला, पखावज, घण्टा, नाल, कठताल और साइक्लोफोन (पाट तरंग)। हारमोनियम तथा कथक के पारम्परिक संगीत संगत लहरे का प्रयोग नहीं किया गया। उसके स्थान पर भाव, चरित्र और प्रसंग के अनुरूप संगीत रचना हुई जो अधिक प्रभावोत्पादक थी।

वेश तथा मंच-सज्जा के लिए भी विशेषज्ञों का सहयोग लिया गया। पात्र और विषयानुरूप प्राचीन चित्रों आदि से वस्त्र अलंकरण का चुनाव होता जिसके लिए सलाहकार थे कला समालोचक कन्हैयालाल वकील, चित्रकार मनीषी डे, और ऐतिहासज्ञ कार्ल खंडालावाला।

मैडम मेनका का वैशिष्ट्य नृत्य संयोजन में तो था ही, वे हर पक्ष पर ध्यान देतीं और हर संरचना को शुरू करने के पहले सम्बन्धित विशेषज्ञों से उसके तमाम पहलुओं पर विचार-विमर्श करतीं। प्रत्येक नर्तक को उसकी योग्यता और विशिष्टता के अनुरूप उसकी प्रतिभा को सामने आने का

अवसर देतीं। इसके लिए कुछ विशिष्ट नृत्यों की संरचना भी उन्होंने की। 'पवन' तथा 'संहार नृत्य' इसी के तहत तैयार हुए थे और उनकी बहुत सराहना भी हुई थी। इनसे न केवल नर्तक की दक्षता सामने आती—स्वयं कथक के विशिष्ट पक्ष भी उभरकर सामने आते। इस तरह उन्होंने कथक के सौन्दर्य और बारीक़ी को नयी पहचान दी। यह जानना दिलचस्प है कि कथक की पुनर्स्थापना के उस दौर में उन्होंने कथक को प्रदर्शन के स्तर पर निरी तकनीक प्रदर्शित करने के बजाय उस तकनीक को सौन्दर्यपरक अर्थवत्ता प्रदान की। कथक को नृत्य-नाट्य के रूप में प्रस्तुत करने की यह पहली चेष्टा थी जिसमें इन्हें आशातीत सफलता मिली। इस दृष्टि के कारण ही वे उसकी पूरी प्रदर्शन- प्रणाली में भी बदलाव लाने की ओर प्रेरित हुई होंगी और उसके विभिन्न पक्षों का दिलचस्प संयोजन कर सकीं। इस तरह कथक के प्रभाव और रचना-क्षेत्र के विस्तार की दिशा में भी यह केन्द्रीय पहल थी।

कथक की प्रदर्शन शैली के प्रसंग में एक दूसरा पक्ष भी है। इसमें संगीत की शास्त्रीय गायिकी की तरह एक स्वच्छन्द प्रवाह है—इनके नृत्य संयोजन में बहुमुखी विकास तो है किन्तु रवीन्द्र संगीत की तरह कहीं वह बन्धनयुक्त भी रहा जिससे उसकी अपनी स्वच्छन्दता में अवरोध की सम्भावना को नकारा नहीं जा सकता। सम्भव है यही कारण रहा हो कि जहाँ मैडम मेनका के काम ने उस समय कथक के प्रति एक नयी चेतना विकसित की, उसके एक अछूते पक्ष को प्रकाशित किया वहीं वह उसके अजस्र प्रवाह में विशेष अन्तर नहीं कर पायीं। सम्भव है वह जीवित होतीं तो इस पक्ष पर भी उनका ध्यान जाता।

प्रदर्शन मण्डली के अतिरिक्त इनकी उपलब्धि का केन्द्र बिन्दु था नृत्य-संगीत शिक्षा की संस्था 'नृत्यालयम्' की स्थापना। इस पुस्तिका के परिशिष्ट में इस संस्था के पाठ्यक्रम आदि की विवरणिका भी छपी है। जिससे उसके पीछे उनकी सोच और गहरी अन्तर्दृष्टि का पता चलता है। इस संस्था से उस समय के अनेक कला विशेषज्ञ और पण्डित जवाहरलाल नेहरू जैसे अनेक गणमान्य व्यक्ति सम्बद्ध थे। कथक, कथकलि और मणिपुरी नृत्य की त्रिवर्षीय शिक्षा के लिए मैडम मेनका की व्यक्तिगत देखरेख में पारम्परिक प्रतिष्ठित नृत्य गुरु नियुक्त थे। इन शैलियों के पृथक् गहन प्रशिक्षण के अतिरिक्त प्रत्येक छात्र की सामान्य व्यायाम,

तबला-मृदंग आदि के वादन, गायन, अभिनय तथा रस की कक्षाओं में उपस्थिति अनिवार्य थी। तीन साल का विधिवत् पाठ्यक्रम था। इसके अतिरिक्त प्रशिक्षित छात्रों के लिए कोरियोग्राफ़ी, मंच-व्यवस्था, मुख तथा वेश-सज्जा के प्रशिक्षण तथा उनमें योग्यता प्रदर्शित कर सकने के अवसर थे। जब-तब लोक नृत्यों की अपार सम्पदा से भी उनका परिचय तथा प्रशिक्षण के अतिरिक्त नृत्य-संगीत विषयक शास्त्र और जानकारी के लिए कलाविद् और विशेषज्ञों के व्याख्यान होते थे। पढ़ने के लिए पुस्तकालय तथा नृत्य को अपना कार्य-क्षेत्र चुनने वाले विद्यार्थियों के लिए 'मेनका इण्डियन बैले' में शरीक होने की सुविधा शामिल थी। नृत्य के अलावा संगीत शिक्षा की भी व्यवस्था थी। छात्रावास में कमवय वाले बच्चों के लिए शैक्षणिक सुविधा का भी प्रावधान था। जाहिर है यह नृत्य-संगीत के क्षेत्र में एक वैकल्पिक सम्पूर्ण शिक्षा का उद्यम था। यह दुर्भाग्यपूर्ण ही है कि इनकी असामयिक मृत्यु से यह शिक्षण संस्थान भी बन्द हो गया। अनेक संस्थाएँ—आज जहाँ नृत्य-संगीत का प्रशिक्षण दिया जाता है और कई में व्यावसायिक नर्तक-संगीतज्ञ भी तैयार किये जाते हैं, उनमें सम्भवत: 'कलाक्षेत्र' को छोड़कर अन्य ऐसा और कोई संस्थान नहीं है जहाँ ऐसा विस्तृत और सर्वांगीण पाठ्यक्रम हो। यह विडम्बना ही है कि आज़ादी के इतने वर्षों बाद भी हम ऐसी कोई व्यवस्था नहीं कर सके हैं और न ही उस सपने को साकार कर सके जो मैडम मेनका ने देखा था।

इन तमाम जानकारियों के अतिरिक्त परिशिष्ट में इस नृत्य मण्डली की सन् 1935 से 1938 के बीच पश्चिम नृत्य यात्रा की सूची, उस दौरान समाचार-पत्रों की कुछ समीक्षाएँ, 'देव विजय नृत्य' तथ मालविकाग्निमित्र के अंकों का विवरण, 'नृत्यालयम्' की विवरणिका (प्रोस्पेक्ट्स), 'भारत में नृत्य' नामक उनका लेख तथा नृत्य में उनके कुछ समकालीनों—उदयशंकर, रामगोपाल, रुक्मिणी देवी अरुंडेल, ई. कृष्णअय्यर, बाला सरस्वती तथा साधना बोस का संक्षिप्त परिचय भी है। साथ ही अनेक दुर्लभ चित्र जो इस पुस्तक को संग्रहणीय बनाते हैं। इन सबके साथ यदि नृत्य संरचनाओं की विस्तृत संयोजनात्मक जानकारी भी होती तो उनकी बुनावट का अधिक दृश्य रूप उभर सकता था, यों इतने वर्षों बाद वैसा करना आसान नहीं होगा। बहरहाल, अपने वर्तमान स्वरूप में भी यह

पुस्तक स्वतन्त्रतापूर्व भारतीय नृत्य उत्थान के प्रयासों का बहुमूल्य दस्तावेज़ तो है ही।

['मैडम मेनका' लेखिका-दमयन्ती जोशी, प्रकाशक-संगीत नाटक अकादेमी, नयी दिल्ली, मूल्य-150 रुपए]

(1989)

# जित जित मैं निरखत हूँ

*बिरजू महाराज एक असाधारण घटना हैं। जीनियस होने के कारण अप्रत्याशित। नृत्य में ही नहीं दूसरी कलाओं के इतिहास में ऐसा कम ही हुआ है जब किसी कलाकार ने अपनी उपस्थिति इतनी केन्द्रीय बना ली हो कि सभी शैलियाँ, सभी घराने उसके ऐसे अमिट और अनिवार्य प्रभाव के दायरे में आये हों। अगर आज रसिकों और साधारण जन दोनों के ही बीच कथक और बिरजू महाराज एक-दूसरे के पर्यायवाची बन गये हैं तो इसमें आश्चर्य नहीं होना चाहिए। यह बिरजू महाराज की कथक साधना, एकान्त निष्ठा और कल्पनाशील सृजनात्मकता के सहज संयोग से ही सम्भव हुआ है। यह निसंकोच कहा जा सकता है कि कथक के व्याकरण और कौशल को उन्होंने सार्थक सौन्दर्य-बोध और काव्य दिया है। वे कथक के लालित्य कवि हैं। परम्परा की प्रामाणिकता की रक्षा करते हुए उन्होंने सृजनात्मक साहसिकता के साथ कथक का अनेक नयी दिशाओं में विस्तार किया है और यह सिद्ध किया है कि शास्त्रीय कला जड़ या स्थिर नहीं है, उसमें समकालीनता भी है और निरन्तर गतिशीलता भी। इस बातचीत के बहाने कोशिश बिरजू महाराज के सृजनात्मक अवदान को देखने-परखने की है।*

**अपने बारे में कुछ बताएँ**

जन्म मेरा लखनऊ में जफरीन अस्पताल में 1938, 4 फरवरी शुक्रवार सुबह 8 बजे। बसन्त पंचमी के एक दिन पहले मेरी पैदाइश। घर में

आख़िरी सन्तान। तीन बहनों के लम्बे अन्तराल के बाद मेरा जन्म। सबसे छोटी बहन मुझसे आठ-नौ साल बड़ी। पेट पुछवा-पोंछ-पाँछकर आख़िरी जन्म। अम्मा मानसिक रूप से बीमार कि बच्चा होते ही इसे ख़त्म कर देंगी। अम्मा तब 28 के लगभग रही होगीं। बहनों का जन्म रामपुर में, क्योंकि बाबूजी यहाँ 22 साल रहे। मेरा लखनऊ में। बड़ी बहन लगभग 15 साल बड़ी। उस समय बाबूजी रायगढ़ आदि राजाओं के यहाँ भी गये। मैं डेढ़-दो साल का था। उस समय विभिन्न राजा कुछ समय के लिए कलाकारों को माँग लिया करते थे। पटियाला भी गये थे पहले। रायगढ़ दो-ढाई साल रहे होंगे। रामपुर लौटकर आये। रामपुर काफ़ी अरसे रहे। जब मैं पाँच-छह साल का था तो अक्सर नवाब रामपुर रात को याद कर लिया करते थे, तीन बजे। जिया तैयार करतीं। काजल लगातीं तो रोना आता, उठाकर तैयार कर दिया, फिर शेरवानी-साफ़ा इत्यादि पहना देती थीं तो गुस्सा आता था कि नवाब साला मर जाय—हमको रात को याद करता है। जिया मुँह पर हाथ धर देती थीं क्योंकि हलकारे बाहर रहते थे। हलकारे आ गये तो जाना ही पड़ता था। चाहे जो भी वक़्त हो, रोज़ इस तरह जाना नहीं होता था। रोज़ अरबाब निषाद में आठ बजे ड्यूटी होती थी जिसमें हाजिरी लगाना होना था चाहे काम हो या न हो। कई बार दस-पन्द्रह दिन नाच-गाना नहीं होता था। मुश्ताक हुसैन ख़ाँ, हाफ़िज़ अली ख़ाँ सभी थे। जाकर पूछ लिया आज नवाब साहब का मूड है या नहीं। नहीं तो घर जाइए, आराम करिए पर हाजिरी ज़रूर लगती थी।

उसी छह साल की उम्र में मैं नवाब साहब को बहुत पसन्द आ गया और साथ जाना पड़ता था। फिर मैं नाचता था जाकर। पीछे पैर मोड़कर बैठना पड़ता था। चूड़ीदार पाजामा, साफ़ा, अचकन पहनकर। अम्मा जी बेचारी बहुत परेशान। उन्होंने हमारी तनख़्वाह भी बाँध दी थी। उस उम्र में। बाबूजी रोज़ हनुमानजी का प्रसाद माँगे कि 22 साल गुज़र गये, अब नौकरी छूट जाये, रात-बिरात कभी भी जाना पड़ता है। इसलिए वहाँ एक मुन्शी थे उनसे लिखवाया गया। लिखवानी थी अम्मा की ओर से लेकिन उसने बाबूजी की ओर से लिख दी अर्ज़ी। गुस्सा रहा होगा बाबूजी से। नवाब साहब बहुत नाराज़—कि तुम्हारा लड़का नहीं होगा। तो उन्होंने ऑर्डर निकाल दिया कि यदि लड़का तुम्हारा नहीं रहेगा तो तुम भी नहीं रह सकते। ख़ैर, बाबूजी बहुत ख़ुश हुए और उन्होंने मिठाई बाँटी, हनुमान जी को प्रसाद चढ़ाया कि जान छूटी।

वहाँ से फिर निर्मला जी (जोशी) के स्कूल में यहाँ दिल्ली में हिन्दुस्तानी म्यूज़िक डांस अकादेमी में चले आये। निर्मला जी की जान-पहचान, आना-जाना रामपुर नवाब के यहाँ भी था लिहाजा जानती तो थीं ही। इसलिए यहाँ दो-तीन साल काम करते रहे। ये शायद 1943 की बात रही होगी। मेरा सातवाँ साल चल रहा होगा। और उस उम्र में जुबली टॉकीज दिल्ली के बड़े भारी कान्फ्रेन्स में मेरा नाच रखा गया। यह हॉल अभी भी है। इसमें मैं एक कलाकार के नाते आमन्त्रित था। उस उम्र में न जाने क्या नाचा रहा होऊँगा। तबला बाबूजी ने बजाया। अक्सर वे बजा देते थे। पर उन्होंने मेरी आदत डाल दी अक्सर जहाँ वे ख़ुद नाचते तो पहले मुझे नचवाते थे और ख़ूब जोरों से जमकर नाचता था। यों मुझे याद तो था नहीं पर वे जो बोल देते थे तो टुकड़े का मेजरमेन्ट वह मैं फट से कर लेता था। जैसे दिग दिग थेई ता थेइ ता थेई यह मैं अन्दाज़ कर लेता यह नाप मेरा ईश्वर की कृपा से शुरू से अच्छा रहा। ख़ूब नाचा। उसी समय यहाँ कपिला जी, लीला कृपलानी आदि हिन्दुस्तानी म्यूज़िक डांस अकादेमी में यह सब थीं। बाबूजी के साथ मैं रोज़ आता था। हालाँकि लौटते-लौटते मुझे नींद आ जाती थी ताँगे में। मुझे हैट पहनने का बहुत शौक़ था। एक बार हैट पहनकर ताँगे में लेटा था। पार्टीशन के कारण चैकिंग भी चल रही थी। हैट गिर गया तो उन्हें गुस्सा आया—आते हैं स्कूल और सो जाते हैं। फिर उठाया। झण्डेवालान के पास उस समय यों भी डर लगता था पहाड़ी से रात में। बाबूजी के हाथ में छड़ी देखकर पुलिसवाले ने टोका भी क्योंकि उन दिनों यह सब नहीं रख सकते थे। ख़ैर, उन दिनों ऐसे ही दिन बीतते रहे। ताऊजी—दयाराम भी उन दिनों सीखते थे। मैं उनके साथ गुब्बारे खेलता था उनसे मँगाकर। लेकिन कपिला जी, लीलाजी की जो हायर ट्रेनिंग होती थी—अच्छे टुकड़े परण वह मैं याद कर लेता था और अगले दिन बाबूजी से कहूँ कि मुझे याद हो गया तो मानते नहीं थे। फिर जब अम्मा जी कहें सुन लो और मस्का लगायें तो सुनते थे। तो ऐसे परण किड़ तक थुन-थुन नातिट ता धाधिनता। ये परणें उस सात साल की उम्र में ख़ूब सुनाता उनको। और अभी मोहनराव जी ने उस दिन बताया गणेश परण भी उसी समय सुनायी थी। ये लिख रहे थे लखनऊ में शायद। दरअसल, उस समय नौकरी का यह नहीं था कि जम गये एक ही जगह। जैसे मैं 28 साल से यहाँ हूँ। तब जहाँ भी नौकरी की वहाँ रहे कुछ दिन फिर लखनऊ आ गये दो-तीन महीने। यह स्वतन्त्रता थी। रामपुर है तो

तीन महीने दिल्ली चले आये। बन्दिश नहीं थी कि कहीं हिल नहीं सकते। अब दो-तीन साल रायगढ़ रह गये तो वहाँ और उनका मन नहीं लगता। उसके बाद चेन्ज, अब दूसरे लोगों को भी सिखायेंगे। मेरा भी नहीं लगता और लगता है मैं भी ऐसा करूँ। बस इसी तरह वक़्त बीता। यहाँ दिल्ली में जब हिन्दू-मुस्लिम दंगे होने लगे—काटामारी होने लगी तो डरके मारे अम्मा और मुझे लेकर लखनऊ चले गये। यहाँ रावलपिंडी आदि का समाचार मिला तो भागे यहाँ से। सामान यहीं छूट गया जो बाद में मँगाया, करोलबाग से। मेहमानख़ाना कहलाता था वह। और निर्मला जी ने हमें रखा था। रायबाबू भी वहीं थे। उन्हीं दिनों डॉक्टर जोशी भी मारे गये। लेकिन इसकी ख़बर हमें लखनऊ में मिली।

तालीम इसी क़िस्म की थी। कुछ क्लास में देखा। कुछ ताऊ जी को सिखा रहे हैं उसे देखा। कुछ लखनऊ में। कुछ समय वे लखनऊ भी थे। इसके अलावा प्राइवेट प्रोग्राम जो बाबूजी जाते थे जौनपुर, मैनपुरी, कानपुर, देहरादून, कलकत्ता, बम्बई आदि। इनमें मुझे ज़रूर रखते थे। पहले इसीलिए कलकत्ते में बहुत मज़ा आया। उसमें फर्स्ट प्राइज मिलने वाला था। उसमें शम्भू महाराज चाचाजी और बाबूजी दोनों नाचे। पर उसमें फर्स्ट प्राइज मुझे मिला। तो चाचा कहने लगे देख भैया 'बड़े मियाँ तो बड़े मियाँ छोटे मियाँ सुभान अल्ला। रह गये न हम लोग। साले ने मार दिया प्राइज।' और मैं बहुत ख़ुश। चेन और मैडल वग़ैरह मुझे मिला। यह डायलॉग मुझे अभी तक याद है। उस समय मैं आठ-साढ़े आठ साल का था। जब समझ लीजिए कि नौ साल के भीतर ही सब तमाशे हो गये मेरी ज़िन्दगी के। उसके बाद, हाँ मैं आमलेट नहीं खाता था। चाचाजी खाते थे। तो कहे अबे दाल का चिल्ला खायेगा। जब अण्डा कहकर पूछें तो नहीं खाता था पर जब मूँग की दाल का कहें तो बड़े मज़े से खा लेता था, तो शम्भू महाराज शुरू से ही बड़े शौक़ीन तबीयत के थे। लच्छू महाराज शुरू से ही बड़े अपटूडेट आदि रहते थे। जब ये शायद 28-30 साल के थे तब से गये हैं कलकत्ते न्यू थियेटर्स कम्पनी में। चालीस साल कलकत्ते और बम्बई मिलाकर फ़िल्म में बीते।

हाँ, साढ़े नौ साल का था जब बाबूजी की मृत्यु हुई। उनके साथ आखिरी प्रोग्राम मैनपुरी में था मेरा। वे 54 साल के थे। लू लग गयी थी उन्हें। और यहाँ इनकी जगह मैं नाचा था और उन्होंने भाव बताया था। उस समय

क्योंकि उन्हें बुख़ार था। लू उन्हें मैनपुरी में ही लगी थी। वहाँ से हम लोग लौटकर आये तो 15-20 दिन रहे वो। तो कमज़ोरी आती गयी। और बाबूजी की यह आदत थी और मेरी भी यह आदत है कि अपना दुख और कष्ट ज़्यादा किसी से कहता नहीं हूँ कि मुझे क्या हो रहा है। तो वो भी छिपाते रहते थे। उन्हें शुगर भी था। तो इक्के पर चौक वग़ैरह चले गये और सबसे मिल आये। जितने भी अमीनाबाद में थे बाज़ार आदि में मिलने वाले। और सब ही प्यार करते थे उन्हें। वह उनके साथ आख़िरी प्रोग्राम था।

मुझे तालीम जो है, प्यार से अम्मा जी कहती थी तो...अच्छा गण्डा भी बाँधा उन्होंने मुझे और लखनऊ में बाँधा। और जब बाँधा तो कहा जब तक तुम्हारा लड़का मुझे नज़राना नहीं देगा गण्डा नहीं बाँधूँगा। तो मुझे 500 रुपये के दो प्रोग्राम मिले थे। जब पाँच सौ आया तो गण्डा बाँधा उन्होंने। और कहा इसमें से एक पैसा नहीं दूँगा। यह मेरा पैसा है। मैं इसका गुरु हूँ और यह इसने मुझे नज़राना दिया है। तो 500 रुपये देकर मैंने गण्डा बँधवाया। तो मुझे और जगत कहार एक लड़का है लखनऊ में, दोनों को, एक साथ गण्डा बाँधा। तो शागिर्द मैं बाबूजी का हूँ।

फिर पिताजी की मृत्यु हुई और उस समय मैं इतना छोटा था कि उनका दुख भी ठीक समझ में नहीं आया। कुछ काण्ड हो गया है बस इतना ही बल्कि अम्मा जी को देखकर ज्यादा दुख कर रहा था कि उन्हें कुछ न हो जाये क्योंकि वो रो रही थीं ख़ूब। बहरहाल, उनके मरते ही हम लोगों के बहुत ख़राब दिन शुरू हो गये। ख़राब इस तरह से कि खाने-पीने से लेकर पहनना-ओढ़ना—जिसे कहते हैं महादशा। उधर शम्भू महाराज जी का शौक़। खाना कर्ज़ा लेकर पीना-गालियाँ देना घर भर को। उनके दो बच्चों की मृत्यु भी लगभग उन्हीं दिनों हुई। यह सब उसी समय की बातें हैं। बाबूजी की मृत्यु के साथ ही। तो बहुत ही गन्दे शब्दों में कहते थे। मेरी माँ को कहते डाइन खा गयी मेरे बच्चों को भी। पिताजी बहुत दुखी रहते थे उनसे। खैर!

फिर उसी समय मैं अम्मा को लेकर नेपाल गया। सोचिये उस समय बिना पिताजी के। मुज़फ़्फ़रनगर भी गये। अम्मा ले गयीं। बाँसबरेली। वहाँ नाचेगा तो इनाम इसको मिल जायेगा। मतलब यह कि उस समय यह हालत थी कि पचास रुपये भी मिल जायें कहीं से तो बहुत हैं। पहले का सब पैसा हमारे टाइम तक ख़त्म हो गया था। कर्ज़दार बहुत हो गये थे।

बाबूजी किसी का भी भला करने के लिए एक से लेकर दूसरे को दे देते थे, मतलब सौ लिए दो सौ दूँगा कहकर। यह उनकी अजीब-सी आदत थी। कानपुर दो-ढाई साल रहा। जिसमें 25-25 रुपये के दो ट्यूशन की मैंने आर्यानगर में। पैदल तीन मील जाता था। और रास्ते में कब्रिस्तान पड़ता था तो डर भी लगता था तो किसी भी आदमी को कहता भैया मुझे पहुँचा दो मुझे डर लगता है। दस-ग्यारह की उम्र थी मेरी। तो बेचारा छोड़ देता और मैं शुक्रिया कहता। अब पचास रुपये में रिक्शे पर ख़र्च करता तो क्या बचता और ट्यूशन में नागा हो तो पैसा अलग काट लेते थे। ऐसे अजीब लोग थे। ख़ैर 50 रुपये में काम करके किसी तरह पढ़ता रहा मैं। एक सीताराम बागला करके एक लड़का था अमीर घर का। उसे मैं डांस सिखाता और वह बेचारा मुझे पढ़ा देता था। पर हाई स्कूल की पढ़ाई। कहाँ चि-ता, कहाँ अम्मा, कहाँ 50 रुपये की ट्यूशन, सब बिखरा हुआ, इसलिए फेल भी हो गया। मतलब पढ़ाई अच्छी तरह नहीं कर पाया। शौक़ था मुझे और अच्छी तरह पढ़ता तरीक़े से तो ईश्वर की कृपा से मेरा दिमाग़ बहुत तेज था शुरू से। नौकरी कोई नहीं देता था उस समय। यहाँ-वहाँ भटकता लोग कहते ये नौकरी करेगा? जीजाजी हमारे कहते ये सिखायेंगे क्या। ये ख़ुद ही खेलने लगेंगे लौंडियों के संग। जरा से तो हैं। कौन नौकरी दे। मैं कहता भी मुझे काम दीजिये मैं करके दिखाऊँगा पर कोई, कौन विश्वास करे।

नेपाल भी इसी दौरान गये थे। एक हमारे रिश्तेदार थे वहाँ झुमुकलाल करके। तो अम्मा इसीलिए ले गयी थी कि कुछ इनाम वग़ैरह मिल जाय। बस यही एक कारण था। वहाँ रहे नहीं। कुछ ख़ास नहीं। ख़ास प्राप्ति नहीं हुई। जाते में मुज़फ़्फ़रनगर भी गये थे। जयपुर भी गया मैं। वहाँ भी कोशिश की मतलब यह कि प्रोग्राम मिल जाय, दो-चार सौ मिल जायें तो कुछ महीने कट जायेंगे। ऐसी हालत थी। कानपुर के बाद और महाराज की हालत ऐसी कि दिन भर नशे में डूबे रहना। कानपुर में बस हम थे अम्मा मैं और मँझले जीजा। वे साथ रहते थे। कानपुर के बाद लखनऊ किसी वजह से हम लोग गये कुछ दिन के लिए। चाचाजी को कुछ प्रोग्राम आदि मिल जायें तो कुछ पचास एक उसमें से दे दिया इसी तरह। हम लोग रहते एक मकान में ही थे—पर ऊपर-नीचे। चूल्हा शुरू से अलग था। महाराज जी का अपना खाना-पीना जैसा था। पिताजी के समय से ही दादी-पिता अलग रहते, चाचा अलग। और वे मारा-पीटी बहुत करते

थे। दादी को लात मार दी—अम्माजी के बाल आदि खींचकर, मतलब उनकी उस समय राक्षस प्रवृत्ति जैसी थी। कुछ अरसे तक वे ऐसे थे। वैसे ये शब्द कहना मुझे अच्छा नहीं लगता। सभी हमारे बुज़ुर्ग हैं इसलिए सब भूल जाता हूँ, हम याद भी नहीं करना चाहते। बहनों के साथ अन्याय खींचा-तानी यानी एक अजीब माहौल था। ख़ैर...

चौदह साल की उम्र में जब मैं वापस लखनऊ आया फेल होकर तब कपिला जी अचानक लखनऊ पहुँचीं मालूम करने कि वह लड़का जो है वह कुछ करता भी है या आवारा हो गया है या गिरहकट हो गया, वह है कहाँ। तब अम्मा जी ने दिखाया मुझे कि करते तो हैं थोड़ा-बहुत जो सीख पाये थे। अब बिटिया घर की तो ऐसी हालत है। तब कपिला जी मुझे संगीत भारती (जो पहले हिन्दुस्तानी म्यूज़िक डांस अकादेमी थी वही संगीत भारती हो गया था) लाईं छह महीने की ट्रायल पर। देखिये अब। यह क़रीब 1952-53 की बात है तो छह महीने बहुत मन लगाकर मेहनत से नौकरी की मैंने कहीं छूट न जाय। उस समय यहाँ रानी करणा, मालती भल्ला, उषा गुप्ता, डी.आई.जी. पुलिस लखनऊ की बिटिया, बहुत थीं। पर ख़ूब मेहनत की मैंने। किसी तरह कसर नहीं छोड़ी। सिखाना सब। इतनी अच्छी मेहनत की, ईश्वर ने करवा दी, कि छह महीने और बढ़ गया मेरा। गुप्ताजी ने कहा भई बढ़ा दो। लड़का लगता है कुछ करेगा। छह महीने बढ़ गये तो बहुत ख़ुश हुआ मैं। उस समय 250 रुपये मिलते थे। और रहता था दरियागंज में, एक दुछत्ती थी जैन साहब का मकान था। वहाँ सील भी रहती थी और प्याज खाने को नहीं मिलता। अम्माजी को यह दुख कि जैनियों का मकान है लड़के को प्याज भी खाने को नहीं मिल रहा है। मछली तो खाता नहीं था। पर उसमें छोटी-सी तो जगह थी। एक टेबिल फैन ले लिया था। तभी मैंने दयाराम जी का पता लगाया। कि वो हैं भी कि नहीं। ताकि एक सहारा तो हो बाबूजी के शार्गिदों में से। दरियागंज से पाँच या नौ नम्बर बस पकड़ता था। कभी रीगल पर और कभी ओडियन सिनेमा के पास उतरता था। वह स्कूल था रिवोली के पास, तो एक महीने तक मैं रास्ता ही भूल जाता था। एक से खम्बे हैं चारों तरफ़ तो मैं किसी भी सीढ़ी से चढ़ जाता था। बड़ी मुश्किल से फिर निशान बनाये कि यहाँ से जाओ, यहाँ से जाओ।

हाँ, एक घटना बहुत दुखदाई रही शुरू में बाबूजी की मृत्यु के समय।

बिलकुल पैसा नहीं था घर में। और यहाँ तक पैसा नहीं था कि उनका दसवाँ किया जा सके। और उस दस दिन के अन्दर सोचिये मैंने दो प्रोग्राम किये। और उन दो प्रोग्राम से 500 इकट्ठे हुए तो तेरहवीं और दसवाँ की गयी। बाहर मित्रों आदि को भी शायद यह अन्दाज़ नहीं रहा होगा कि घर की ऐसी हालत है। जो भी हो यह मुझे अच्छी तरह याद है कि पिताजी का मरना, फिर उन दस दिनों में मेरा नाचना और पैसे इकट्ठा होना और उनसे ही दसवाँ-तेरहवीं का इन्तज़ाम होना। यह मुझे अच्छी तरह याद है। उससे बड़ा कष्ट और कुछ नहीं हुआ होगा। ऐसी हालत में मैं नाचने लगा। मेरा ख़्याल है—कानपुर या देहरादून ऐसी जगह लखनऊ से वहाँ गया। नहीं नाचता तो पैसा कहाँ होता। यह बहुत बड़ा दुखद वक़्त था...ख़ैर।

बहरहाल, जब चौदह साल का था तो संगीत भारती आया। फिर जब एक साल हो गया तो कहने लगे अब तुम परमानेन्ट हो गये। मैंने वहाँ साढ़े चार साल काम किया। और साढ़े चाल साल काम करने के बाद धीरे-धीरे निर्मला जी से मुलाकात होती रही। उन्होंने कहा भारतीय कला केन्द्र ज़्यादा बड़ा है और तुम्हारे क्रिएशन के लिए जैसे तुम्हें उपज और बैले जैसी चीज़ें करना हो तो जैसा तुम्हें शौक़ है। क्योंकि संगीत भारती में सबसे बड़ी कमी थी कि गुप्ता जी भरतनाट्यम, मणिपुरी आदि वालों को तो कहते थे पंक्ति बनाकर ग्रुप फिट करो, ये करो, वो करो और समझते थे कथक में आठ मिनट का रानी करणा का सोलो करवा दो बस वही काफ़ी है। तो मुझे बहुत दुख होता था कि मैं कर सकता हूँ और मुझे करने नहीं देते। तो गुस्से के मारे और इधर निर्मला जी ने बढ़ावा दिया कि ये कर सकते हो और वहाँ नहीं कर सकते हो। तो इसी धर्म संकट में मैंने नौकरी छोड़ दी। क़रीब 1956 के आसपास। लगभग आठ महीने मैं अलग रहा। मैं लखनऊ चला गया था। बस ऐसे ही। तब तक शम्भू महाराज आ चुके थे भारतीय कला केन्द्र में। और सुमित्राजी के यहाँ करजन रोड में सिखाते थे मायाराव को। संगीत भारती की कमाई से मैंने एक साइकिल ख़रीदी थी जो मेरे पास अभी भी है। और उस साइकिल को मैं नहीं बेचता हूँ। उसे देखकर मैं पुराना वक़्त याद करता हूँ कि किस तरह साइकिल पर मैं चढ़कर एक ट्यूशन करता था पचास रुपये की। संगीत भारती के पैसे काफ़ी नहीं होते थे। बाबा फैमिली थी बाराखम्बा रोड पर दो बच्चे थे मिकी और अनु। हाँ, और दो बार यहाँ सड़क पर गिर

भी पड़ा था मैं अनबेलेन्स होकर। काम, चलाऊ आती थी, ठीक से थोड़ी आती थी! बस के पैसे बचाने के लिए ख़रीदी थी।

ख़ैर, भारतीय कला केन्द्र आये पूसा रोड पर। वहाँ आये तो वहाँ भी छोटी क्लास मिली। यहाँ भी झमेला वाली क्लास। जबकि मेरे अन्दर वो परण टुकड़े तिहाइयाँ बल खातीं कि कोई आवे तो उसे दूँ। पर वहाँ यह था कि बड़ी लड़कियाँ समझदार जो भी आयेंगी बड़े महाराज के पास आयेंगी। यहाँ काहे को आयेंगी। और देखने में और यों उम्र में भी छोटा ही था। अब अठारह-बीस साल का लड़का बड़े-बुजुर्ग के आगे कहाँ चल सकता था। ख़ैर, उसमें से रश्मि जी एक लड़की मिली थी। और उन्हें पूरे मन से मैंने सिखाया इसलिए भी कि हमको तो और कोई बड़ी मिलती नहीं तो इसको तैयार करेंगे। वो तालीम देखकर जो महाराज के यहाँ थीं लड़कियाँ, अट्रेक्ट हुईं और देखें। और हमारी तरफ़ खिंचने लगीं क्योंकि तालीम जरा अच्छी थी मेरी।

बस उसके बाद से बैले वग़ैरह जो लच्छू महाराज जी ने 'मालती माधव' पहला किया उसमें असिस्टेन्ट था। जबकि मज़ेदार बात यह कि उसके एक्शन वग़ैरह सब मैं ही बनाता था अन्दर-अन्दर और वे कहते थे 'अबे जब वहाँ जाएगा तो बोल देना सबके सामने—चाचाजी वह कौन-सा मूवमेन्ट सिखाया था। तो मैं कहूँगा वो वाला और फिर तू बना लेना अपने आप।' बस तो बनाता मैं था। और...'बरखाबहार', 'गोवर्धन लीला' बनाने के साल-डेढ़ साल पहले वे आये थे। पूसा रोड में कॉलेज जब शुरू हुआ तो मैं आ गया था। नीनाजी के सामने ही मैंने ज्वॉइन किया। केशवभाई और मैं साथ ही रहते थे। सूप आदि पीते थे। ये बिचारे बनाते थे, मुझे तो वह भी नहीं आता था।

बस उसके बाद संगीत भारती के ज़माने में अपने होश में कलकत्ता में एक कान्फ्रेन्स में नाचा हूँ। उस समय दयाराम जी साथ थे। वही मेरी देख रेख करते थे। उनको ले जाता था रखवाली के लिए। चौदह-पन्द्रह साल की उम्रवाला, मनमथनाथ घोष की कान्फ्रेन्स थी और ऑल बंगाल म्यूजिक कान्फ्रेन्स पुकारी जाती थी। और, वह जो मेरा नाच हुआ है वहाँ से कलकत्ता की ऑडियेन्स ने मेरी बड़ी प्रशंसा की। इतनी की कि तमाम अख़बारों में मैं छप गया एकदम। और वहाँ से और दूसरे डांसर्स थे तमाम, उनको भी लगा कि भई मामला तो, कुछ तो—लड़के ने कुछ कर ही डाला

है। मतलब वहाँ से लोगों को पता लगा कि मैं कुछ हूँ घर का। पर उस समय की कुछ कटिंग आदि नहीं है। बहुत पुरानी बात है। तो वहाँ से मेरा एक मोड़ हुआ। उसके बाद हरिदास स्वामी कान्फ्रेन्स, बम्बई, ब्रजनारायण ने बुलाया—वह भी प्रोग्राम मेरा बहुत अच्छा गया। यह भारतीय कला केन्द्र ज्वॉइन करने के बाद और कुछ पहले भी था। उसके बाद से फिर ईश्वर की कृपा से प्रोग्राम कलकत्ता, बम्बई और उन्हीं दिनों कुछ अरसे के बाद मद्रास। भारतीय कला केन्द्र के साथ ही गया था मद्रास। और धीरे-धीरे लोग मुझे चाहने लगे, इज़्ज़त करने लगे।

मैंने तीन साल जो संगीत भारती में बिताये हैं उनमें मेरा नियम था सुबह चार बजे उठना बग़ैर नागा... चाहे बुख़ार चढ़ा है, चाहे खाँसी आ रही है।...सुबह पाँच बजे से रियाज़, पाँच-छह-सात-आठ बजे तक रियाज़, फिर घर जाना और एक घण्टे में तैयार होकर वापस नौ बजे दो घण्टे की क्लास सुबह की। वह तीन साल मैंने ख़ूब रियाज़ किया। मतलब यही सोचकर कि यही टाइम है अगर कुछ बढ़ना है तो। अँधेरा कमरा करके किया करता था जब बाद में थक जाऊँ मैं, तो जो भी साज हाथ आये, स्टोर रूम था, तो कभी सितार, कभी गिटार, कभी हारमोनियम लेकर बजाऊँ, मतलब रिलेक्स होने के लिए। सितार भी मैं बहुत बजाने लगा था। अच्छा-खासा—हाँ ख़ूब जोरों से। फिर हाथ में शक्लें बनने लगीं मिजराब की वजह से तो मैंने डर के मारे छोड़ दिया कि डिस्टर्ब करेगा डांस में कि दो आँखें दिखेंगी तो मैंने सितार छोड़ दिया। गिटार बजाने लगा ऐसे ही थोड़ा शौक़ के मारे। सितार छोड़ा, गिटार छोड़ा, फिर बाँसुरी मेरी बहुत दिन चली। मतलब शौक़ के मारे बजाता रहा। डागर साहब के साथ भी ट्रेन में भी, अपने ऊपर बजा रहा हूँ वे नीचे गुनगुना रहे हैं। तो शौक़ उसका भी रहा, फिर सरोद भी चलता रहा। ख़ैर, सरोद तो अभी भी मेरा शौक़ है। तबला मैं बहुत शुरू से बजाता हूँ। शुरू में फ़िल्मी गाने गाकर मैं पूरे मोहल्ले के लोगों को ख़ुश किया करता था जब मैं छोटा था। और दो-एक फेमिली थीं मोहल्ले में जो मेरा गाना सुनकर बहुत ख़ुश होती थीं तो खाना-वाना भी खिला देती थीं; सिन्धी फैमिली थीं। वो बाजी करके थीं वो बिचारी मेरी बहुत मदद करती थीं कभी दाल-मखाने की सब्ज़ी जब बने तो चुपचाप लाकर खिला देती थीं। उन दिनों मतलब हमारी हालत भी ऐसी थी कि कोई खिला दे तो अच्छा लगता था। ख़ैर! फिर

उसके बाद तो तमाम फिर यहाँ काम करने लगे नये-नये। उसके बाद की कहानी तो फिर मालूम ही है आपको कि कितने बैले किए दुनिया भर के अलग-अलग हिस्ट्रॉरिकल और ये-वो फिर विदेश टूर भी शुरू हो गये। रूस पहला हमारा ट्रिप था जिसमें कुमार सम्भव लेकर हम लोग सब गये थे।

**आपको संगीत नाटक अकादेमी अवार्ड कब मिला?**

27 साल का था तब मैं। बहुत छोटे में ही। मेरी सब चीज़ बहुत छोटे में जल्दी-जल्दी हो गयीं।

**आपकी शादी किस सन् में हुई?**

ओ माँ! मैं अठारह साल का था बस इतना ही याद है मुझे। अठारह साल की उम्र में मेरी शादी अम्माजी ने कर दी। बहुत बड़ी ग़लती की। जब कि हम सोच रहे थे पहले काम कर लें फिर शादी करें। थोड़ा काम करें। पर अम्माजी शायद घबरायी हुई थीं कि पता नहीं, क्योंकि उनको तो शॉक था कि पिताजी तो मर ही गये उनका क्या होगा पता नहीं। उस घबराहट में शादी कर दी। पर वह मेरे लिए बहुत नुकसानदेह रहा। एक जिम्मेदारी और ज़्यादा बढ़ गयी। और शायद नौकरी मैं नहीं भी करता। अपने रियाज़ में और अपने नाच ही में मस्त हो सकता था लेकिन इन पाबन्दियों ने शादी, गृहस्थी और लखनऊ और घर इन चीज़ों ने मुझे मजबूर कर दिया कि तुम नौकरी नहीं करोगे तो क्या करोगे। वरना छोड़छाड़ के मैं अपना अकेले फ़िल्म में भी चाचाजी की वजह से भी पहले उनका असिस्टेन्ट बन सकता था बम्बई जाकर, और लालच थी शुरू में जैसे बच्चों को अक्सर हुआ करती है कि बम्बई भाग जाओ। पर ख़ैर वो तो अच्छा ही हुआ जो नहीं गया। कुछ समझदार लोगों ने मुझे एडवाइज किया कि ये ठीक नहीं है। अच्छा ही हुआ जो बच गया। ख़ैर...बाद का हमारा क़िस्सा—फिर सत्यजीत रे की फ़िल्म का कम्पोज़ किया था। उसके बाद से भी, मेरी एक बड़ी ख़ास आदत रही है कि तालीम, जैसे कि मेरे बाबूजी की आदत भी थी, जब शागिर्द को सिखा रहे हैं तो पूर्णरूप से मेहनत करके सिखाना, अच्छा बना देना है। और ऐसा बना देना कि मैं ख़ुद हूँ। यह कोशिश है। पर अब

भगवान की कृपा भी होनी चाहिए तब। मतलब कोशिश यही रहती है कि मैं कोई चीज़ चुराता नहीं हूँ कि यदि अपने बेटे के लिए ये रखना है उसको सिखाना है। उस लड़की को नहीं सिखाना है, उसको ये...यह मेरे भेद नहीं है। मतभेद बिलकुल नहीं है। तो बस यह छोटी-सी कहानी थी मेरी फ़िलहाल, डिटेल में तो पता नहीं बहुत कुछ है।

**अपने शार्गिदों के बारे में बतायें कौन है ऐसा जिनके बारे में सोचकर आपको लगता है कि कुछ करेंगे?**

शार्गिदों में अब ऐसा है कि अब तुम हो इतने अर्से से। किसी भी अच्छे खानदान की लड़की के नाम से तो और—हम कहेंगे तो यही कि शाश्वती लगी हुई है। 15-20 साल से, और अब ये कुछ दिन पहले मैंने ये कहा कि उनके अन्दर रंग अब शुरू हुआ है। वैसे विदेशियों में वैरोनिक भी तरक्की कर रही है। उधर फिलिप मेक्लीन टॉक था।...वह चला गया बहुत अच्छा कर रहा था।...वह इस वक़्त बहुत अच्छा होता।...लाजवाब। उसकी फिर तमन्ना है फिर आके सीखे मुझसे। बाक़ी तीरथ, प्रताप, प्रदीप ये लोग नाम किए हैं लेकिन इन लोगों को बड़ी जल्दी तसल्ली हो गयी कि काम मिल गया अब हम कमाने लगे हैं अब हमको इतनी परेशानी उठाने से क्या लेना-देना है। अपनी ज़रूरत की चीज़ें सीख लो, कुछ परफारमेन्स कर लो। तालियाँ ले लो, पैसे मिल ही जायेंगे, बात ख़त्म हो गयी। तो कोई कला के लिए सच्चे दिल से परेशान होने वाले बहुत कम लोग रहे हैं जो कि उसे आगे बढ़ायें, चाहे कष्ट उठाकर बढ़ायें, चाहे जैसे बढ़ायें, पर वो नहीं है। बहुत कम हैं। तो अब लड़कियों में जैसे तरक्की करने वाली सामने आने वालियों में शाश्वती हैं ही। दुर्गा भी अच्छी तरक्की कर रही है। वो छोटी-सी फेमिली की लड़की है, अच्छी स्थिति घर की नहीं है पर उसका मन नाच के साथ जुड़ा हुआ है। अब सीखने को तो बहुत से लोग अभी भी सीख ही रहे हैं। और लड़कों में, जितना बढ़ना चाहिए कृष्णमोहन, राममोहन को उतना ध्यान नहीं है। यहाँ तक कि मेरे बेटे भी ध्यान नहीं देते। उस तरह का ध्यान नहीं देते जो जैसे कि मेरी कहानी आपने सुनी है, उस तरह का ध्यान, इन लोगों ने कभी ये नहीं सोचा कि हाँ भैया ने कहा है—हुक्म दे दिया है तो हम दो साल तक कुछ नहीं सोचेंगे। बस यही सोचेंगे। उस तरह का त्याग नहीं है। उतनी शक्ति

ही नहीं है। मौज लेते हैं। नाचते हैं तो उसे भी एक एन्जॉय सोचकर कर लेते हैं। तो बस मेरे ख़याल से इतने से आप सोचकर लिख सकती हैं क्योंकि देश-विदेश तो मैं बहुत गया। मैं जर्मनी, जापान, हांगकांग, लाओस, बर्मा।

**इतनी बार आप गये तो कोई ख़ास बात आपको याद आती है...कोई विशेष आयोजन जिससे आपको लगे कि हम...**

हाँ क्यों नहीं। जैसे लंदन फेस्टीवल तो एक बहुत ही ज़रूरी था। और एक दफ़ा अमेरिका में दो-चार जगह वहाँ भी कामगी हॉल में हम नाचे थे।...बड़े अच्छे लोग थे। एक जगह एक लड़का।....आँखें उसकी फटी हुईं, एकदम अन्दर आया हाँफते और काँपते हुए। मैंने सोचा जाने क्या हुआ इसको तो मैंने कहा मेरे साथ फ़ोटो खिंचाना है क्या तुम्हें। यस-यस अब बेचारा बेहाल हो गया। अब लड़का तक बेहाल हो नाच देखकर तो यह जरा मज़ेदार बात है। पाकिस्तान में कोई खातून थीं पूरे हॉल में उनकी ही आवाज़ आये 'सुभान अल्लाह'। मतलब मेरे नाच के आशिक तो बहुत हैं। मेरी आशिक भी हैं। मगर...मैं तो नाच की वजह से हूँ।...इसलिए आशिक तो नाच के ही होते हैं। मैं तो बेचारा उसका असिस्टेन्ट हूँ। उस नाचने वाले का।

उसके बाद से तो ख़ैर धीरे-धीरे दिल्ली में स्कूटर भी ख़रीदा। फिर चला नहीं हम लड़ गये खम्भे में अपने आप ही। फिर डर के मारे मोटर ख़रीदी पुरानी। दो-चार दफे पुरानी ख़रीदी। फिर बैंक से लोन लेकर नयी एम्बेसेडर। फिर उसको बेचकर फियेट नयी ख़रीदी। अब दूसरी फियेट है। अब तो ईश्वर की कृपा से मतलब काफ़ी सुविधा है, काफ़ी कृपा है उनकी, लोग प्यार करते हैं मुझे बहुत। और मैं उस प्यार की वजह से ही इतना बढ़ा हूँ। क्योंकि...

**आपको आगे बढ़ाने में अम्मा जी का बहुत हाथ है?**

अम्मा जी का बहुत बड़ा हाथ है। अम्मा जी ने तो शुरू से ही उन बुज़ुर्गों की तारीफ़ कर-करके मेरे सामने हरदम कि बेटा वो ऐसे थे। उनको

कम-से-कम इतना नाम तो याद था उन बुज़ुर्गों का। अभी आप दूसरे किसी से पूछें घर में तो उन्हें नाम भी नहीं मालूम था कि कौन थे। चाची (शम्भू महाराज की पत्नी) से आप पूछें महाराज बिन्दादीन के बाद—पहले और कौन थे तो उनको नहीं मालूम। ठुमरियाँ भी मैंने उनसे सीखीं। मेरी वाकई में गुरुवाइन थीं—वो माँ तो थीं ही गुरुवाइन भी थीं। और जब भी मैं नाचता था मैं सबसे बड़ा एक्ज़ामिनर या जज अम्मा को समझता था। जब भी वो नाच देखती थीं तो मैं कहता था उनसे मैं कहीं ग़लत तो नहीं कर रहा हूँ। मतलब बाबूजी वाला ढंग है न। कहीं गड़बड़ी तो नहीं हो रही। तो कहतीं नहीं बेटा नहीं। उन्हीं की तसवीर हो। पर बैले-वैले यह तो मेरा नया क्रियेशन है। वो तो नेचुरली नया होगा। मगर मेरे नाम को वो हरदम ऐसे ही कहती रहीं और लखनऊ के जो बुज़ुर्ग उनसे भी गवाही ली मैंने चेंज तो नहीं लग रहा है। ''नहीं बेटा वही ढंग है। और तुम्हारा शरीर वग़ैरह टोटल ढंग वैसा ही है। बैठने का, उठने का, बात करने का। मतलब जैसा था उनका। बस यही....''

और जगहें तो बहुत थीं आने-जाने की। हम बहुत लोकप्रिय हैं बम्बई में, कलकत्ता में, साउथ के लोग भी अब बहुत चाहते हैं मुझे और हर डांसर के लिए चाहे थोड़ी देर के लिए ग़लत-ग़लत शब्द इस्तेमाल कर लें, पर दिल से अगर आप पूछेंगे कि ईमानदारी से बताओ तो दूसरा शब्द इस्तेमाल नहीं करेगा। बस यही कहेगा कि वह सही है वो अच्छे हैं। मतलब अगर ईमानदारी से कहेंगे तो। और प्रोफ़ेशनल जहाँ आता है तो चार जगह बुराई करेंगे कि उन्हें क्या आता है वो तो ऐसे ही बेकार आदमी है। तो मुझे मालूम है इस चीज़ का। तो मुझे कोई द्वेष नहीं है शुरू से। किसी के बारे में। जो करता है बढ़िया करता है (बस मैं अपना बुरा नहीं चाहूँगा) बस यही ख़ास आदत है।

**आपको मंच पर कुछ अनुभव या संस्मरण बचपन के या ऐसे अनुभव जो याद आते हों?**

अब नाचे तो हम बहुत ज़्यादा हैं। इतना कि गिनती करना मुश्किल है। और उस ज़माने से। रामपुर नवाब के महल में भी नाचा हूँ...नेपाल

महाराज के यहाँ भी नाचा हूँ...और ज़मींदारों के यहाँ भी नाचा हूँ...जहाँ का मैं अक्सर तमाशा सुनाता रहता हूँ...कि जहाँ महफ़िल भी लगी है कि लड़का नाचेगा...जरा चारों तरफ़ थोड़ा खिसककर जगह बनाओ...तो सब खिसक जायें...तो नीचे गलीचा...गलीचे पर चाँदनी और चाँदनी-गलीचे के नीचे ज़मीन पर कहीं पर गड्ढे हैं या कहीं पर खाँचा है...मतलब यह सब नहीं...कौन परवाह करे कि आज रंगमंच, जैसे आजकल हमारे नये डांसर हैं कि स्टेज बड़ा ख़राब है...बड़ा टेढ़ा है...बड़ा गड्ढा है। हम लोगों को यह सब सोचने का कहाँ मौक़ा मिलता था। मतलब बस अब गर्मी के दिनों में जरा सोचो न एयरकंडीशन, न कुछ, वो बड़े-बड़े पंखे लेकर जो नौकर-चाकर थे वो हाँकते रहते थे। उनसे भी हाथ बचाना पड़ता था। नाचने में उससे न लड़ जायें कहीं। दूसरे कि गैस लाइट जल रही है उसकी भी गर्मी।

**अक्सर रात में होते थे...या दिन में भी होते थे प्रोग्राम?**

दिन में भी होते थे। भैरवी का प्रोग्राम जो कहा जाता था न। जिसमें भैरवी का एक प्रोग्राम कथक डांसर का, यह कायदा था कि रात को वह बारह-डेढ़ बजे तक तो वो चलता था नाच-वाच। उसमें थोड़ा भाव गीत वग़ैरह हुआ तो हुआ, ठुमरी भाव पर विशेष दूसरे दिन दस बजे की महफ़िल सुबह दस बजे से चार बजे तक भैरवी का एक प्रोग्राम कहलाता था। तो उससे समापन होता था। माने टोटल प्रोग्राम। याने डांसर आया है तो सुबह से लेकर शाम तक...

(1984)

# बिरजू महाराज प्रसंग

ऐसा कम होता है कि कोई व्यक्ति किसी कला के केन्द्र में इस तरह व्याप्त हो जाय कि वह उस कलारूप का पर्याय बन जाय।

उस कला के सारे प्रतिमान उस एक व्यक्ति के सन्दर्भ में पहचाने जाने लगें और वह कला परिदृश्य पर कुछ इस तरह छा जाए कि उसके बाहर सब गौण प्रतीत हो। बिरजू महाराज एक ऐसे ही व्यक्ति हैं। जिनका नाम लेने से कथक नृत्य और कथक कहने से बिरजू महाराज साकार हो उठते हैं। ऐसी प्रतिभा शताब्दियों में ही जन्म लेती है।

लखनऊ घराने के सीधे वंशज और सातवीं पीढ़ी के इस कलाकार में मानो सातों पीढ़ियों का सौन्दर्य केन्द्रीभूत हो गया है। सौम्य, हँसमुख, मिलनसार व्यक्तित्व, ढीलाढाला माहौल और सहज, निष्कपट, लगभग बच्चे का भोलापन लिए बिरजू महाराज को देखकर इनकी इस महान प्रतिभा का अन्दाज़ा लगाना कठिन है। किन्तु बात करते-करते उनका न जाने कहाँ खो जाना, उँगलियों का निरन्तर गिनती में उलझे रहना और अचानक चेहरे का नितान्त शून्य भाव बेचैन करने वाला होता है। और बात करने वाले को बेहद रुखे, घमण्डी लग सकते हैं। अचानक कुछ कौंधता-सा है उनकी आँखों में और फिर वही सरल आपको फुसलाती-सी मुस्कराहट। यही दोहरे बदन, मध्यम क़द, हलके चेचक के दाग़ और बड़ी आँखों वाला ढीलाढाला व्यक्ति मंच पर एकदम और ही हो जाता है। ग़ज़ब का लोच, फुर्ती और हलकापन; कथक-नृत्य-सौन्दर्य मानो मूर्तिमान हो उठा हो।

बिरजू महाराज किन्तु इतने ही नहीं हैं। उनके न जाने कितने चेहरे (व्यक्तित्व) हैं। नृत्य में कुशल पारखी और गुरु, तो बैले के समय

संरचना को विविध कोणों से देखते रहने में लीन। बीच के समय में संगीत रचते, ख़ुद गाकर, बजाकर, सुनकर। इधर कभी नृत्य पर कुछ विचार भी लिख डाले। कभी मन आया तो कुछ छन्द, काव्य रच डाला। फिर बच्चों और जीविका की चिन्ता, लखनऊ के पुश्तैनी मकान की चिन्ता। यान्त्रिक चीज़ों का पुराना शौक़, कभी कार, कभी टीवी, कभी वीडियो या क़ैमरे में उलझना। प्रशंसकों से घिरे रहना, न जाने इस व्यक्ति को खाने-पीने का वक़्त कब मिलता है। और कहाँ से आती है शक्ति रोज़-दर-रोज़ सुबह से रात तक इस तरह बिना थके काम में डूबे रहने की। आश्चर्य होता है इतना ढीला-सा दिखने वाला यह व्यक्ति कैसे इतने काम एक साथ करता है। पर करता है। इसी का जायजा लेने के लिए उस्ताद अलाउद्दीन ख़ाँ संगीत अकादेमी के चक्रधर नृत्य केन्द्र के तत्त्वावधान में बिरजू महाराज प्रसंग आयोजित किया गया। और पहली बार इनकी बहुमुखी प्रतिभा इस तरह रेखांकित हुई जिसमें विविध पहलुओं से इन पर विचार हुआ। कुछ औरों ने कहा, कुछ स्वयं इन्होंने। दरअसल स्वयं बिरजू महाराज ने कई तरह से काफ़ी कुछ कहा। बातचीत के जरिये, प्रश्नों का उत्तर देकर, फ़िल्म के माध्यम से, नाचकर, गाकर, भाव बताकर, बजाकर और अपने शिष्यों के माध्यम से कुछ रचनाएँ भी प्रस्तुत करके। मतलब यह कि हर तरह से। जो थोड़ा बचा रहा वह इन पर आधारित चित्र-प्रदर्शनी ने पूरा कर दिया, जिसमें नृत्य के अतिरिक्त परिवार और मित्र, जीवन के विविध रंग भी शामिल थे। और इस तरह बिरजू महाराज पहली बार अपने इस बहुरंगी व्यक्तित्व के साथ सामने आये। और जनाब ख़ूब आये। वही अन्दाज़ मानो सम पर आ रहे हैं। आठ और नौ सितम्बर को हुए इस प्रसंग की शुरुआत हुई सुबह की बैठक में उनकी परम्परा और उनके जीवन से सम्बन्धित कुछ आत्मीय प्रसंगों से।

बिरजू महाराज आज़ केवल कथक के ही नहीं देश के सर्वश्रेष्ठ नर्तक, गुरु, सर्जक के रूप में माने जाते हैं। कला की इस ऊँचाई पर पहुँचने का श्रेय मुख्य रूप से उनकी अपनी लगन, परिश्रम और प्रतिभा है। परम्परा से लखनऊ घराने में जन्में बिरजू महाराज जी का बचपन अपने पिता की मृत्यु के बाद बहुत कठिनाई में बीता। नौ-साढ़े नौ वर्ष की छोटी-सी उम्र से ही अपनी और माँ की जीविका की चिन्ता में यहाँ-वहाँ स्थायी काम की तलाश में भटकने के बाद अन्ततः दिल्ली में उनका स्थायी निवास

और लगभग चौदह वर्ष की अल्पायु से अब तक उसी धैर्य, लगन और कठिन परिश्रम से उस कार्य में जुटे रहने की कथा के कई दर्दनाक पहलू और मोड़ हैं जिन्होंने उनकी कथा को गहराई, गाम्भीर्य और विस्तार दिया है।

कथकों के तीर्थ लखनऊ में बिन्दादीन महाराज की ड्योढ़ी की जर्जरता में इस परिवार के टूटने-बिखरने की जो कथा छिपी है उसका अनुमान आज इनको देखकर लगाना कठिन है। पर उसका इन पर गहरा प्रभाव है और उस ड्योढ़ी में ही जिस परम्परा के बीज इनके पिता प्रख्यात नर्तक अच्छन महाराज ने उस छोटी-सी आयु में बोये थे, वह आज एक हरा-भरा फलता-फूलता छायादार वृक्ष बन गया है। पिता को विश्वास था उस नन्हीं प्रतिभा पर तभी वे कहते थे कि यह मेरा गुरु है। और इस विश्वास को इन्होंने साकार ही नहीं किया उसे नये रंगों से गहरा और विस्तृत किया है।

लखनऊ घराने के वर्तमान पथ-प्रदर्शक बिरजू महाराज ने अपने पिता और चाचाओं की सभी प्रमुख विशेषताओं का सम्मिश्रण कर घराने की शैली को एक नया आयाम दिया है। अपनी प्रतिभा से हस्तक और पद संचालन को सतर्क सूक्ष्मता प्रदान करने के साथ-साथ अतिनैतिक शुद्धता प्रदान की। ''वे कथक के युग प्रवर्तक हैं।'' ये उद्‌गार बुज़ुर्ग और प्रतिष्ठित कथक विशेषज्ञ मोहनराव कल्याणपुरकर के हैं जिन्हें कथक में इस शताब्दी के उन तीनों प्रख्यात भाइयों—स्व. अच्छन महाराज, लच्छू महाराज, शम्भू महाराज का सान्निध्य प्राप्त हुआ है। नृत्य के विख्यात आलोचक सुनील कोठारी ने कलाकार के रूप में इनकी सम्पूर्णता की बात करते हुए उन तमाम विशेषताओं का उल्लेख किया जो बिरजू महाराज की कथक को देन है। गोविन्द विद्यार्थी ने बिरजू जी के प्रारम्भिक दिनों की चर्चा करते हुए अनेक रोचक क़िस्से सुनाये जो इनकी प्रतिभा और व्यक्तित्व को रेखांकित करते हैं। इस बैठक का सबसे दिलचस्प हिस्सा वह था जिसमें तीन बुज़ुर्ग कलाकारों—कृष्णा महाराज कलकत्ता से, रामकृष्ण शुक्ल हैदराबाद से, मोहनराव कल्याणपुरकर हुबली से—ने नृत्य की कुछ बारीक़ियाँ प्रदर्शित कीं, जो उस युग में उन्हें अपने गुरुओं से मिली थीं। ठाठ में खड़े होने के अन्दाज़ या गत भाव में होली की पूरी तैयारी अथवा 'मैं तो खेलूँगी उन्हीं से होरी' में आसक्ति के विविध पहलुओं और रंगों के मूल्यवान क्षणों को पकड़ने की कोशिश,

उनकी अभिव्यक्ति कथक सौन्दर्य की अनेक गाथाओं को उजागर कर गयी।

सुबह की बैठक का प्रभाव और उसमें इस घराने की केन्द्रीय भूमिका और उसके सौन्दर्य से अभिभूत और उसमें रचे-बसे बिरजू महाराज का नृत्य इस शाम सम्पूर्ण वैभव में निखर आया। छोटी-छोटी तिहाइयों के सहज लयात्मक छन्द, ठाठ, उठान, आमद की स्पष्ट सुन्दर रेखाएँ और अंग विन्यास, पैरों से निकलती संगीतमय ध्वनि, अंग, छन्दों की लौ और भावों की परिपक्व प्रस्तुति ने मानो सारे दर्शक समूह को मन्त्रविमुग्ध-सा कर दिया। लय और नृत्य के आंगिक सौन्दर्य के तो बिरजू महाराज बादशाह ही हैं किन्तु इस अवसर पर पहली बार मंच पर उन्होंने बैठकर और ख़ुद गाकर भाव प्रदर्शित किये। छोटी महफ़िल और बैठकों में तो इधर कई बार उस तरह उनको देखने-सुनने के अवसर आये हैं, और उनमें इनके भाव पक्ष में आती गहराई को महसूस करने के अवसर भी आते रहे हैं। किन्तु इस तरह मंच पर भावों की अदायगी का यह पहला ही अवसर था। 'घिर-घिर आये बदरा' में घिरते बादल के कई रूप थे ही, विभाव-अनुभाव और संचारी भावों का भी उसमें कई ढंग से प्रयोग किया। बादल आकाश पर ही नहीं और न जाने कहाँ-कहाँ घिरे, उमड़े, बरसे।

'कोई कहो जाय इतना सन्देसवा' में विरह की न जाने कितनी दशाएँ अंग-प्रत्यंग से सम्प्रेषित हुईं। विशेष आग्रह पर भोजपुरी कजरी भी उन्होंने गाकर सुनायी, अन्त हुआ साधना की उस चरम अभिव्यक्ति से जिसकी कामना साधक करता है। तमाम रिश्ते-नाते, धन-दौलत, मोह-माया जहाँ व्यर्थ हो जाते हैं और साधक अमर ज्योति में लीन होने की कामना करते हुए याद दिलाता है इस संसार की निस्सारता की 'कोई नहीं आवत जगत में कोऊ के काम'। और इस तरह यह पूरी सन्ध्या नृत्य के विविध चरणों और भावों से होते हुए आत्मिक शान्ति और सम्पूर्णता की खोज में समाप्त हुई। दरअसल, कवियों के शब्द जहाँ ख़त्म होते हैं वहाँ से नर्तक की आंगिक कविता शुरू होती है।

प्रसंग का अगला दिन बिरजू महाराज और कथक के सौन्दर्य तथा सृजनात्मकता पर केन्द्रित था। इस विषय पर बहुत ही सारगर्भित आलेख और बातचीत से सुबह की बैठक कई मायने में अर्थपूर्ण और शिक्षाप्रद

साबित हुई। दिल्ली कथक केन्द्र के निदेशक जीवनपाणि ने अगर बहुत ही काव्यमय भाषा में परम्परा की धारा में बिरजू महाराज को ऐसी मुख्य सहायक नदी निरूपित किया जो उस प्रवाह को एक नया मोड़ देता है तो रोहिणी भाटे ने इनके नृत्य का बहुत ही सूक्ष्म विश्लेषण कर उसके सौन्दर्य बिन्दुओं को आलोकित किया। साथ ही उन बिन्दुओं को भी रेखांकित किया जहाँ यह सौन्दर्य आलोक कुछ मद्धिम-सा पड़ता लगता है। जैसा कि जीवनपाणि ने कहा, ''बिरजू महाराज का नृत्य सिर्फ़ एक छन्दमय अंग चालन ही नहीं बल्कि जीवन्त बिम्बों का अद्‌भुत समाहार है।'' यह एक बात ध्यान देने की है। इस नृत्य के इस अनूठेपन की पूरी प्रक्रिया पर बिरजू महाराज ने गहरा चिन्तन-मनन किया है और इसका विश्लेषण करने की कोशिश की है। इसलिए वह उसे अपने तक ही सीमित नहीं रखते बल्कि अपने शिष्यों में उस भावप्राण को संचालित करने की चेष्टा करते हैं। उसमें वे किस हद तक सफल होते हैं, इसका अन्दाज़ इसी शाम को उनके शिष्यों को देखकर बख़ूबी लगाया जा सकता था। नृत्य सौन्दर्य के प्रति ऐसी सूक्ष्म दृष्टि, उसे पकड़ने और शिष्यों तक पहुँचाने की क्षमता कुछ ही गुरुओं में मिलती है।

इसी समय एस.के. सक्सेना द्वारा 'बिरजू महाराज और कथक सौन्दर्य' पर दिया गया वक्तव्य इस पूरे प्रसंग की महत्त्वपूर्ण उपलब्धि थी। बहुत ही सीधी-सरल भाषा में संगीत और कथक के सौन्दर्यशास्त्र की विवेचना करते हुए उन्होंने बिरजू महाराज के नृत्य सौन्दर्य, उनके नृत्य की तन्मयता आदि केन्द्र बिन्दुओं का ज़िक्र तो किया ही जो उनके नृत्य को विस्तार देता है, आलोकित करता है साथ ही एक बड़ी सारगर्भित स्थापना यह की कि प्रदर्शनकारी कलाओं की ख़ूबियों, सूक्ष्मताओं और मर्म को पहचानने के लिए स्वयं इसके कलाकारों की भाषा, उनकी इन कलाओं पर टिप्पणियों पर ध्यान देना और समझना ज़रूरी है क्योंकि तभी इनके द्वारा व्यवहार में लिए सूत्रों को, उनके सौन्दर्य को सही ढंग से पहचाना जा सकेगा। इसी के साथ इन्होंने रोज़मर्रा की दुनिया और कला की दुनिया का फ़र्क़ करते हुए दो संसारों का ज़िक्र किया जिसमें काल का, सौन्दर्य का, बल्कि पूरे वजूद का अर्थ बदल जाता है।

इस दिन के दूसरे सत्र में स्वयं बिरजू महाराज ने अपनी नृत्य शिक्षा आदि के कुछ दिलचस्प संस्मरण सुनाये। एक कथा-वाचन परम्परा से निकली

शैली से जुड़े होने के कारण भी कथक में कुशल और रोचक कला है। बात वे कुछ मुँह से कहकर और बहुत कुछ भाव-भंगिमा विशेषकर आँखों से सम्प्रेषित करते हैं। इस सत्र में श्रोताओं को प्रश्न करने की छूट थी और अनेक प्रश्नों के उत्तरों में उनकी वाक्पटुता से प्रभावित हुए बिना नहीं रहा जा सकता था।

इसी के तुरन्त बाद इन पर लगभग दस-बारह साल पहले बनी चिदानन्दन गुप्त द्वारा निर्देशित लघु फ़िल्म भी दिखायी गयी, जिसमें इनके व्यक्तित्व और जीवन के अन्य विविध पहलू भी उजागर हुए।

इस शाम बिरजू महाराज सर्जक और संगीत, नृत्य निर्देशक, वादक के नये रूप में सामने आये जब इनके शिष्यों ने इनके निर्देशन में तैयार कुछ पारम्परिक, कुछ समकालीन, कुछ विचारात्मक और कुछ मूर्त-अमूर्त विषयों पर नृत्य संरचनाएँ प्रस्तुत कीं। इसमें से कुछ लम्बी नृत्य नाटिकाओं के अंश भी थे। स्मरणांजलि, जुगलबन्दी, हब्बाख़ातून, ताल वाद्य कचहरी, सरगम, कालियादमन, लयपरिक्रमा, लक्ष्य, घुँघरू तरंग, नृत्य केलि! इन नृत्य-संरचनाओं के नामों से ही नृत्य विषयों की विविधता स्पष्ट हो जाती है। नृत्य के विभिन्न तत्वों को अलग-अलग ढंग से इन संरचनाओं में उभारने की कोशिश थी तो कई में उन्हें नया अर्थ और भाव भी प्रदान किया गया। घुँघरू तरंग यदि घुँघरूओं और पद चाप में ध्वनि विशिष्टता को एक राग के समकक्ष ले आता है तो लय परिक्रमा चारों ओर लय की असीम व्याप्ति की कथा कहता है। नृत्य केलि नृत्य में निहित क्रीड़ा-स्पर्धा-भाव को भारतीय खेलों के सन्दर्भ में उजागर करता है तो लक्ष्य में सम की खोज और गोपियों से आँख-मिचौली खेलते कृष्ण का रूपक बाँधा गया है। गत भाव की सीमित परिधि से समूह नृत्य संरचना का विस्तार, प्रसार और नाटकीयता कालिया-दमन और स्मरणांजलि जैसी रचनाओं में था तो शुद्ध नृत्य का आनन्द सरगम और जुगलबन्दी में देखा जा सका। इन सभी संरचनाओं में बिरजू महाराज के शिष्यों ने अपनी कुशलता का परिचय तो दिया ही साथ ही अच्छे निर्देशक और योग्य गुरु के रूप में बिरजू जी को प्रतिष्ठापित भी किया। इन सारी संरचनाओं के प्रदर्शन के दौरान संगीत निर्देशन और उसमें अपना अमूल्य सहयोग तो वे देते ही रहे—ताल वाद्य कचहरी में ताल वादक के रूप में उन्होंने अत्यन्त प्रभावपूर्ण संचालन भी किया। वे इन सारे रूपों में एक सधे सहज तन्मय

कलाकार के रूप में सामने आये हैं। इन सब रूपों में उनका यह तादात्म्य दर्शकों तक पहुँचता है और वे उस रस सूत्र से बँध से जाते हैं। यह सही है कि दूसरे दिन का यह सम्पूर्ण प्रदर्शन कुछ अधिक लम्बा था और उनके बीच में अधिक कसावट की ज़रूरत थी। मंच व्यवस्था और परिवर्तन अधिक सहज और शीघ्र होने चाहिए थे और यह भी सही है कि यह सब बातें पूरे प्रदर्शन के अन्तिम प्रभाव को गहरे रूप में प्रभावित करते हैं, फिर भी यह निर्विवाद कहा जा सकता है कि यह बिरजू महाराज के बहुरंगी व्यक्तित्व और बहुमुखी आयामों को निश्चित ही अधिक रंगों में उभारने में सहायक हुआ।

इस अवसर पर प्रकाशित पुस्तिका से कुछ शब्द उधार लें : 'बिरजू महाराज एक असाधारण घटना है। जीनियस होने के कारण अप्रत्याशित। कथक के व्याकरण और कौशल को उन्होंने सौन्दर्य-बोध और काव्य दिया है। वे कथक के लालित्य कवि हैं। परम्परा की प्रामाणिकता की रक्षा करते हुए उन्होंने सृजनात्मक साहसिकता के साथ कथक का अनेक नयी दिशाओं में विस्तार किया है और यह स्थिर नहीं है उसमें समकालीनता भी है और निरन्तर गतिशीलता भी।' इस महान नर्तक और सर्जक के अवदान को उसकी समूची विविधवर्णिता में देखने-परखने का यह सचमुच अर्थपूर्ण और कल्पनापूर्ण प्रयास था।

(1984)

# रस गुंजन

बिरजू महाराज द्वारा कलात्मक और आत्मीय ढंग से रचित (लिखी) और प्रकाशित 'रस गुंजन' ऊपर से देखने पर कथक के दिग्गज किम्वदन्ती पुरुष बिन्दादीन महाराज की रचनाओं का एक संकलन भर है। यों कथक के किसी भी पक्ष के अपर्याप्त डॉक्यूमेन्टेशन के परिप्रेक्ष्य में यह अपने आप में कम महत्त्वपूर्ण नहीं है। अरसे से अभिनय के लिए कथक के किसी भी घराने के नर्तक महाराज बिन्दादीन की रचनाओं पर निर्भर रहे हैं, इसके बावजूद हैरानी की बात है कि चुनने के लिए इतनी कम रचनाएँ उपलब्ध थीं जबकि माना जाता है कि उनकी रचनाएँ हज़ारों में थीं।

महाराज बिन्दादीन, अवध के नवाब वाज़िद अली शाह के दरबार में राज नर्तक होने के अलावा कृष्ण के अनन्य भक्त थे। अपने आराध्य की साधना में गाते हुए उन्होंने विविध भाव-रंग-प्रकार के असंख्य गीत रचे। क्योंकि वे स्वयं महान् नर्तक और संगीतज्ञ भी थे, इन रचनाओं में नृत्य के लिए ढलने की अपार सम्भावना भी थी। ये महान काव्य न भी हों पर नृत्याभिनय के लिए वह अच्छा आधार प्रस्तुत करता है। इसकी भक्ति और रीति काव्य की अन्तर्ध्वनियाँ और अनुगूँजें अच्छन महाराज, शम्भू महाराज जैसे श्रेष्ठ नर्तकों के अभिनय में सहज ही अभिव्यक्ति पाती थीं।

बिरजू महाराज ने पूरे भारत में बिखरी रचनाओं को श्रमपूर्वक संकलित कर अपने दादा की तीस रचनाओं का बारीक़ी से अध्ययन कर उनका चयन इस संग्रह में किया है। मुझे याद आता है, एक बार स्वर्गीय मोहनराव कल्याणपुरकर ने बताया था कि कैसे गोवा के एक मन्दिर में अनुष्ठानिक संगीत गायन के दौरान उन्हें महाराज बिन्दादीन की एक बड़ी सुन्दर रचना

सुनकर सुखद आश्चर्य हुआ, जिसे एक मन्दिर की पारम्परिक गायिका ने बीच-बीच में कुछ अभिनय के साथ प्रस्तुत किया था। उस समय उनकी कई रचनाएँ महाराष्ट्र में बहुत प्रचलित थीं। बिरजू महाराज ने न केवल इनका संकलन किया है वरन् उनका नोटेशन भी किया है और प्रयत्नपूर्ण उन्हें मूल धुन के अनुरूप रखने का प्रयास भी किया है। कुछ रचनाएँ तो इतनी प्रसिद्ध हो गयी हैं कि अलग-अलग जगहों पर उनकी विविध धुनें और कई बार कुछ शब्दों के फेरबदल से भी अनेक ठुमरी और दादरा गायकों के गायन में सुनी जा सकती हैं। इनमें से कुछ रचनाओं ने ख़्याल गायकी में भी स्थान पा लिया है।

पुस्तक की भूमिका में दिल्ली कथक केन्द्र के पूर्व निदेशक श्री गोपाल दास कुछ बीते दिनों की बातों का ज़िक्र करते हैं। उन्होंने विस्तृत ब्यौरा देते हुए बताया है कि कैसे एक बार आकाशवाणी में अचानक प्रसिद्ध ठुमरी गायिका सिद्धेश्वरी देवी ने उनके कमरे में आकर कहा कि वे बिन्दादीन महाराज की कुछ रचनाएँ प्रस्तुत करना चाहती हैं, और यह भी कि कैसे उन गीतों की गायन शैली अच्छन महाराज के नृत्याभिनय का अंग बनते ही उनकी अदायगी बदल जाती है। उनको भाव अंग से गाते हुए स्वयं सिद्धेश्वरी देवी ने उन पर अभिनय भी प्रस्तुत किया। गोपाल दास इस संगीत के अभूतपूर्व प्रभाव और गायनशैली दोनों की अदायगी के सूक्ष्म अन्तर का बख़ूबी बयान करते हैं। किसी भी रचना में, जिसमें ऐसा चमत्कारी बदलाव सम्भव है, इन दोनों कलारूपों से प्रतिकृत होने, उनमें ढलने और उन्हें उस कलारूप में विस्तार करने देने की मूलभूत क्षमता होनी चाहिए। अन्य अनेक सांगीतिक संरचनाओं की तुलना में महाराज बिन्दादीन की रचनाओं में यह गुण विशेष रूप से विद्यमान है, विशेषकर नर्तक के लिए। शब्द, पद्यांश, पंक्ति या इनके अर्थों में आशुरचना और विस्तार की यह अनन्त सम्भावना हर बार हर नर्तक को उसे अलग ढंग से करने की छूट देता है। इसीलिए प्रस्तुतिकरण में कई बार सामान्य अर्थ-भाव से शुरू होकर अभिनय कलात्मक और आध्यात्मिक गहराई और ऊँचाइयों को छूने लगता है।

अधिकांशत: ये रचनाएँ मध्यलय में तीनताल, दादरा, झपताल या कहरवा आदि प्रचलित तालों में निबद्ध हैं। छोटे ख्याल के रूप में भी गायी जाने वाली द्रुत लय की प्रसिद्ध ठुमरी—'धाय गहो, धाय गहो-श्याम' सुनते हुए जीवन्त होती हुई साकार-सी होने लगती है। और कई बार उसकी

लय के साथ आपका शरीर भी झूमने लगता है। नटखट कृष्ण का भागकर गोपियों को पकड़ने और गोपियों का बचने की निरर्थक कोशिश का वर्णन सुनते हुए गाने की लय के साथ आपका शरीर भी कई बार डोलने लगता है। शब्दों के अर्थ और गाने की लय की गत्यात्मकता में कृष्ण की क्रियाएँ इस तरह साकार हो उठती हैं कि सुनते हुए अचानक आप पायें कि आप भी अपनी सीट पर पकड़ाई से बचने की मुद्रा में हैं। इन संरचनाओं में संगीत और नृत्य दोनों में ही सहज भावाभिव्यक्ति की सम्भावना इन्हें कथक नृत्य साहित्य में विशिष्ट स्थान दिलाता है।

राग बसन्त में 'मोहे छेड़ो न नन्द के सुनहु छैल' गोपी द्वारा केवल न छेड़ने और अँधेरा होने के पहले घर जाने देने के लिए विनती ही नहीं है बल्कि परोक्ष ढंग से छेड़े जाने की इच्छा और अनुराग की व्यंजना भी कहीं उसमें छिपी है जो नर्तक को संचारी के विविध पक्षों में संचरण का खुला आमन्त्रण देता है। इसके लिए चुना राग भी कर्तव्य और आकांक्षा के बीच द्वन्द्व और अनन्त प्रेमी कृष्ण के निकट रहने की उत्कट इच्छा को प्रस्तुत करने की खुली छूट देता है।

'रस गुंजन' एक तरह से भावाभिनय के अथाह सागर में झाँकने का एक अवसर प्रदान करता है। संरचनाओं का चुनाव भी उतना ही वैविध्यपूर्ण है जितना कि भावस्थितियाँ जो ठुमरी, दादरा, होरी, झूला, सादरा, भजन आदि के प्रस्तुतिकरण से उपजती हैं। बिरजू महाराज ने उन सभी की राग, ताल, लय आदि की विस्तृत जानकारी दी है। बन्दिशों के सामान्य अर्थों के साथ-साथ अप्रचलित शब्दों के अर्थ भी दिये गये हैं। काल, स्थान, वातावरण, नायिका की वय, जाति, उसकी आकांक्षाओं, भाव आदि पर भी सुचिन्तित टिप्पणियाँ प्रस्तुत की गयी हैं। इन अतिरिक्त सूचनाओं से निश्चित ही नर्तक को अपनी अभिव्यक्ति को अधिक गहराई और वैविध्यपूर्ण बनाने में मदद मिलेगी। पुस्तक अपने आप में कल्पनापूर्ण और कलात्मक ढंग से प्रकाशित की गयी है। हर ठुमरी के साथ नृत्य रेखांकन ख़ुशगवार कलात्मक अनुभव है। आकल्पक वाश्वी दुघोरिया तिवारी द्वारा नर्तकों के चित्रों से अंग भंगिमाओं, गतियों, मुखभाव, हस्तमुद्राओं आदि का रेखांकन सुविचारित और सुरुचिपूर्ण है। दस पृष्ठों में नृत्य रेखांकन के अतिरिक्त पूरी पुस्तक में 98 रेखांकन और हैं। बिरजू महाराज के अतिरिक्त जिन अन्य नर्तकों के रेखाचित्र हैं, उनमें कुमुदिनी लाखिया, रश्मि वाजपेयी,

भारती गुप्ता, शास्वती सेन, शोवना नारायण, कृष्ण मोहन तथा जयकिशन महाराज शामिल हैं।

श्री सत्यनारायण द्वारा सुन्दर हस्तलिखित नोटेशन से इसका महत्त्व बढ़ गया है। 'रस गुंजन' नाम को सार्थक करता हुआ स्वयं बिरजू महाराज के नृत्य का सौन्दर्य और कलात्मकता इस पूरी पुस्तक में अनुगुंजित है। जहाँ तक कथक का सवाल है, बिरजू महाराज अपने जीवनकाल में ही कथा-पुरुष के रूप में प्रतिष्ठित हैं, चाहे वह नर्तक के रूप में हों, गुरु के रूप में, चिन्तक या अपने कला रूप के वक्ता के रूप में हों। यह पुस्तक उनके लिए एक और मील का पत्थर साबित होती है।

उचित ही ये पुस्तक वे अपनी माँ को समर्पित करते हैं जो असमय ही इनके पिता अच्छन महाराज के निधन के बाद निरन्तर उनकी पथ-प्रदर्शक और प्रेरक रहीं। वे अपने पिता, दादा, चाचाओं को भी पूरी विनम्रता और श्रद्धा से याद करते हैं। प्रारम्भ में अंकित उनके रेखाचित्र उसे एक ऐसी आत्मीयता और गरिमा प्रदान करते हैं जो पूरे संकलन को आच्छादित करता है। पूरे संकलन में कुछ स्थानों पर शब्दों आदि की ग़लतियाँ ज़रूर खटकती हैं जिन्हें पाण्डुलिपि के सावधान प्रूफ़ वाचन से दूर किया जा सकता था।

एक महान् नर्तक-रचनाकार की बन्दिशों का हमारे समय के एक और महान नर्तक द्वारा चयन और ऐसे विशिष्ट संकलन के प्रकाशन के लिए 'पॉप्यूलर प्रकाशन' बधाई का पात्र है। 'रस गुंजन' कथक छात्रों, नर्तकों आदि के लिए ही नहीं संगीत और कला प्रशंसकों और साधकों के लिए भी एक आवश्यक पुस्तक है।

['रस गुंजन', लेखक बिरजू महाराज, पॉप्यूलर प्रकाशन]
(1995)

# परिष्कार की खोज : कुमुदिनी लाखिया

कथक परिदृश्य पर श्रीमती कुमुदिनी लाखिया का नाम अपने आधुनिक नृत्य-बोध के कारण विशेष मायने रखता है। अथकिम, दुविधा, सेतु, श्रवण जैसी रचनाओं के साथ उन्होंने कथक को नयी समकालीन दृष्टि दी जिससे उसने पारम्परिक नृत्य परिधि के पड़ोस में एक और अभिजात परिसर की नींव डाली। इस नये मुहावरे का उद्देश्य और स्वरूप भी पारम्परिक कथक को चुनौती देना या उसका प्रतिपक्ष बनाना नहीं बल्कि एक विस्तार देना और कथक के लिए एक ऐसा परिवेश तैयार करना भी लगता है जो अनेक स्तरों पर अन्य समकालीन चुनौतियों का सामना कर सके। मुझे लगता है इस तरह कुमुदजी ने भी कथक के वर्चस्व को बनाने और बरकरार रखने में बुनियादी भूमिका अदा की है।

बरसों पहले की बात है जब कुमुद जी से भारतीय कला केन्द्र में मुलाकात हुई थी। वे सुबह शम्भू महाराज जी की क्लास में होतीं और मैं शाम को बिरजू महाराज से नाच सीखती। इस तरह उनसे भेंट के अवसर कम ही होते। किन्हीं कार्यक्रमों में सहदर्शक के रूप में या बाद में नृत्य नाटिकाओं की रिहर्सल आदि या बाहर नृत्य यात्रा के दौरान ही हम लोग साथ होते। अन्य सहनर्तकों में वे हमेशा अलग लगतीं—एक तरह का आभिजात्य जो कभी-कभार दम्भ का सा आभास देता भी लगता। सन् 1958 में संगीत नाटक अकादेमी के नृत्य सेमिनार में 'मालती माधव' में मालती के रूप में कुमुद जी की प्रस्तुति आज भी याद है। मंच पर उनके व्यक्तित्व और नृत्य में एक ऐसा आकर्षण और खिंचाव था जिसने मन पर ऐसा अमिट प्रभाव छोड़ा कि आज भी जब उनके नृत्य रूप को याद करती हूँ तो वे मालती के विविध रूपों में ही उभरती हैं। यों उसके

पहले और बाद में भी मंच पर उन्हें देखने का अवसर रहा ही। सम्भव है इसका एक कारण यह भी रहा हो—कि प्राय: अन्य अवसरों पर विंग से ही देखना हो पाता था और 'मालती माधव' दर्शक के रूप में सामने से ही देखा था। कारण जो भी हो इसमें दो राय नहीं हो सकती कि कुमुद जी किसी भी भूमिका में हों—वह केन्द्रीय बन जाती थीं। जिन्होंने उन्हें कुमारसम्भव में रति के रूप में देखा है वे उसे भूल नहीं सकते।

यह वह समय था जब संगीत नाटक अकादेमी की सचिव श्रीमती निर्मला जोशी, सुमित्रा जी, नीना जी आदि के प्रयत्न और गुरुओं के सहयोग से भारतीय कला केन्द्र में कई तरह के प्रयोग हो रहे थे तथा 'गोवर्धन लीला', 'बरखा बहार', 'कालिया दमन', 'कथक की कहानी', 'मालती माधव', 'कुमारसम्भव' जैसी अनेक छोटी-बड़ी नृत्य नाटिकाओं की कथक में संरचना हो रही थी। इनके लिए एक ऐसे नृत्य मुहावरे की तलाश भी जारी थी जो पारम्परिक नृत्य प्रस्तुति के अतिरिक्त इनकी ज़रूरतों को पूरा कर सके। 'मालती माधव' के निर्देशन के दौरान लच्छू महाराज जी ने एक दिशा दी थी। बिरजू महाराज जी इस दिशा में अनेक प्रयोग कर ही रहे थे। फिर शम्भू महाराज जी यहाँ थे ही। संगीत के लिए बड़े डागर बन्धु थे। इस तरह भारतीय कला केन्द्र एक सर्जनात्मक ऊर्जा का केन्द्र बना हुआ था। विदेश में रामगोपाल जी के साथ नृत्य यात्राओं की पृष्ठभूमि, वरिष्ठ गुरुओं से कथक की शिक्षा तथा यहाँ के इन अनुभवों ने भी निश्चित ही कुमुद जी की वैचारिक और सर्जनात्मक रचनाधर्मिता को प्रभावित किया होगा। विषय और शिल्पगत प्रयोगों से एक दिशा उजागर हुई तो बौद्धिक सजगता ने उसमें अनन्त सम्भावनाओं के द्वार खोल दिये।

मुझे याद आता है किस तरह धीरे-धीरे समूह रचनाओं के आंगिक, गतियों, भंगिमाओं और समूहन आदि के स्वरूप में एक ख़ास तरह का बदलाव आना शुरू हुआ था। एक तरह का फैलाव, विस्तार किन्तु ऊर्जा से विन्यस्त और सधा हुआ। शाम की क्लास में मुझे सिखाते हुए कई बार बिरजू जी उन मूवमेन्ट्स और संरचना का जिक्र करते, दिखाते और सिखाते भी थे, जो अपने नये अन्दाज़ में कुमारसम्भव या अन्य नृत्य समूहनों की संरचना के दौरान विकसित हो रहे थे। कुछ नये टुकड़े, उनके नये आंगिक, गतियाँ, देह भंगिमाएँ, मंच के स्पेस की

अवधारणा बहुत ही सूक्ष्म ढंग से कथक संरचनाओं में उभर रही थीं। मेरा ख़्याल है उसी का एक परिणाम बिरजू महाराज द्वारा कथक के बुनियादी मूवमेन्ट्स की एक श्रृंखलाबद्ध रियाज पद्धति का विकास भी था। दरअसल, ऐसे किसी भी विकास और बदलाव की प्रक्रिया इतनी जटिल होती है कि उसके लिए कोई एक कारक नहीं हो सकता। किन्तु अलग-अलग स्तर पर जो बदलाव कथक में आ रहे थे, पूरे कथक परिदृश्य पर परोक्ष-अपरोक्ष रूप से उनका प्रभाव पड़ा। मेरा ख़्याल है इन सबने कुमुद जी के परवर्ती विकास में महत्त्वपूर्ण भूमिका निभायी।

रामगोपाल के साथ नृत्य की पृष्ठभूमि के पूर्व अनुभवों ने निश्चित ही इसमें योग दिया होगा। नृत्य शरीर, उसके टेंशन (तनाव), एकाग्रता, (बॉडी लेंगुएज) देह भाषा की अवधारणा, नृत्य भूषा, मंच उपस्थिति, मंच का विवेक, उसके कड़े नियम, उनकी पाबन्दी और पालन, प्रकाश व्यवस्था आदि ऐसी तमाम चीज़ें थीं जिनका प्रभाव परोक्ष-अपरोक्ष रूप से उन पर रहा होगा और जिन्होंने धीरे-धीरे उनकी बौद्धिक और सौन्दर्यमूलक कथक-नृत्य-दृष्टि को अलग ढंग से प्रभावित किया होगा।

नृत्य के प्रति कठोर अनुशासन, और नर्तक के आत्मसम्मान के प्रति सजगता उनका बड़ा गुण रहा है। नृत्य अथवा नर्तक के व्यवहार में किसी भी तरह का हल्कापन वे बर्दाश्त नहीं करतीं। एक ओर नर्तक के स्वाभिमान को बनाये रखने के प्रयत्न में कठोर अनुशासनात्मक कवच अपने चारों ओर बुनकर रखती हैं तो दूसरी ओर अपने शिष्यों के प्रति उनका अन्तरंग रिश्ता उनके दूसरे आत्मीय पक्ष को उजागर करता है। मुझे व्यक्तिगत तौर पर भी उनकी इस आत्मीयता का परिचय लगातार मिलता रहा है।

अहमदाबाद में 'कदम्ब' की स्थापना, कथक के क्षेत्र में एक तरह से मरुस्थल में कथक वृक्ष की स्थापना है, जो उनकी सौन्दर्यपरक दृष्टि, ऊष्मा और देखरेख में आज पल्लवित, पुष्पित रूप में हमारे सामने है। और, यह अकारण नहीं है कि दिल्ली कथक केन्द्र के बाद 'कदम्ब' महत्त्वपूर्ण कथक संस्था के रूप में प्रतिष्ठित है। उनकी नृत्य संरचनाओं और शिष्यों, दोनों ने, उनकी इस विशिष्टता द्वारा एक पहचान बनायी है। कथक के प्रचलित पारम्परिक विषयों से अलग एक नया विस्तार उनके यहाँ दीख पड़ता है। यह कथक को एक भिन्न दृष्टि और धरातल से देखने

की कोशिश भी है जिससे वह कई बार अलग भी नज़र आता है। उनके हर काम में एक निश्चित सोच, मँजाव और सुघड़पन है जो उसे अभिजात पैनापन देता है।

अलग-अलग समय पर देखे उनके नृत्य संयोजनों की याद करते हुए कुछ स्मृतिबिम्ब उभरते हैं और उनसे सुचिन्तित, वैविध्यपूर्ण रचना लोक का निर्माण होता है। नृत्य में आज के सामाजिक सन्दर्भ, घटनाओं, स्थितियों को देखने और उनसे प्रतिकृत होने की तलाश और अपने आस-पड़ोस तथा समकालीन जीवन के विविध रंग और स्तरों को अपने नृत्य में उतारने की एक छटपटाहट उनकी संरचनाओं में है जो दर्शक के मन को भी उद्धेलित करती है, विभोर करती है।

'अथकिम' यदि आध्यात्मिक शून्यता से पैदा हुई इस भौतिकवादी, अस्त-व्यस्त और अनिश्चित व्यवस्था में एक दिशा, एक उत्तर की तलाश है, तो 'दुविधा' मध्यवर्गीय स्त्री की उबाऊ जीवन-दिनचर्या, उसके मनोभावों और आकांक्षाओं की खोज है। 'सेतु' में विकलांग बच्ची के मानस का अन्वेषण भी नृत्य में जीवन को सर्वांग रूप से देखने-समझने की इच्छा रूपायित करता है। सर्वेश्वर दयाल सक्सेना की कविता 'कोट' पर आधारित उनकी नृत्य संरचना 'द पैग' समकालीन कविता को नृत्य में देखने-बरतने की एकदम नयी दृष्टि देती है। खूँटी पर टँगे कोट का अवसाद, आकांक्षाएँ, स्मृतियाँ जिस तरह नृत्य गतियों के विविध संयोजनों में साकार होती हैं, वह अपने आप में एक अनुभव है।

जीवन के अनेक पहलुओं से नृत्य को देखने-समझने की कोशिश में तकनीकी मुहावरा भी कई रूपाकार लेता है। नृत्य तकनीक, संगीत और गुजरात की कथागायन शैलियों को उन्होंने कई स्तरों पर अपने नृत्य संयोजनों के लिए पुनराविष्कृत किया है। कभी अलग-अलग और कभी सम्मिलित रूप में। 'धबकार' में कथक की तकनीक के कुछ पक्षों को एक ख़ास ढंग से उभारने और आंगिक को अनेक नर्तकों द्वारा विस्तार देने के कारण उसमें कथक व्याकरण एक निश्चित भाषा का रूप अख़्तियार करती है और उसके अमूर्तन और तकनीक को नया अर्थ मिलने लगता है।

'कथा कहे सो' कथक, लोककथा और कथागायन शैली के समन्वय का दिलचस्प उदाहरण है। वह कथा गायन और कथक नृत्य परम्परा के

अविच्छिन सम्बन्ध को तो उजागर करता ही है, गतभाव तथा लास्यांग प्रधान सरल प्रमलू आदि में आंगिक के सरल विन्यास ने लोक कथा की सहजता और मार्मिकता को अधिक गहन बनाया है। कथा गायक, कथा नर्तक और कथा श्रोता तीनों की मंच पर एक साथ उपस्थिति एक नया आयाम (डाइमेंशन) पैदा करती है—जहाँ बाहर दर्शक के साथ मिलकर एक चतुष्कोण-सा बनता है।

आज बरसों बाद बीते समय और उनके काम को याद करते हुए कितने ही चित्र कौंधने लगते हैं। कई बार यह भी लगता रहा है कि 'कदम्ब' की स्थापना और उनकी सौन्दर्यपरक सर्जनात्मक ऊर्जा के प्रारम्भिक वर्षों में भी उनसे अधिक घनिष्ठ और आत्मीय रिश्ता बन सकना चाहिए था जो कई स्तरों पर मेरे लिए समृद्धकर होता। आज यही कामना कर सकती हूँ हमारा यह सम्बन्ध अटूट बना रहे और उनकी सर्जनात्मक ऊर्जा वर्षों तक इस कथक बिरादरी को समृद्ध करती रहे।

(सम्भावित वर्ष : 1994/95)

# कुमुदिनी प्रसंग

एक कलाकार की जीवन्त रचनाधर्मिता के पचास वर्ष मायने रखते हैं। जीवन के पचास कला वर्ष! —और, यदि उसके शिष्य और प्रशंसक उस उपलब्धि का पर्व मनाते हैं—तो उसका आनन्द और महत्त्व निश्चित ही द्विगुणित हो जाता है। ऐसा ही एक अवसर था—'नृत्य पर्व'—जो नृत्य में कुमुदिनी लाखिया के पचास वर्ष पूरे होने पर उनके शिष्यों और प्रशंसकों ने मिलकर अभिगम की ओर से 30-31 जनवरी, 1995, को अहमदाबाद में आयोजित किया। आयु के विविध पड़ावों पर ऐसे अनुष्ठान प्राय: होते ही रहे हैं। किन्तु कला क्रियाशीलता का ऐसा सुरुचिपूर्ण समागम कभी-कभी होता है।

अपनी प्रयोगधर्मिता और बौद्धिक सौन्दर्य चेतना के लिए विख्यात श्रीमती कुमुदिनी लाखिया कथक में एक सुपरिचित और प्रतिष्ठित नाम हैं। उन पर केन्द्रित दो दिन के इस नृत्य पर्व—'कथक कुमुदिनी' की शुरुआत शहनाई की मंगलध्वनि के बीच 'तवारीख़' से हुई। यह कुमुदिनी लाखिया के बचपन, परिवार और नृत्य के विविध आयामों और अवसरों का चित्रमय लेखा-जोखा था जिसकी शुरुआत सोनल मानसिंह ने एक श्वेत फलक पर कुमुदिनी के रेखांकन से की। पन्द्रह वर्ष की आयु में इलाहाबाद की कॉन्फ्रेन्स में उनके नृत्य की सचित्र समीक्षा को देखना-पढ़ना अद्भुत था। इसमें तबले पर संगत की थी सामता प्रसाद ने। यह वह वक़्त भी था जब गुणीजन सामने बैठते थे और उनके सामने प्रशंसा पाना मामूली बात नहीं थी।

उस ज़माने के प्रसिद्ध नर्तक रामगोपाल के साथ और अलग भी अनेक चित्र उस दौर के थे जब कुमुदिनी ने उनकी नृत्य संगिनी के रूप में अनेक देशों का दौरा किया था। बिरजू महाराज के साथ उनके अनेक प्रसिद्ध चित्र

तो थे ही उसके बाद के उनके नृत्य संसार—एकल—तथा अपनी संस्था 'कदम्ब' की स्थापना के बाद उनकी नृत्य संरचनाओं के चित्रों का संसार एक सचमुच सक्रिय सर्जक का रचना संसार प्रस्तुत करता है।

गुजरात की पारम्परिक संस्कृति की छाप लिए मंच-सज्जा सुरुचिपूर्ण थी। इस अवसर के लिए विशेष तौर पर एक चित्रपट तैयार किया गया था जिसका प्रयोग उद्घोषणा आदि के लिए किया गया। 'तवारीख़' का शुभारम्भ यदि दिल्ली की सोनल मानसिंह ने किया तो नृत्य पर्व की प्रतिष्ठा हुई अहमदाबाद की ही प्रख्यात नर्तकी मृणालिनी साराभाई द्वारा। रंगारंग नृत्य के धनी इस अंचल को इन दोनों प्रतिभाशाली नर्तकियों ने अपने नृत्य रूपों से समृद्ध किया है। यह याद करना दिलचस्प हो सकता है कि मृणालिनी और कुमुदिनी बल्कि सोनल का भी सरोकार नारी शक्ति, उसकी आकांक्षा, चिन्ता से रहा है और यह उचित ही था कि ये तीनों इस समारोह में साथ हों। कुमुदिनी के काम और सोच पर केन्द्रित एक पुस्तिका का विमोचन वैजयन्तीमाला ने किया और आशीर्वचन दिया सुमित्रा चरतराम ने।

'नृत्य पर्व' की पहली शाम कथक को समर्पित थी। कुमुदिनी लाखिया के नृत्य संयोजनों की झलकियाँ प्रस्तुत करती संक्षिप्त किन्तु कलात्मक फ़िल्म उनके काम को दुबारा देखने की जिज्ञासा को तीव्रतर करती है। कथक की अनन्त सम्भावनाओं का विस्तार और उसके द्वारा समकालीन अनुभव की खोज और उसका नृत्यमय संयोजन उनकी बुनियादी चिन्ता रही है। कथक की मान्य पारम्परिक रूढ़ियों और प्रस्तुति शैली से यह भिन्नत्व निरन्तर चर्चा का केन्द्र रहा है जिसमें उन्होंने प्रशंसा और आलोचना दोनों ही अर्जित की हैं। एक सशक्त प्रादेशिक संस्कृति के बीच भूले-बिसरे कथक की पुनर्स्थापना आसान नहीं रहा होगा। और उसमें भी प्रयोग और परिष्कार के ऐसे नूतन रूप का स्वीकार और भी दुष्कर रहा होगा।

कथक प्रदर्शन किया पण्डित बिरजू महाराज, शाश्वती सेन और महाराज जी के सुपुत्र और एक शिष्य ने। बिरजू महाराज और कुमुदिनी लाखिया का संग-साथ पुराना है और जैसे उसकी याद में इस अवसर पर बिरजू महाराज की नृत्य प्रस्तुति एक यादगार अनुभव बन गयी। उनके साथ तबले पर जाकिर हुसैन हों तो कहना ही क्या। ताल और अंग की कविता का ऐसा संयोग दुर्लभ है। शून्य को तराशते-सजाते उनके विन्यास, कितने ही मूर्त-अमूर्त चित्रों को आँकते चलते हैं। लय से खिलवाड़, सम्पूर्ण जीवन में लय,

उसके चलन के विविध रूपों को देखना, और—आधुनिक जीवन में लय, गति को अपने नृत्य में उकेरने का उनका अपना अन्दाज़ है। कथा वाचक की तरह अपने कथा-नृत्य में वे सबको अपने साथ-साथ बहाते चलते हैं। यह एक ऐसे आनन्दमय अनन्त का सृजन था जिसके एक छोर पर थे नृत्यरत बिरजू महाराज और दूसरे पर स्तब्ध रससिक्त दर्शक समुदाय।

अगले दिन सुबह उनकी संस्था 'कदम्ब' में एक आत्मीय संगोष्ठी में कुमुदिनी लाखिया के काम और संग-साथ की अन्तरंग चर्चा हुई। केशव कोठारी ने पचास के दशक में भारतीय कला केन्द्र के दिनों से अपनी मित्रता की याद करते हुए उनके विकास, विषम परिस्थितियों में संघर्ष, उपलब्धियों का गहरी संवेदना से आकलन किया तो लीला वेंकटरमण ने उनके द्वारा नृत्य में विचारशीलता के गुण की नींव डालने का उल्लेख किया। हृषिकेश पाठक ने इंग्लैण्ड में रामगोपाल के साथ नृत्य-समय को याद किया तो बिरजू महाराज ने कहा किस तरह कुमुदिनी ने उन्हें अपनी ही शक्ति का अहसास दिलाया और वे हनुमान की तरह राम का स्मरण कर उड़ चले।

दूसरी शाम के कार्यक्रम की शुरुआत कुमुदिनी लाखिया के निर्देशन में उनके शिष्यों द्वारा प्रस्तुत रचना 'सम सम्वेदना' से हुई। इसी शाम बाद में उनका सम्मान किया गया। कुमकुम दास के नेतृत्व में ओडिसी नृत्य समूह सामान्य स्तर से ऊँचा नहीं उठ सका। वैजयन्तीमाला बाली के भरतनाट्यम से नृत्य पर्व का समापन हुआ। वैजयन्तीमाला का नृत्य पुराने दिनों की याद दिलाता है जब नृत्य में भागदौड़ और जटिलता के बजाय सहज साफ़-सुथरेपन, गुरुदीक्षा के प्रति एक ख़ास तरह की ईमानदारी और सुकून की गुंजाइश थी।

व्यक्ति-केन्द्रित ऐसे आयोजनों का अलग महत्त्व है। इस बहाने एक कलाकार के सम्पूर्ण कार्य के आकलन का, उसे देखने-समझने का अवसर मिलता है। इतने लोग एक साथ जुड़ते तो हैं ही, स्वयं कलाकार को भी कहीं अपने किए के पहचाने जाने से सन्तोष और उसकी सार्थकता, कमियों से दो-चार होने का मौक़ा मिलता है। एक तरह से यह उसके आत्मालोचना का समय भी है। एक सहकर्मी की उपलब्धि के उत्सव में सहभागी होने का सन्तोष और आनन्द भी कम नहीं।

(1995)

# कम जाने पक्ष

मध्य प्रदेश का ख़ूबसूरत किन्तु अपेक्षाकृत अज्ञात-सा ज़िला रायगढ़ बीसवीं सदी के प्रारम्भ में नृत्य, संगीत, साहित्य का संगम स्थल था। बैरागढ़ के गौंड़ शासकों द्वारा लगभग तीन सौ वर्ष पूर्व इस राज्य की स्थापना हुई थी किन्तु यहाँ का इतिहास इससे भी पुराना है। यहाँ प्राप्त प्रागैतिहासिक शैल चित्र और अन्य प्राचीन अवशेष इस क्षेत्र के प्राचीन कला वैभव की गाथा कहते हैं। यह आदिवासी बहुल इलाक़ा विपुल खनिज और वन सम्पदा तथा रम्य प्राकृतिक दृश्यों से भरपूर है। और यहाँ की लोक संस्कृति अभी भी यहाँ अपने मूल रूप में सुरक्षित है। यहीं इस सदी के प्रारम्भ में संगीत-नृत्य जगत में एक क्रान्तिकारी घटना हुई जिसके नियामक थे राजा चक्रधर सिंह।

राजा चक्रधर सिंह का जन्म सन् 1904 में गणेश चतुर्थी के दिन हुआ। इन्हें संगीत पैतृक सम्पत्ति के रूप में विरासत में मिला। इनके बाबा घनश्याम सिंह तथा पिता भूपदेव सिंह संगीत आदि कलाओं के पारखी और ज्ञाता थे। देश के प्रख्यात कलावन्तों का इनके दरबार में आना-जाना लगा रहता था। इनके चाचा पीललाल एवं लाल नारायण सिंह और अग्रज नटवर सिंह ने भी विधिवत् तबला और पखावज की शिक्षा प्राप्त की थी। संगीत की प्रेरणा और प्रारम्भिक शिक्षा चक्रधर सिंह ने अपने चाचा लाल नारायण से पायी थी। नृत्य की शिक्षा उन्हें सीताराम जी और पखावज की राजा लक्ष्मण सिंह से मिली। इनके जन्म के बाद राजा भूपदेव सिंह ने गणेश चतुर्थी के अवसर पर एक माह का आयोजन प्रारम्भ किया था जिसमें भाग लेने दूर-दूर से अनेक कलाकार व नृत्य, नाटक व संगीत मण्डलियाँ आती थीं। इनमें शास्त्रीय और लोक कलाकार

सभी होते थे और अपनी-अपनी कला का प्रदर्शन करते थे। उनमें से कई अच्छे कलाकार बाद तक भी यहाँ दरबार में बने रहते थे। इस परम्परा को राजा चक्रधर सिंह ने और विस्तार दिया।

इस तरह के सांस्कृतिक माहौल में चक्रधर सिंह का लालन-पालन व शिक्षा-दीक्षा सम्पन्न हुई। इसका प्रभाव इनके अपने व्यक्तित्व और रुचि पर पड़ना स्वाभाविक ही था। बड़े भाई नटवर सिंह की अल्प आयु में ही अकस्मात् मृत्यु के बाद ये ही गद्दी के वारिस चुने गये। अपने राज्य काल में इन्होंने संगीत, नृत्य आदि कलाओं को बहुत प्रोत्साहन दिया। ये स्वयं दो बार भारतीय संगीत सम्मेलन के अध्यक्ष चुने गये थे और इन्हें लखनऊ के एक संगीत सम्मेलन में 'संगीत सम्राट' की उपाधि भी प्रदान की गयी थी। उस समय के दिग्गज कलाकारों के बीच ऐसे सम्मान का हकदार होना साधारण बात नहीं थी। अनेक छोटे-बड़े कलाकारों का जमघट इनके दरबार में लगा रहता। सभी उनके सामने अपनी कला का प्रदर्शन करने को उत्सुक रहते। इसका कारण केवल अर्थ लाभ ही नहीं था। चक्रधर सिंह संगीत और नृत्य के केवल शौकीन ही नहीं उसके विद्वान मर्मज्ञ भी थे और उसकी बारीक़ियों को अच्छी तरह पहचानते थे। उनसे प्रशंसा पाना आसान नहीं था। मुनीर ख़ाँ, करामतुल्ला ख़ाँ, आबिद हुसैन, प्यारेलाल, इनायत ख़ाँ, अहमद जान थिरकवा, कादरबक्स, अजीम ख़ाँ, ठाकुरदास, पर्वत सिंह, हाजी मोहम्मद ख़ाँ, गन्नू मिश्र, मगनलाल, बद्रीप्रसाद, सुखदेव प्रसाद, चुन्नीलाल जैसे विख्यात गायक, सितार वादक, तबला तथा पखावज वादक न केवल इनके दरबार की शोभा बढ़ाते थे, इनसे राजा ने अनेक स्थानीय बालकों को शिक्षा भी दिलवाई, जिससे अनुजराम, मुकुतराम, ठाकुर जगदीश सिंह, भीकम सिंह आदि जैसे अच्छे तबला व पखावज वादक तैयार हुए। कथक के लगभग सभी श्रेष्ठ नृत्याचार्य व नर्तक यहाँ रहे। जयपुर घराने के शिवनारायण, नारायण प्रसाद, जयलाल महाराज, सुन्दरप्रसाद, मोहनलाल तथा लखनऊ घराने के सीताराम जी, अच्छन महाराज, लच्छू महाराज, शम्भू महाराज आदि—इन सभी ने इनके दरबार में रहकर अनेक योग्य छात्रों को भी प्रशिक्षित किया। इनमें पण्डित कार्तिकराम, कल्याण दास, फिरतूदास, बर्मनलाल, रामलाल का नाम विशेष रूप से उल्लेखनीय है। अपने इन छात्रों को विशेषकर कार्तिकराम और कल्याणदास को राजा चक्रधर सिंह बड़े गर्व से गुणीजनों के सम्मुख

प्रस्तुत करते थे। नृत्य के विविध पक्षों पर, विशेषकर ताल अंग पर कार्तिकराम की तैयारी बेजोड़ थी। जिन लोगों ने इनका नाच देखा है, वे बताते हैं, जब ये तैयारी में नाचते तो इनका पैर ज़मीन पर नज़र नहीं आता था। भाव पक्ष में भी इन्होंने अच्छन महाराज और शम्भू महाराज से विशेष रूप से शिक्षा पायी थी, जिसकी झलक अभी भी इनके भाव प्रदर्शन में देखी जा सकती है।

राजा चक्रधर सिंह ने अनेक ग्रन्थों की रचना की जिनसे उनकी सर्वांगीण विद्वता और रुचि का पता चलता है। नृत्य संगीत सम्बन्धी ग्रन्थ विशेष उल्लेखनीय हैं। 'नर्तन सर्वस्वम्' नृत्य, विशेषकर कथक को ध्यान में रखकर हिन्दी में रचा गया विशाल नृत्य ग्रन्थ है जिसमें नृत्य सम्बन्धी विस्तृत जानकारी है। इसका आधार ग्रन्थ है आचार्य विशाखादत्त रचित संस्कृत का—'नर्तन रहस्य'। लास्य-ताण्डव का विवेचन, रस, भाव, गत भाव आदि सम्बन्धी अनेक रचनाएँ और उनके वर्णन इसमें हैं।

'ताल तोय निधि', 'मुरज पर्ण पुष्पाकार', 'तालबल पुष्पाकर' ताल अंग के ग्रन्थ हैं जिनमें तबला और पखावज की अनेक बन्दिशें भी संग्रहीत हैं। 'ताल तोय निधि' का वजन ही साढ़े तीस क़िलो है। इसमें अनेक तालों की व्याख्या तथा ताल चक्रों का वर्णन है जिसमें एक मात्रा से लेकर 380 मात्रा तक के चक्र शामिल हैं। कहा जाता है इसमें विविध कलावन्तों से प्राप्त बन्दिशों का भी संग्रह है। 'मुरज पर्ण पुष्पाकर' में प्राय: इनकी अपनी रचनाएँ संकलित हैं। 'राग रत्न मंजूषा' संगीत विषयक ग्रन्थ है, जिसमें बन्दिशों सहित 1200 राग-रागनियों का संग्रह, विवरण तथा व्याख्या है।

इनके अतिरिक्त अनेक साहित्यिक रचनाएँ हैं जिनमें 'अलकापुरी', 'बैरागढ़िया राजकुमार', 'मायाचक्र' उपन्यास हैं। 'बैरागढ़िया राजकुमार', 'प्रेम के तीर' आदि नाटक हैं जिनका वहीं के लोगों से राजा ने मंचन भी कराया था। 'रम्य रास', 'रत्न मंजूषा', 'रत्नहार', 'काव्य कानन' हिन्दी की तथा 'जोश ए फरहत' तथा 'निगारे फरहत' उर्दू काव्य रचनाएँ हैं। इन्हें हिन्दी, उर्दू, संस्कृत, ब्रजभाषा, अँग्रेज़ी सभी का अच्छा ज्ञान था। संगीतज्ञ, नर्तक, साहित्यकारों के अलावा अन्य कलाओं के लोग भी अपनी-अपनी कला का प्रदर्शन करने आते और इनाम पाते। ये स्वयं औघढ़ दानी तथा मिलनसार व्यक्ति थे और अनेक संगीत साहित्य संस्थानों को गुप्तदान भी दिया करते थे।

रायगढ़ राजघराने में यों तो संगीत की लम्बी परम्परा थी किन्तु राजा चक्रधर सिंह के ज़माने में वह अपने शिखर पर पहुँची। ये कला के कद्रदान तो थे ही इसलिए अपने दरबार में इन्होंने कलाओं के श्रेष्ठ गुरुओं को एकत्रित किया। दरअसल, वह केवल संगीत रसिक और संरक्षक ही नहीं थे जैसे कि अन्य अनेक रियासतों के राजा-महाराजा थे। वह स्वयं कला मर्मज्ञ थे और उसके विकास-विस्तार के प्रति सजग और प्रयत्नशील भी थे। नृत्य-संगीत में विविधता को उन्होंने समझा, चाहे वह कथक हो या पखावज या गायन और उसे सहेजने, सँवारने तथा उसे अधिक समृद्ध करने का उन्होंने अनेक ढंग से प्रयास किया। उनकी दूरदर्शिता तथा इस प्रयास का एक रूप जहाँ उन्हें शास्त्रबद्ध करने की प्रक्रिया में दिखता है तो दूसरा रूप स्थानीय लोक कलाओं से सम्बद्ध बालकों को अलग-अलग शैलियों तथा माध्यमों का गहन प्रशिक्षण दिलवाने में दिखता है। उन्होंने अनेक नयी बन्दिशों की रचना करके उन्हें अपने इन युवा नर्तकों के माध्यम से सामने रखा और इस तरह एक नयी परम्परा की शुरुआत की। इस तरह यह गहन और नृत्य की बारीकियों से परिपूर्ण शिक्षा केवल घरानेदार परिवार के सदस्यों तक सीमित न रहकर पिछड़े वर्ग के अन्य योग्य छात्रों तक भी पहुँची।

राजा स्वयं इनकी तालीम और रियाज़ का निरीक्षण करते थे। उनका इन पर पुत्रवत् स्नेह था और उनके खाने-पीने, वस्त्र आदि सभी का ध्यान वे रखते थे। इन लोगों के रियाज़ का तरीक़ा भी दिलचस्प था। सुबह चार बजे से ही रियाज़ शुरू हो जाता। रियाज़ के समय ठोस-भारी घुँघरू पहनाये जाते। सुबह रोज़ दो-ढाई क़िलोमीटर दौड़ना, अखाड़े की रेत में आध-पौन घण्टे तत्कार करना, व्यायाम आदि सभी शामिल था। गाना तथा तबला वादन की शिक्षा भी उस प्रक्रिया का अंग था। रियाज़ के वक़्त भी दो-तीन तबले वादक बदले जाते। रियाज के वक़्त कई बार एक व्यक्ति कन्धे को जोर से नीचे दबाता जिससे पैरों में ठीक वजन आये। भाव-अभिनय की तालीम अलग होती। इस तरह जहाँ इन्होंने जयलाल महाराज से ताल अंग में योग्यता प्राप्त की और अनेक तालों का विस्तार से अध्ययन किया, वहीं अच्छन महाराज से अंग में लोच, गत-गतभाव तथा अभिनय की बारीक़ियाँ सीखीं जिसकी झलक अभी भी इन लोगों के नृत्य में देखी जा सकती है। इन सब बड़े कलाकारों के सान्निध्य तथा निरन्तर नयी संरचनाओं से गुजरते हुए नृत्य संरचना के अनेक गुर इन्होंने हासिल किये।

आज प्राय: कथक को नृत्तांग प्रधान नृत्य माना जाता है और उसके भावपक्ष पर कम ध्यान दिया जाता है। इसके लिए उसे निरन्तर कटु आलोचना का शिकार भी होना पड़ा है। इस आलोचना को ध्यान में रखकर ही सम्भवत: पहले लच्छू महाराज ने और बाद में बिरजू महाराज ने भी नृत्त बोलों को अर्थ देने और उनमें अर्थ ढूँढ़ने का प्रयत्न किया। नृत्त के बोल–परणों में भावाभिनय करके उन्हें भावपूर्ण तथा इस तरह अर्थपूर्ण भी बनाने की चेष्टा लच्छू महाराज की अपनी विशेषता थी। बिरजू महाराज ने भी इधर बोलों में निहित अर्थ को रेखांकित करने पर, उसे पहचानने पर जोर दिया है। यह नहीं कि ये अर्थ और उसकी सम्भावना पहले नहीं थी किन्तु हम उनको इस तरह देखते नहीं थे। इस तरह उन्हीं निरर्थक लगती बोल संरचनाओं को हम नये अर्थ और दृष्टि से देखने की ओर प्रेरित हुए हैं।

यह जानना–समझना दिलचस्प होगा कि इसके पहले ठीक यही काम एक दूसरे ढंग से राजा चक्रधर सिंह ने रायगढ़ में किया था, जब उन्होंने कई तरह के बोलों की रचना कर उन्हें एक निश्चित नाम, एक पहचान और एक अर्थ देने की कोशिश की थी। इन नामों के कई आधार रहे होंगे— उसमें प्रयुक्त विशिष्ट लय, गति, जाति, वर्ग, छन्द, कोई भाव प्रसंग, चित्र, बिम्ब, ध्वनि कुछ भी। किन्तु इन तमाम दृष्टिकोणों से उन पर विचार कर यह रचना हुई और इस तरह उन्हें एक नया अर्थ और पहचान मिली। यह सचमुच एक बहुत बड़ा काम था। यह दुर्भाग्यपूर्ण ही कहा जा सकता है कि राजा की असमय मृत्यु ने इस सारे प्रयास को एक तरह से नष्ट–सा कर दिया। ऐसी किसी भी चीज़ का असर होने में, उसको मूलधारा में जज़्ब होने में वक़्त लगता है। यह वक़्त बहुत कम था। दूसरे, एक तरह से यह कथक की अपनी सरजमी से दूर भी हो रहा था, इसलिए भी उसका असर होने में वक़्त लगा। भले ही रायगढ़ उस समय के तमाम प्रधान नर्तकों के जमघट का केन्द्र रहा पर वह अन्तत: संक्षिप्त ही रहा। फिर वहाँ तैयार नर्तक भी राजा की मृत्यु के बाद असहाय निराश से हो गये। अस्तु अंकुर तो फूटा, कुछ कोंपलें भी निकलीं किन्तु वह पौधा बढ़ नहीं पाया। पर उसका प्रभाव अलक्ष्य रूप में ही सही, लगता है हुआ। और सम्भव है रायगढ़ रहते हुए लच्छू महाराज के मन में कहीं यह बात अटकी रह गयी हो जो बाद में उनकी नृत्य शिक्षा में प्रकट हुई। या सुन्दर

प्रसाद जी और नारायण प्रसाद जी के बड़े गत भावों की रचना में प्रकट हुई। कहना मुश्किल है किन्तु वह सम्पदा पूरी तरह नष्ट नहीं हुई है। जो बची है आज उसे नष्ट होने से बचाने की, सहेजने की ज़रूरत है। वह अभी भी रायगढ़ के इन नर्तकों के नृत्य में है और बहुत कुछ राजा के ग्रन्थों में है जिन्हें प्रकाशित कराने, उनके उपलब्ध होने की माँग हमें करनी चाहिए।

रायगढ़ के इन नर्तकों में नृत्य का पुराना अन्दाज़ अभी भी कायम है। आज कथक परिदृश्य में दो छोर बहुत स्पष्ट हैं। एक वह जो बहुत हद तक बिरजू महाराज से प्रभावित कथक है। इसमें न केवल उनके शिष्य और लखनऊ घराने के अन्य नर्तक आते हैं बल्कि अनेक जयपुर घराने के नर्तकों में भी यह प्रभाव अपरोक्ष ढंग से हुआ है जो स्पष्ट दिखायी देता है। इनमें अंग की ख़ूबसूरती के प्रति, प्रदर्शन के अन्दाज़, मंच पर उपस्थिति के दौरान तौर तरीक़े में, अंग के उठाव और निकासी में, बोलों की बढ़त तथा काटछाँट में, सम पर आने के अन्दाज़ में, पढ़न्त में, विविध रचनाओं की संरचना में, सभी में यह प्रभाव परोक्ष-अपरोक्ष रूप में दिखायी देता है। इसमें एक ख़ास क़िस्म की सुघढ़ता और तराश है जो उसे चमक और सौन्दर्य प्रदान करता है। दूसरी तरफ़ कथक की लयपरक जटिलताओं में उलझा कथक है जिसमें लय की बारीक़ियाँ, कठिन तथा ख़ूबसूरत बोलों का जमाव तो है पर उसके प्रदर्शन-सौन्दर्य के प्रति उपेक्षापूर्ण दृष्टिकोण है। तैयारी है, श्रम है, किन्तु रूख़ापन है, उसके सौन्दर्य को सहेजने की जैसे ज़रूरत ही नहीं महसूस हुई है। इसलिए इसका ताल्लुक़ देखने से ज़्यादा सुनने से अधिक महसूस होता है। इस तरह उसमें नादगत सौन्दर्य तो है किन्तु दृश्यगत सौन्दर्य गौण हो गया है।

इन दोनों से भिन्न रायगढ़ के इन नर्तकों में इन दोनों के बीच की सी कुछ चीज़ लगती है। यह दिलचस्प है कि इनकी शिक्षा-दीक्षा न केवल लखनऊ और जयपुर घराने के दिग्गज आचार्यों की देखरेख में हुई वरन् उस ज़माने के अन्य अनेक कथकों से भी इन्होंने सीखा, जिनकी निश्चित ही अपनी व्यक्तिगत विशिष्टता भी रही होगी; और इस सबके साथ ही स्वयं राजा की अपनी सौन्दर्य-दृष्टि, विवेक तथा शास्त्र की पृष्ठभूमि, इन सबने मिलकर इनके नाच को एक अलग पहचान दी है जिसे न

जयपुर घराने का कहा जा सकता है और न ही लखनऊ घराने का। वह इनका दिलचस्प मिश्रण भी है और कहीं उनसे अलग भी। दरअसल, इन दोनों से मिलकर कुछ अलग ही बात पैदा हुई है। एक ही बोल तोड़े की निकासी में दोनों के अन्दाज़ दिख जाते हैं। लगता है एक समय के बाद उस गहन शिक्षा से उन्हें एक ऐसी दृष्टि मिली जिसने कथक को दो घराने के रूप में देखना छोड़कर मात्र कथक की दृष्टि से उसे देखना, समझना और करना शुरू किया। और आज यदि उनसे इन हस्तकों और अंग विन्यास के बारे में पूछें कि ये किनके हैं तो रायगढ़ के इन नर्तकों के लिए एकदम ठीक ठीक बताना मुश्किल होता है क्योंकि वह एक अलग ढंग से उनके अंग विन्यास में रच-बस गया है।

आज इनकी नृत्य सम्पदा में कई परणें परम्परागत रूप से जयपुर अथवा लखनऊ घराने की हैं किन्तु उनके अंग संचालन और निकास में दोनों घरानों का मिलाजुला रूप है। दरअसल, अब ये हस्तक ऐसे एक-रूप हो गये हैं कि उन्हें सचमुच अलग कर पाना भी मुश्किल है। नृत्त के कई पुराने हस्तक ऐसे भी हैं जो आज प्राय: देखने को नहीं मिलते। इनके नृत्य में वे अभी भी ज्यों के त्यों बचे हुए है, और उनका एक अपना अलग अन्दाज़ है। उदाहरण के लिए थाट आदि अंगों में पैरों का झुकाव, जो स्थानक (पोज) के एक और स्तर में शरीर की स्थिति को रेखांकित करता है। इस स्तर पर कुछ अंग संचालन दमयन्ती जोशी के नृत्य में भी दिखायी देते हैं किन्तु आज कथक में उनका प्रचार नहीं रहा है। अच्छन महाराज जी का एक तैल-चित्र लॉस एंजलिस, अमेरिका की एक चित्र-दीर्घा में है जिसमें घुटनों पर बैठे हुए एक ऐसे अंग को चित्रित किया गया है जिसका प्रयोग प्राय: खड़े होकर आमद में होता है। ऐसे विभिन्न स्तरों पर अंग संचालन का ज़िक्र रानी करणा ने भी किया था, जिसे उन्होंने नारायण प्रसाद जी से सीखा था। जाहिर है इनका उस ज़माने में प्रयोग होता था। इस तरह के इन स्तरों का प्रयोग अन्य नृत्य शैलियों में अभी भी है और यह जानना दिलचस्प है कि ऐसा कथक में भी था जो तेजी से आते बदलाव के क्षणों में कहीं खो गया है। 'त्राम' में दोनों पैरों से उछलना अथवा उछलकर चक्कर लेना, चक्करों में हाथों की विभिन्न स्थितियाँ, अथवा आमद के 'तत्-तत् थेई' जैसे बोलों में हाथों को खोलने का एक विशिष्ट अन्दाज़ जिसमें कलाई से कोहनी तक एक

ख़ास ढंग का घुमाव है और उसके साथ ही शरीर भी एक अलग ढंग से घूमता तथा मुड़ता है, बोलों में तालों का प्रयोग, गत के पलटे तथा अन्य नृत्तांग में कमर पर एक हाथ रखकर अंग संचालन, थाट में भवों से तिहाई और छोटे टुकड़ों का प्रदर्शन, चाल के कुछ बेहद लालित्यपूर्ण अन्दाज़ इनके नाच में अभी भी देखने को मिलते हैं।

यह विविध पुराने अंग विन्यास नृत्तांग में ही नहीं अभिनय प्रधान रचनाओं में भी परिलक्षित होते हैं, चाहे वह कटार, तलवार आदि की अप्रचलित गत हो अथवा छेड़छाड़ के अन्दाज़, ठुमरी के भाव अथवा उसमें लग्गी का प्रयोग। ठुमरी, खमसा, ग़ज़ल आदि पर भाव चाहे खड़े होकर हो अथवा बैठकर, उसमें निश्चित ही एक अलग आस्वाद है जो पुराने कथक की तो याद दिलाता ही है—कथक की समृद्ध भाव परम्परा को भी उजागर करता है। कलाई की पकड़, उसे छुड़ाने के तथा छुड़ाकर देखने के कितने ही बारीक़ अन्दाज़ कार्तिकराम जी आज भी दिखा सकते हैं। इन्हें करते हुए सम पर आने का अन्दाज़ भी बहुत ही दिलचस्प है। कौन-सा भाव या अंग विन्यास कब कहाँ से घूमकर सम पर आयेगा कहना मुश्किल है। हर बार एक अप्रत्याशित-सा नयापन! आज जो हमें बहुत-सा नया और अलग लगता है वह दरअसल बहुत-सा कथक का पुराना अन्दाज़ भी है जो विगत वर्षों में पुराने गुरुओं की अनुपस्थिति के कारण अब प्राय: कहीं देखने को नहीं मिलता।

उदाहरण के लिए—एक परण है जो है तो जयपुर घराने की किन्तु अब जो हस्तक ये लोग करते हैं उनमें दोनों शैलियों का मिलाजुला रूप दिखता है, जैसे—

''तिरकिट तक ता कत तिट—धा घे घे धा घे घे धेत्त धेत्त धेत्त...

धुम किट तक धा धिन ता कत्त—धाधिन ता....''

अथवा जैसे सुपरिचित परण 'किड़तक थुन् थुन्'—जो लखनऊ घराने की मानी जाती है किन्तु इनके नृत्य में इसकी निकासी जयपुर अंग की लगती है।

इस तरह के कई बोल परण हैं इनके नाच में जो लखनऊ या जयपुर के हैं—किन्तु उनके हस्तक और निकासी एकदम बदल गयी है। फिर भी उसका अन्दाज़ पुराने कथक हस्तकों के आसपास ही है। कई हस्तक ऐसे

भी हैं जो आज प्रायः नहीं दिखायी देते हैं किन्तु इनके नृत्य में अभी भी बचे हैं।

इन तमाम पुराने अन्दाज़ और चीज़ों के अलावा रायगढ़ में नृत्य के इस मिश्रण से और वहाँ अनेक नृत्याचार्यों के निरन्तर सम्पर्क के कारण कई नयी चीज़ें भी बनीं। उन पर परस्पर विचार-विमर्श हुआ और नये तथ्य और संरचनाएँ सामने आयीं। चक्रधर सिंह ने नृत्य संगीत के शास्त्र का भी अध्ययन किया और निरन्तर इन कलावन्तों से विविध पहलुओं पर चर्चा और उनके प्रत्यक्ष देखने-सुनने के कारण उन्होंने स्वयं कई चीज़ें रचीं। विभिन्न जातियों को लेकर अनेक बोल, परण बनाये और उनके चलन में विविधता पैदा की। आड़ी प्रिय रजनी, झम्पांगी, जाह्नवी, ओजस्विनी आदि, इसी तरह की रचनाएँ हैं।

काव्य के विभिन्न छन्दों—मन्दाक्रान्ता, मत्तगयन्द, भुजंगप्रयात आदि के आधार पर भी बोलों की रचना की गयी लगती है। लय का आधार छन्द ही है, और नृत्य में विविध छन्दों का प्रयोग होता है। नृत्य के कवित्त का आधार भी विभिन्न छन्द हैं जैसे कवित्त, सवैया आदि किन्तु बोल परणों में प्रायः इसका प्रयोग नहीं पाया जाता है। कम-से-कम उसकी ज्ञात परम्परा नहीं है। यों सम्भव है—प्रयुक्त अनेक बोलों में किसी-न-किसी छन्द का आधार लिया गया हो—या वे स्वतः ही आ गये हों। दरअसल, हम शास्त्र से इतने दूर आ गये हैं कि इन तमाम चीज़ों के विषय में, जो एक-दूसरे से इतनी जुड़ी थीं, आज उनके परस्पर सम्बन्ध के विषय में सोचते ही नहीं हैं। इन्होंने नायिका भेद को आधार मानकर, शुक्ल अभिसारिका, श्याम अभिसारिका आदि नाम से भी बोलों की रचना की जो सम्भवतः शुक्ल और कृष्ण पक्ष में अभिसार के लिए जाती नायिका का वर्णन हो। इनमें कोई अर्थपूर्ण शब्द नहीं हैं किन्तु निश्चित ही उनके चलन के पीछे उसकी चेष्टाओं, भावों आदि को ध्यान में रखकर उन्हें बनाया गया होगा। ऐसे तमाम बोल इन ग्रन्थों में हैं। ये सारे बोल इन नर्तकों को याद नहीं हैं, और वह सम्भव भी नहीं हैं, किन्तु यह हमारे प्रयोग के लिए उपलब्ध तो हैं ही। कई टुकड़े ऐसे हैं जिनमें दो-चार अर्थपूर्ण शब्द डालकर एक पूरा चित्र-सा खींच दिया गया है। जैसे—

'पक्षी किलकिला और मीन परण'—धेत् तेटे घेघे तेटे तड़ाग....ताक ताक घेघे घेघे घेघे धूमक...धागेदिंगन धागेदिंगन घेतिटत गिदिगिन—त्रकत तान

त्रकत तान धरन मीन धेत धड़न्न धा...। अथवा 'तोपखाना'—'धत् धत् धा—धत धम धम धमकत हैं तुफंग धक धम धम धमकत धाँय...'।

पहले में किलकिला (धूमक) नामक पक्षी द्वारा पानी में तैरती मछली का शिकार करते हुए चित्र है। 'तोपखाना' का बोल तोप का आकार तथा उसकी गूँज को ध्वनित करता है। इसी प्रकार 'यजुर्वेदी' परण—वेद मन्त्रों के पठन तथा उनमें उच्चरित स्वरों को आधार बनाकर लिखी प्रतीत होती है—क—त्तग धे—तग—दित धा किट ताकि टत का—धे—त्ता—ग दि गन गदिगन धा...

राजा ने वर्णों का भी बहुत दिलचस्प प्रयोग किया है। शास्त्र में विविध वर्ण—विविध देवी-देवताओं से सम्बद्ध माने जाते हैं। उनके उच्चारण का शरीर के विविध अंगों पर प्रभाव, उनसे सम्बन्ध आदि की चर्चा भी मिलती है। सम्भवतः इस सबको ध्यान में रखकर ही ऐसे अनेक वर्णों और उनके सम्मिश्रण से बहुत दिलचस्प प्रयोग हुए हैं। यह सही है कि नृत्य में उसकी निकासी—अंग तथा पद संचालन तो छन्द के अनुरूप ही होता है किन्तु पढ़न्त की दृष्टि से ऐसे नये स्वर-नाद सामने आते हैं जिनका प्रायः नृत्य में प्रयोग नहीं देखा गया है। उदाहरण के लिए—'दुर्गाकाली लास्य' जिसमें महाप्राण वर्णों का प्रयोग है—

फप्फफप्फ फरफर—भब्भ, भब्भ भनभन, पप्पपप्प पुणकिट, मम्म मम्म मनमन

अथवा

चं चं चा छ्छ च न च न न....

इस तरह के नये वर्णों का प्रयोग जोड़े बनाने में भी बहुत हुआ है। किसी प्रचलित बोल को अन्य वर्णों के माध्यम से सामने रखने की कोशिश है जिनमें स्वर नाद के साथ-साथ स्वतः ही इनके अंग विन्यास में भी बदलाव आता है। जैसे 'चं चं चा'... यह 'तत तत् ता दृग थुन थुन' पर आधारित है। यह बोल लगता है राजा को विशेष प्रिय था इस पर उन्होंने अनेक रचनाएँ की हैं। इसी तरह 'ता थुंगा—तकका थुंगा'—जैसे प्रचलित बोलों पर थी—'धा धुम किट धिन तिट' तथा झी झिनकिट तक थर्री—थरिक थरिक थरि' जैसे जोड़े बनाये और इस नाद वैविध्य के द्वारा उसमें अन्तर को देखने का प्रयास किया है। इनमें से कई अपने रचित बोलों की

निकासी वे इन कथक गुरुओं से कराते थे। कई बार वे स्वयं इनके हस्तक आदि बतलाया करते थे। अनेक कवित्तों की भी इन्होंने रचना की थी जो प्रचलित कवित्त परम्परा पर आधारित तो थी पर कुछ हद तक उससे अलग भी थी। कुण्डलिया छन्द से प्रेरित होकर लिखा गया उनका एक प्रसिद्ध कवित्त है 'अमृतत ध्वनि'।

'झमझम पानी भरत थीं—पनिहारिन झकझोर, घिरी सघन बरसा घटा, घकघक घनघन घोर, घक घक घन घन घोरव रव अति, विद्युत दमकत, खोचित चितभई, सोचत चखजल, बूँदत दरसत, कान्हन निरखिसु, अंकक करि अनुरागग गतश्रम, चक्क्रक पिया लख, झझझझ झरिरस, रीझत, झमझम, तत् तत् थेई तत् तत् थेई तत् तत् थेई।'

गतभाव के लिए भी उन्होंने कई नये विषय सुझाये और कराये थे। इनमें सप्त स्वरों की गत तथा नव रस की गत हैं। इनके अतिरिक्त ब्रह्मा की उत्पत्ति सम्बन्धी, कालिया मर्दन, गंगावतरण, राममृगया, श्रवण कुमार प्रसंग आदि भी ये लोग करते रहे हैं। थाट में त्रिपताक हस्त का प्रयोग इन्होंने अपने इन नर्तकों के लिए किया था जो ध्वज सूचक था और उसे हवा में फहराते ध्वज के रूप में देखते थे। यह दरअसल कथक का अपना ही थाट है और उसमें कलास, कसक-मसक—दोलन का वैसा ही प्रयोग है—किन्तु इस तरह उन्होंने उसे एक अर्थ देने की कोशिश की जैसे अन्य बोलों में भी।

इनके नृत्य की जीवन्तता, ऊर्जा और शक्ति का एक स्रोत सम्भवतः लोक तत्त्व भी है। अनेक प्रचलित लोक बिम्बों का अलग-अलग ढंग से इनके नृत्य में प्रयोग है। नृत्य के कुछ विशिष्ट अंग और संचलन, गति, गतभावों की मुद्राओं तथा संक्षिप्त भाव प्रसंगों पर लोक प्रभाव स्पष्ट झलकता है। ये नर्तक लोक परम्परा से आये—उससे जुड़े लोग थे। उसका कुछ प्रभाव इनके नृत्य पर निश्चित रूप से पड़ा है। लय का बर्ताव, भाव विस्तार और अंग संचालन में लोक नृत्य के बिम्ब अपरोक्ष रूप से इनके नृत्य में देखे जा सकते हैं। कृष्ण-राधा-सखियों से जुड़े तमाम प्रसंग और क्रियाकलाप इनके अपने जीवन और जीवन-पद्धति और क्रियाकलापों से जुड़े हैं। उन्हें करते देखते हुए एक ख़ास ढंग की आत्मीयता, और नज़दीकी का अहसास इनके नृत्य में होता है। एक ख़ास ढंग का अनगढ़पन भी।

कार्तिकराम जी बताते हैं कि चक्रधर सिंह ने प्रदर्शन का एक क्रम भी निश्चित किया था जिसमें विलम्बित लय में थाट से लेकर क्रमशः लय बढ़ाकर अति द्रुत लय तक जाते थे। यही क्रम आज प्रायः मान्य है। इनसे पहले सम्भव है उस समय उसको इतना सुविचारित ढंग से करने की ज़रूरत न रही हो। एक इसलिए भी कि छोटी महफ़िल और दरबार में अनेक चीज़ों का क्रम स्वयं जानकार राजा की अपनी इच्छा पर भी निर्भर करता होगा। बहरहाल! ऐसा एक प्रयास उस समय अगर हुआ ज़रूर तो निश्चित ही उसका कोई कारण रहा होगा।

रायगढ़ दरबार में अति विलम्बित लय में भी नृत्य होता था जिसमें ठेका, लहरा और नृत्य तीनों को ही कायम रखना मुश्किल होता है। इसमें ख़ास बात यह थी कि उस गढ़ी लय में जो भी चीज़ उठे उसे सम से सम तक होना चाहिए। मतलब कि कोई भी बन्दिश बीच से उठकर मात्रा गिनकर नहीं की जा सकती थी—उसके लिए ठीक उतनी ही मात्रा का उसे होना ज़रूरी था। यह आसान नहीं था—और इसमें कुछ देर नाच सकने का अर्थ न केवल दमखम का होना था—ताल पर एक ख़ास क़िस्म की पकड़ का होना भी था। इसी तरह अति द्रुत में भी नृत्य होता था। जयकुमारी के चक्कर ऐसे तैयार थे कि वे कब घूमीं पता नहीं चलता—उनका चेहरा हमेशा सामने ही नज़र आता। उनकी इस तैयारी को देख स्वयं कार्तिकराम आदि काँप जाया करते थे जिन्हें स्वयं अति द्रुत लय में नाचने का अच्छा अभ्यास था।

इस तमाम रियाज़ और विविधवर्णी शिक्षा ने रायगढ़ के नृत्य को एक अलग व्यक्तित्व दिया। उसमें जयपुर की चमक और लखनऊ के लोच का अजब मिश्रण हुआ है। किन्तु यह मिश्रण हर वक़्त पूरी तरह उसी सौन्दर्य को पा सका हो यह ज़रूरी नहीं है। उस प्रयास में कई बार गति संचालन (मूवमेन्ट्स) का एक उलझाव-सा पैदा हो गया है। कई हस्तक और अंग संचालन उस तैयारी में करने के प्रयत्न में उनका अपना सौन्दर्य भी प्रभावित हुआ है। इसलिए इनके अंग और नृत्य में चमक तो है पर कई बार ठहराव और तराश नहीं दिखती है, सम्भव है उस ओर उतना ध्यान न दिया गया हो। जटिल बोलों की पूर्ण निकासी में पैरों की पूरी सफ़ाई पर बहुत ध्यान है, हर बोल पूरी तरह पैर से निकलना चाहिए। प्रायः उनके साथ इतने ही हस्तक भी हैं। कई बार इतने सब हस्तकों की

एक भीड़-सी लग जाती है जिससे वह पूरी बन्दिश उनके बीच जैसे खो-सी जाती है। लगता है जहाँ बहुत सारे जटिल और वजनी बोलों को पैर से पूरी तरह निकालने की ज़रूरत है वहाँ कम हस्तकों के द्वारा कुछ ख़ास बिन्दुओं को उभारा जाये तो उसका सौन्दर्य बढ़ जायेगा और उस पर मन तथा दृष्टि भी एकाग्र हो सकेगी। इसके अलावा हस्तकों और उनके रखरखाव और संचालन के प्रति भी अब कुछ अधिक ध्यान देने की ज़रूरत है। जिस समय इन पर काम किया गया था तब एक ख़ास क़िस्म की सौन्दर्य-दृष्टि थी—जिसमें विद्वतापूर्ण चमत्कार, अंग सौन्दर्य, ताल की पकड़ और उसके विस्तार के अलग पैमाने थे। उसकी ज़रूरत अलग थी। आज के आधुनिक मंच की ज़रूरत भिन्न है—नृत्य के सौन्दर्य की परिभाषा में भी कुछ फेरबदल हुआ है। यों इस बदलाव का असर थोड़ा-बहुत रामलाल जी की रचनाओं और अंग विन्यास पर भी पड़ा है। नृत्य गतियों के आरोह-अवरोह में, बन्दिशों की चलन में और अंग की निकासी में कुछ नये अन्दाज़ आये हैं—किन्तु वे अभी पूरी तरह इनके नृत्य के अंग नहीं बन पाये हैं और कई बार अपरिचित और आरोपित से भी लगते हैं। इस तरह का बदलाव यों तो अवश्यम्भावी है किन्तु उसके प्रति सतर्क रहने की बहुत ज़रूरत है। इसलिए भी कि इनके पास अंग विन्यास और बन्दिशों की जो विविध रंगी और अपेक्षाकृत अधिक प्राचीन सम्पदा है—उसे सहेजना और बचाये रखना भी ज़रूरी है। उसका बहुत-सा हिस्सा सुन्दर भी है और महत्त्वपूर्ण भी, भले ही उसमें अनगढ़पन हो। उन अनगढ़ किनारों—नोकों को एहतियात से सँवारा जाना चाहिए जिससे अपनी मौलिकता और पहचान खोये बिना वे बने रह सकें। अनेक बदलावों से बेख़बर यह अभी भी बहुत हद तक मूल रूप में इनके पास बचा रह गया है।

पिछले दिनों भोपाल में 'नृत्त प्रसंग' तथा 'कथक कुमुदिनी'—दो कथक केन्द्रित आयोजनों के दौरान ऐसी ही कुछ पुरानी चीज़ें और अन्दाज़ श्रीमती रेवा विद्यार्थी तथा कुमुदिनी लाखिया ने दिखायी थीं। वह अब लगभग लुप्त-सा हो गया है। ज़रूरी है हम इन सबको जहाँ कहीं भी ये हों उन्हें एकत्र करें। यों भी धीरे-धीरे घराने की बन्दिश और घेरा अब टूटता जा रहा है। फिर अन्ततः यह सामग्री कथक की है और उसका ही एकाधिकार उस पर होना चाहिए। कथक की तमाम रंगतें, स्तर, पक्ष,

सौन्दर्य के रूप हमें सँजोने हैं, जिसका कुछ हिस्सा रायगढ़ के इन नर्तकों के पास भी है। आज उस पर ध्यान देना और बचाये रखना बहुत आवश्यक है, नहीं तो वे हमेशा के लिए लुप्त हो जायेगा।

(1990)

# गुरु कार्तिकराम से साक्षात्कार

*इस शताब्दी के पूर्वार्द्ध में मध्य प्रदेश की एक छोटी-सी रियासत रायगढ़ में एक अभूतपूर्व घटना घटी। वहाँ के संगीत कला प्रेमी राजा चक्रधर सिंह ने प्रदेश के लोक कलाकारों को अपने दरबार में रखकर व्यक्तिगत देखरेख में उस समय के श्रेष्ठ गुरुओं से कथक नृत्य और संगीत में दीक्षित कराया। पण्डित कार्तिकराम उस प्रदीर्घ नृत्य शिक्षा के श्रेष्ठतम स्तम्भ हैं।*

*कार्तिकराम का जन्म बिलासपुर ज़िले के भँवरलाल नामक गाँव में 15 अक्टूबर, 1910 में हुआ था। छत्तीसगढ़ के लोकप्रिय नृत्य गम्मत और नाचा की पृष्ठभूमि से आये कार्तिकराम को शिव नारायण, जयलाल महाराज, नारायण प्रसाद, अच्छन महाराज, सीताराम, लच्छू महाराज, शम्भू महाराज जैसे गुरुओं से सुदीर्घ और श्रम साध्य नृत्य शिक्षा का अवसर मिला था। जहाँ अच्छन महाराज तथा जयलाल महाराज जैसे दिग्गजों के संरक्षण में लखनऊ और जयपुर घरानों की शैलीगत नींव पुख़्ता हुई वहीं अन्य गुरुओं के व्यक्तित्व और ख़ूबियों ने इनके नाच को सँवारने और नृत्य भण्डार को विस्तृत और समृद्ध करने में योग दिया। स्वयं राजा चक्रधर सिंह की अपनी बन्दिशों ने उसमें एक नया आयाम जोड़ा जिससे नये विषय, ध्वनियाँ, स्वर इनके नाच के हिस्सा बने, और इस तरह चाहे-अनचाहे कथक की विविध शैलियाँ और रूप समरस हो गये। अलग-अलग घरानों की चीज़ें, बन्दिशें ज्यों-की-त्यों मौजूद होने पर भी ठीक वही नहीं रह गयीं। एक तरह से उनके नाच में घरानों का भेद मिट-सा गया था।*

*निम्न तबके से आये अपनी युवा अवस्था में कार्तिकराम ने तीस-चालीस के दशक में राजा और गुरुजनों के कठोर नियन्त्रण संरक्षण के साथ-साथ अपनी लगन, निष्ठा और कष्टसाध्य परिश्रम से नृत्य की जिन बुलन्दियों को छुआ वह अपने आप में एक मिसाल है। नर्तन के सभी अंगों, नृत्त, नृत्य, भावाभिनय के साथ-साथ लय-ताल-स्वर सभी पर उनका समान अधिकार है और वे इन सभी पक्षों में उसी सक्षमता और अन्तर्दृष्टि का परिचय देते हैं। नृत्तांग में जयपुर शैली की चमक, दमखम और लमछड़ परणों की बरसात थी तो नृत्य, भाव में लखनऊ का मुलायम नज़ाकत भरा अन्दाज़ और सूक्ष्म भावों की अदायगी में गहराई और विस्तार। उनके नाच में एक ऐसी ऊर्जा, शक्ति और सौन्दर्य है जो उन्हें जीवन्त सृजनशील कलाकार बनाता है।*

*राजा और गुरुओं के प्रति असीम आदर और निष्ठा, गरिमामय सौम्य विनयशीलता के साथ-साथ स्नेही और सरल स्वभाव उनके व्यक्तित्व के ऐसे विशिष्ट गुण हैं जो इस ज़माने में लगभग दुर्लभ हो गये हैं। संस्कृति मन्त्रालय से फ़ैलोशिप के दौरान उन्होंने रायगढ़ में कथक पर एक दस्तावेज़ तैयार कराया जो वहाँ के नृत्य परिदृश्य और उस परिवेश को पुनरुज्जीवित तो करता ही है उसकी अच्छी जानकारी भी देता है। जीवन के इस मोड़ पर उन्होंने चक्रधर नृत्य केन्द्र भोपाल में कुछ योग्य शिष्य भी तैयार किये हैं जिनमें उनके नृत्य की हलकी-सी झलक देखी जा सकती है। यह जानना सुखद है कि उनके सुपुत्र रामलाल भी उनकी नृत्य परम्परा को जीवित रखे हैं और उनके साथ आगे बढ़ा रहे हैं।*

*प्रस्तुत संवाद में रश्मि वाजपेयी के अलावा अल्पना शुक्ला, रूपाली वालिया तथा विजय श्रीवास्तव भी शामिल थे।*

**कार्तिकराम जी, यहाँ हम सब आज इकट्ठा हैं और आपसे कुछ पुरानी आपकी यादों के बारे में जानना चाहते हैं। मध्य प्रदेश में रायगढ़ ने अपने राजा के कारण कला के क्षेत्र में, विशेषकर संगीत के क्षेत्र में, नयी पहचान बनायी है। वहाँ रहकर उस दौरान जो कथक के नये नर्तक उस बीच तैयार हुए, ऐसे बच्चे जो किसी घरानेदार और शास्त्रीय**

**परम्परा से नहीं आये थे बल्कि वहीं आसपास से आये स्थानीय बच्चों को जो वहाँ की लोक परम्पराओं से आये थे, उनको उन्होंने शिक्षा देकर तैयार करवाया था। यह अपने आप में बहुत महत्त्वपूर्ण बात थी और इस तरह की कोई घटना निकट इतिहास में नहीं मिलती है, जहाँ किसी राजा ने इस तरह लोक और आदिवासी क्षेत्रों और परम्परा के स्थानीय बच्चों को अपने पास रखकर अपने ख़र्चे और यत्न से बड़े-बड़े गुरुओं के सान्निध्य में उन्हें तैयार करवाया हो। उन्हें शास्त्रीय कलाओं में शिक्षा दिलवायी हो। यह अपने आप में दिलचस्प घटना तो थी ही कई दृष्टियों से महत्त्वपूर्ण और क्रान्तिकारी घटना भी थी। यह हमारे सौभाग्य की बात है कि आप, जो उस घटना के साक्षी ही नहीं थे उसके भागीदार भी थे, हमारे बीच यहाँ हैं, उस पूरे दौरान उस शिक्षा की प्रक्रिया को देखा और उससे गुज़रे व्यक्ति हैं। तो हम जानना चाहते हैं कि किस तरह आप राजा चक्रधर के सम्पर्क में आये। आप पहले क्या करते थे? क्या आपको नृत्य अच्छा लगता था? आप कौन-सा नृत्य करते थे और आप शुरू में जो 'गम्मत' करते थे—उसे आपने किससे सीखा, उसका अन्दाज़ क्या था? कहाँ करते थे, आदि यह सब कुछ आप थोड़ा बतायें।**

मौजा भँवरमाल में, जाँजगिर तहसील में बिलासपुर ज़िला था। वहीं रहते थे, वहीं सीखा माखन गुरु से। ये वहाँ के प्रसिद्ध गम्मती थे। पहले नम्बर माखन, सुर्मिनदास, मुकुत राम, सहसराम, यह सब गम्मती थे।

**आपने इन सबसे सीखा?**

नहीं यह सब अलग जोड़ थे। इनका जोड़ का माखन, जिनसे सीखा था।

**इनसे आपका कोई सम्बन्ध भी था?**

जी नहीं, वह सिखलाते थे—वही पढ़ाते भी थे। फिर नाच करते-करते देहात में राजा चक्रधर सिंह को पता लग गया तो उन्होंने अर्दली भेजे। वह ले गये हमें साज सहित। हाँ, पूरी टोली को, पाँच लोग रहते थे।

**और कौन-कौन?**

सभी—तबले वाले, चिकोर के लिए, माखन गुरु। और मंजीरा बजाते थे। ऐसे करके पाँच लोग रहते थे।

**और नाचने वाले?**

नाचने वाले बस एक ही—बस मैं था।

**अच्छा एक चीज़ बताइये गुरु जी, आपके परिवार में आपसे पहले भी कोई गम्मत करता था?**

नहीं, हमारे पिताजी आदिवासी डांस करते थे।

**कौन-सा आदिवासी - करमा?**

करमा करते थे।

**तो करमा तो सभी लोग नहीं करते हैं?**

नहीं, तो सुनिये न। तो करमा, डण्डा, ये डांस है हमारे यहाँ का। उरकी में राउत—ग्वाल नाचते हैं न। वह भी हमारे पिताजी नाचते थे। वह लकड़ी का होता है। फिर नाचते-नाचते यह गम्मत का चला।

**गुरुजी, फिर आपने भी सीखे होंगे ये नाच?**

जी, शुरू में अपने पिताजी से सीखा। यह जो डण्डा होता है यह सीखना ही पड़ता है। यह डण्डा होता है न उसमें आड़ होता है, पेल होता है, रेखी होता है, इसका नाम है।

**अच्छा, यह क्या ताल का नाम है या जो अंग संचालन है उसका नाम है?**

ताल का ही नाम है, ऐसे आड़ देते हैं। ऐसे आड़ देकर दो डंडा मारे। उसका अलग है। फिर दिखायेंगे कभी। अच्छा। ये गया।

**आपने गम्मत कैसे सीखा? इसके पहले कहीं देखा था?**

नहीं, बस ऐसे ही। सीखना पड़ता है वह भी।

**पर आपने गम्मत सीखना क्यों तय किया?**

वह सिखाया न। पहले नाचते थे न।

**पिताजी ने कहा गम्मत सीखो?**

हाँ, फिर वह गम्मत सीखे। फिर गाना–वाना, सब। जैसे–जैसे वह गाते थे न। सब सीखा। फिर देहातों में जाने लगे, जहाँ–जहाँ वो जाते थे न। वहाँ। जहाँ से बुलाते थे न सब जगह।

**तो क्या सारा साल गम्मत होता था या कुछ ख़ास अवसरों पर?**

नहीं, सारा साल होता था। सब दिन।

**फिर आपकी पढ़ाई-लिखाई का क्या हुआ?**

उसी के साथ चलती थी।

**आप कहाँ तक पढ़े?**

चौथी तक, बस फिर छोड़ दिया। नाच ही में लग गये।

**राजा साहब के साथ जब आप थे–उन्होंने नहीं कहा और पढ़ने को?**

बहुत कहे, पर वह जो याद कराते थे उसे देखें कि रियाज़ को देखें, पढ़ाई को देखें। इससे छोड़ दिया, बस। संस्कृत पढ़ा रहे थे। पर याद करने के लिए, वे भूषण कवि थे न सब। फिर नहीं पढ़ सके। फिर रह गया।

**हाँ, आप बता रहे थे—राजा साहब ने बुलवा लिया। फिर क्या हुआ? उन्होंने नाच देखा?**

हाँ, नाच देखा। फिर उन्होंने पूछा—यहाँ रहोगे क्या?

**उसके पहले आपने कभी कथक देखा था क्या?**

नहीं, कभी नहीं।

**तभी पहले-पहल मोहनलाल जी को देखा?**

जी हाँ, रायगढ़ में।

**तो आपको कैसा लगा?**

अच्छा लगा, मैंने कहा सिखायेंगे तो सीखेंगे महाराज। तो सीखने लगे। और ख़ूब मेहनत करते थे। हर समय गनेस में, रायगढ़ में उत्सव-मंगल होते थे। तो गणेश मेले में सब कथिक आते थे। लाखों रुपया ख़र्चा होता था राजा साहब का।

**गुरुजी, जब आपको बुलाया तो कितने साल के रहे होंगे?**

मैं तब दस-बारह साल का रहा होऊँगा।

**उस समय और कोई बच्चे भी सीख रहे थे राजा साहब के यहाँ?**

हाँ, अनुज राम, उन्हीं से—मोहनलाल जी से सीख रहे थे।

**मोहनलाल जी वहीं रहते थे, रायगढ़ में?**

हाँ, तो मुझे देखा-परखा फिर सिखलाए। फिर सीखते रहे। करते रहे। फिर करते-करते फिर वहीं सब देखना, परखना सब हुआ वहीं रायगढ़ में।

**गुरुजी, सुबह तत्कार करवाते थे आपको? कब रियाज करते थे?**

पाँच बजे-चार बजे उठ जाते थे। वहीं महल में—तालीम कमरे में रियाज़ करते थे।

**और कितने घुंघरू बाँधते थे?**

ढाई-ढाई क़िलो—ठोस। वजन के लिए—बोलता नहीं था। यह रियाज के लिए।

**और कितने घण्टे करते थे आप लोग?**

पाँच-छह-सात-आठ-नौ। नौ-दस बजे तक। फिर नहाने जाते थे। दूध वग़ैरह सब, घोंटाई वग़ैरह सब। पहलवान सीताराम रहते थे वहाँ। वही सब घोंटते थे—बादाम, किशमिश। यही सब और दूध में मिलाकर—पंजाबी वाला गिलास। उसे पहले पीते थे रियाज़ के बाद। उसके बाद घुँघरू खोलें। यह पसीना सब—भीग जाता था—कपड़े निचोड़ते थे—जैसे नहाकर निकले हों।

**गुरुजी, आप बताते थे-रेत में भी करवाते थे?**

हाँ, रेत में भी रियाज़ कराते थे। दौड़ाते भी थे महल से—दो-तीन किलोमीटर। एक ही साँस में जाते थे—फिर वापस आते थे। रोज़, सुबह।

**रियाज़ के पहले?**

हाँ, फिर घुँघरू बाँधते थे। यह अलग मेहनत हो गया न। अच्छा वह अखाड़ा होता है न वहाँ तत्कार करते थे। उसमें पैर धँस जाते थे।

**कितनी देर करवाते थे और तब घुँघरू भी पहनते थे?**

नहीं, बग़ैर घुँघरू के—क़रीब आधा घण्टा।

**पैर छिल नहीं जाते थे?**

नहीं, चिकनी मिट्टी होती थी।

**सुबह केवल तत्कार करते थे?**

तत्कार—परण, टुकड़े वग़ैरह सब कुछ। सब मेहनत करते थे।

**और कौन बजाता था?**

अनुज राम जी।

**और पखावज वग़ैरह?**

वह बाद में, कादर बक्स। मलंग खाँ हैं। यह सब बड़े-बड़े उस्ताद थे। सब मुलाज़िम रहते थे।

**यह सब रियाज़ करवाते थे, सुबह के वक़्त भी?**

हाँ, ये सब रहते थे। सभी रियाज़ करते थे। कहीं ध्रुपद हो रहा है, कहीं कुछ और, माने सभी कुछ।

**गुरुजी, आपने भी तो सीखा था गाना?**

हाँ, शुरू में सीखते थे सब। यह तो रोज़ सीखना पड़ता था।

**आपने क्या-क्या सीखा—तबला, गाना, नाच, पखावज?**

हाँ, सभी कुछ। पखावज नहीं। फिर सब याद करना पड़ता था तो भूल-भूल जाते थे तो छोड़ दिया। मैंने कहा महाराज एक चीज़ सिखलवाइए। गाना ही या नाच ही, हाँ।

**गुरुजी, मोहनलाल जी की बन्दिश क्या थी?**

यही 'तत तत ता दृग दुन दुन झिझिकत थो थुड़ंग तक थुन थुन दिगधा दिग दिग थई'।

**यह उनकी है?**

हाँ और क्या। माने सभी को याद हो गया ये। माने नाचते वही थे - मोहनलाल।

**ये बनारस के थे?**

हाँ।

**गुरुजी, आपको इनका नृत्य, इनका अंग याद है?**

वही अंग है। जयपुर वाला वही सब नाचते थे। ''दिग दिग तड़ंग ताथो तड़ंग, तक थुन थुन, तक थुन थुन, तिगधा दिग दिग थेई।'' यह हो गया। इसके ऊपर फिर राजा साहब कहते थे।

**उन्होंने क्या कहा?**

यह 'तत तत ता दृग दुन दुन' हो गया न। उन्होंने कहा—

'धत धत धा धक धम धम, धमकत हैं तुफंग धक धम धम धमकत धाँय',

'दे गोरी दृग दे दे भरकत है अनंग दृग दे दे धधकत हीं',

'लचकत कमर मदन मद झलकत, नवल नयन नवला रस बरसत मंदगवनि मोहन बलिहारी...।'

**इसको इसी लय में करते थे? और इसका थोड़ा अंग बतायेंगे?**

(अंग संचालन बैठकर ही)

**दस बजे के बाद फिर क्या करते थे?**

फिर भाव। भाव करते थे, ऐसे ही, थोड़े। शाम को भाव होता था। नहा-धोकर खा-पीकर आराम करते थे। वहीं लेट जाते थे। वहीं ऊपर तालीम कमरे में, मोती महल में। वहीं आते थे—जाते थे।

**भाव किस-किस से सीखा?**

सबसे, जयलाल महाराज, शिवनारायण जी से नाच सीखा, सबसे नाच ही सीखा।

**ये कितने दिन रहे। शिवनारायण जी से क्या-क्या सीखा, कुछ बतायेंगे?**

चार-पाँच साल रहे। इनकी जटा जूट मद गंग खलक्कत...पार्वती पति शिव हर हर)... 3(पति शिव हर हर), और भी है, अब याद तो नहीं है।

फिर नारायण प्रसाद आये। वहीं गणेश मेला में।

गणेशों में सब आते, इकट्ठा होते थे दरबार में। एक लाइन से सब बैठते थे, भाव दिखाते थे। कोई कुछ करते थे कोई कुछ। कोई "कहाँ प्यारे सजनवा विलमाय रहे हैं। नहीं आँसू हमारे ये थम रहे हैं" गा रहा है। कोई गा रहा है—"कौन सुनावे ख़बर मोहे पिया की राम" और ये भाव है। और दूसरा गा रहा है—"मोहे छेड़ो नहीं श्याम"। सब गाते थे ऐसे-ऐसे गाना और भाव दिखाते। तो सब भाव दिखते थे। तो किसी का भाव इतना सुन्दर लगते थे तो किसी का भाव कैसा बेकार लगते थे। अलग-अलग भाव थे। अहा हा।

**सुन्दर किसका लगता था?**

सुन्दर जो कर ले। सुन्दर कैसे-कैसे लगेगा। भगवान को ही मालूम होगा।

**आपने सबसे पहले किस पर भाव किया था?**

पहले भाव—ठुमरी पर किया... महाराज का जो ऑर्डर हो जाय उसी पर सीखते थे। कि उसको सिखाओ—पहले "कौन सुनावे खबर मोहे पिया की" इसे सिखाओ।

**आपने सबसे पहले भाव किससे सीखा?**

वही गुरु जयलाल जी। "काहे लगावे गोरी नयना, करेजवा पर चोट लगी है" (चोट, चोट पर अंग संचालन) "जियरा जरावे नेह सतावे, कल न परत दिन-रैन, करेजवा पर चोट लगी है।" यह पुराना है। फिर "गोरी झाँके सरकिया पै ठाड़ी", ऐसे-ऐसे गाना सिखलवाते थे।

**यह जयलाल महाराज जी भी करते थे?**

जी हाँ।

**खड़े होकर करते थे–या बैठकर?**

खड़े होकर भी, बैठकर भी। सभी कथिक करते थे भाव। बहुत से कथिक। सब नाम तो नहीं मालूम पर।

**कौन-कौन से कथिकों के नाम आपको याद हैं, जो उस समय वहाँ आये दरबार में?**

नारायण प्रसाद, हनुमान प्रसाद, चिरंजीलाल, शिवलाल - ये सब और झण्डे ख़ाँ—वह दाढ़ी वाले।

**यह कैसा–अच्छा करते थे? कहाँ के थे?**

हाँ, अच्छा करते थे। वो जयपुर के तरफ़ के थे ये सब। अच्छा यह हो गया। तो जयलाल जी रह गये दस-बारह साल।

**और बाक़ी यह सब लोग वापस चले गये थे?**

हाँ, फिर उसके बाद अब नम्बर आ रहा है—फिर अच्छन महाराज आये। रामपुर नवाब के पास थे। तब उससे, वहाँ जब राजा साहब ने देखा तो फड़क गये। वाह-वाह अहा हा हा। जरा इनका अंग तो देखो। ऐसा बोले। फिर देखने से पता लग जाये।

**पहली बार तभी देखा था उनको?**

हाँ, पहली बार। फिर—उनसे सीखा। वह आ गये यहाँ मुलाज़िम।

**पर जब वे रामपुर में थे–तो यहाँ कैसे आ गये?**

आ गये। वह जब मेला होता था न—तो पता लग जाता था सबको, गुणी लोगों को। फिर राजा साहब का लेना-देना। हाँ—किसी को पाँच सौ, किसी को ढाई सौ—किसी को तीन सौ। ऐसे देते-लेते रहते थे। अब क्या बताऊँगा। हम लोगों का भगवान ही था। नहीं तो कौन ऐसे दौलत ख़र्च करेगा। अरे भाई एक रुपया तो कोई देता नहीं है माँगने से। इतना कौन देगा। हज़ार रुपये का थैली दिया उस साल कादर बक्स को। सिक्का था। जब दिया तो हाथ से गिर गये। वजन था। तब कादर बक्स बोले—इसे ऐसे तो नहीं ले जा सकूँगा महाराज, इसे मनीऑर्डर से भिजवा दीजिए महाराज तो अच्छा होगा। तो राजा साहब फिर ऐसे किए।

**अच्छन महाराज जी कितने दिन रहे?**

अच्छन महाराज पाँच साल और शम्भू महाराज साल भर रहे होंगे।

**अच्छन महाराज जी ने, फिर रामपुर में?**

वहाँ छोड़ दिये फिर यहाँ आ गये तभी तो नसीब खुला। फिर बताते थे। उनके साथ बच्चे लोग कई रहते थे। उनसे सीखते थे। उनके साथ घूमते थे - जाते थे बाज़ार वग़ैरह। वह ख़ूब खिलाते-पिलाते थे। कभी पकौड़ी, कभी दही-बड़ा, कभी और कुछ।

**आपने किन-किन से गण्डा बँधवाया?**

जयलाल महाराज से, अच्छन महाराज से। बस। इनसे पहले शिवनारायण से।

**और मोहनलाल जी से?**

वह ऐसे ही सिखाते थे बस। गण्डा नहीं बँधवाए। उनका लड़का होगा। कहीं। नाचता था—साथ में एक बार गये थे।

**शिव ताण्डव बोल किसका है?**

शिवनारायण का।

**याद है आपको?**

जटा जूट मद गंग खलक्कत, रुण्डमाल...इसका जोड़ा तकिटधिकिट धिल्लांग धिमिधिमि...यह सब। माने इतना प्रचार नहीं था। राजा साहब जो किये, यह जो लिखे—यही प्रचार हुआ। शिव ताण्डव—लास्य, गौरी लास्य, राधिका लास्य यह सब उन्हीं के वजह से पता लगा। वहाँ यह सब लोग रहते थे। यह ग्रन्थ लिखाई होती थी न वह लेखक रहते थे—एक का नाम चिन्तामणि। एक और थे—सदा सिवदासिव...बड़गाँव की तरफ़ ।

**जिन्होंने लिखा था कितने लोगों की मण्डली थी?**

पण्डित लोग रहते थे। दिल्ली की तरफ़ के, बम्बई के, इलाहाबाद के। संस्कृत में बोलते थे तो उसी से झगड़ा हो जाते थे आपस में। तो हम लोग तो समझें नहीं उसको। यह शम्भू महाराज और जमाल ख़ाँ में झगड़ा हो गये ताल के बारे में। तो ताल अध्याय जितना जयलाल महाराज को मालूम था न उतना मालूम नहीं रहता था और लोगों को। तो शम्भू महाराज और जमाल ख़ाँ दोनों में झगड़ा हो गये। ये शम्भू महाराज ताल में गिनकर जाते थे—एक दो तीन चार तो ये बोले—यह धीमा है ताल गिनकर नहीं जाना

चाहिए। सम से जाना चाहिए। तब उसी को मानेंगे। तो ये नहीं माने। घुँघरू फेंक दूँगा। जमाल ख़ाँ बोले तबला मारूँगा, बड़ा झगड़ा हुआ। फिर राजा साहब समझाए। आपस में झगड़ा करने से क्या फायदा। जैसे-जैसे सीखा वैसे करो। ऐसा नहीं होना चाहिए। यहाँ सब ख़ुश करने, दिखाने आये हो। अपना-अपना काम करो। झगड़ा मत करो। ऐसा समझाए राजा साहब, फिर मान गये।

**गुरुजी, सबसे पहला शो कब किया आपने? कितनी उम्र थी आपकी, कितना समय?**

मिर्ज़ापुर। उम्र तो ख़्याल नहीं होगा। ऐसे ही दादू बराबर होंगे शायद।

**कितना समय हुआ था आपको सीखते हुए। कौन गुरु था, तब?**

जयलाल जी थे, तो वे हर ताल में नाचते थे। जैसे-जैसे प्रचार हो - वैसे-वैसे सिखलाते थे। नाचते थे।

**कौन-कौन-सी ताल सीखी आपने?**

मैंने सब—झपताल, 12 मात्रा, आड़ा चौताल, चौदह मात्रा। 15 मात्रा, ख़ूब बरतते थे। स्वयं नाचते भी थे। उनके साथ वह रहती थी उनकी लड़की, जयकुमारी। तो ऐसी तैयारी थी उसकी कि हम लोगों की हिम्मत न पड़े। लड़की की जात। पर 'धा धिन नाना कत्ता' 2 ऐसे चक्कर करे कि कोई सामने हिम्मत नहीं कर सकता। ऐसा जाता था चक्कर बेटा कि क्या कहूँ।

**उनका बेटा भी तो था? वह नहीं करता था?**

वह भी नाचते थे—रामगोपाल। वह अगर ज़िन्दा रहते तो झगड़ा हो जाता बहुत बड़ा। बिरजू महाराज लोगों का और इनका नहीं बनते।

**क्यों क्या बात है?**

क्या जाने क्या बात थी। वहीं टाटा में तो रहते थे। मैं भी था वहाँ। अलग संस्था थी उनकी।

**जयलाल महाराज से आपने बहुत सीखा अलग-अलग ताल भी। तो इन अलग तालों, बन्दिशों की पढ़न्त करेंगे। आपको याद हों तो–ठेका देकर?**

हाँ, क्यों नहीं झपताल—(पढ़न्त) कड़धेत धगेत धातिट धीना किड़तकता...

दूसरा—

गिदगिन नग तिट गिदगिन धा-

क्ड़ान धा तकिट तक त्रक धेत क्ड़ान धा गदिगन धा

त्रक धेत क्ड़ान धा गदिगन धा

गदिगन धा गदिगन धा गदिगन धा

**चाल, गत, भाव आदि भी करते थे?**

हाँ, क्यों नहीं। तीन ताल का उसमें कैसे आयेगा उसका अलग अन्दाज़ है।

**अक्सर ताल चक्र की बात होती है। इससे क्या आशय है?**

आजकल तो कथिक नाम दिया है—कथा कहे-सा कथिक कहावे। हमें जैसा सिखलाया वैसा सीखा वही जानते हैं। पहले कथिक लोग जो करते थे न। पैदाइश का कोई ठिकाना नहीं कि कैसे-कैसे बना।

**उस समय दरबार में और कौन-कौन थे मुलाज़िम?**

अनुजराम, मेरे साथ तबला बजाते थे। देखा-देखी सीखा और वो ही राजा साहब सिखलवाए। साथ रहते थे हमारे साथ कॉन्फ्रेन्सों में। पहले नाचते थे। उन्हें देखकर हम सीखे। फिर उन्होने नाच छोड़ दिया। तबला बजाते थे। उनसे हमने सीखा तबला-उबला।

**आपने गाना किस-किस से सीखा?**

गाना पहले जयलाल महाराज बतलाए, फिर मोहम्मद ख़ाँ बाँदा वाले। बहुत बढ़िया ठुमरी गाते थे।

**कौन-सी ठुमरी?**

कोई भी ठुमरी गा लें। स्तुति।

रावणकृत शिव स्तोत्र

जटाकटा हसंभ्रमभ्रमन्निलिंप निर्झरी।

विलोलवीचि वल्लरी विराज मानमूर्धनि।

धगद्धगद्धगज्ज्वलल्ल्लाट पट्टपावके,

किशोरचन्द्र शेखरे रति:प्रतिक्षणं मम॥

(कड़धान धान था) तिहाई

परण-

धाग धीन धीग धीन कदीन धीग तक्क धींग

धगत धगत नगन नगन धगिन् धगत तणिन धगत

क्ड़िधेत धेत धगत तक्क तक्क धा कड़धान धान धा - कड़धान धान धा कड़धान धान धा

नाच का बोल, छंद वही—

तऽऽत झिंत झिंत तथेइ, तथेइ तझिंत झिंत तथेइ,
दिगत दिगत दिंत तथेइ, तथेइ तदिग तदिग तथेइ
तथेई तदिग तदिग तथेइ, तऽत दिंत थुंऽन कृता ऽ
कृता तथेइ तथेइ - कृता तथेइ तथेइ - कृता तथेइ तथेइ

**गुरुजी, यह सारे बोल एक साथ ही करते थे आप? शुरू में 'जटा कटा'**

**करके इसके बाद ये दूसरे बोल?**

जी हाँ।

**तीनों में अंग अलग होता था?**

हाँ, जैसे-जैसे बोल हैं, शब्द हैं, वैसे ही। शुरू में शंकर जी का भाव है फिर बोल हैं, जैसे-जैसे उसी के अनुसार होंगे।

**परण में पैर का, हाथ का?**

जैसे निकल जाये पैर से—हाथ का भी। अब जैसे लास्य का बोल है तो भाव भी वैसा ही करेंगे। लास्य के अलग अलग बोल हैं—

'ततक धितक नगदी गतक'

'तक तक थरी कुकुथरी'

'दिग दिग दिग दि त...

यह राजा साहब का बोल है। कृष्ण लास्य—

मुरली स्वर मिलित नूपुर ध्वनि भवति

**ये जयपुर घराने का कवित्त है?**

'मुरली के धुन सुन'—जयपुर घराने का जयलाल जी का बोल है और 'मुरली स्वर मिलित' राजा चक्रधर सिंह का।

**यह बताइए कि स्वयं राजा चक्रधर सिंह, उनके दादा, पिताजी, चाचा, भाई इनकी सबकी संगीत में दिलचस्पी थी?**

हाँ, नारायण सिंह जी तो - उन्हें मैं तो देखा नहीं हूँ—ये सब करते थे पहले। तो यह राजा चक्रधर सिंह महाराज हैं—तो कोई ठाकुर थे पहले जगदीश सिंह जी, वहीं ऑफ़िस में मुख्तियार थे पहले। उन्होंने ही सिखाया

था उन्हें। उन्हीं का लड़का है वेदमणि सिंह।

**अभी हैं?**

हाँ, हैं जरुआपारा में। मास्टर हैं, पढ़ाते हैं। तबला बजाते हैं।

**पर यह बताइए कि इस घराने में इनके यहाँ संगीत में ऐसी दिलचस्पी कैसे हुई? कुछ जानते हैं आप, कभी बात हुई?**

नहीं कह सकूँगा। मालूम नहीं मुझे। लेकिन राजा चक्रधर सिंह इन्हीं को मैं जानता हूँ। इन्हीं ने मुझे सिखाया। वह कैसे? बड़े-बड़े पण्डितों को वहाँ बुलाकर उन्हें सुनते थे, उनसे सीखते थे। लिखते थे।

**ये जो अनेक ग्रन्थ हैं राजा साहब के, उनमें बहुत बोल हैं तरह तरह के। तो इनमें ये बोल वो हैं जो राजा साहब ने इनसे लिए थे-लिखवाये थे-या वो जो उन्होंने स्वयं बनाये थे?**

ख़ुद बनाये थे। वही लिखे हैं। पैसा ख़र्च किया ख़ुद लिखवाया उन्होंने। चिन्तामणि थे और एक और पण्डित थे। यहीं पड़गाँव में रहते थे - उन्हीं का चक्रधर सिंह जी का गाँव है—अभी हैं—मास्टर हैं। पर अब कहाँ हैं मालूम नहीं।

**आपने अपने ज़माने में जो दूसरे नर्तक थे-सबका नाच देखा होगा?**

हाँ सबका, मोहनलाल, शिवनारायण। मोहनलाल पहले थे दरबार में अनुज राम को सिखलाते थे। वह बाद में फिर तबला बजाने लगे। वही मेरे साथ कॉन्फ्रेन्सों में जाया करते थे। साथ बजाते थे।

**गुरुजी, इनके बारे में जरा बताइए। ये कैसे थे-कैसा नाचते थे-कुछ याद हो तो?**

मोहनलाल के—'तत तत ता त्रक दन दन झिझिकिट...'। इसके जोड़े

तैयार हुए 'चन चन चा चन चननन'

'दिग दिग, तरंग तातो तरंग (तक थुन थुन)2 तिगदा दिग दिग थेई'

इसको एक ताल में करने के लिए तीन लय में करते थे।

**यह बोल तत तत ता त्रक दन दन...तो सभी करते थे–जयपुर, लखनऊ वाले। सबका एक ही अंग था?**

हाँ, सभी करते थे। अंग फ़र्क हो जाता था। सुन्दरप्रसाद जी गुलाल बिछाकर इसे करते थे—हाथी बन जाता था, बताशे पर भी नाचते थे। बताशे बिछाकर उस पर कपड़ा बिछा दें। फिर नाचें। एक भी नहीं टूटता था। थाली में पानी भर के नाचें। तलवार पर भी नाच करते थे। ऐसा-ऐसा करें।

**यह सब सुन्दर प्रसाद जी करते थे? आपने नहीं सीखा?**

जी, सब वही करते थे। हम लोग याद करने में लगे रहे। महाराज के बोल, टाइम ही नहीं मिलता था। नहीं किए यह सब। तबला भी सीखे थे। जयलाल महाराज जी से, नहीं तो पहले मैं तबला भी बजाता था। "धात्रक धिनक धिनगिन धागे तूना गिन...। तात्रक धिनक धिन गिन धागे तूना गिन" यह। 2. धिनगिन धात्रक धिनक धिनगिन गिन धात्रक धिनक धिन धागे तूना गिन...।3. धाधात्रक धात्रक धिनक धिनगिनधिन—धात्रक धिनक धिनगिन धागे तूना गिन...।4. धिन धात्रक धिनक धिनधात्रक धिनक धिन धात्रक धिनक धिनगिन धागे तूना गिन। 5. धात्रक धिन धिनगिन धागे तूना गिन तात्रक तिनक तिनगिन धागे तूना गिन। तिहाई—धात्रक धिनक धिनगिन दीग दिन गिन धा धा धा धात्रकधिनक धिनगिन दीगदिन गिन धा धा धा धात्रक धिनक धिनगिन दीग धिनगिन धा धा धा।

विद्यार्थियों को मैंने बताया था—"धिट धागेन धा तिरकिट धिट धागे तूना गिन" तिट धागेन धा तिरकिट धिट धागे तूनागिन...

**यह आपने ही बनाया था?**

जी नहीं, उन्हीं का था—जयलाल महाराज जी का।

**उस समय भी तबले के कायदों को पैर से करने का चलन था?**

जी हाँ, सब करते थे। 1. धात्रक धिनक धिनगिन धागे तूना गिन (जमाल ख़ाँ साहब का था)। 2. (धात्रक धिन धिन)3 गिन धागे तूनागिन। 3. धात्रक धिनक धिनSS..., धात्रक धिनक धिनगिन धागे तूनागिन। 4. (धात्रक धिनक धिन क्ड़धिन क्ड़धिन)3 धात्रक... यह जमाल ख़ाँ बजाते थे।

तिहाई (धात्रक धिनक धिन...धिन धिनगिन धा)3।

1. धीक धीना तिरकिट धीनागिन धागे तिनगिन

2. धीक धीना तिरकिट धीना धीक धीना तिरकिट धीनागिन धागे तिनगिन।

**आपने इतने लोगों से सीखा, इसमें आपको सबसे अच्छा कौन लगा, गुरु के रूप में?**

वैसे तो जयलाल महाराज का बहुत अच्छा लगा नाच में, ताल में। उनसे बहुत सीखा। वैसे ही सुन्दरलाल जी थे।

**पर वह तो वहाँ रहे नहीं ज़्यादा?**

हाँ, वह वहाँ रहते थे बम्बई में अपने चाचा के पास। वह रहीं लड़कियाँ लता, चित्रा (पुवइया बहनें) गुरु के साथ नाचती थीं। तीन थीं बहनें। गये थे वहाँ 101 रुपये दिये। फिर उन्होंने 500 दिये।

**आपने अपनी किताब में कुछ मुस्लिम नर्तकों के नाम दिये हैं?**

हाँ, झण्डे ख़ाँ, पर उनके बोल मुझे याद नहीं हैं। उनके अलग बोल थे। मुझे याद नहीं है।

**आप जब थे तो वह दरबार में थे? कहाँ के थे?**

मालूम नहीं, आते थे वहाँ गणेश उत्सव में। वहाँ रहे नहीं। राजा साहब को जो पसन्द आते थे उन्हीं को रखते थे। और बिरजू भैया—हमारे गुरु—उनके पिता अच्छन महाराज, शम्भू महाराज और लच्छू महाराज—ये तीनों रहे। तीनों मुलाज़िम रहे। एक भाई भाव में थे— बहुत अच्छा करें—'नई-नवेली चली सज के नये साज' और भाव बतायें तो बहुत बारीक़ भाव। अब बताता हूँ—कितनी तरह से नई-नवेली—यह नवेली—यह चली सज के—शीशा ले लें—यह शृंगार। यह नई-नवेली हुए। चाल चलें, कैसे नवल हैं—यह दर्द —सब दर्द बताते थे। क्या बात है—सब छेड़छाड़ भी आते थे। यह लच्छू महाराज का और ये अच्छन महाराज छेड़छाड़—चमक कर आयें। यह छेड़—हाथ पकड़ा यह छुड़ाया—यह कलाई फिर मरोड़कर यह छुड़ाया, यह कलाई फिर पकड़े यह छेड़ आया—यही सब तो और "देखो देखो बिहारी रीझी नारी सगरी"—राजा साहब का, "छोड़ो छोड़ो बिहारी देखें नारी सगरी" यह आप लोगों का है।

**यह इसी का जोड़ा है?**

हाँ, "मोहे रोकत कान्हा ब्रज के मग में" यह और छेड़ है अच्छन महाराज "मोहे छेड़े कान्हा ब्रज के सब नारिन में"—यह लिखे हैं, राजा। अच्छा 'मोहे छेड़ो नहिं श्याम' यह भी है तो माने आप ही लोगों का है यह सब गाना तो उसके ऊपर से बनाया है राजा साहब ने। और उनके ख़ास का नहीं है। सब सुन-सुनकर लिखाया है।

**इस तरह इन्होंने बहुत से बोल भी लिखाये थे न? बोल के जोड़े?**

हाँ, काफ़ी सारा। न जाने कहाँ-कहाँ से। दीमक खा गया। मेरे पास लिखा था बहुत सारा। अच्छन महाराज ख़ुद दे दिए थे। इतने-इतने बड़ी। जिस वक़्त राजा साहब का देहान्त हुआ सब न जाने कहाँ छूट गया। इतना-इतना सब गत। गंगावतरण का गत था। सात सुर का गत।

**इसका ज़िक्र पहले भी आप कर चुके हैं। यह क्या था? क्या रूप था इसका?**

सब भूल-भूल गया। ये सात सुर होते हैं न। रिषभ - यह सा रे ग म प ध नि सा - सा नि ध प—तो यहाँ तक जाते थे।

**यह किसने बताया था?**

राजा साहब। मैं भाव करता था तो राजा साहब बोलते जाते थे। ऐसा था।

**अब कुछ याद नहीं है आपको? इसमें कथाएँ थीं—क्या था?**

सब छूट गया। देहान्त हुआ तो सब भूल गया। सब साजिन्दा भी भाग गये। कोई नहीं रहा।

**नवरस भी करते थे इसमें?**

हाँ, नवरस भी था। शंकर भगवान जैसे - गंगावतरण वो भी गत रहा है। शंकर जी वह बाल बिखरे हैं—तो गंगाजी गिरे हैं-पानी। तो निचोकर एक बूँद पाताल में देते थे। एक ऊपर में और एक मध्य में देते थे। फिर गंगा माई उतरती थी। फिर चाल वग़ैरह।

**गंगा की चाल कैसी थी?**

वही मीठा-मीठा - धीमी चाल।

**याद है, आपको?**

वह उदयशंकर—वो करते थे पोज बनाकर। सितार बजाते हैं - रविशंकर उनके भाई वही। देहान्त हो गये अब।

**आपने देखा है उनका - कैसा लगा?**

हाँ, जयपुर में। अच्छा था। जैसे शंकर-भोला वैसे ही भयंकर रूप दिखाकर वैसे ही करते थे। निकलते थे चाल। जैसा गंगा धारा, गंगा माई की वैसे

ही ड्रेस बनाकर। वह सब।

**और आप कैसे करते थे?**

वैसे ही सादा में रहते थे।

**आप कैसी पोशाक पहनते थे? आपका वेश?**

वही अचकन और दुपट्टा और बहुत घेरदार पजामा। सफ़ेद भी, रंगीन भी। पट्टा लगा रहे चमकदार, घूमते थे तो सब दिखते थे। आजकल तो ऐसे ही नंगा चले आते हैं। कुर्ता-पजामा में ही चले आते हैं।

**आप ऐसे नहीं कर सकते थे?**

नहीं-नहीं। टोपी रहते थे। बनारसी, सब रखा है। दस-बारह तो होंगे।

(1984)

# स्मरण—बड़े गुरुजी

'छोड़ो छोड़ो बिहारी' सिखाते हुए अचानक उठे, पैर की हल्की-सी बाँट या फिर एक, एक छोटी-सी तिहाई—और एक ख़ास अन्दाज़ में बड़े गुरुजी क्लास से बाहर चल दिये। इस बार हमेशा-हमेशा के लिए बिहारी से छोड़ने की अनुहार करते हुए।

पर कार्तिकराम जी के कितने ही चित्र हैं। एक सहज आत्मीय व्यक्तित्व। सरगुजा के टाउन हॉल में मंच पर नाचते—। पुराने कथक प्रदर्शन के अन्दाज़, तैयारी, वेश, कुछ मिलाजुला-सा अनुभव—कुछ जिज्ञासा—कुछ प्रशंसा—कुछ आशंका—वह मुलाकात एक आधुनिक युवा नर्तक की बुज़ुर्ग नर्तक से मुलाकात भर थी। अगले दिन घर आये तो थोड़ा सा मैं भी नाची। बहुत ख़ुश हुए और कितनी ही पुरानी यादों में खो गये। इसके बाद कई अवसर आये भोपाल आने पर—जितना जाना उतना ही उनके प्रति आदर, स्नेह, सम्मान बढ़ता गया।

बेतवा अपार्टमेन्ट्स की छठी मंज़िल पर—कार्तिकराम जी पसीने से लथपथ—कारण, उस उम्र में भी वे रियाज़ कर रहे थे। एक नया उत्साह, स्फूर्ति उनके चेहरे पर थी। बार-बार कहते 'माँ—मैं तो सो गया था—मुझे आपने जगा दिया है।' क्या कुछ नहीं कर दिखाना चाहते। कितना कुछ नहीं सँजोया था उन्होंने—कथक का अथाह भण्डार था—कोई ताल हो और बस अजस्र प्रवाह बहने लगता—परणों का—एक के बाद एक—कितना याद था उन्हें, जहाँ कुरेदो—छेड़ो बस—जैसे बाँध फूट पड़ता। वे स्वयं उस बाँध की तरह थे—फूट पड़ने को बेचैन सबको अपने साथ उस सागर में लथपथ करने, डूबने-उतराने का निमन्त्रण

देते। कुछ सिखाने लगते—चलो करो—जब तक समझें-पकड़ें, कि दूसरा शुरू हो जाता—फिर तीसरा, फिर चौथा—हम अवाक् कभी इधर, कभी उधर। वे कभी नाराज़ होते—कभी हँस देते—अपनी वही निश्छल हँसी।

हम लोग जानकर ग़लत कर देते—नाराज़ होते हुए उठते—ग़ज़ब की फुर्ती और लचक—आरोह-अवरोह (नाच के सन्दर्भ में ये शब्द उन्हीं से सुने थे)—इसके पहले कि समझते हाथ किधर से कहाँ-कहाँ गया—पैर, गर्दन कहाँ मुड़े, घूमे—हाँ हाँ हाँ करते हुए गुरुजी सम पर खड़े हैं, अपने ख़ास अन्दाज़ में हल्का-सा झुके। हम समझते तब तक 'क्या करूँ राम अब होता ही नहीं' कहते हुए गुरुजी बैठ चुके होते—पुरानी यादों में डूबे। राजा चक्रधर सिंह, उनका स्नेह, उनका दरबार—चित्र की तरह उनके सामने खिंचने लगते। और उसके बीच अपने नाच की यादें।

सीढ़ियों पर धूप में बैठे गुरुजी कभी चुपचाप अकेले बीड़ी पीते हुए। कभी सबके साथ बीच में चाय पीते हुए। कभी क़िस्से सुनाते अपने समय के। रायगढ़ के—अलग-अलग अवसरों पर आये कलाकारों के, उनके बीच होती नोक-झोंक के, कान्फ्रेन्सों में अपने प्रदर्शन के। अपने गुरुओं के। किनसे क्या-क्या पाया। अपने ज़माने के श्रेष्ठ कथक गुरुओं से शिक्षा पायी थी। पण्डित जयलाल, अच्छन महाराज, सीताराम, शम्भू महाराज, मोहनलाल आदि। फिर स्वयं राजा की नयी संरचनाएँ, जिसने इनके नृत्य को विस्तार और विविधता दी। बन्दिशें और उनकी निकासी का अलग अन्दाज़ इन्हें जयपुर और लखनऊ दोनों से जोड़कर भी कहीं एक अलग पहचान देता था।

अभिनय-भाव सम्पदा का भी ख़ज़ाना था उनके पास। सिखाते तो बस सिखाते जाते। अपनी शिष्याओं को भाव विस्तार का वह अनोखा जादू शायद वह दे पाए हैं। उनसे एक ठुमरी पर भाव सीखना शुरू किया—'मोरी गलिन कब अइहो मोहन' सिखाते-सिखाते बोले—'भाव ऐसा हो कि दर्शक रो पड़ें—बस यही है।' इधर चश्मा लगाने लगे थे ऑपरेशन के बाद—पर जब तब अभिनय करते तो हम सब ठगे से रह जाते—कैसी परत-दर-परत खुलती चली जाती अर्थों की, कहने के अलग-अलग अन्दाज़ों की! उनकी वह नज़र, वह गर्दन की हल्की-सी जुम्बिश, बाँह की पकड़, हाथ छुड़ाकर देखने का ख़ास अन्दाज़—सरल लगता हुआ भी सीखना और सही-सही पकड़ना कितना मुश्किल होता—वह

सब स्मृति में जैसे टिक-सा गया है।

दो वर्ष पहले 'रायगढ़ में कथक' पर एक लेक्चर डिमांस्ट्रेशन किया था दिल्ली में—जिसमें उनके नाच की कुछ ख़ास ख़ूबियों को रेखांकित करने का प्रयत्न था। तभी वे आख़िरी बार दिल्ली आये थे—यहाँ से भोपाल लौटकर—फिर अधिक नहीं रुके। इस बार फ़रवरी में गाँव जाते हुए होली के बाद वापस आने का कह गये थे। पर लौट नहीं सके—और अब वह लौटना कभी नहीं होगा।

(1992)

# रायगढ़ में कथक

नृत्य, संगीत आदि विषयों पर हिन्दी में इतनी कम किताबें उपलब्ध हैं कि किसी भी किताब का प्रकाशन ध्यान आकर्षित करता है। इस दृष्टि से उस्ताद अलाउद्दीन खाँ संगीत अकादेमी द्वारा संगीत नृत्य पर सन् 1982 में पाँच पुस्तकों का प्रकाशन महत्त्वपूर्ण है। इनमें से चार—'उस्ताद अलाउद्दीन ख़ाँ', 'उस्ताद रजब अली ख़ाँ', 'पण्डित कुमार गन्धर्व' और मध्यप्रदेश के कुछ संगीतकारों पर 'मध्यवर्ती' प्रदेश के संगीतकारों के जीवनवृत्त-संस्मरण और उनके संगीत के विश्लेषण पर आधारित हैं। पाँचवीं, नर्तक कार्तिकराम द्वारा रचित 'रायगढ़ में कथक' नृत्य सम्बन्धी पुस्तक है। इन प्रकाशनों से ही स्पष्ट है कि जहाँ प्रदेश में संगीत की सुदीर्घ, पुष्ट और व्यापक परम्परा रही है वहीं शास्त्रीय नृत्य अपेक्षाकृत उपेक्षित रहा है। यों इन्दौर, ग्वालियर, ओरछा आदि में नृत्य परम्परा के प्रसंग मिल जाते हैं किन्तु संगीत जैसी अविच्छिन्न नृत्य परम्परा अनुपलब्ध है।

अवध के वाजिद अली शाह और रामपुर के नवाब की परम्परा में ही रायगढ़ के राजा चक्रधर सिंह का नाम लिया जा सकता है। इन्हीं के संरक्षण में कथक की नृत्य परम्परा में एक नया आयाम जुड़ा जब रायगढ़ के लोक नर्तक कथक शैली के सान्निध्य में आये और नृत्य जगत में उन्होंने अपनी एक विशिष्ट पहचान बनायी। यह काबिलेग़ौर है कि उस समय जब परम्परागत नर्तकों का बोलबाला था तब एक भिन्न परम्परा से आये नर्तकों ने अपनी तैयारी और कौशल से कथक-संसार में एक हलचल-सी मचा दी थी। इसके पीछे विविध विख्यात गुरुओं, जैसे पण्डित जयलाल, अच्छन महाराज, शिवनारायण आदि का परिश्रम और स्वयं राजा चक्रधर सिंह का अथक प्रयत्न था जिनकी व्यक्तिगत देखरेख में इन नर्तकों—

कार्तिकराम, कल्याणदास, फिरतूदास, बर्मनलाल, रामलाल आदि ने प्रशिक्षण प्राप्त किया।

अपने संरक्षक, उनके योगदान, प्रशिक्षण, गुरुओं आदि के विवरण के साथ-साथ रायगढ़ की भौगोलिक स्थिति, वहाँ के राजवंश और तत्कालीन दरबार के संगीतकारों का विवरण भी कार्तिकराम ने अपनी इस पुस्तक में दिया है। स्वयं उस काल और प्रक्रिया से गुज़रने के कारण इसमें जहाँ एक आत्मीय सहजता और विश्वसनीयता है वहीं उस गुज़रे ज़माने की याद करते हुए एक तीख़े से दर्द का अहसास भी यदा-कदा स्पष्ट है। उस ज़माने के रायगढ़ दरबार का रोचक लेखा-जोखा यह पुस्तक प्रस्तुत करती है। राजा चक्रधर सिंह और रायगढ़ में कथक के विकास के अतिरिक्त कथक का संक्षिप्त इतिहास तथा इस नृत्य शैली की तकनीक के संक्षिप्त विश्लेषण के साथ ही विविध गुरुओं से प्राप्त नृत्य बन्दिशों तथा स्वयं चक्रधर सिंह की कुछ नृत्य रचनाओं का संकलन इस अध्ययन को विशेष महत्त्वपूर्ण और उपयोगी बनाता है।

दरबार में एकत्र नर्तक और संगीतकारों की लम्बी सूची जहाँ राजा की गुणग्राहकता का परिचय देती है वहीं संगीत जगत में उस समय के विख्यात नामों से भी हमारा परिचय कराती है। कुछ नाम हैं जिनमें पण्डित जयलाल, अच्छन महाराज, लच्छू महाराज, शम्भू महाराज, शिवनारायण, नारायण प्रसाद, हनुमान प्रसाद, सुन्दर प्रसाद, ढंडे ख़ाँ जैसे नर्तक, और कादरबक्स, आबिद हुसैन, अलाउद्दीन ख़ाँ, प्यारे साहब, इनायत ख़ाँ, अहमद जान थिरकवा, पर्वत सिंह, ठाकुर प्रसाद, मुनीर ख़ाँ जैसे संगतकार थे। साहित्य में आचार्य महावीर प्रसाद द्विवेदी, राजा चक्रधर सिंह के पथ-प्रदर्शक थे, तो डॉ. बलदेव प्रसाद मिश्र, माखनलाल चतुर्वेदी, आनन्दमोहन वाजपेयी, भगवतीचरण वर्मा, रामकुमार वर्मा, अंचल, जानकी वल्लभ शास्त्री जैसे साहित्यकारों से उनका घनिष्ट सम्पर्क था। राजा गुणग्राहक और साहित्य कला मर्मज्ञ तो था ही, स्वयं रचनाकार भी था। उन्होंने अनेक संगीत तथा साहित्य ग्रन्थों की रचना की थी जिनमें तालतोयनिधि, नर्तन सर्वस्वम्, रागरत्न मंजूषा, मुरजपर्ण पुष्पाकर जैसे संगीत ग्रन्थ ख़ासतौर पर उल्लेखनीय है। इनमें न केवल तमाम बन्दिशों का संग्रह है बल्कि नृत्य, राग, ताल विषयक शास्त्रीय विवेचन भी है। दुर्भाग्य से ये हस्तलिखित ग्रन्थ अभी तक अप्राप्त हैं—और इस तरह हम

इस शताब्दी के मूल्यवान् ग्रन्थों के ज्ञान से अभी तक वंचित हैं। कथक नृत्य पर कोई शास्त्रीय विवेचन उपलब्ध नहीं है। कहा जाता है कि 'नर्तन सर्वस्वम्' उस कमी को पूरा करता है। इसमें न केवल नृत्य के सम्पूर्ण अंगों का विस्तार से वर्णन और कथक का शास्त्रीय विवेचन है बल्कि उस पर और तमाम दृष्टियों से भी विचार किया गया है।

रायगढ़ में कथक की विविध परम्पराओं के नर्तक एकत्र थे। उस पूरे कथक परिदृश्य और अन्य प्राचीन ग्रन्थों के आधार पर इस ग्रन्थ की रचना हुई थी। 'नर्तन सर्वस्वम्' के सन्दर्भ में प्रस्तुत पुस्तक में एक दिलचस्प कथा का उल्लेख है—मध्ययुग के अन्त में, सम्भवतः औरंगज़ेब के समय, उत्तर भारत से विशाखदत्त नाम के महापण्डित ने अपने प्राणों की रक्षार्थ बीहड़ वनों को पार कर उस इलाक़े की दियागढ़ रियासत में शरण ली। यहाँ उसने दो राजकुमारियों को नृत्य की दीक्षा दी। भीलगढ़ शासक से इनके विवाह सम्बन्ध के बाद पण्डित भी राजाज्ञा से भीलगढ़ चले गये। बाद में कभी रायगढ़ के शासकों ने भीलगढ़ पर आक्रमण किया और वहाँ ख़ज़ाने के साथ 'नर्तन रहस्य' नामक ग्रन्थ भी उपलब्ध हुआ। कहा जाता है यही ग्रन्थ 'नर्तन सर्वस्वम्' का आधार बना और मूल ग्रन्थ बाद में मोती महल की किसी दीवार में चुनवा दिया गया। इससे दो-तीन दिलचस्प तथ्य सामने आते हैं, एक तो उस ज़माने में उत्तर में भी नर्तक पण्डित ब्राह्मण थे, दूसरे राजकुमारियों को नृत्य प्रशिक्षण दिया जाता था, तीसरे इस इलाक़े में शास्त्रीय नृत्य परम्परा का संकेत और महत्त्व।

कार्तिकराम जी ने अपनी पुस्तक में रायगढ़ के अपने समकालीन नर्तकों का भी बहुत स्नेह से स्मरण करते हुए उनका संक्षिप्त विवरण और उपलब्धि का ज़िक्र किया। मुकुतराम के अतिरिक्त अन्य सभी—कल्याणदास, फिरतूदास, बर्मनलाल इनसे उम्र में छोटे तो थे ही उनकी नृत्य शिक्षा भी इन से कम हुई थी, किन्तु कहीं भी इनसे अपनी श्रेष्ठता स्थापित करने की कोशिश नहीं दिखायी देती। रामलाल तो इनके पुत्र ही हैं जिन्हें स्वयं राजा चक्रधर सिंह अपने सामने शिक्षा देते थे।

रायगढ़ के नर्तकों के अतिरिक्त चारों संगीत ग्रन्थों का परिचय भी दिया गया है। 'नर्तन सर्वस्वम्' नृत्य विषयक भाव अंग प्रधान ग्रन्थ था और 'मुरज पर्ण पुष्पाकर' में ऐसे नृत्य-बोलों का विपुल भण्डार है जिनकी रचना राजा चक्रधर सिंह ने की थी। इसमें संकलित सभी बोलों के नाम

दिये गये हैं, उदाहरणस्वरूप—मन्दाक्रान्ता, गजमुक्ता, दलबादल, शुभ्रभानु, अभिसारिका, कीर कूंजनम्, शतपत्रक, मृगच्छवि आदि। लोक और प्रकृति से गहरा साहचर्य इन नामों में परिलक्षित होता है। यह सम्बन्ध रायगढ़ के नर्तकों में भी देखा जा सकता है।

पुस्तक का दूसरा खण्ड 'कथक' शब्द की व्याख्या और संक्षिप्त इतिहास से शुरू होकर लखनऊ, जयपुर और बनारस घराने का संक्षिप्त परिचय देकर समाप्त हो जाता है। कथक इतिहास के सम्बन्ध में कुछ संकेत भ्रामक लगते हैं—'वैदिक काल में जो शास्त्रीय नृत्य था और जिसका विकास गुप्त युग तक होता रहा उससे कथक का सीधा सम्बन्ध है।...पहले कथक भरत कहलाते थे। वे देव मन्दिरों में पूजा के बाद कथा गायन के साथ नृत्य करते थे। धार्मिक-असहिष्णुता के कारण जब मन्दिर भी उजड़ने लगे, तो इन भरत लोगों को छोटी जाति के लोगों और गणिकाओं को नृत्य की शिक्षा देने को मजबूर होना पड़ा। इससे हिन्दू समाज में भी वे हेय दृष्टि से देखे जाने लगे। अठारवीं शताब्दी के लगभग इनका सम्पर्क हण्डिया में रहने वाली कथक जाति विशेष से हुआ। उन्होंने जब इस नृत्य को पेशे के रूप में अपना लिया तो इस प्राचीन शास्त्रीय नृत्य का नाम बदल गया और वह कथक नाम से प्रसिद्ध हो गया।' एक और जगह वे लिखते है—'नाट्य से ही बहुत बाद में भरतनाट्यम का विकास हुआ होगा और जो उस समय शास्त्रीय नृत्य था वह निश्चित रूप से कथक ही था...।' 'प्राचीनकाल से मुग़ल युग के पूर्व तक कथक की शास्त्रीय नृत्य के नाम से एक समृद्ध परम्परा थी।'

दरअसल, इस तरह की टिप्पणियों का कोई निश्चित प्रामाणिक आधार नहीं है। अपनी विशिष्ट कला को प्राचीनतर सिद्ध करने की सद्इच्छा के कारण अनेक सन्दर्भों को हम अपने अनुरूप मान लेते हैं। यह सही है कि 'कथक' शब्द का उल्लेख प्राचीन ग्रन्थों, 'हरिवंश पुराण' आदि में आया है और सम्भवतः इस नाम से एक विशिष्ट वर्ग भी था जो कथा गायन करता था। सम्भव है कुशीलव इसी जाति के गायक रहे हों किन्तु उनका समकालीन कथक नृत्य से क्या सीधा सम्बन्ध रहा होगा, कहना कठिन है। यों भी लगता है, कथक का विकास लोक परम्परा में प्रचलित नृत्य प्रकारों से हुआ है, जिसमें तथाकथित शास्त्रीय नृत्य के तत्त्व और उसका अपना निश्चित शास्त्र भी क्रमशः विकसित होता गया किन्तु वह सीधे

नाट्य शास्त्रीय नृत्य की देन है या वही शास्त्रीय नृत्य के रूप में प्रचलित था, यह कहना कठिन है। यों भी आज उपलब्ध प्राचीन मन्दिरों में जिन नृत्य भंगिमाओं का अंकन मिलता है वे आज के कथक के क़रीब नहीं लगते—खजुराहों के मन्दिरों में भी जहाँ सुर-सुन्दरियों की भंगिमाएँ कथक के अधिक निकट हैं, वहीं नृत्य शृंखलाओं में ये भंगिमाएँ बदल जाती हैं।

इस पुस्तक में कथक के घरानों के सम्बन्ध में एक दिलचस्प ज़िक्र है कि किस तरह सन् 1895 ईस्वी में माधो सिंह ने जयपुर में कथक विद्वानों की एक सभा बुलायी और उसमें सर्वसम्मति से मतभेदों को समाप्त करने के लिए व्यक्ति विशेष के नाम से कथक घरानों के बजाय स्थान विशेष पर घरानों का नामकरण किया गया, और इस तरह लखनऊ और जयपुर घराना अस्तित्व में आये। बाद में बनारस वालों ने भी अपनी विशिष्ट शैली के कारण घराने की बात कही। इसी सभा में बिन्दादीन जी को महाराज, शंकरलाल और सुखदेव प्रसाद जी को पण्डित तथा नत्थूराम व दुर्गाप्रसाद जी को नायक की उपाधि दी गयी। यह ध्यान देने की बात है कि इस समय, बल्कि काफ़ी बाद तक महाराज, पण्डित, उस्ताद जैसी उपाधियाँ विशिष्ट उपलब्धि के आधार पर और विद्वत जनों की सभा में दी जाती थीं और उनकी विशेष महत्ता और सम्मान था। आज प्रायः कोई भी अपने नाम के आगे-पीछे इन उपाधियों को स्वयं ही जोड़ लेता है। इसीलिए उनका महत्त्व भी अब ख़त्म होता जा रहा है।

'रायगढ़ में कथक' का तीसरा और चौथा खण्ड कुछ उन नृत्य-बन्दिशों का है जो इन लोगों ने उस दौरान अलग-अलग गुरुओं और राजा चक्रधर सिंह से सीखी थीं। यह इसका सबसे मूल्यवान् और उपयोगी हिस्सा है, विस्तृत भी। अलग-अलग घरानों और गुरुओं की कुछ ख़ास-ख़ास चीज़ें यहाँ संकलित हैं जिनका कार्तिकराम जी ने इन गुरुओं के प्रसाद के रूप में स्मरण किया है। इन बन्दिशों में राजा चक्रधर सिंह की बन्दिशें ध्वनि की दृष्टि से अलग लगती हैं। इनमें इन्होंने अनेक नये वर्णों का प्रयोग किया है। कई रचनाएँ जोड़ों के आधार पर हैं। अर्थात् किसी प्राचीन बन्दिश के चलन छन्द और लय के आधार पर नये बोलों की रचना। राजा चक्रधर सिंह की कुछ ठुमरी, ग़ज़ल, दादरा, खमसा आदि गीतों का भी चयन इसमें है। वे हिन्दी में 'चक्रपिया' तथा उर्दू में 'फरहत' उपनाम का प्रयोग करते थे। इस पुस्तक के द्वारा पहली बार राजा चक्रधर सिंह की

रचनाएँ और नृत्य बन्दिशें बाहर आयी हैं। यों यहाँ के नर्तक और उनके शिष्य इनमें से कुछ रचनाओं से परिचित हैं और उनका नृत्य में प्रयोग भी करते हैं पर अधिकांश अज्ञात ही हैं। यों भी यह उनकी रचनाओं का बहुत ही छोटा-सा अंश है। पर यह उनकी प्रतिभा को स्थापित करने के लिए यथेष्ट है।

'रायगढ़ में कथक' कई दृष्टियों से कथक नृत्य के लिए उपयोगी और महत्त्वपूर्ण किताब है। अनेक जानकारियों के साथ-साथ यह उस युग का एक दिलचस्प दस्तावेज़ भी है जब स्वतन्त्र भारत के ऐन पहले रियासतें थीं और उनमें से कई एक के शासक कलाप्रेमी गुणग्राही और स्वयं कलाकार, रचनाकार भी थे। उनके राज्य में कला और कलाकार संरक्षण पाते रहे, विकास करते रहे। किन्तु इस राजा की सबसे बड़ी उपलब्धि थी अनेक गुरुओं को सम्मिलित रूप से एकत्र करना और उनके द्वारा बाल लोक नर्तकों को कथक की शिक्षा-दीक्षा से कौशल के चरमोत्कर्ष पर पहुँचाना। यहाँ न केवल इनको दोनों घरानों के नृत्य तकनीक की शिक्षा मिली बल्कि कई नयी बन्दिशों की सम्मिलित नृत्य रचना हुई। यह अपने आप में एक अद्वितीय घटना है।

इस पुस्तक का महत्त्व इसलिए और बढ़ जाता है कि कथक में अपने तरह की यह पहली किताब है जहाँ एक महत्त्वपूर्ण कथक-नर्तक अपने संस्मरण सहित एक युग तथा एक इलाक़े विशेष के अपने नृत्य संसार का लेखा-जोखा प्रस्तुत करता है। यों अच्छा होता यदि वे दरबार में निरन्तर होने वाले प्रदर्शनों तथा स्वयं अपनी शिक्षण प्रक्रिया आदि के विषय में भी अधिक विस्तार से चर्चा करते। दरअसल, वे स्वयं इतने विनम्र व्यक्ति हैं कि अपने विषय में अधिक कहने में उन्हें संकोच होता है। सम्भव है यही कारण है कि वे इस तरह के विस्तार में अधिक नहीं गये। इसके बावजूद यह कथक प्रशंसकों और विद्यार्थियों के लिए एक महत्त्वपूर्ण ग्रन्थ है।

['रायगढ़ में कथक', लेखक पं. कार्तिकराम, उस्ताद अलाउद्दीन ख़ाँ, संगीत अकादेमी, भोपाल के लिए राजकमल प्रकाशन, द्वारा प्रकाशित]

(1982)